KB241469

韓國金石文論著總覽

성균관대학교 출판부

머리말

우리나라 前近代史를 연구하는 데 가장 큰 난관은 史料의 부족이다. 특히 高麗 이전의 시기는 문헌자료가 극히 제한되어 있고, 그나마 거의 2차 사료이다. 이런 점에서 當代에 기록된 1차 사료인 金石文이 중시되는 것은 당연하다. 따라서 금석문의 이용은 전근대사 연구자들에게 필수적이라 할 수 있다.

일찍이 편자는 사료부족이라는 난관을 나름대로 극복하기 위해 금석문에 주목하였다. 그러나 이조차도 原資料를 그대로 볼 수 있도록 정리된 것이 부족한 현실이므로 우선 금석문의 수집·정리에 착수하였다. 편자는 金石文의 所在地를 답사하여 實測·拓本·縮小影印한 『韓國金石文大系』(1~7, 원광대학교 출판국, 1979~1998)를 연차적으로 간행하여 왔다. 이제 『韓國金石文大系』가 완간된 시점에서 이러한 금석문을 활용한 연구업적을 정리할 필요를 느꼈다. 그리고 이러한 작업을 통하여 金石學 자체의 발전 방향을 모색하고자 한다.

이를 위해 일차적으로 기존의 金石文關聯 論著目錄들을 검토해보니, 빠진 것도 있고 誤脫字도 적지 않았다. 또 出典이 틀리거나 號數가 달라 論著를 찾기가 용이하지 않았다. 이러한 문제점을 극복하기 위해 금석문관련 논저들을 직접 확인할 필요성이 제기되었다. 또한 기존 목록류에는 제목만 수록되었지만 論著의 目次까지도 수록한다면 論旨를 쉽게 파악할 수 있지 않을까 하는 생각이 들었다. 금석문관련 논저들의 현황을 파악하면서, 연구자들에 불필요한 시간의 낭비를 없애기 위해 이 출판을 계획하게 되었다. 그리고 附錄으로 金石文의 所在地를 소개한 것은

연구에 있어 반드시 필요한 현장답사의 안내와 더불어 자료에 대한 확인작업을 위해 필수적이라고 생각이 들었기 때문이다.

지난 95년도 2학기에 성균관대학교 대학원 사학과에서 「韓國金石文硏究」라는 강좌가 개설되어, 편자는 이 강의중에 금석문관련 논저목록을 간략히 정리한 바 있었다. 금석문관련 논저들이 여러 곳에 산재하여 그 목록의 확인이 용이하지 않았다. 또한 기존 目錄의 오류를 수정하고 미비점을 보완하는 것은 논저를 직접 확인해야 하므로 시간과 노력을 많이 요구하는 작업이다. 따라서 이 작업에 많은 학생들의 도움이 있었다. 金鍾福, 權奇重, 金大植, 韓鈴和, 李宣沃, 李相國, 裵洪晙군 등이 각 대학 도서관을 돌아다니며 조사를 해주었다. 또 국내에서 확인할 수 없는 외국논문은 중국의 경우 金敎年군이, 일본의 경우는 趙炯來, 曺惠鉉군이 어려운 유학생활 와중에 틈을 내어 수고를 해주었다. 이 모든 사람의 도움이 없었다면 이 목록이 세상에 나올 수 없었을 것이다. 모두에게 감사를 표한다.

끝으로 나름대로 최선을 다했다고 하지만 미처 파악하지 못하거나 여건상 직접 확인하지 못해 빠뜨린 것도 적지 않다. 또 최근에는 금석문을 활용한 연구업적이 점점 늘어나고 있어 이를 곧바로 수용하지 못한 것도 있다. 이러한 미비한 부분은 앞으로 계속 수정·보완할 것을 다짐하며, 이 조그만 책자가 학계에 도움이 되기를 바랄 따름이다.

1998년 7월 편자

<凡例>

제 1 부 금석문관련 저서

1. 금석문관련 저서는 다음과 같이 분류했다.
   Ⅰ. 한국어 저서   Ⅱ. 일본어 저서   Ⅲ. 중국어 저서

2. 저서의 배열 순서는 서명을 가나다순으로 분류했다.

3. 각 저서는 다섯 부분으로 구성되어 있다.   1) 서명, 2) 간행년도, 3) 인명(또는 단체), 4) 간행처, 5) 목차

4. 著書의 目次는 篇·章·節로 표시하는 것을 원칙으로 했다. 目次를 효율적으로 파악하기 위해 卷과 篇은 ◎으로 구분했고, 章은 1·2·3으로, 節은 1) 2) 3)으로 통일했다. 그리고 번호가 주어지지 않은 경우는 ○ 기호를 사용했다. 그러나 金石文만 수록한 경우는 설명으로 대치했다.

제 2 부 금석문관련 논문(인명별 분류)

1. 인명별 분류는 다음과 같이 분류했다.
   Ⅰ. 한국어 논문   Ⅱ. 일본어 논문   Ⅲ. 중국어 논문

2. 논문의 배열 순서는 인명(가나다순)을 우선으로 하고, 같은 인명일 경우 간행년도순으로 분류했다.

3. 각 논문은 일곱 부분으로 구성되어 있다. 1) 인명, 2) 간행년도, 3) 시대, 4) 논문제목, 5) 출전(수록된 학술지 혹은 저서)과 호수, 6) 간행처, 7) 목차

4. 인명은 일본 및 중국인명을 포함하여 가나다순으로 배열하였다. 북한의 인명에 쓰이는 리·림 등의 경우는 원전을 존중하여 그대로 따랐다. 논문이 無記名으로 쓰여졌을 경우 인명의 항목에 "無記名"으로 표시했다.

5. 간행년도에서 저자의 논문이 2편 이상인 경우 간행년도순으로 배열했다. 간행년도를 확인하지 못한 경우는 "?"로 표시했다.

6. 시대는 "선사·낙랑·삼국·고구려·백제·신라·가야·발해·고려·조선·기타"로 나누어 표시했다.

7. 목차는 章과 節을 표시하는 것을 원칙으로 했다. 章은 1·2·3으로, 節은 1) 2) 3)으로 통일했다. 그리고 章·節 표시가 없는 경우는 ○ 기호를 사용했다. 목차가 없는 경우는 出典까지만 표시되어 있다.

8. 목차 가운데 금석문과 관련없는 부분은 생략하였다.

9. 논문 말미에 * 표시가 있는 것은, 다른 목록류에는 수록되어 있지만, 편자가 논문을 직접 확인하지 못한 것을 나타낸다.

제 3 부 금석문관련 논문(시대별 분류)

1. 시대별 분류는 다음과 같이 분류했다.
   Ⅰ. 先史　　　Ⅱ. 樂浪　　　Ⅲ. 三國　　　Ⅳ. 高句麗　　Ⅴ. 百濟
   Ⅵ. 新羅　　　Ⅶ. 伽倻　　　Ⅷ. 渤海　　　Ⅸ. 高麗　　　Ⅹ. 朝鮮
   Ⅺ. 其他

2. 인명별 분류와는 달리 논문의 간행년도를 우선으로 하고, 동
   일한 연도일 경우 일본 및 중국인명을 포함하여 가나다순으로
   분류했다. 이는 금석문관련 논문 주제의 경향을 파악하는 데
   도움을 줄 것이다.

3. 각 논문은 다섯 부분으로 구성되어 있다. 1) 인명, 2) 간행
   년도, 3) 논문제목, 4) 출전(학술지 혹은 저서)과 간행처,
   5) 목차

4. 나머지는 인명별 분류의 범례에 준한다.

附錄 : 主要 金石文의 所在地 (1998年 3月 現在)

1. 소재지의 분류는 현재의 행정구역에 따라 아래와 같이 구분했
   다.
   Ⅰ. 서울　　Ⅱ. 仁川·京畿道　　Ⅲ. 忠淸北道　　Ⅳ. 大田·忠淸南道
   Ⅴ. 全羅北道　　Ⅵ. 光州·全羅南道　　Ⅶ. 大邱·慶尙北道
   Ⅷ. 釜山·蔚山·慶尙南道　　Ⅸ. 江原道　　Ⅹ. 濟州道

2. 개별 항목 가운데 충청북도 영동군에 있는 「영국사원각국사비
   (寧國寺圓覺國師碑)」를 찾았을 때 다음과 같은 항목이 보인다.

예) 1. 寧國寺圓覺國師碑   **3. 고려 명종 10년(1180)**
   2. 영동군 양산면 누교리 영국사   4. 165×108×13(높이×폭×두께)

目 次

附錄 : 主要 金石文의 所在地 (1998年 3月 現在)

第 1 部

韓國 金石文 關聯 著書

第1部　韓國 金石文 關聯 著書

Ⅰ. 韓國語 著書

『京畿金石大觀』1~7　　1982~1994　　京畿道

　　　◎ 第1卷 1982　　○ 事蹟碑 : 七長寺慧炤國師塔碑　등 22種　　○ 紀念碑 : 重峯趙公遺墟追慕之碑　등 8種　　○ 神道碑 : 文康公李石亨神道碑　등 38種　　○ 墓碣 : 閔純墓碣　등 8種

　　　◎ 第2卷 1987　　○ 事蹟碑　등 6種,　○ 紀念碑 :　등 4種　　○ 神道碑 :　등 35種　　○ 墓碣 :　등 31種

　　　◎ 第3卷 1988　　○ 事蹟碑 : 德水慈氏橋子碑　등 6種　　○ 紀念碑 : 金光兌妻鄭氏貞烈碑　등 4種　　○ 神道碑 : 李婷神道碑　등 34種　　○ 墓碣 : 李士寬墓碣　등 34種

　　　◎ 第4卷 1990　　○ 事蹟碑 : 中初寺幢竿石柱記　등 4種　　○ 紀念碑 : 趙仁規祠堂記　등 4種　　○ 神道碑 : 黃守身神道碑　등 32種　　○ 墓碣 : 黃愼墓碣　등 40種

　　　◎ 第5卷 1992　　○ 事蹟碑 : 淸溪寺事蹟記碑　등 3種　　○ 紀念碑 : 柳仁善孝友旌閭碑　등 4種　　○ 神道碑 : 誠寧大君李䄄重神道碑　등 28種　　○ 墓碣 : 李仁孫墓表　등 43種

◎ 第6卷 1992　　○ 紀念碑 ： 李慶流旌閭碑 등 4種
○ 神道碑 ： 洪應神道碑 등 17種　　○ 墓碣 ： 南陽洪公墓碣 등 49種
◎ 第7卷, 1994　　○ 事蹟碑 ： 塹城壇重修碑 등 2種
○ 紀念碑 ： 霽月堂大師碑 등 4種　　○ 神道碑 ： 金友臣神道碑 등 28種　　○ 墓碣 ： 鄭文炯墓碣 등 51種

『고구려 호태왕비 연구』 1996　박진석　아세아문화사
1. 好太王碑文字考　2. 호태왕비문을 통하여 본 주몽왕의 출신과 그에 의한 고구려의 건국연대　3. 고구려 산상왕의 존재 여부에 관한 문제　4. 호태왕비문의 '영락(永樂)' 연호에 대하여　5. 호태왕비문 영락 5년의 비려에 대한 고증　6. 호태왕비문 영락 8년조의 정벌대상에 대하여　7. 호태왕비문 영락 17년조의 정벌대상에 대하여　8. 호태왕비문의 '동부여'에 대하여　9. 이른바 한반도 내의 왜지(倭地)설에 대하여　10. 후루다 선생의 논문 「왜지의 사료비판」을 읽고서　11. 호태왕릉고　12. 호태왕비문 가운데의 수묘인연호의 신분에 대하여

『高麗墓誌銘集成』　1993 ;『改訂版 高麗墓誌銘集成』 1997　金龍善　한림대 아시아문화연구소
1. 高麗前期 ： 金殷說 墓誌銘 등 110種　2. 高麗 武人政權時代 ： 王源 墓誌銘 등 85種　3. 高麗 後期 上(忠烈王～忠定王) ： 金坵 墓誌銘 등 74種　4. 高麗 後期 下(恭愍王～恭讓王) ： 洪彬 墓誌銘 등 24種　5. 年代未詳 ： 金謀 妻 韓氏 墓誌銘 등 13種　6. 增補 ： 趙仁規 墓誌銘 등 2種

『廣開土大王陵碑新硏究』　1986　李亨求외　동화출판사

　　　1. 廣開土大王陵碑考　1) 廣開土大王陵碑의　建立과　再
發見　2) 廣開土大王陵碑文의　特徵　3) 廣開土大王陵碑
文　考釋　2. 廣開土大王陵碑文의　問題點　1) 僞作 '倭'
字考　2) 僞作 '倭' 字考　再論　3) 이른바　辛卯年記事와
庚子年記事의　僞作 "倭 '滿倭' 潰"考

『廣開土王陵碑의　探求』　1982　李進熙　李基東譯　일조각
　　　1. 廣開土王陵碑文의　虛像과　實像　　1)광개토왕릉비와
칠지도　2)수수께끼로　덮여있던　비문연구　3)참모본부에
서의　비문　해독작업　4)참모본부에　의한 '石灰塗付作戰'
5)변조된　비문　2. 古代　韓日關係史像의　再構成

『廣開土大王陵碑拓本圖錄』(國內所藏)　1996　국립문화재연구소
　　　1. 序文　2. 寫眞　1) 原色寫眞　2) 黑白寫眞　3. 拓本　1)
東亞大學校　博物館　所藏　拓本　및　釋文　2) 國立中央圖
書館　所藏　拓本　및　釋文　3) 서울大學校　博物館　所藏
拓本　및　釋文　4) 서울大學校　奎章閣　所藏　拓本　및　釋
文　5) 國立中央博物館　所藏　拓本　및　釋文　6) 月田　張
遇聖　畫伯　所藏　拓本　및　釋文　7) 延世大學校　圖書館
所藏　拓本　및　釋文　8) 獨立紀念館　所藏　拓本　및　釋文
4. 本文(李亨求)　1) 國內所藏　廣開土大王陵碑拓本　調査
硏究　2) 展示品目錄　3) 展示品解題　4) 廣開土王陵碑
譯文　및　釋文　5. 學術세미나　發表　內容　1) 廣開土大
王陵碑와　東方書法 – 碑文과　書體를　根據로 – (金膺
顯) 2) 廣開土大王陵碑의　性格과　硏究上　問題點 (朴性
鳳) 3) 廣開土大王陵碑의　論爭과　眞實 (李亨求)　○
附錄 : 廣開土大王陵碑　硏究　文獻目錄(1884~1995)

『廣開土大王勳績碑文論』　1977　文定昌　백문당
　　　1. 碑文論　2. 日本人의　碑文　歪曲　3. 拓本과　釋文上

의 作亂　4. 對韓 침략史書의 작출과 일본고대사의 僞
飾　5. 대마도의 역사

『廣開土聖陵碑文譯註』　1973　李裕岦　대동문화사
1. 廣開土聖陵 碑文과 歷史性　2. 廣開土 聖陵 碑文
3. 廣開土 聖陵 碑文 特徵　4. 廣開土 聖陵 缺字考　5.
字解　6. 廣開土 聖陵 碑文譯　7. 廣開土 聖陵註　8.
附錄

『광개토왕릉비』　1966　박시형　사회과학원 출판사 ; 1967　井
上秀雄 抄譯　『朝鮮研究年報』 9 ; 1985　金浩天 譯
そしえて
○ 머리말　1. 광개토왕릉비(廣開土王陵碑)의 건립과
릉비에 관한 고문헌들의 기록　2. 릉비 재발견 경위
3.광개토왕 전후 시기 동방 제국의 국제 관계　4. 비
문의 주석　<부록>

『廣開土王碑 研究』　1985　王健群　林東錫 譯　역민사
1. 好太王碑의 건립, 발견 및 현황　2. 好太王碑의 탁
본　3. 好太王碑의 조사, 저록과 연구　4. 好太王碑文
판독　5. 好太王碑文中의 몇가지 중요한 문제에 대한
考釋　6. 好太王碑文釋文　○ 附錄

『廣開土王碑 研究資料集』　1985　金根洙　永信아카데미 한국학
연구소
1. 廣開土王碑(正面 遠景)　2. 廣開土王碑(左側面 遠
景)　3. 廣開土王碑(背面)　4. 廣開土王碑(左側面)　5.
羅振玉 「好太王陵碑」　6. 羅振玉 「高麗好太王碑跋」
7. 楊守敬 「高句麗 廣開土好太王談德碑跋」　8. 高麗
好太王碑　9. 舊拓 好太王碑(上海 有正書局 1909刊)

10.　鄭寅普 「廣開土境平安好太王陵碑釋略」　11.　好太王碑(第1面~第2面)　12.　好太王碑(第3面~第4面)　13. 廣開土王聖陵文徵實(李裕岦)　14. 好太王碑文字 『朝鮮古蹟圖譜』, 第1輯, 1916　15. 廣開土王碑에　대하여(金根洙)　16. 高句麗　好太王碑文 『輯安縣志』 1(子雲峰) 17. 廣開土王碑文缺字考(金根洙)　18. 復元　廣開土王碑文(未定稿 － 金根洙)　19. 廣開土王碑文飜譯文(金根洙) 20. 廣開土王陵碑文의　所謂　辛卯年記事에　對하여 － 僞作「倭」考 －『東方學志』29, (李亨求・朴魯姬)

『廣開土好太王碑　研究 100年』　1997　高句麗硏究會
　　제1부　廣開土好太王碑　拓本과　碑文에　關한　硏究　1. 日本におけるる廣開土王碑拓本と碑文の研究(鈴木靖民) 2. 中國學界對高句麗好太王碑碑文及拓本的研究(徐建新)　3. 臺灣的好太王碑拓本以及碑文研究(高明士)　4. 한국에서　호태왕비의　탁본과　비문연구(林基中)　5. 북한에서의　광태토호태왕비　탁본과　비문에　관한　연구(徐吉洙)　6. 好太王碑之發現與釋文研究(劉永智)　7. 關於高句麗好太王碑文字與書法之研究(叢文俊)
　　제2부　廣開土好太王碑　研究의　爭點　1. 辛卯年　記事再論(朴眞奭)　2. 辛卯年　記事의　變狀과　原狀(徐榮洙) 3. 廣開土王碑文中"倭"的實體(王健群)　4. 廣開土王碑研究와　韓日關係史像(延敏洙)　5. 高句麗の北方進出と 「廣開土王碑文」(田中俊明)　6. 集安高句麗王陵研究(魏存成)
　　제3부 廣開土好太王　時期의　高句麗　社會　1. '廣開土好太王'王號와　世界觀(朴性鳳)　2. 廣開土好太王時代の "聖王"秩序に對いて(濱田耕策)　3. 廣開土大王의　對外

政策과 東亞地中海의 秩序再編(尹明喆)   4. 廣開土王碑の立碑目的と高句麗の守墓役制(李成市)   5. 廣開土好太王碑를 통해 본 高句麗의 南方經營(李仁哲)   6. 廣開土王陵碑文에 보이는 戰爭 記事의 분석(李道學)   7. 광개토왕비문에 보이는 '民'의 性格(林起煥)

『校勘譯註 歷代高僧碑文』   1993~1995   李智冠   新羅篇・高麗篇1・高麗篇2 가산문고   1993, 新羅篇 : ○ 自序   ○ 慶州 高仙寺 誓幢和上塔碑文 등 11種   1994, 高麗篇1 : ○ 自序   ○ 海州 廣照寺 眞澈大師寶月乘空塔碑文 등 15種   1995, 高麗篇2 : ○ 自序   ○ 驪州 高達院 元宗大師惠眞塔碑文 등 17 種

『국보 제3호 북한산 신라 진흥왕 순수비이전 보고서』   1972   문화공보부 문화재관리국

1. 沿革과 指定關係   2. 構造物의 概要   3. 工事概要   4. 寫眞目錄   5. 實測圖

『金石文 및 懸板總攬』   1994   奉化郡

○ 神道碑   ○ 碑   ○ 浮屠   ○ 巖刻   ○ 懸板

『金石文으로 본 百濟武寧王의 世界』   蘇鎭轍   1994   원광대 출판국

1. 「隅田八幡神社所藏人物畵像鏡」의 銘文을 보고   2. 『日本書紀』, 의 「天皇・崩」・「百濟王・薨」은 날조   3. 七支刀銘文의 새로운 解釋   4. 倭王 武의 上表文(478年)을 보고   ○ 結語

『金石文資料便覽』   1991   金東洙   경인문화사

1. 墓誌銘類(神道碑, 墓碣, 墓表 包含)   2. 碑文 塔誌 燈銘類 1) 所在地名別 配列 2) 資料名別 配列   3. 僧

侶碑銘資料 1) 所在地名別 配列 2) 寺刹名別 配列 3)
僧侶名別 配列   4. 佛像名資料   5. 鐘銘類   6. 香爐·
香垸類   7. 禁口鈑子類   8. 器銘·其他

『金石遺文—考古美術資料—』2   1963   黃壽永   고고미술동인회
(프린트本)
　　　○ 머리말   ○ 碑銘 : 眞興王黃草嶺碑 등 15種   ○ 塔
銘 : 皇福寺石塔舍利函銘(寫眞) 등 14種   · 附錄 : 附
石燈銘   ○ 造像銘 : 辛卯銘金銅三尊佛(寫眞) 등 15種
· 附 : 恩律灌燭寺石佛金銅白毫   ○ 鐘銘 : 新羅上院
寺所藏銅鐘 등 38種 · 附 : 水鐘寺鐘 등 3種   ○ 香
垸 : 表忠寺 등 14種   ○ 禁口銘 : 咸通銘禁口(寫眞)
등 15種   ○ 器銘類 : 益山出土銅鐘 13種   ○ 參考書
目   ○ 補遺 : 乾年二年銘墓誌

『大邱의 金石文』   1994   대구직할시문화원
　　　○ 龜岩書院廟廷碑 등 101種   ○ 附錄 : 拓本

『大東金石書』   1932   李 俁   京城帝國大學 法文學部 ; 1976 아세
아문화사
　　　○ 大東金石書解題   ○ 金石帖序   ○ 眉叟許穆敍   ○
黃草嶺新羅眞興王巡狩碑 등 94種 155面   ○ 大東金石
目 : 1. 校訂 大東金石目   2. 校訂 大東金石續目   ○
大東金石書解題(今西龍)

『百濟武寧王陵』   1991   백제문화연구소
　　　1. 百濟史上의 武寧王   2. 宋山里 古墳群과 武寧王陵
의 발굴   3. 武寧王陵의 構造와 墓制   4. 武寧王陵의
誌石   5. 武寧王陵의 副葬遺物(1)   6. 武寧王陵의 副葬
遺物(2)   7. 武寧王陵과 百濟文化

『百濟史料集』　1985　백제문화개발연구원
　　　　　1. 金石文　2. 韓國側年代未詳一般史料　3. 中國側年代
未詳一般史料　4. 日本側年代未詳一般史料

『普照禪師・寂然國師・玄化寺碑銘』　1985　동국대 출판부
　　　　　○ 原本 實物 拓本　○ 原文　○ 飜譯

『釜山市金石文』　1984　釜山産業大學校鄕土文化硏究所　도서출
판 지평
　　　　　○ 序文　○ 釜山市碑刻一覽表　○ 凡例　○ 本文：
1. 碑刻槪說　2. 釜山市碑刻現況　3. 釜山市碑刻文　4.
碑刻文國譯　5. 主要碑文影印

『四山碑銘 集註를 위한 硏究』　1994　金知見　한국정신문화연
구원
1. 序言　2. 唐代史의 區分과 騈儷文　3. 精註四山碑銘
發掘記　4. 原碑文 削除・改換・誤譯한 例　5. 眞鑑碑
中 避諱의 例　6. 眞鑑碑銘을 通한 集註의 試圖　7.
孤雲의 主體思想과 그 普遍性　8. 結語　附:覺岸梵海
本影印

『史學志』12—丹陽新羅赤城碑 特輯號—　1978　단국대 사학회
　　　　　○「丹陽新羅赤城碑」 特輯號를 내면서 (車文燮)　＜座談
會主題發表 및 座談會錄＞　○ 石碑의 發見調査 經緯
(鄭永鎬)　○ 丹陽赤城의 歷史・地理的 性格 (金元龍)
○ 丹陽眞興王赤城拓境碑 解讀文 (金錫夏)　○ 丹陽赤
城碑의 解讀 試攷 (南豊鉉)　○ 丹陽赤城碑 發見의 意
義와 赤城碑 王敎事 部分의 檢討 (李基白)　○ 丹陽赤
城碑에 대한 愚見 二・三 (任昌淳)　○ 丹陽眞興王拓
境碑의 建立年代와 性格 (邊太燮)　○ 三國 金石文 資

料　　○　第1次　學術座談會錄 － 丹陽新羅眞興王赤城碑片의　收拾發掘調査略報（鄭永鎬）－　○　第2次　學術座談會錄　　<論文>　○　丹陽新羅赤城碑　內容에　대한　一考（鄭求福）　　<說林>　○新羅　官等制度의　成立年代　問題와　赤城碑의　發見（李基東）　　<彙報>

『史學志』13—中原高句麗碑　特輯號—　　1979　　단국대　사학회
　　○　「中原高句麗碑」　特輯號를　내면서（金源模）　　<論文>　○　中原高句麗碑의　發見調査와　硏究展望（鄭永鎬）　○　中原高句麗碑에　대하여（李丙燾）　○　中原高句麗碑의　몇가지　問題（李基白）　○　中原高句麗碑의　內容과　年代에　대한　檢討（邊太燮）　○　中原高句麗古碑小考（任昌淳）　○　中原高句麗碑에　대한　考察（申瀅植）　○　中原高句麗碑의　몇가지　問題點（金貞培）　○　中原高句麗碑　題額의　新讀（李昊榮）　　<學術座談會錄>

『三國新羅時代佛敎金石文考證』　　1992　　金煐泰　　민족사
　　○　延嘉7年銘　因現義佛像光背文　등　84種의　金石文에　대한　考證資料로, 三國時代에서　신라　敬順王代까지의　佛敎　關係　金石文을　年代順으로　配列하고, 각　金石文마다　다른　金石書　및　關係　資料와의　對照를　통하여　印刷上의　錯誤　및　原文　判讀이　다를　경우에는　註를　첨가했다.

『三韓金石錄(外)』　　1981　　吳慶錫외　　아세아문화사
　　◎　吳慶錫, 『三韓金石錄』　○　序　○　凡例　○　目錄　1. 高句麗故城刻字二種　2. 眞興王定界碑(黃艸嶺)　3. 平百濟塔碑銘　4. 劉仁願碑　5. 郎空大師白月栖雲塔碑銘　6. 興法寺眞空大師碑　7. 弘慶寺碣記　8. 眞樂公文殊院記　◎　未詳, 『大東金石名考』　1. 高句麗　2. 新羅 3. 高麗 4. 朝鮮 ◎ 李祖默,『羅麗琳瑯攷』 1. 平百濟塔 2. 有唐新羅故知異山雙谿寺教諡眞鑒眞監禪師碑銘幷序 3. 新羅鍪藏寺碑 4. 海東故神行禪師之碑幷序 5. 淸平山文修院記 6. 奉先宏慶寺碣記 7. 高麗國曹溪宗崛山斷俗寺大鑑國師之碑幷序 8. 附拓碑秘訣 ◎ 徐有渠,『東國金石』, (怡雲志) ◎ 金正喜,『金石過眼錄』 1. 咸興眞興王巡狩碑 2. 咸興眞興王巡狩碑攷 3. 僧伽眞興王巡狩碑 4. 僧伽眞興王巡狩碑攷 5. 阮堂集抄 6. 與趙雲石 7. 與權彝齋 ◎ 吳世昌,『槿域書畵徵』 ○ 引 ○ 凡例 ○ 目錄 ○ 年代便覽 ○ 採用群書目 ○ 人名總目 ○ 卷一 羅代 ○ 卷二 麗代○ 卷三 鮮代編 上 ○ 卷四 鮮代編 中 ○ 卷五 鮮代編 下 ○ 待攷錄 ○ 增錄 ○ 氏名字音檢索 ○ 氏名字劃檢索 ○ 別號字音檢索 ○ 別號字劃檢索

『서울金石文大觀』 I · II 1987 · 1992 서울시

◎ I 권 ○ 事蹟碑 : 新羅眞興王巡狩碑 등 14種 ○ 神道碑 : 世宗大王英陵神道碑 등 19種 ○ 墓碣 · 墓碑 · 墓表 : 李允濯 · 安人申氏墓碣 등 6種 ○ 世葬記碑 : 廣州治西光秀山李氏世葬記碑 ○ 碑銘 · 刻石 : 僧伽寺石造僧伽大師像銘文 등 7種 ○ 附錄

◎ II 권 ○ 事蹟碑 : 大圓覺寺碑銘 등 5種 ○ 神道碑 : 李克培神道碑銘 등 8種 ○ 墓碣 · 墓碑 · 墓表 : 李崝墓碣 등 9種 ○ 墓誌銘 : 蔡仁範墓誌銘 등 36種 ○ 陵表 : 朝鮮景宗懿陵表 등 7種 ○ 刻石 : 仙源金尙容舊基刻石 ○ 附錄

『續金石遺文—考古美術資料—』15 1963 黃壽永 고고미술동인회(프린트本)

○ 머리말　○ 碑銘：武烈王陵前碑片 등 17種 · 附：百濟定林寺址五層石塔楣石刻字 등 3種　○ 塔燈銘：神龍二年金銅舍利方函 등 19種　○ 造像銘：延嘉七年銘金銅如來立像(寫眞) 등 8種 · 附：瑞州浮石寺金銅觀音鑄成記 등 3種　○ 新羅聖德大王神鐘 등 10種 · 附：泰安元年銘鐘　○ 香垸銘：己丑銘月溪寺香垸(寫眞) 등 6種　○ 禁口銘：乾統銘禁口 등 6種 · 附：至正四年銘金鼓　○ 器銘 其他：靑銅器 殘缺 등 19種　○ 附錄：1. 金石遺文 補訂　2. 金石遺文 正誤

『始興金石總覽』　1988　始興郡　시흥군지편찬위원회

○ 事蹟碑：趙仁規祠堂記碑 등 3種　○ 墓誌：景德國師墓誌 등 4種　○ 神道碑：金定卿神道碑 등 32種　墓碑·墓碣·墓表：徐甄墓表 등 50種　○ 銘文·刻字：中初寺幢竿石柱銘 등 6種　○ 文學碑：韓晶東童謠碑 등 5種　○ 附錄

『新羅四山碑名』　1995　李佑成　아세아문화사

1. 原文 1) 智異山雙磎寺眞鑑禪師大空塔碑 2) 萬壽山聖住寺朗慧和尙白月葆光塔碑 3) 曦陽山鳳巖寺智證大師寂照塔碑 4) 初月山大崇福寺碑　2. 註釋 1) 智異山雙磎寺眞鑑禪師大空塔碑 2) 萬壽山聖住寺朗慧和尙白月葆光塔碑 3) 曦陽山鳳巖寺智證大師寂照塔碑 4) 初月山大崇福寺碑　3. 譯文 1) 智異山雙磎寺眞鑑禪師大空塔碑 2) 萬壽山聖住寺朗慧和尙白月葆光塔碑 3) 曦陽山鳳巖寺智證大師寂照塔碑 4) 初月山大崇福寺碑　○附：索引

『新羅眞興王巡狩碑研究』　1996　盧鏞弼　일조각

○ 序論　1. 巡狩碑文의 判讀　2. 眞興王의 영토 확장과 巡狩碑의 建立　3. 眞興王代 國家發展의 經濟的

基盤　 4. 眞興王代　中央集權的　統治體制의　確立　 5.
巡狩碑文에　나타난　政治思想과　그　社會的　意義　 6. 眞
興王代　新羅의　對服屬民政策　 ○ 結論　○附錄：註釋
篇 및 資料篇

『牙山金石記文』　 1994　 충남아산군・공주대 박물관
　　　　1. 아산의　金石資料　 2. 아산의　題詠과　記文　 3. 아산
　　　　의　歷史資料와　地誌　 4. 아산의　金石資料에 대한　考察

『譯註　羅末麗初金石文』上・下　 1996　 한국역사연구회　 혜안
　　　　◎　上권　 原文校勘篇　○ 서문　○　나말여초 연구
　　　　와 금석문　○　廣照寺眞澈大師寶月乘空塔碑 등 30種
　　　　原文校勘　○ 羅末麗初　禪宗史 年表　○부록：羅末麗
　　　　初　禪宗法系圖
　　　　◎　下권　 譯註篇　○ 서문　○ 광조사 전철대사 보
　　　　월승공탑비 등 30種 譯註　○ 나말여초 선사관련 지도

『譯註　韓國古代金石文』Ⅰ・Ⅱ・Ⅲ　 1992　 한국고대사회연구소
　　　　◎　Ⅰ卷　 1. 高句麗 1) 碑文 2) 墨書銘 3) 石刻 4) 佛
　　　　像　銘文 5) 其他　銘文　 2. 百濟 1) 碑文・誌石・標石
　　　　2) 佛像　銘文 3) 金屬器　銘文 4) 其他　銘文　 3. 樂浪
　　　　및 中國系　金石文　(1) 樂浪 1) 碑文 2) 銅器　銘文 3)
　　　　漆器銘 4) 印章銘 5) 封泥銘 6) 瓦・博・土器銘 7) 銅
　　　　鏡　銘文 8) 其他　銘文　 (2) 中國系　金石文 1) 高句麗
　　　　地域　出土　金石文 2) 百濟地域　出土　金石文 4. 高句
　　　　麗・百濟　遺民　關聯　金石文 1) 高句麗　遺民　關聯　金石
　　　　文 2) 百濟　遺民　關聯　金石文　附) 樂浪　遺民　關聯　金
　　　　石文
　　　　◎　Ⅱ권　 1. 新羅(1) 1) 碑文 2) 石刻 3) 佛像　銘文
　　　　4) 墨書銘 5) 木簡 6) 金屬器　銘文 7) 其他　銘文 附錄)

補註　2. 伽倻 1) 碑文 2) 劍銘 3) 土器 銘文 4) 金屬
器 銘文
◎ Ⅲ권　　1. 新羅(2) 1) 碑文① 2) 碑文② 3) 石塔・
石幢・石柱・石燈記 4) 佛像 造成記 5) 塔誌 6) 舍利
函 銘文 7) 鐘 및 禁口 銘文 8) 木簡 9) 碑片・石刻
2. 渤海 1) 墓誌 2) 佛像 銘文 3) 碑片 4) 瓦銘 5) 其
他 銘文 附) 渤海 關聯 金石文・古文書

『嶺東地方金石文資料集』Ⅰ・Ⅱ　1984・1989　方東仁　관동대 영
동문화연구소
◎ Ⅰ卷　　1. 事蹟碑 : 國師朗圓大師悟眞塔碑 등 27種
2. 神道碑 : 金子欽神道碑 등 12種　3. 墓碣 : 崔致雲
墓碑 등 13種　4. 書院・學校 : 松潭書院廟廷碑 등 8
種　5. 孝子 : 書江陵金氏四孝子行實錄後 등 4종　6.
樓臺 : 召公臺碑 등 7種　7. 祠堂 : 程夫子影堂記 등 8
種　9. 其他 : 臨鏡堂護松說 등 6種
◎ Ⅱ卷　　1. 神道碑 : 全愃神道碑　2. 墓碣 : 全性命
墓碑 등 25種　3. 孝子 : 朴遂良旌孝閣記 등 95種　4.
書院・學校 : 五峰書院紀蹟碑 등 4種　5. 祠堂 : 瀋慶
永慶兩墓齋室創建記 등 5種　6. 其他 : 李秉華遺惠不
忘碑 등 3種

『龍仁郡金石遺文資料集』　1990　朴鏞益외　용인향토문화연구회
1. 事蹟碑　2. 神道碑　3. 墓表・墓碣

『藏書閣拓本目錄』　1991　한국정신문화연구원
○ 序文　1. 神道碑銘　2. 碑銘　3. 墓碣銘　4. 墓表
5. 墓誌　6. 其他　○ 索引

『朝鮮時代誌石의 調査硏究』　1992　온양민속박물관

　　　1. 誌石　寫眞　2. 誌石의　解說과　原文　3. 硏究論文
　　　○ 朝鮮時代　誌石의　性格과　變遷　<誌石一覽表>

『註解四山碑名』　1987　　崔英成　　아세아문화사
　　　◎ 前言　◎　例言　◎　解題　1. 四山碑銘　撰者의　小傳
　　　2. 新羅禪宗의　계통과　발전　3. 四山碑銘의　由來와　그
　　　註解의　狀況　4. 四山碑銘의　體裁와　內容　5. 四山碑銘
　　　의　價値　6. 餘言　◎　四山碑銘　○　序　○　朗慧和尙白
　　　月葆光塔碑銘　原文　및　註, 譯文　○　眞鑑禪師碑銘　原文
　　　및　註, 譯文　○　大崇福寺碑銘　原文　및　註, 譯文　○　智
　　　證大師寂照塔碑　原文　및　註, 譯文　○　跋　◎　附錄

『韓國古代史硏究』2　　1989　　韓國古代史硏究會　　지식산업사
　　　◎　蔚珍鳳坪新羅碑의　位置確認　發掘調査（趙由典）　◎
　　　蔚珍地方의　歷史・地理的　環境과　鳳坪新羅碑（李明植）
　　　◎　蔚珍鳳坪新羅碑에　대한　語學的　考察（南豊鉉）　◎
　　　蔚珍鳳坪新羅碑의　金石學的　考察（任世權）　◎　蔚珍鳳
　　　坪新羅碑의　釋文과　內容（崔光植）　◎　蔚珍鳳坪新羅碑
　　　와　法興王代　律令（朱甫暾）　◎　蔚珍鳳坪新羅碑와　中
　　　古期　六部問題（李文基）　◎　蔚珍鳳坪新羅碑와　新羅의
　　　官等制（盧泰敦）　◎　蔚珍鳳坪新羅碑를　통해　본　地方
　　　統治體制（李宇泰）

『韓國古代史硏究』3　　1990　　韓國古代史硏究會　　지식산업사
　　　◎　迎日地方의　歷史・地理的　考察（李炯佑）　◎　迎日冷
　　　水里新羅碑의　金石學的　考察（鄭求福）　◎　迎日冷水里
　　　新羅碑의　語文學的　考察（金永萬）　◎　迎日冷水里新羅
　　　碑의　建立年代（金昌鎬）　◎　迎日冷水里新羅碑와　5~6
　　　세기　新羅의　社會經濟相（安秉佑）　◎　迎日冷水里新羅
　　　碑에　보이는　部의　性格과　政治運營問題（文暻鉉）　◎

迎日冷水里新羅碑에　보이는　官等・官職問題（宣石悅）

『韓國古代金石文資料集』　Ⅰ・Ⅱ・Ⅲ　　1995〜1996　　국사편찬위원회

◎　Ⅰ권　　1. 高句麗 1) 碑文 : 廣開土王陵碑　등　2種 2) 墨書銘 : 安岳3號墳　墨書銘　등　14種 3) 石刻 : 籠吾里山城　磨崖石刻　등　2種 4) 佛像銘 : 大和　十三年銘 石佛像　등　5種 5) 金屬器銘 : 廣開土王壺杅銘　등　3種 6) 土器・瓦・塼銘　2. 百濟 1) 碑文・誌石・標石 : 武寧王　誌石　등　5種 2) 佛像銘 : 癸未銘　金銅三尊佛　光背　등　4種 3) 金屬器銘 : 七支刀銘　등　3種 4) 土器・瓦・塼銘　3. 樂浪 1) 碑文 : 平山君　神祀碑 2) 銅器銘 : 秦二五銘　銅戈　등　8種 3) 印章銘 :「永壽康寧」銘　玉印　등　31種 4) 銅鏡銘 : 紀年銘　鏡　등　6種　4. 中國系 金石文 1) 樂浪　遺民關聯　金石文　王禎　墓誌銘　등　4種 2) 高句麗地域　出土　金石文 : 魏母丘儉紀功碑　등　5種 3) 百濟地域　出土　金石文 : 益山　出土　銅鏡　등　5種　5. 高句麗・百濟　遺民關係　金石文 1) 高句麗　遺民關聯　金石文 : 泉男生　墓誌銘　등　6種 2) 百濟　遺民關聯　金石文 : 夫餘隆　墓誌銘　등　4種

◎　Ⅱ권　　1. 新羅 1) 碑文 : 迎日冷水里碑　등　21種 2) 石刻 : 蔚州川前里書石　등　2種 3) 佛像銘文 : 斷石山神仙寺上人岩造像記　등　3種 4) 墓誌　및　木簡 : 於宿知述干墓誌　등　3種 5) 金屬器銘文 :「大富」銘新羅靑銅盒　등　5種 6) 其他　銘文 : 皇南大塚出土銀製銙帶端金具銘　등　18種　2. 伽倻系　金石文 : 陝川梅岸里碑　등　6種　3. 統一新羅 1) 碑文 : 文武王陵碑　등　16種

◎　Ⅲ권　　3. 統一新羅 2) 佛像銘文 : 戊寅銘　蓮花寺

四面石像 등 14種 3) 木簡 : 雁鴨池 出土 木簡 등 2種 4) 鐘銘 및 禁口銘 : 上院寺鐘銘 등 8種 5) 塔燈銘 : 皇福寺 石塔 金銅舍利函銘 등 23種 6) 石刻·碑片 : 華嚴寺 石刻 華嚴經 등 17種   4. 渤海 1) 墓碑·墓誌 : 貞惠公主 墓誌 등 6種 2) 佛像 銘文 : 咸和四年銘 佛像銘 3) 碑片·石刻 : 國學碑片 등 2種 4) 靑銅符節·銅印 銘文 : 靑銅符節 등 2種 5) 其他 資料 : 咸和銘 絞紬葫蘆酒瓶 등 6種

『韓國金石文大系』1~7   1979~1998   趙東元   원광대 출판국

◎ 第1卷, 1979, 全羅南北道 編   ○ 自序 ○ 寶林寺 鐵造毘盧遮那佛坐像銘 등 84種 拓本   ○ 附錄 : 大安寺 寂忍禪師照輪淸爭塔碑 등 29種 文獻資料   ○ 註記 : 1994, 增補 : ○ 94種 拓本   ○ 附錄 : 60種 文獻資料   ○ 註記

◎ 第2卷, 1981, 忠淸南北道 編   ○ 自序 ○ 中原高句麗碑 등 120種 拓本   ○ 附錄 : 中原高句麗碑 등 62種 文獻資料   ○ 註記

◎ 第3卷, 1983, 慶尙北道 編   ○ 自序 ○ 永川菁堤碑 등 129種 拓本   ○ 附錄 : 永川菁堤碑 등 52種 文獻資料   ○ 註記

◎ 第4卷, 1985, 慶尙南道·濟州道 編   ○ 自序   ○ 慶尙南道 : 盤龜臺岩刻畫 등 84種 · 濟州道 : 宋時烈謫廬遺墟碑 등 8種 拓本   ○ 附錄 : 慶尙南道 : 蔚州川前里岩刻題記 등 54種 · 濟州道 : 鄭蘊遺墟碑 등 3種 文獻資料   ○ 參考 : 斷俗寺神行禪師碑 등 8種   ○ 註記

◎ 第5卷, 1988, 京畿道 編   ○ 自序 ○ 中初寺幢竿石

柱記　등　178種　拓本　　○　附錄 : 中初寺幢竿石柱記　등
84種　文獻資料　　○　註記

◎　第6卷, 1993, 서울特別市　編　　○　自序　○　高句麗好
太王壺杅　등　108種　寫眞·拓本　　○　附錄 : 高句麗好太
王壺杅　등　63種　文獻資料　　○　註記

◎　第7卷, 1998, 江原道　編　　○　自序　○　上院寺鐘銘
등　52種　寫眞·拓本.　○　附錄 :　上院寺鐘銘　등　96種
文獻資料　　○　註記

『韓國金石文追補』　　1968　　李蘭暎　　중앙대 출판부 ; 1976　아세
아문화사

1. 碑銘　塔誌 : 眞興王黃草嶺巡狩碑　등　22種.　　2. 鍾銘
: 江陵出土新羅梵鐘銘　등　21種.　　3. 佛像銘 : 永康七年
銘佛像光背銘　등　13種.　　4. 香爐　香垸銘 : 靑銅銀入絲
香垸　등　12種　　5. 禁口　飯子銘 : 皇吾里出土有銘錐斗
등　28種.　　6. 器皿銘 : 百濟七支刀　등　11種.　　7. 高麗墓
誌銘 : 劉志誠改葬墓誌銘　등　128種　　8. 附錄 : 高句麗
泉男生墓地銘　등　18種　○　追加分 : 高句麗城壁石刻　등
4種

『韓國金石遺文』　　1976　　　黃壽永　　　일지사

○　머리말　　○　碑銘 : 蔚州川前里書石　등　49種　　○　塔
燈銘 : 新羅皇福寺石塔金銅舍利函銘　등　48 種　　○　造像
銘 : 延嘉七年銘金銅如來立像　등　33種 ; 附·端川浮石
寺金銅觀音鑄成記　등　8種　　○　鐘銘 : 新羅上院寺銅鐘
등　68種　　○　香垸銘 : 大康七年銘奉業寺香垸　등　34種
○　禁口銘 : 咸通銘禁口　등　47種　　○　器銘·其他 : 益
山出土銅鏡　등　55種　　○編者跋文

『韓國金石全文』古代·中世上·中世下　　1984　　　許興植　　아세아

문화사

◎ 古代篇 ；○ 序　○ 秥蟬縣神祠碑 등 143種　○ 附錄：總目次　○ 跋

◎ 中世上篇 ： 海州廣照寺眞澈大師寶月乘空塔碑　등 199種

◎ 中世下篇：崔祐甫墓誌 등 307種　○ 全體：649種

『韓國金石集成』1—先史時代—　1984　任昌淳　일지사

◎ 韓國金石集成을 내면서　◎ 圖版目錄　◎ 概說　○ 머리말　1. 盤龜臺岩刻畵　2. 川前里岩刻畵　3. 高靈岩刻畵　4. 編年設定에 대하여　○ 參考文獻　◎ 圖版　◎ 圖版解說

『韓國金石總目』　1984　張忠植　동국대 출판부

○ 序文　○ 서울地域　○ 京畿道　○ 忠淸北道　○ 忠淸南道　○ 全羅北道　○ 全羅南道　○ 濟州道　○ 慶尙北道　○ 慶尙南道　○ 江原道　○ 黃海道　○ 平安北道　○ 平安南道　○ 咸鏡北道　○ 咸鏡南道　○ 地域不分明(年代順)　○ 地域不分明(가나다 順)　○ 附：索引　○ 跋文

『韓國의 美』6—書藝—　1981　任昌淳　중앙일보사

◎ 書藝圖版目錄　◎ 圖版　◎ 書畵家 印譜 ◎ 解說　○ 任昌淳,「韓國書藝槪觀」　○ 金膺顯,「書法의 발달과 藝術性」　○ 金膺顯,「署押과 印章」　○ 任昌淳,「圖版解說」

『한국의 암각화』　1996　한국역사민속학회　한길사

◎ 울주 대곡리·천전리 암각화 (전호태)　◎ 영일·경주 지역의 암각화 (한형철)　◎ 패형암각의 의미와

성격 (이상길) ◎ 한국암각화의 편년 (장명수) ◎
한국암각화의 원류 (임세권) ◎ 한국 암각화의 신앙
의례 (송화섭) ◎ 한반도 암각화와 중국 암각화와의
비교 (이형구)

『韓國學基礎資料選集—古代篇—』(金石文) 1987 鄭求福외 한
국정신문화연구원
1. 廣開土大王陵碑 2. 武寧王과 王妃의 墓誌石 및 買
地券 3. 眞興王巡狩碑(昌寧碑) 4. 聖德大王神鐘銘
5. 鳳巖寺 智證大師碑 – 智證大師碑文의 文單과 建立
過程

『韓國學基礎資料選集—中世篇—』(金石文) 1991 金都鍊외 한
국정신문화연구원
1. 石刻文 1) 碑碣 2) 墓誌와 墓券 2. 金銘文 1) 鐘銘
2) 金禁口 3) 香垸

『海東金石苑』上·下 1976 劉燕庭 아세아문화사
○ 金石文 資料叢書(全 16卷) 高句麗故城石刻 등 三
國時代 金石文 26種, 高麗廣照寺眞澈禪師碑 등 高麗時
代 金石文 126種, 朝鮮國新鑄鐘銘 등 朝鮮時代 金石文
8種

『호태왕비와 고대조일관계연구』 1993 박진석 연변대학출판
사 ; 1993 서광학술자료사
○ 머리말 1. 호태왕비와 그의 문자 2. 호태왕비문
의 “신묘년기사”와 영락 14년 왜군격퇴 3. 이른바 임
나일본부의 존재여부 문제 4. 이른바 조선반도내의
왜지(倭地)설에 대하여 ○ 부록

Ⅱ. 日本語 著書

『高句麗史と東アジア—廣開土王碑研究序說—』　1989　武田幸男　岩波書店
　　　○　序章 - 高句麗史研究と『廣開土王碑文』, - 　1. 廣開土王の領域支配　2. 廣開土王代の國際關係　3. 高句麗の東アジア認識　4. 高句麗王權の史的展開　　○　終章 - 丸都.國內城の史的位置　○　附錄1.『廣開土王碑文』, 釋文　附錄2.『廣開土王碑文』, 釋讀

『古代朝鮮・日本金石文資料集成』　1983　齋藤忠　吉川弘文館
　　　1. 古代朝鮮・日本金石文對照年表　2. 古代朝鮮・日本金石文拓本集錄 1) 古代朝鮮關係拓本 2) 古代日本關係拓本　3. 古代朝鮮・日本金石文所在地一覧 1)古代朝鮮關係所在地 2) 古代日本關係所在地　4. 古代朝鮮・日本金石文參考文獻一覧 1) 古代朝鮮關係參考文獻 2) 古代日本關係參考文獻　5. 古代朝鮮・日本金石文古文獻集錄 1) 古代朝鮮關係古文獻 2) 古代日本關係古文獻

『廣開土王陵碑』　1985　朴時亨(全浩天譯)　そしえて　；1966『광개토왕릉비』사회과학원출판사 ；1967　井上秀雄 抄譯『朝鮮研究年報』9
　　　○　まえがき　○　廣開土王陵碑の現狀　1. 廣開土王陵碑の建立と陵碑に關する古文獻の記錄 1) 陵碑建立時期 2) 陵碑に關する古文獻の記錄　2. 陵碑再發見經緯 1) 朝鮮人による再發見とその拓本 2) 葉昌熾著『語石』, の

記録　3）呉大澂著『皇華紀程』，の記録　4）談國桓の手札
と跋語　5）榮禧の『欄言』，6）簡單な結論　　3. 廣開土王
戰後の時期の東方諸國の國際關係　1）高句麗,百濟,新羅
三國の相互關係　2）三國の對倭關係　3）高句麗・燕　關
係　　4. 碑文の注釋　1）第一段　序文　2）第二段　銘詞　3）
第三段　墓守り人煙戸　　○附錄　1）碑文の著錄，研究及
び出版　　2）陵碑再發見以後の日本帝國主義によって遂
行された陰謀とその惡辣性

『廣開土王陵碑の研究』　　1972　　李進煕　　吉川弘文館
　　　　1. 廣開土王陵碑研究の歷史　1）日本における明治年間
の研究　2）初期の中國人學者の研究　3）日本における一
九一〇, 二〇年代の研究　4）日本における一九三〇, 四
二〇年代の研究　5）一九二〇年代以後朝鮮人・中國人學
者の研究　6）日本における第二次大戰後の研究　7）解放
後の朝鮮における研究と碑文再檢討の動き　　2. 廣開土
王の時代と碑の現狀　1）廣開土王の時代　2）廣開土王陵
碑に關する朝鮮の古文獻　3）輯安の高句麗遺蹟と碑の現
狀　　3. 碑の再發見と雙鉤本, 拓本の作成　1）碑再發見の
時期の問題　2）雙鉤加墨本と拓本の作成　　4. 酒勾雙鉤
加墨本とその　解讀作業　1）讀解本の種類　2）讀解作業
と『會余錄』，の出版　　5. 參謀本部によるいわゆる「石灰
塗付作戰」　1）資料の編年的檢討　2）「石灰塗付作戰」と
第三次加工　3）碑の日本への搬出計劃　　6. 廣開土王陵
碑文の問題點　1）初期の資料, 釋文の問題点　2）すり贊
えられた碑文　　○ 研究史年表　　○ 資料編

『廣開土王碑文の研究』　　1993　　白崎昭一郎　　吉川弘文館
　　　　1. 廣開土王碑の問題點　　2. 廣開土王碑拓本の編年　　3.

廣開土王碑文考證　　4. 廣開土王碑目黑區拓本の意義に
ついて

『廣開土王碑研究の軌跡』　　1991　　星野良作　　吉川弘文館
　　○　序にかえて － 廣開土王碑の問題點 －　1. 廣開土王
碑文研究の動向　1)　激論のなかで明らかになった諸点
2)李進煕氏の提說をめぐって　3. 佐伯有淸氏の『研究史
廣開土王碑』, 4. 李亨求氏の廣開土王碑文研究　2. 酒匂
景信將來の廣開土王碑文の復元的研究 1) 酒匂景信將來
の廣開土王碑文　2)　碑文研究初期における釋文の分析
3) 碑文最末"後"字の由來をめぐって　○　附錄：資料
篇　○　あとがき

『廣開土王碑原石拓本集成』　　1988　　武田幸男　　東京大出版會
　　○　序言　1. 原寸大碑字　2. 原石拓本集成篇　○　傅斯
年氏舊藏(乙)本　○　水谷悌二郎氏舊藏本　○　傅斯年氏舊
藏(甲)本　○　金子鷗亭氏藏本　3. 補篇　○　酒匂景信氏
將來本　4. 解說篇　○　廣開土王碑研究의　現段階 1)
廣開土王碑の內容 2) 石碑の發見と碑文の研究 3) 各種
墨本のその變遷 4) 原石拓本とその意義　○　附錄 1：
廣開土王碑文試釋　○　附錄 2：　主要研究文獻

『廣開土王碑と古代日本』　　1993　　東京都目黑區敎育委員會　　學
生社
　　◎　第1部　基調發表　1. 高句麗廣開土王碑研究の歩み
(浜田耕策)　2. 碑文からみた四五世紀の高句麗(武田幸
男)　3. 考古學からみた高句麗文化(田村晃一)　4. 四五
世紀の高句麗と倭(鈴木靖民)　◎　特別報告　○　東京都
目黑區所藏拓本について(橫山昭一)　◎　第2部　シンポ
ジウム　○　はじめに　1. 廣開土王碑文拓本をめぐつて

　　2. 廣開土王の時代　3. 高句麗と倭

『廣開土王碑と參謀本部』　1976　　佐伯有淸　　吉川弘文館
　　○ まえがき　1. 高句麗廣開土王陵碑文再檢討のための
　　序章 – 參謀本部と朝鮮硏究 – 2. 高句麗廣開土王碑の
　　謎 –解明された酒勾大尉の周邊 – 3. 靑江秀と廣開土王
　　碑文硏究の謎 – 北海道に來ていた最初の碑文硏究者 –
　　補論 明治の『官員錄』，の重要性　4. 橫井忠直と『高麗古
　　碑本之來由』，の出現　5. 明治二十一年本『高勾麗古碑
　　考』，の成立　　6. 高句麗廣開土王碑硏究と紀年論爭 –
　　參謀本部の古代日朝關係史觀 – 　7. 高句麗廣開土王陵
　　碑の再檢討 – とくい「辛卯年」の倭關係記事をめぐって
　　– 8. 高句麗廣開土王碑をめぐる諸問題 – 李進熙氏の
　　所論によせて – 9. 高句麗廣開土王碑文硏究の現狀 –
　　あとがきにかえて – ○ 索引

『廣開土王碑と七支刀』　1980　　李進熙　　學生社
　　1. 廣開土王陵碑と七支刀　2. 七支刀硏究の100年　3.
　　金石文と古代史　4. 朝鮮と日本の古代山城　5. 鬼ノ城
　　の渡來人　6. 武寧王陵と百濟系氏族　7. 法隆寺再建設
　　の檢討　8. 朝鮮からみた壬申の亂　9. 軍部による朝鮮
　　硏究の開始　10. 朝鮮における戰前の遺蹟調査　11. 古
　　代 日朝關係 斷想　12. 歸化人 史觀の克服

『樂浪漢墓』Ⅰ—大正十三年度發掘調査報告—　1974　　榧本杜人
　　樂浪漢墓刊行會
　　1. 序說 1) 緖言 2) 墳墓の發掘 3) 遺物の整理 4) 報告
　　書作成　2. 石巖里第一九四号(丙墳) 1) 位置と外形 2)
　　發掘の經過 3) 墳墓の構造 4) 遺物の位置 5) 遺物 6)
　　小結　3. 石巖里第二〇〇号墓(乙墳) 1) 位置と外形 2)

勃興と朝鮮の征服　1)「滿洲」の勃興　2)　丁卯の變　3)
丙子の亂　6. 越境問題　7. 康熙帝の白頭山調査 1)康熙
十六年の內大臣覺羅武默訥の踏査 2)　康熙二十三年邊將
勒出の踏査　8. 露淸國境の確定　9. 康熙帝の治世　10.
李萬枝事件 1)　事件の概要 2)　會審に關する紛糾 3)　事
件の解決　11. 白頭山定界碑の建立 1)　淸使と接伴使の
交涉 2)　穆克登等の登山立碑 3)　說柵問題　12. 白頭山
定界碑建立後に於ける間曠地帶の尊重　13. 白頭山定界
碑と間島問題 1)　間島問題の發端 2)　白頭山定界碑立會
調査の決定　14. 乙酉勘界談判 1)　會寧に於ける談判
2)　第一回の茂山に於ける談判 3)　三下江口に於ける談
判　4)　三路分進の調査　5)　第二回茂山に於ける談判
15. 丁亥勘界談判 1)　談判前の交涉 2)　會寧に於ける談
判 3)　永源地方の再調査と長坡に於ける談判 4)　境界談
判の不成立　16. 間島に於ける淸韓兩國の自由行動 1)
淸韓兩國の施設 2)　間島管理使李範允の活動 3)　李範允
撤退の交涉　17. 日淸間に於ける間島問題 1)　日淸談判
の開始 2)　兩國政府主張の要旨 3)　間島に於ける紛糾
18. 間島問題の解決と白頭山定界碑　○ 附錄：間島問
題の回顧

『シンポジウム　好太王碑—四,五世紀の東アジアと日本—』　1985
東方書店
◎ 講演　○ 好太王碑研究シンポジウムへの期待(三上
次男)　○ 集安の高句麗文物考古における新課題(賈士
金)　○ 高句麗石塚の時代的變化(方起東)　○ 廣開土
王碑文研究の一〇〇年(佐伯有淸)　○ 好太王碑研究に
關するいくつかの問題(王健群)　○ 廣開土王陵碑の科

學的再調査を(李進熙)　○　好太王碑文辛卯年條の讀み
に方ついて(西嶋定生)　○　四～五世紀の朝鮮諸國(武田
幸男)　○　四・五世紀の日朝關係 – 七支刀と好太王碑
をめぐって(上田正昭)　◎　シンポジウム　○　四, 五
世紀の東アジアと日本　◎　追補　○　好太王碑につい
てのいくつかの情況(王健群)　○　九州大學藏好太王碑
拓本の拓製年代について(王健群)

『研究史 廣開土王碑』　1974　佐伯有清　吉川弘文館
　　　○　はしがき　1. 廣開土王碑文研究の開始 1) 廣開土王
碑文の拓出と研究 2) 諸家の檢討と碑文研究の公刊　2.
廣開土王碑文研究の發展 1) 菅・那珂・三宅の碑文研究
2) 諸論者における碑文の言及　3. 廣開土王碑の現地調
査と研究 1) 鳥居龍藏の現地調査 20 碑石の日本への搬
出計劃 3) 關野貞と今西龍の現地調査 4) 黑板勝美の現
地調査　4. 廣開土王碑文研究の停滯 1) 今西龍と小田
省吾の所說 2) 僞書『南淵書』, の波紋 3) 數少ない碑文
研究 4) 池內宏らの現地調査　5. 廣開土王碑文研究の
再檢討 1) 碑文研究の空白 2) 碑文再檢討の曙光 3) 碑
文再檢討の展開 4) 新しい論爭の開始　○　廣開土王碑
文　○　廣開土王碑文獻索引

『日本古器銘と好太王碑文—新解讀並びに考古文字地理—』　1991
　　　福宿孝夫　中國書店
　　　○　はじめに　1. 日本出土古器物銘の新解讀 1) 石上神
宮藏の七支刀 2) 稻荷山古墳の鐵劍 3) 江田船山古墳の
長刀 4) 隅田八幡の人物畫像鏡 5) 岡田山一号墳の斷刀
6)　魏紀年銘の銅鏡四種　7)　法隆寺三尊像臺座の墨書
2. 好太王碑銘文の新解讀 1) 好太王碑の讀み下し文 2)

好太王碑の新判讀文字　3) 好太王碑の補正釋文　　3. 製
作者と書者考　1) 魏紀年四鏡の師弟工人　2) 刀劍類の作
者と書者　3) 木書と木刻銘の作者　　4. 用字の同時性檢
證と産地考　1) 稻荷山鐵劍銘と江田船山刀銘　2) 額田部
臣刀銘と平壤城壁石刻　3) 卑弥呼への魏鏡に帶方郡の特
製混在說　　5. 好太王碑の字體　1) 好太王碑字體の特質
2) 好太王碑文字の分類　3) 類似字體の起点と終点　　6.
用字體の系統と考古文字地理　　1)　古代の用字體の系統
2)　古銅鏡銘の書體余論　3)　三角綠鏡類の發生・經緯の
假說　4)　古代の用字體の文字地理　　○　考古文字地圖の
構成

『朝鮮金石攷』　1935　葛城末治　大坂屋號館書店；1974 國書刊行
　　會；1978　亞細亞文化社
　　◎　序言　　◎　概說篇　　1. 金石學總說 1) 金石文の意
　　義 2) 金石文の淵源 3) 金石文の種類と其の名稱 4. 金
　　石文研究の效果　　2. 朝鮮金石學總說　1)　金石研究者と
　　其の著錄 2) 金石文の種類と其の名稱 3)　金石文字の書
　　體と其の系統　4)金石文體と其の變遷 5)　金石文中の集
　　字碑 6) 漢字以外の金石文字 7) 金石文中の吏讀 8)　金
　　石文字の避諱と缺筆 9) 金石文中の建號 10)　金石文の
　　分布　○　結語　　◎　各說篇　　○　金石文選釋　1. 樂浪
　　郡及び三國時代 ： 龍岡　秥蟬縣神祀碑　등 12種　2. 新
　　羅統一時代 ： 洛陽　高句麗泉男生墓誌　등 23種　3. 高
　　麗時代(前期) ： 海州　廣照寺眞澈大師寶月乘空塔碑　등
　　39種　4. 高麗時代(後期) ：開城　權適墓誌 등 26種　◎
　　研究篇　　○　寶林寺毘盧遮那佛に 就いて　　○　大興寺
　　の塔山寺鐘に就いて　　○　氷庫に就いて　　○　百濟夫餘

隆に就いて　○　新羅葛文王に就いて　○　柶戲より觀たる上代の日鮮關係　○　新羅誓幢和上塔碑に就いて　○　覺淵寺通一大師塔碑の年時と其の撰者に就いて　○　高達院址の逸名龜趺と浮屠に就いて　○　朝鮮の幢及び幢竿に就いて

『朝鮮金石文』　1924　中樞院；1982　葛城末治　現代社
　　◎　總說　◎　各說　1. 三國時代：粘蟬縣神祀碑　등 10種　2. 新羅統一時代：四天王寺碑　등 9種　3. 高麗時代：廣照寺眞澈大師寶月乘空塔碑　등 25種　4. 李氏朝鮮時代：朝鮮太祖健元陵神道碑　등 2種　○　結語

『朝鮮金石瑣談(外)』　1979　藤田亮策외　亞細亞文化社
　　◎　藤田亮策,『朝鮮金石瑣談』○　慶州南山新城碑　등 11篇의 金石文 관련 論文.　◎　藤田亮策,「三日浦の埋香碑」　◎　藤田亮策,『高麗鐘の銘文』○　朝鮮鐘の傳來　등 20篇의 韓國鐘의 銘文과 관련된 論文　◎　藤田亮策,『靑丘遺文』○　金山寺香爐銘　등 9鐘의 金石文 관련 論文　◎　藤田亮策,「朝鮮の年號と紀年」　1. 序記　2. 朝鮮の年號　3. 朝鮮の紀年　4. 結語　◎　今西龍,「新羅眞興王巡狩管境碑考」1. 黃草嶺碑　2. 北漢碑　3. 昌寧碑　◎　今西龍,「新羅文武王陵碑に就きて」　◎　今西龍,「慶州栢栗寺六面石幢刻文」　◎　今西龍,「鷲棲寺舍利石盒刻記」(未定稿)　◎　今西龍,「聖德大王神鐘之銘」(未定稿)　◎　今西龍,「孝子里碑」(未定稿)　◎　鮎貝方之進,『「俗文攷」附錄 金石文』,○　平壤 高句麗城壁石刻文　등 25鐘의 金石文 관련 論文

『朝鮮金石總覽』上・下　1919　朝鮮總督府　日韓印刷所 ；1976　亞細亞文化社

◎　上卷　　○　地方別(所在地)表(自三國期～至高麗期)
1.　三國期　；　自新羅婆娑王6年・高勾麗太祖33年・百濟己婁王5年(皇紀745年)～至新羅文武王8年・高勾麗寶藏王27年(皇紀1328年)　○　龍岡　秥蟬縣神祀碑　등　12種　○　附錄：慶州　我道和尙碑　등　3種　2.　新羅期；自新羅文武王9年(皇紀1329年)　～　至新羅景明王8年(皇紀1584年)　○　慶州　四天王寺碑　等　35種　○　附錄：慶州　新羅文武王陵碑　等　5種　3.　高麗期；自高麗太祖　20年(皇紀1597年)　～　至高麗恭讓王3年(皇紀2051年)　○　海州　廣照寺眞澈大師寶月乘空塔碑　등　153種　○　附錄：求禮　鷰谷寺玄覺禪師塔碑　등　90種　　◎　下卷　　○　朝鮮金石總覽補遺：1.　三國期　自新羅武烈王7년・高勾麗寶藏王19年(皇紀1320年)　～　至新羅武烈王8年・高勾麗寶藏王20年(皇紀1321年)　○　夫餘　東南里五層石塔楣石刻字　등　2種　2.　新羅期　自新羅神文王2年(皇紀1342年)～　至新羅憲安王2年(皇紀1518年)　洛陽　夫餘隆墓誌　등　2種　3.高麗期　自高麗太祖　24年(皇紀1601)～　至高麗恭愍王2年(皇紀2013年)　豊基　境淸禪院慈寂禪師凌雲塔碑　등　2種　○　地方別(所在地)表(李氏朝鮮期)　　○　李氏朝鮮期　自朝鮮太祖2年癸酉(皇紀　2053年)～　至隆熙4年庚戌(皇紀2570年)　忠州　億政寺大智國師智鑑圓明塔碑　등　345種　○　附錄：京城　雲從街鐘銘　등　5種

『朝鮮鐘』　　1974　　坪井良平　　角川書店
1.　序章　　1)　朝鮮鐘の形狀，裝飾および特徵　2)　朝鮮鐘の　起源　3)　朝鮮鐘の　鑄造　4)　朝鮮鐘の　渡來　5)　朝鮮鐘研究の　歷史　6)　朝鮮鐘の　模倣　2.　新羅時代　1)　紀年銘鐘　2)　無紀年銘鐘　3)　記錄に見える鐘　4)　新羅時代鐘の特色　3. 高麗時代前期 – 無立狀帶鐘期 – 1) 紀年銘鐘 2) 無紀年銘鐘 3) 記録に見える鐘 4) 高麗時代前期鐘の特色　4. 高麗時代後期 – 立狀帶鐘期 – 1) 紀年銘鐘 2) 無紀年銘鐘 3) 記録に見える鐘 4) 高麗時代後期鐘の特色と模倣支那鐘・韓支混淆型式鐘の擡頭　5. 李朝時代 1) 紀年銘鐘 2) 無紀年銘鐘 3) 記録に見える鐘　4)　高麗時代後期鐘の特色と韓支混淆型式鐘の盛行 6. 詳細不明佚亡鐘　○ あとがき

『朝鮮學論考』　1962　藤田亮策　藤田先生記念事業會刊
　　　　○ 序(原田淑人博士)　○ 家庭の藤田先生(郡山公舍にて)　○ ドルメンの分布について　○ 支石墓雜記　○ 朝鮮・滿洲のドルメン　○ 歐美の博物館と朝鮮　○ 朝鮮古蹟調査　○ 朝鮮金石瑣談　○ 三日浦の埋香碑　○ 高麗鐘の銘文　○ 靑丘遺文　○ 朝鮮の年號と紀年 ○新羅九州五京考　○ 李子淵と其の家系　○ 朝鮮渉史雜記　○ 倭銅の弁　○ 紙反古　○ 讀史閑話　○ 衿陽雜錄と著者　○ 吏文と吏文輯覽　○ 新纂東文選について　○ 歲時風謠　○ 海印寺事蹟に就いて　○ 華城雜記　○ 鑄字雜記　○ 鑄字所應行節目に就いて　○ 金銅經牌　○ 駱駝山房展觀目錄　○ 樂浪の思出　○ 高句麗の思出　◎ 別錄　○ 越後姬川の翡翠に就いて ○ 長者原遺跡の調査　○ 硬玉問題の再檢討　○ 硬玉の勾玉　○ 私の履歷書 – 朝鮮考古學への熱情 – ◎ 附錄 ○ あとがき

『通溝』上　1938　池內宏　日滿文化協會
　　　1. 序說 1) 高句麗の古都と通溝 2) 通溝の遺蹟に對する學術的調査 3) 新發見の壁畫古墳と其の調査　2. 通

溝平野　3. 丸都城と國内城　4. 高句麗の遺蹟 1) 通溝
城 – 丸都城址 2) 山城子山城 – 丸都城址 3) 廣開土王
碑 4) 自餘の遺蹟　5. 高句麗の古墳 1) 概觀 2) 將軍塚
3) 太王陵・千秋塚等 4) 一二の小石塚 5) 五塊墳の土
墳 6) 牟頭婁塚　6. 石塚及び土墳の年代

『好太王碑考』　1977　水谷悌二郎　開明書院
　　　　1. 好太王碑墨本考 1) 拓本 2) 雙鉤廓塡本 3) 墨本製作
　　　　の年代 4) 雙鉤廓塡本と拓本との比較　2. 好太王碑字
　　　　考 – 附碑辭考, 好太王碑辭考　3. 好太王碑文考 – 高
　　　　句麗文化の紀念碑, 紀功墓碑の初, 鄒牟王說話, 儒留王
　　　　の名, 大朱留王の名, 好太王諡号, 稱元, 日の干支, 高句
　　　　麗文化進展と對慕容燕交涉, 好太王治世の對慕容燕交涉,
　　　　中國の候王としての禮制創始, 碑の文辭, 碑の刑制, 碑
　　　　の大さ, 碑字の大さ字數, 高句麗文化の特性, 碑字の別
　　　　體, 碑字の書體　○　附　好太王碑字の變相(要約)　○
　　　　好太王碑釋文

『好太王碑の謎―日本古代史を書きかえる―』　1985　李進熙　講
　　　　談社
　　　　◎ 第一部基調報告　1. 日本古代史學への疑問 ○ 教科
　　　　書にみる古代の朝・日關係　○　廣開土王陵碑と日本古
　　　　代史 ○「任那日本府」說への疑問　2. 謎につつまれた
　　　　碑文の研究　○　碑全面に石灰が塗られた　○　廣開土王
　　　　陵碑に關する朝鮮の古記錄　○　碑の發見と苔の燒去　○
　　　　雙鉤加墨本と拓本はいつ作られたか　3. 舊參謀本部に
　　　　おける碑文の解讀作業　○　はじめて知られた碑文の解
　　　　讀本 ○ 解讀作業と『會餘錄』, の出版　4. 參謀本部によ
　　　　る「石灰塗付作戰」○　かくされた酒勾の名まえ　○　石

灰塗付は酒勾本補强のため　○　參謀本部と廣開土王陵
碑　5. すり贊えられた碑文　○　まどわされた從來の碑
文研究　○　すり贊えられた碑文　○　參謀本部と酒勾景
信の素顔　6. 日本近代史學と「任那日本府」說　○　古代
朝・日關係史研究の歪み　○　七支刀研究の歪み　○　五
世紀の「天皇」と金石資料　○　「任那日本府」說の虛構性
○　歷史像再構成の課題　- あとがきに代えて -　◎　第
二部　シンポジウム　○　はじめに　1. 廣開土王碑文拓本
をめぐって　2. 廣開土王の時代　3. 高句麗と倭

『好太王碑の研究』　1984　王健群　雄渾社
1. 好太王碑の槪要　1）好太王碑の建立　2）好太王碑の
發見　3）好太王碑の現狀　2. 好太王碑の拓本　1）拓本
の製作とその經緯　2）雙鉤本と拓本の誤りの原因　3）「
石炭塗布作戰」について　3. 好太王碑に關する研究　1）
中國における好太王碑の研究　2）1930年代以前の日本,
スランスにおける好太王碑の調査と研究　3）權藤成卿の
『南淵書』, について　4）第2次世界大戰後における好太
王碑の研究　4. 好太王碑文の判讀　5.好太王碑文の考
證と解釋　1）'五年乙未'條の考證と解釋　2）'六年丙申,
八年戊戌'條の考證と解釋　3）'九年己亥, 十年庚子'條の
考證と解釋　4）'十四年甲辰, 十七年丁未'條の考證と解
釋　5）'二十年庚戌'條の考證と解釋　6）墓守烟戶の問題
7）好太王碑の書體　6. 好太王碑文の飜譯と註釋　○
日本語版出版にあたって　○　附錄

『好太王碑論爭の解明—改ざん說を否定する—』　1986　藤田友治
新泉社
○　はしめに　◎　第1部　好太王碑研究史と現地調査

1. 教科書における好太王碑の位置　2. 今日までの好太王碑研究の經過とその意義について － 辛卯年倭の記事の解釋を中心として　3. 碑公開前の拓本・釋文の調査 4. 好太王碑公開要求運動　5. 好太王碑現地調査報告 ◎ 第2部　好太王碑文の研究　6. 好太王碑『改ざん』, 論争とその決着 － 李進熙と古田武彦との論争を現地調査によって解明する　7. 中國側現地調査の意義と問題點　8. 改削說否定後の新しい論争 － 好太王碑文にあらわれた倭とは何か　9. 好太王碑建碑の目的 － 守墓人制度の確立について　10. 好太王の時期の高句麗國家の構造 ◎ 資料篇　○ 好太王碑研究史年表　○ 高句麗古墳(集安)における 「墓上立碑」について.　○ 東台子遺蹟について.　○ 王健群釋文史料批判.　○ 初均德が殘した碑文の拓本.　○ 耿鐵華 「好太王碑新考」(老田裕美譯)　○ 解說に代えて － 古田武彦　○ あとがき

『好太王碑—50年ぶりに見た高句麗の遺跡—』　1985　寺田隆信
　　　　ぎょうせい　○ 發刊によせて(陳舜臣)　○ 序にかえて(寺田隆信)　○ 高句麗とその文化(寺田隆信)　◎ 好太王碑　○「好太王碑」1) 高句麗好太王 2) 好太王碑 3) 碑文にみえて倭人　5) 集安訪問　6) 碑面の現狀(關晃)　○ 碑石を見學して　1) 寫眞撮影擔當 2) 撮影開始 3) 市內周遊(中村完)　◎ 集安の遺跡　○ 將軍塚 1) 第一印象 2) 外形と構造 3) 自然石の意味 4) 崩壞の歷史的意味 5) 部塚について 6) 新しい視点(井上秀雄)　○ 五塊墳四号墓・五号墓の光彩 1) 壁畵古墳 2) 五塊墳見學(上田正昭)　集安縣博物館(今泉隆雄)　○ 國內城 1) 北壁到着 2) 國內城の概要 3) 丸都山城について(須藤

隆）◎ 輯安の旅　［付］好太王碑關連年表(古畑徹)○
あとがき － 交渉裏話 －（渡辺和喜）

『好太王碑探訪記』　1985　寺田隆信・井上秀雄　日本放送出版
協會
○はしがき(寺田隆信)　1. 集安探訪記　1) 吉林省訪問
團日錄(新野直吉) 2) 好太王碑を見て(座談會)　2. 好太
王碑文考　○ 國岡上廣開土境平安好太王碑文　解說(井上
秀雄) 2) 資料篇　○ 附 ： 好太王碑の發見と搖拓(王健
群, 寺田隆信・磯部祐子譯)

『好太王碑と高句麗遺蹟—四,五世紀の東アジアと日本—』　1988
王健群외　讀賣新聞社
◎ 好太王碑研究に關するいくつかの問題　○ はじめ
に　1. 好太王碑の現狀　2. 私の好太王碑に對する數回
の調査　3. 拓本の先後, 優劣について　4. 好太王碑文
の中の"倭"の實體　5. 申采浩の"記聞"とその好太王碑
に關する論述　6. "改ざん說"質疑の補充意見　7. 好太
王碑と好太王陵　8. いくつかの具體的問題の說明　○
結びに（王健群）　　◎ 集安の歷史文物と高句麗遺跡
1. 集安の歷史と名稱　2. 國內城と丸都山城　3. 高句麗
の交通路と防衛施設　4. 洞溝平野の高句麗遺跡 5. 洞
溝古墓群の調査と新知見（賈士金）◎ 千秋墓, 太王陵,
將軍塚　○ はじめに　1. 三陵墓の概要　2. 太王陵と
將軍塚の被葬者傳承　3. 近代以降の被葬者論議　4. 墳
墓の形式・構造からみた三陵墓の比較分析　5. 瓦片・
瓦當がらみた三陵墓の比較　6. 好太王碑の性格と墓上
立碑方式　7. 好太王碑, 太王碑, 將軍塚における方向の
解釋　8. 被葬者問題の結論（方起東）◎ 解說「實事

求是」のために（佐伯有清）

『好太王碑と任那日本府』　1977　李進熙　學生社
　　1. 廣開土王陵碑文の謎 – 初期日朝關係研究史上の問題
　　点 – ○　はじめに　○　酒勾雙鉤本は參謀本部で解讀さ
　　れた　○　碑文すりかえを隱蔽するための「石灰塗付作戰」
　　○　碑の略奪策動と『南淵書』, ○　酒勾雙鉤本おり前の資
　　料はのこっていない　○　酒勾景信のすりかえた「碑文」
　　○　おわりに　2. 廣開土王陵碑研究史上の問題点 – 一
　　九一〇年代までの中國人の研究をめぐって　3. 廣開土
　　王陵碑をめぐる諸問題 – 古田武彦氏の所論によせて –
　　4. 廣開土王陵碑研究の現狀と課題　○　補論1　井上光貞
　　氏への反批判　○　補論2　梅原末治氏への反批判　5. 古
　　代史論爭とナショナリズム　○　ナショナリズムという
　　誤解　○　皇國史觀を排除して　○　朝鮮史の再檢討　6.
　　好太王碑と參謀本部　○　はじめに　○　酒勾景信への疑
　　惑　○　酒勾景信の役割と碑文の解讀作業　○　好太王碑
　　と參謀本部　○　おわりに　7. 「任那日本府」說と近代史
　　學 – その歪められた研究史をめぐって – ○　はじめに
　　○　參謀本部の日朝關係史研究　○　紀年論爭と「國體」論
　　○　七支刀の調査と「任那日本府」の遺跡探査　○　廣開土
　　王碑文と皇國史觀　○　『任那興亡史』と七支刀「泰和四
　　年」說　○　「任那日本府」說への反省　○　殘された課題
　　◎　あとがき

『好太王碑と集安の壁畫古墳―躍動する高句麗文化―』　1988　讀
　　賣テレビ放送　木耳社
　　○　序(有光敎一)　Ⅰ. 好太王の歷史的背景　1. 好太王
　　の時代 – 四・五世紀の高句麗と東アジア – 1) 高句麗

史上の好太王 2) 東アジア史上の好太王(武田幸男)　2. 好太王碑の倭の記事と倭の實體 1) はじめに 2) 倭の記事の釋讀 3) 倭の記事の探究 – 倭と高句麗 – 4) 倭の實體とその出兵(鈴木靖民)　3. 好太王碑をめぐる爭點 1) はじめに 2) 碑石と拓本 3) 碑文の爭點 4) 陵墓の比定論(浜田耕策)　II. 集安の壁畫古墳の精髓　1. 集安の壁畫墳とその變遷 1) 集安の壁畫墳 2) 石室構造と壁畫墳の變遷(東潮)　2. 集安の高句麗遺跡 1) はじめに 2) 通溝の地形と遺跡の分布 3) いろいろな古墳の形態 4) 集安の主要な古墳 5) 王陵比定をめぐって(永島暉臣愼)　III. 現代中國考古學の新知見　1. 集安古墳墓に對する新認識(王健群・河上邦彦譯) 2. 集安高句麗墓壁畫の舞樂(方起東・岡村秀典譯)　IV. 國際關係に搖れる好太王碑(杉谷保憲)　○ あとがき

III. 中國語 著書

『好太王碑研究』　1984　王健群　吉林人民出版社

『晋 好大王碑』　1985　中華書局
　　○ 晋 好大王碑 : 解題　○ 原本 實物 拓本

第 2 部

韓國 金石文 關聯 論文
（人名別）

第 2 部　韓國 金石文 關聯 論文
(人名別)

Ⅰ. 韓國語 論文

姜大德　1988　조선　江陵出土 黃山道察訪 金訒墓誌　『嶺東文化』3　관동대 영동문화연구소　1. 序言　2. 金訒墓誌의 內容　3. 墓誌의 人物分析 및 通婚關係 1) 金臺 2) 金世勳 3) 李碩珍 4) 金光轍 5) 金自洛　4. 江陵出土 墓誌와의 比較　5. 結語

姜大德　1989　조선　江陵 大田洞 출토 鍾城敎授 李守渾墓誌 『關東史學』4　관동대　1. 序言　2. 李守渾墓誌의 內容　3. 墓誌主人公의 家系 및 婚姻關係　4. 江陵출토 墓誌와의 比較　5. 結語

姜萬吉　1955　신라　眞興王碑의 隨駕臣名研究―黃草嶺碑와 昌寧碑―　『史叢』1　고려대 사학회

강봉룡　1989　신라　蔚珍 新羅 居伐牟羅碑의 재검토　『역사와 현실』1　한국역사연구회　1. 머리말 2. 비문과 문단구분　3. 所敎事부문의 검토　4. 別敎令부분의

검토　5. 刑 집행부분　6. 立碑儀式부분의 검토　7. 동
해안 지역에 대한 편제　8. 맺음말

康龍權　　1978　　고려　　泗川埋香碑解說　　『考古美術』138·139
한국미술사학회

姜友邦　　1974　　신라　　古新羅의 金石文遺蹟　　『書通』3　동방
연서회　○ 序　1. 古墳出土金石文　1) 延壽在銘瑞鳳塚
銀合杅　2) 榮州於宿述干墓　3) 高德興鐋銘鐎斗　4) 弔銘
靑銅盒　2. 花郞遺蹟金石文　1) 蔚州川前里盤龜臺書石
2) 壬申誓記石　3. 土木建築金石文　1) 永川菁堤碑　2)
大邱塢作碑　3) 南山新城碑　4) 在城銘 숫막새기와　4.
佛敎遺蹟金石文　1) 斷石山神仙寺造像記　○ 結語.

姜喆鍾　　1979　　신라　　磨雲嶺 眞興王巡狩碑의 發見經緯에 관
한 一管見　『全北史學』3　　전북대 사학회　1. 磨雲
嶺碑 以前의 利城縣　2. 磨雲嶺碑의 發見經緯　1) 磨雲
碑와 新羅의 北端彊域　2) 磨雲嶺碑에 대한 崔南善 以
前의 諸家의 解明　3) 栗溪 姜必東과 六堂 崔南善　3.
結言

耿鐵華　　1991　　고구려　　高句麗好太王碑　『中國學界의 高句
麗史 認識』(엄성흠譯)　　대륙연구소 출판부 ; 1984
『文物天地』1984-6 ; 1985　　高句麗好太王碑及び高句麗
王朝と好太王について『市民の古代』7　○ '高句麗 好
太王碑'　○ 好太王碑의 발견과 硏究熱　○ 高句麗王
朝 七百年　○ 好太王의 業績

高敬姬　　1984　　조선　　高陽德水慈氏碑小考　『考古美術』161
한국미술사학회　1. 序言　2. 碑文　3. 解釋　4. 結語

高斗東　　1976　　고구려　　廣開土王陵碑文詳釋　『月刊文化財』52

월간문화재사　　1. 永樂 五年 乙未記　2. 永樂 六年 丙申記　3. 永樂 八年 戊戌記　4. 永樂 九年 己亥記　5. 永樂 十年 丙子記　6. 永樂 十四年 甲辰記　7. 永樂 十七年 丁未記　8. 永樂 二十年 庚戌記

高裕燮　　1938　　고구려　　高句麗古都國內城遊觀記　　『朝光』9　조선일보사　　*

孔錫龜　　1988　　낙랑　　平安 黃海道地方出土 紀年銘塼에 대한 研究　『震檀學報』65　진단학회　1. 緒論　2. 資料의 集成　3. 紀年의 表記方式　4. 國家別 年號채택에 대한 檢討　5. 身分에 대한 考察 1) 姓氏 2) 官職 3) 出身地　6. 結論

孔錫龜　　1989　　고구려　　安岳 3號墳의 墨書銘에 대한 고찰 『歷史學報』121　　역사학회 ; 1995　　『高句麗 南進經營史의 研究』　백산자료원　1. 머리말　2. 冬壽에 대한 墨書銘　3. 其他 墨(朱)書 官職銘　4. 冬壽墨書銘의 墓誌的 性格　5. 安岳 3號墳의 被葬者 問題　6. 맺는말

孔錫龜　　1990　　고구려　　廣開土王陵碑의 東夫餘에 대한 考察 『韓國史研究』70　　한국사연구회　1. 問題의 提起　2. 東夫餘 征伐記事의 分析　3. 高句麗·夫餘 建國說話에 보이는 東夫餘　4. 廣開土王陵碑에 보이는 東夫餘의 實體　5. 맺는말

孔錫龜　　1990　　고구려　　德興里 壁畫古墳의 主人公과 性格 『百濟研究』21　　충남대 백제연구소　1. 머리말　2. 主人公에 대한 問題點 檢討　3. 主人公과 高句麗와의 관계　4. 맺음말

孔錫龜　1996　고려　德興里 壁畫古墳 被葬者의 國籍問題『韓國上古史學報』22　한국상고사학회　1. 서언　2. 銘文의 國籍 記錄에 대한 검토　3.「高麗史」地理志 기록에 대한 검토　4. 결어

孔在錫　1976　신라　慶州 98號南墳出土 漆器盞銘文　『美術資料』19　국립중앙박물관　1. 序　2. 漢字의 理解　3. 馬, 郞字考　4. 佛經 중의 馬郞故事

郭東錫　1992　백제　연기지방의 佛碑像　『百濟의 彫刻과 美術』　공주대박물관　○ 머리말　1. 형식과 圖像특징 1) 석비형 2) 광배형　2. 양식적 특징과 계보 1) 백제 양식의 계승과 그 계보 2) 일광삼존불형식의 계승과 그 계보　3. 명문의 내용과 의의　○ 맺음말

郭丞勳　1997　신라　新羅 哀莊王代「誓幢和上碑」의 建立과 그 意義　『國史館論叢』74　국사편찬위원회　1. 머리말　2.「誓幢和上碑」의 내용　3. 碑文에 나타난 元曉의 思想　4. 下代 前期의 佛敎와 政治　5.「誓幢和上碑」建立의 意圖　6. 맺음말

權悳永　1992　신라　新羅 弘覺禪師碑文의 復元 試圖　『伽山李智冠스님 華甲紀念論叢―韓國佛敎文化思想史―』　1. 머리말　2. 碑文의 復元 資料　3. 碑文의 復元과 檢證　4. 碑文의 內容　5. 맺음말

권두규　1997　조선　安東의 堤防 事蹟碑　『安東文化研究』11　안동문화연구회　1. 머리말　2. 松堤碑 1) 비의 현존상태 2) 내용　3. 松堤事蹟碑 1) 비의 현존상태 2) 내용　4. 浦項提　5. 湖防事蹟碑 1) 비의 현존상태 2) 내용　6. 맺음말

權丙卓   1989   신라   菁堤制度硏究   『龍巖車文燮敎授華甲紀念 史學論叢』   1. 머리말   2. 築堤   3. 修治   4. 菁堤會 1) 組織 2) 목거지 3) 修簿   5. 맺음말

奇宇景   1988   백제   칠지도명문에 대한 나의 견해   『鄕土文化報』13   광주일보사 향토문화연구소   *

金九鎭   1975   조선   舊英陵 神道碑와 石物에 대하여   『歷史敎育』18   역사교육연구회   1. 遺蹟 調査 經緯 1) 資料(文獻)調査 2) 現地 踏査 3) 調査 發掘 作業   2. 出土 石物 1) 神道碑 2) 誌石 3) 雜像類 ① 文官石人 ② 武官石人 ③ 石羊 ④ 石虎 ⑤ 石馬 ⑥ 長明燈(石燈) ⑦ 魂遊石(石床)·鼓石 ⑧ 欄杆石柱   3. 맺음말

金九鎭   1976   고려   公嶮鎭과 先春嶺碑   『白山學報』21   백산학회   1. 緖論   2. 公嶮鎭과 羈縻州의 公嶮城   3. 公嶮鎭의 位置와 領域   4. 先春嶺碑와 完顔部의 勢力   5. 公嶮鎭과 東北面開拓   6. 結論

金南斗   1990   조선   禮堂 金石過眼錄의 분석적 연구   『史學志』23   단국대 사학회   1. 머리말   2. 著述 및 出現背景 1) 出現背景 2) 異本考證   3. 內容 分析 1) 體制別 分析 2) 綜合的 分析 3) 硏究 方法論 分析   4. 『禮堂金石過眼錄』의 價値 1) 金石學的, 歷史的 價値 2) 『禮堂金石過眼錄』의 問題點   5. 맺음말

金都鍊   1988   고려   高麗 金石文의 資料的 價値와 限界   『中國學論叢』4   국민대 중국문제연구소   1. 序言   2. 高麗 墓誌의 性格과 價値   3. 高麗 塔碑의 價値와 變遷   4. 高麗 金石文의 資料로서의 限界   5. 高麗 墓券의 本質   6. 結語

金東洙　　1994　기타　潭陽지방 碑文資料 몇 例의 소개　『全南文化財』7　*

金杜珍　　1973　신라　朗慧와 그의 禪思想　『歷史學報』57 역사학회　1. 序論　2. 朗慧의 社會的 基盤 1) 朗慧의 身分 2) 聖住山門의 基盤 3) 中央王室과의 關係　3. 朗慧의 禪思想 1) 無舌土論 2) 그의 禪思想의 社會的 性格　4. 結論

金杜珍　　1975　신라　了悟禪師 順之의 相論　『韓國史論』2 서울대 국사학과　1. 序論　2. 順之의 相論 1) 四對八相 2) 兩對四相 3) 四對五相　3. 相論의 性格　○ 맺는말

金杜珍　　1975　신라　了悟禪師 順之의 禪思想—그의 三遍成佛論을 중심으로—　『歷史學報』65　역사학회　1. 序論　2. 順之의 時代 및 檀越勢力　3. 順之의 禪思想 1) 成佛論 2) ‘內證外化’思想 3) ‘會三歸一’思想 4) ‘教禪一致’思想　4. 順之의 禪思想의 性格　5. 맺는말　○ 瑞雲寺了悟和尚眞原塔碑

金得豊　　1984　조선　서울市 九老洞出土 靑華白磁 朴慶後父子墓誌　『美術資料』34　국립중앙박물관

金龍善　　1979　신라　蔚州 川前里 書石 銘文의 硏究　『歷史學報』81　역사학회　○ 머리말　1. 書石 銘文의 判讀 1) 追銘 2) 原銘　2. 書石 銘文의 內容 1) 人物의 檢討 2) 年代의 檢討 3) 銘文의 檢討　3. 川前里書石에 나타난 葛文王　○ 맺는말

金龍善　　1988　고려　新資料 高麗 墓誌銘 17點　『歷史學報』117　역사학회　1. 소개의 말　2. 慶州 金氏의 세

墓誌銘—金殷說・金景輔・金惟珪 墓地銘　3. 鄭穆 墓
誌銘　4. 光山 金氏의 네 墓誌銘— 金周鼎・金深・金
台鉉・金台鉉 妻 王氏 墓誌銘　5. 安東 金氏의 세 墓
誌銘— 金方慶・金恂・金永暾 墓誌銘　6. 竹山 朴氏
의 네 墓誌銘— 朴全之・朴全之 妻 崔氏・朴瑗・朴
遠 妻 洪氏 墓誌銘　7. 洪奎 墓誌銘　8. 吳潛 墓誌銘

金侖禹　1990　신라　紺岳山碑와 鐵原 孤石亭　『慶州史學』9
경주사학회　1. 이끄는 말　2. 紺岳神祠와 紺岳山碑
3. 紺岳山과 七重城　4. 鐵原 孤石亭과 眞平王碑　5.
名勝地 孤石亭에의 探査　6. 맺는말

金萬用　1962　기타　釜山市內 金石文 및 懸板史料調査報告
『港都釜山』1 부산시사편찬위원회

金萬用　1963　기타　釜山市內 金石文 및 懸板史料調査報告
『港都釜山』2 부산시사편찬위원회

金武森　1949　기타　朝鮮金石에 對한 日帝御用學說의 檢討—
秥蟬碑의 金石學的 分析을 主로— 『력사제문제』10
1. 漢文字의 淵源　2. 古代朝鮮金石文字의 槪觀　3.‘秥
蟬碑’에 對한 世間의 見解　4. 朝鮮金石에 對한 日帝御
用學者들의 非科學的 見解에 對한 檢討

金武森　1949　기타　朝鮮書藝史硏究序說—朝鮮書藝發源의 史
的 연구— 『력사제문제』13　1. 조선서예사연구의
의의　2. 서예의 민족문화적 특질　3. 고대 조선서예
의 고증과 금석문자 가) 고대 金文字 나) 고대 漆書
서예의 고찰 다) 瓦磚문자　4. 민족문화로 형성된 한
자서예의 고구려 流波

金文基　1987　신라　崔致遠의 四山碑名 研究—實態調査와

內容 및 文體分析을 中心으로— 『韓國의 哲學』15
경북대 퇴계연구소　1. 序論　2. 崔致遠의 삶과 四山
碑名 1) 崔致遠의 삶 2) 四山碑名의 撰述 動機와 過程
3. 四山碑名의 保存實態와 碑形式 1) 雙谿寺眞鑑禪師
大空塔碑 2) 聖住寺朗慧和尙白月葆光塔碑 3) 鳳巖寺智
證大師寂照塔碑 4) 大崇福寺碑片의 發掘과 判讀 5) 四
山碑名의 內容分析　4. 四山碑名의 內容分析 1) 眞鑑
禪師碑銘의 構成과 內容 2) 朗慧和尙碑銘의 構成과 內
容 3) 智證大師碑銘의 構成과 內容 4) 崇福寺 碑銘의
構成과 內容　5. 四山碑名의 文體分析 1) 對偶와 四六
2) 用典과 修飾　6. 結論

金芳漢　1965　조선　三田渡碑蒙文에 對하여　『東亞文化』4
서울대 동아문화연구소

金炳基　1994　기타　금석문 서체연구의 중요성에 대한 一考
『鄕土史硏究』6　한국향토사연구회　1. 서론　2.본
론 1) 조선후기 集顔字碑의 의의 2) 백제 무녕왕릉 지
석의 서체 3) 광개토대왕비의 서체와 소위 「변조설」
방증 3. 결론

金炳浩외　1989　신라　신라古碑의 모형제작　『保存科學硏
究』10　문화재관리국　1. 머리말 2. 모형제작의
목적 3. 모형제작 대상 1) 울진군 봉평면 신라비 2)
영일군 냉수리 신라비　4. 樹脂금형(mold)제작 1) 전
처리 2) 내부금형제작 3) 외부형틀제작 4) 분할 및 박
리 5) 후처리 5. 모형제작 1) 극형 2) 보강 및 접착
3) 마무리 6. 맺는말

김사억　1966　고구려　서평 및 문헌해제 ; 원사 박시형 저

“광개토왕릉비”에 대하여　『력사과학』1966-5

金庠基　1961　고려　古搨 麟角寺碑　『考古美術』15　한국미술사학회

金庠基　1962　기타　草稿本 海東金石存攷　『考古美術』22　한국미술사학회

金相朝　1969　고려　高麗時代의 盂蘭契碑　『考古美術』103　한국미술사학회

金相鉉　1988　신라　新羅 誓幢和尙碑의 再檢討　『蕉雨黃壽永博士古稀紀念 美術史學論叢』　1. 머리말　2. 碑의 現狀과 碑文의 判讀　3. 원효에 대한 再認識과 記念事業　4. 碑文으로 본 원효의 행적　5. 맺는말

金相鉉　1989　가야　陜川 梅岸里 古碑에 對하여　『新羅文化』6　동국대 신라문화연구소

金相鉉　1991　고려　麟角寺 普覺國師碑 陰記 再考　『韓國學報』62　일지사　1. 머리말　2. 淸玢과 山立　3. 碑 破損의 始末　4. 諸碑帖과 陰記의 復元　5. 陰記 內容의 檢討　6. 맺는말

金錫夏　1978　신라　丹陽眞興王赤城拓境碑 解讀文　『史學志』12　단국대 사학회

金錫亨　1966　삼국　일본 후나야마(船山) 고분에서 나온 칼의 명문에 대하여　『력사과학』1966-2

金聲均　1961　조선　三田渡碑 竪立始末　『鄕土서울』12　서울시사편찬위원회　1. 序說　2. 立碑 發議　3. 碑所 築造　4. 碑石磨鍊　5. 碑文撰出　6. 碑銘書寫・入刻

金成讚   1989   고려   진공국사승묘탑비명 소고   『原州얼』
창간호   원주문화원   *

金成讚   1990   고려   법홍사 진공대사탑비 고찰   『原州얼』
원주얼심기협의회   *

金永萬   1980   고구려   廣開土王陵碑의 新研究(1)   『新羅加
耶文化』 11   영남대 신라가야문화연구소   1. 序論
2. 이른바 '辛卯年'기사의 新讀解   3. 增補文獻備考의
廣開土王碑銘(次回)

金永萬   1981   고구려   增補文獻備考本 廣開土王碑銘에 대하
여—廣開土王碑文의 新研究(2)—   『新羅加耶文化』 12
영남대 신라가야문화연구소   1. 緒言   2. 增補文獻備
考에 대하여   3.「碑銘」의 原本出處   4. 陵碑發見 經
緯   5. 陵碑의 規模   6. 碑本의 酉己別   7. 陵碑의 文
字 解讀   8. 碑文에 대한 評釋   9. 結論   ○ 附錄

金永萬   1989   신라   冷水里 新羅碑의 內容考察   『迎日冷水
里碑 發掘報告』   *

金永萬   1990   신라   迎日 冷水里 新羅碑의 '癸未年'에 대하
여 『三國遺事의 現場的 研究』(『新羅文化際學術發表會
議論文集』 11)   신라문화선양회   1. 서론   2. 443년설
의 성립 근거   3. 443년설의 문제점   4. 503년설에 대한
비판   5. 383년설과 癸亥年설에 대하여   6. 443년설의
문제점 처리   7. 결론

金永萬   1990   신라   迎日 冷水里新羅碑의 語文學的 考察
『韓國古代史研究』 3   한국고대사연구회   1. 서론
2. 표기문자   3. 비문의 文體   4. 비문의 구성   5. 문
장분석   6. 비문의 讀法   7. 주요 語句 연구   8. 비문

의 話者(speaker)와 내용   9. 결론

金英美   1988   신라   聖德王代 專制王權에 대한 一考察—甘山寺 彌勒像·阿彌陀像銘文과 관련하여—   『梨大史苑』22·23合   이대 사학회   1. 머리말   2. 감산사 미륵상·아미타상명의 분석   3. 성덕왕의 즉위와 상대 등 개원   4. 성덕왕의 왕권안정책 1)민심수습과 대당 외교의 전개 2) 內廷官制의 정비   5. 맺음말 : 성덕왕 대의 정치적 안정과 佛國土思想

金永培   1962   백제   公州公山城出土敷塼과 文字瓦   『考古美術』18   한국미술사학회

金英媛   1980   조선   湖巖美術館藏의 在銘粉靑沙器印花文대접 二例   『美術資料』26 국립중앙박물관

金煐泰   1988   고구려   現存 佛像銘을 통해 본 高句麗 彌勒信仰   『蕉雨黃壽永博士古稀紀念 美術史學論叢』   1. 彌勒信仰의 高句麗 傳來   2. 彌勒信仰의 初期的 수용   3. 高句麗 彌勒信仰의 전개

金煐泰   1989   삼국   三國時代 佛敎金石文 考證   『佛敎學報』26   동국대 불교문화연구원   1. 延嘉 7年銘 因現義佛像光背文   2. 大和 13年銘 石佛像   3. 辛卯銘 金銅三尊佛光背文   4. 永康 7年銘 金銅光背文 5. 建興 丙辰銘 金銅光背文   6. 癸未銘 金銅三尊佛光背文   7. 金銅釋迦坐像光背文   8. 甲寅年銘 釋迦像光背文   9. 鄭智遠銘 金銅如來立像文   10. 百濟砂宅智積碑片   11. 益山王宮里石塔內藏 金板金剛經   12. 新羅瓦經片   13. 阿道和尙碑   14. 癸酉銘 阿彌陀佛三尊四面石像   15. 癸酉銘 三尊千佛碑像   16. 戊寅銘 蓮花寺四面石像

附) 眞興王磨雲嶺巡狩碑

金瑛河　1984　고구려　廣開土大王碑와 倭—辛卯年記事의 缺字
補入을 중심으로—　『弘益史學』창간호　홍익대 사
학회　○ 머리말　1. 廣開土大王代의 國際關係　2. 辛
卯年記事의　缺字補入試論　1）日本學界의　補入方法
2）韓國學界의　補入方法　3）'任部加'羅主의　補入方法
3. 征服記事의 解釋 問題　○ 맺음말

金英夏외　1983　고구려　중원고구려비의 건립 연대　『교육
연구지』25　　경북대사범대학 교육연구지편찬위원회
1. 머릿말　2. 기왕의 견해　3. 高句麗, 魏의 曆 차이
문제　4. 建碑年代

金玉姬　1992　조선　茶山 丁若鏞의 墓誌銘에 나타난 西學思
想　『西巖趙恒來敎授華甲紀念 韓國史學論叢』아세아
문화사　1. 머리말　2. 茶山 丁若鏞의 自撰墓誌銘에
나타난 西學思想　3. 北山事件(周文謨 신부의 入國事
件)과 茶山에게 미친 파문　4. 茶山의 自撰墓誌銘에
나타난 辛酉敎難의 경위　5. 맺음말

金龍國　1957　고구려　廣開土王과 海路作戰—通溝碑文에 관한
小考—　『海軍』59　＊

金勇男　1979　고구려　새로 알려진 덕흥리고구려벽화무덤에
대하여　『력사과학』1979-3 ; 1980 『朝鮮學報』95 朝
鮮學會 ; 1982 『東北考古與歷史』1982-1

金龍善　1976　고려　金仲文墓誌銘　『美術資料』22 국립중
앙박물관　1. 머리말　2. 金仲文墓誌銘의 內容　3. 墓
誌銘에 보이는 高麗, 蒙古 關係의 一面　4. 맺는말

金龍善　1987　고려　高麗 墓誌銘 二例―高瑩中과　그의　孫女 高氏夫人 墓誌銘―　『斗溪李丙燾博士九旬紀念 韓國史學論叢』지식산업사　1. 머리말　2. 高瑩中 墓誌銘 1) 出身地 및 家系 2) 生涯와 官歷, 家族關係 3) 海東耆老會　3. 金須妻 高氏 墓地銘　4. 맺는말

김용준　1957　고구려　안악제3호분(하무덤)의 연대와 그 주인공에 대하여　『문화유산』3

金元龍　1964　고구려　延嘉七年銘 金銅如來像 銘文　『考古美術』50　한국미술사학회 ; 1987　『韓國美術史硏究』　일지사

金元龍　1968　고려　淸寧4年銘銅鐘　『李崇寧博士頌壽紀念論叢』

金元龍　1978　신라　丹陽赤城의 歷史·地理的 性格　『史學志』12　단국대 사학회

김유철　1986　고구려　고구려의 광개토왕릉비에 나타난 왜의 성격　『력사과학』1986-1(117)　1. 조선반도안의 '왜'로 보는 설과 북규슈 일대의 해적집단으로 보는 설에 대한 비판　2. 야마또 조정설에 대한 비판 1) 신묘년 기사 2) 경자년 기사　3. 릉비의 왜는 백제의 조종 밑에 있던 북규슈 일대의 '왜'왕국

金膺顯　1973　고구려　高句麗書法考　『書通』1　동방연서회　○ 序言　○ 廣開土好太王碑　○ 槪況　○ 書法의 性格　○ 廣開土王陵塼 及 千秋塚塼　○ 廣開土地好太王壺杅　○ 牟頭婁墓誌　○ 冬壽墓誌　○ 平壤故城刻石　○ 金銅佛造像記　○ 結言

金膺顯   1995   고구려   廣開土大王碑와 東方書法   『書通』47
동방연서회   *

金載燮   1988   신라   문무대왕릉비문과 고조선 복원시론
『鄕土文化報』13   광주일보사 향토문화연구원   *

金貞培   1978   고구려   安岳3號墳被葬者 논쟁에 대하여
『古文化』16 한국대학박물관협회 ; 1980   『韓國古代
史의 新潮流』고려대 출판부

金貞培   1979   고구려   中原高句麗碑의 몇가지 問題點   『史
學志』13 단국대 사학회   ○ 序言   1. 高句麗의 對新
羅 · 百濟關係 1) 高句麗와 新羅와의 關係 2) 高句麗와
百濟와의 關係   2. 碑의 형태문제   3. 碑의 內容問題
4. 碑의 年代問題   ○ 餘言

金貞培   1980   백제   七支刀 硏究의 새로운 方向『東洋學』
10 단국대 동양학연구소   ○   序言   1. 年號의 問題
2. 前 · 後面 銘文의 關係   3. 七支刀의 佛敎的 要素
問題   ○ 餘言

金廷學   1981   고구려   廣開土王碑文에 나타난 韓日關係『日本
學』1 동국대 일본학연구소

金廷鶴   1986   백제   石上神宮所藏 七支刀의 眞僞에 對하여
『百濟硏究』17 충남대 백제연구소

金鍾太   1968   고려   鄭領峙 磨崖佛銘文과 淨蓮堂碑銘弁序
『考古美術』98 한국미술사학회

金鍾太   1975   낙랑   樂浪時代의 銘文『史學志』9 단국대 사
학회   1. 平山君神道碑 1) 碑의 內容 2) 建立年代問
題 3) 碑의 考證   2. 秦始皇卅五年戈銘文 1) 戈의 發

展 2) 戈의　銘文 3) 戈의　考證　3. 永光五年銘考文廟
銅鐘 1) 鐘의　發見 2) 鐘의　銘文 3) 鐘의　考證

金鍾太　1977　낙랑　樂浪時代의　銘文考—瓦塼·封泥·印章
을 중심으로—　『考古美術』135 한국미술사학회　1.
序言　2. 樂浪의　瓦塼銘文　3. 瓦塼銘文의　種類　4. 瓦
塼銘文의　考證　5. 封泥 및 印章의　種類　6. 結言

金鍾太　1979　낙랑　樂浪出土漢代銅鏡銘文考『全海宗博士華
甲紀念史學論叢』일조각　1. 前言　2. 樂浪出土銅鏡
銘文 1) 武帝 이전의　銅鏡銘文 2) 武帝 이후의　銅鏡銘
文 3) 王莽時代의　銅鏡銘文 4) 後漢時代의　銅鏡銘文
5) 紀年鏡銘文　3. 結言　4. 樂浪出土　漢鏡銘文　資料

金昌鎬　1974　신라　九山의　眞鏡國師　寶月淩空塔碑銘考—　그
릇된 풀이에　대하여—　『月刊文化財』75-8(32) 월간
문화재사　○ 머리말　1. 感懷 깊은 옛절터　2. 任那는
가야(嶺南)땅이 아니고　對馬島였다　3. 塔碑銘풀이

金昌鎬　1983　신라　新羅中古　金石文의　人名表記(Ⅰ)『大丘
史學』22 대구사학회　1. 머릿말　2. 蔚州　川前里書
石　銘文의　人名表記 1) 書石　銘文의　判讀 2) 書石의
人名分析 3) 書石의　내용 4) 人名分析의　문제점　3.
眞興王代　金石文의　人名表記 1) 赤城碑 2) 磨雲嶺碑
3) 黃草嶺碑 4) 北漢山碑 5) 昌寧碑 6) 연대고찰　4.
其他　金石文의　人名表記 1) 永川丙辰銘菁堤碑 2) 南山
新城碑 3) 蔚州　川前里書石　5. 맺음말

金昌鎬　1983　신라　新羅中古　金石文의　人名表記(Ⅱ)『歷史
教育論集』4 경북대 역사교육학회　1. 머리말　2. 永
川　丙辰銘菁堤石의　인명표기　3. 大邱　戊戌銘塢作碑의

人名表記   4. 慶州 南山新城碑의 人名表記   5. 丹陽 赤城碑의 人名表記   6. 人名表記를 통해 본 地方統治體制   7. 맺음말

金昌鎬   1983   신라   新羅 太祖星漢의 再檢討『歷史敎育論集』5 경북대 역사교육학회   1. 머릿말 2. 지금까지의 학설 3. 太祖星漢 문제 4. 맺음말

金昌鎬   1983   신라   永川 菁堤碑 貞元十四年銘의 再檢討『韓國史硏究』43 한국사연구회   1. 머리말   2. 내용 검토   3. 신라下古의 人名表記   4. 맺음말

金昌鎬   1984   신라   金石文으로 본 新羅 中古의 地方官制『歷史敎育論集』6 경북대 역사교육학회   1. 머리말   2. 昌寧碑에 나타난 地方官名   3. 使大等   4. 幢主와 道使   5. 地方官의 相關性   6. 맺음말

金昌鎬   1984   신라   壬申誓記石 제작의 연대와 계층『伽倻通信』10   伽倻通信편집부   *

金昌鎬   1985   신라   丹陽 赤城碑文의 構成『伽倻通信』11·12합집 伽倻通信편집부   1. 머리말   2. 지금까지의 見解   3. 碑文의 構成   4. 맺음말

金昌鎬   1986   신라   文武王陵碑에 보이는 新羅人의 祖上認識―太祖星漢의 添補―   『韓國史硏究』53 한국사연구회   1. 머릿말   2. 비문의 복원   3. 지금까지의 연구   4. 신라인의 조상 인식   5. 맺음말

金昌鎬   1987   고구려   中原高句麗碑의 재검토『韓國學報』47 일지사   ○ 머리말   1. 인명의 분석   2. 비문의 면수   3. 건비 연대   4. 前面의 해석   ○ 맺음말

金昌鎬 1988 신라 順興 己未銘 壁畵 古墳의 築造『年報』 11 부산시립박물관 1. 머리말 2. 遺蹟의 槪要 3. 묵서명의 검토 4. 맺음말

金昌鎬 1988 신라 新羅 中古 金石文에 보이는 部名—骨品制와 관련하여— 『歷史敎育』 43 역사교육연구회 1. 머리말 2. 部名의 사용시기 3. 中古 왕실의 소속부 4. 部의 내부구조 5. 맺음말

金昌鎬 1988 신라 永川 菁堤碑의 丙辰銘의 建立年代『伽倻通信』 17 伽倻通信편집부 1. 머리말 2. 명문의 판독 3. 인명 표기의 검토 4. 건비 연대 5. 맺음말

金昌鎬 1988 신라 蔚珍鳳坪 新羅鹽祭天碑의 재검토『伽倻通信』 18 伽倻通信편집부 ○ 머리말 1. 명문의 판독 2. 단락의 구분 3. 명문의 해석 ○ 맺음말

金昌鎬 1988 신라 蔚珍鳳坪鹽祭碑의 검토『鄕土文化』 4 경산향토문화연구회 1. 머리말 2. 비의 발견 경위 3. 비문의 판독 4. 단락의 설정 5. 인명의 분석 6. 몇가지 주목되는 사실 7. 맺음말 *

金昌鎬 1989 가야 伽倻지역에서 발견된 金石文자료『鄕土史硏究』 1 한국향토사연구전국협의회 1. 머리말 2. 昌寧 校洞의 象嵌鐵刀銘 3. 陜川 苧浦里의 土器銘文 4. 陜川 梅岸里古碑 5. 맺음말

金昌鎬 1989 신라 丹陽赤城碑의 재검토『嶺南考古學』 6 영남고고학회 ○ 머리말 1.비문의 판독 2. 단락의 구분 3. 언명의 분석 ○ 맺음말

金昌鎬 1990 가야 한반도출토 有銘龍文環頭大刀『伽倻通

信』19・20合 伽倻通信편집부　　1. 머리말　2. 명문의
검토　3. 고고학적 접근　4. 맺음말

金昌鎬　　1990　　고구려　　황해도 평정리 벽화고분의 묵서명—
고구려 고분의 묵서명 검토(1)—　『鄕土文化』5 경산
향토문화연구회　　1. 머리말　2. 유적의 소개　3. 몇가
지 고찰　4. 맺음말　　＊

金昌鎬　　1990　　백제　　百濟 七支刀 銘文의 재검토—日本學界
의 任那日本府說에 대한 反論(3)—　　『歷史敎育論集』
13・14 경북대 역사교육학회　　1. 머리말　2. 지금까
지의 연구　3. 인명의 분석　4. 명문의 해석　5. 제작
연대　6. 맺음말

金昌鎬　　1990　　신라　　금석문자료로 본 古신라의 촌락구조
『鄕土史硏究』2 한국향토사연구전국협의회　　1. 머리
말　2. 남산신성비의 촌락　3. 자연촌과 행정촌　4. 촌
락과 촌주의 관계　5. 맺음말　　＊

金昌鎬　　1990　　신라　　古新羅 金石文에 보이는 城村名　『三
國遺事의　現場的　硏究』(『新羅文化際學術發表會議論文
集』11) 신라문화선양회　　1. 머리말　2. 力役體制와 城
村　3. 지방제도와 城村　4. 맺음말

金昌鎬　　1990　　신라　　도판해설 영일냉수리 신라비『三國遺事
의　現場的　硏究』(『新羅文化際學術發表會議論文集』 11)
신라문화선양회

金昌鎬　　1990　　신라　　迎日冷水里新羅碑의 建立年代『韓國古
代史硏究』3 한국고대사연구회　○ 머리말　1. 인명의
분석　2. 단락의 구분　3. 건비 연대　○ 맺음말

金昌鎬   1991   고구려   廣開土大王碑 辛卯年條의 再檢討—日
本學界의 任那日本府說에 대한 反論(2)—   『鄕土史硏
究』3 한국향토사연구협의회   1. 머리말 2. 지금까
지의 연구 3. 前置文說의 검토 4. 중국측의 새로운
견해 5. 신묘년조의 해석 6. 맺음말

金昌鎬   1991   신라   古新羅 瑞鳳塚 출토 銀盒 銘文의 검토
『歷史敎育論集』16 경북대 역사교육학회   1. 머리말
2. 지금까지의 연구 3. 은합 명문의 검토 4. 맺음말

金昌鎬   1992   고구려   高句麗 金石文의 人名 表記—官等名
이 포함된 人名을 중심으로— 『선사와 고대』3   한
국고대학회   1. 머리말 2. 중원고구려비 3. 덕흥리
고분의 묵서명 4. 농오리산성의 마애석각 5. 모두루
묘지 6. 평양성 석벽석각 7. 맺음말

金昌鎬   1992   신라   北漢山碑에 보이는 甲兵 문제『文化財』
25 문화재관리국   1. 머리말 2. 北漢山碑의 판독 3.
銘文의 내용 4. 甲兵 문제 5. 맺음말

金昌鎬   1992   신라   二聖山城 출토의 木簡 年代 問題『韓國
上古史學報』10 한국상고사학회   1. 머리말 2. 목간
의 판독 3. 목간의 연대 문제 4. 맺음말

金昌鎬   1993   삼국   百濟와 高句麗·新羅 金石文의 비교—
人名 表記를 중심으로—   『百濟史의 比較硏究』충남
대 백제연구소   1. 머리말 2. 삼국 금석문의 인명표기
3. 백제 지방민의 인명표기 4. 建興五年銘光背의 제작
국 문제 5. 맺음말

金昌鎬   1994   기타   韓國의 金石文『古文化』45   한국대학
박물관협회   1. 금석문의 의의 2. 연구 소사 3. 한

국 금석문 연구의 복수적 방법 4. 역사

金昌鎬 1994 신라 古新羅 金石文의 研究小史『芝邨金甲周教授華甲紀念史學論叢』 1. 머리말 2. 한국 금석문의 연구 개요 3. 고신라 금석문의 연구 4. 맺음말

金昌鎬 1994 신라 명활산성 作城碑의 몇 가지 문제『鄕土史研究』6 한국향토사연구회 1. 머리말 2. 비문의 판독 3. 비문의 분석 4. 몇 가지 주목되는 사실

金昌鎬 1994 신라 영일냉수리비의 건립 연대 문제『九谷黃鍾東敎授停年紀念 史學論叢』 1. 머리말 2. 인명의 분석 3. 건비연대 4. 맺음말

金昌鎬 1995 가야 大伽倻의 금석문 자료『伽倻文化』8 가야문화연구원 1. 머리말 2. 陜川 梅岸里 古碑 3. 陜川 苧浦里 土器銘文 4. 大王銘 長頸壺 5. 맺음말

金昌鎬 1995 신라 古新羅의 佛敎관련 金石文『嶺南考古學』12 영남고고학회 1. 머리말 2. 蔚州 川前里書石 乙卯銘 3. 眞興王巡狩碑 4. 大邱 戊戌銘 塢作碑 5. 맺음말

金昌鎬 1995 신라 蔚州川前里書石의 解釋 問題『韓國上古史學報』19 한국상고사학회 1. 序言 2. 명문의 판독 3. 인명의 분석 4. 명문의 내용 5. 結語

金昌浩 1996 신라 南山新城碑 第9碑의 재검토『釜山史學』30 부산사학회 1. 머리말 2. 비문의 판독 3. 인명의 분석 4. 촌의 성격 5. 맺음말

金泰植 1994 고구려 廣開土王陵碑文의 任那加羅와 安羅人戌兵『韓國古代論叢』6 가락국사적개발연구원 ○ 머

리말　1. 十年庚子條의 판독　2. 任那加羅의 위치　3. 安羅人戍兵　○ 맺음말

김태식　1997　고구려　광개토왕릉 비문 논쟁과 임나일본부설 『역사비평』 36 역사비평사

金澤均　1998　백제　七支刀 銘文에 대한 一考　『江原史學』 강원대 사학회　1. 서론　2. 제작연대　3. 인명비정　4. 銘文의 성격과 「일본서기」의 七枝刀　5. 결론

金包光　1928　신라　片雲塔과 後百濟의 年號 『佛敎雜誌』 49

金賢淑　1989　고구려　廣開土王碑를 통해 본 高句麗守墓人의 社會的 性格 『韓國史硏究』 65 한국사연구회　1. 머리말　2. 長壽王代의 守墓制 整備와 運營 1) 守墓制 整備의 背景과 內容 2) 畑戶의 編成과 守墓制의 運營　3. 守墓人의 社會的 性格　4. 맺음말

金弘柱　1993　고려　淸州 社稷洞出土 思惱寺銘半子 『美術資料』 52 국립중앙박물관　1. 머리말　2. 半子의 出土 經緯　3. 半子의 特徵　4. 銘文表出 및 判讀　5. 干支 및 思惱寺에 대한 小考　6. 맺음말

金洪哲　1982　조선　下溪洞所在 國文古碑硏究 『鄕土서울』 40 서울시사편찬위원회　1. 緖論　2. 碑의 形態와 內容　3. 碑文의 國漢文 書法　4. 書刻者 李文楗 1) 家系의 人物 2) 文筆活動과 親筆日記 3) 本碑刻字의 始末

金和英　1968　조선　安靜寺所藏萬曆八年銘 銅鐘 『考古美術』 100 한국미술사학회

金和英　1970　신라　新羅澈鑒禪師塔과 塔碑에 대한 考察― 그 造形樣式을 中心으로―　『白山學報』 9 백산학회

1. 序言   2. 澈鑒禪師의 行蹟   3. 澈鑒禪師塔 1) 木造
架構形式 2) 各部의 構造와 彫刻樣式   4. 澈鑒禪師塔
碑   5. 結語

金禧庚   1964   고려   姜邯贊落星垈石塔『考古美術』51 한국
미술사학회

金禧庚   1971   기타   韓國塔銘考『考古美術』109 한국미술사
학회   1. 銘文있는 塔   2. 有銘舍利用器類   3. 塔誌
4. 塔內發見의 佛經, 發願文

金禧庚   1978   기타   韓國梵鐘 目錄『梵鐘』1 한국범종연구
회   1. 韓國梵鐘目錄   2. 梵鐘銘文   3. 鐘文獻目錄

金禧庚   1980   기타   韓國塔內 舍利容器에의 記銘變遷考『考
古美術』146・147 한국미술사학회   1. 前言   2. 韓國
의 記銘舍利容器   3. 中國에서의 塔地發掘   4.結言

金禧庚   1987   고려   高麗石造建築의 研究―幢竿支柱・石
燈・石碑―   『考古美術』 175・176 한국미술사학회
○ 머리말   ○ 幢竿支柱   ○ 石燈   ○ 石碑

金義滿   1990   신라   迎日 冷水碑와 新羅의 官等制『慶州史
學』9 경주사학회   1. 序言   2. 智證王의 卽位過程
3. 此七王等의 性格   4. 官等과 官職의 運營   5. 結語

金義滿   1991   신라   蔚珍 鳳坪碑와 新羅의 官等制『慶州史
學』10 경주사학회   1. 序言   2. 碑文의 構成과 性格
3. 6세기초 官等制의 運營   4. 結語

남재우   1997   고구려   「廣開土王碑文」에서의 ‘安羅人戍兵’과
安羅國   『成大史林』12・13合輯   성대 사학회   1.
서론   2. ‘安羅人戍兵’에 대한 이해   3. 安羅國과 高句

麗　4. 결론

南豊鉉　1978　신라　丹陽赤城碑의 解讀 試攷 『史學志』12 단국대 사학회

南豊鉉　1979　신라　丹陽 新羅 赤城碑의 語學的 考察『論文集』13 단국대　1. 序言　2. 文의 分類와 文의 標識　3. 吏讀文의 初期的 形態와 吏讀的 語彙　4. <節敎事>와 碑文의 構成　5. <伊史夫智>와 語彙表記　6. <波珍干支>와 訓借字　7. <書人 喙部口口 …… >의 意義　8. 結語

南豊鉉　1988　신라　永泰二年銘 石造毘盧遮那佛造像記의 이두문 고찰『新羅文化』5　동국대 신라문화연구소　1. 서언　2. 명문의 판독　3. 조상기 명문의 해독　4. 壺底銘文의 해독　5. 결어

南豊鉉　1989　신라　明活山城 作城碑文의 語學的 考察 『二靜鄭然粲敎授回甲紀念 國語國文學論叢』3 형설출판사　1. 叢論　2. 判讀　3. 碑文의 解讀　4. 結語

南豊鉉　1989　신라　蔚珍鳳坪新羅碑에 대한 語學的 考察 『韓國古代史硏究』2 한국고대사연구회　1. 碑文의 判讀　2. 碑文의 構成　3. 文의 구조　4. 固有語의 표기

南豊鉉　1991　신라　신라 禪林院鐘銘의 이두문 고찰『들메 徐在克博士還曆紀念論文集』계명대 출판부　＊

南豊鉉　1991　신라　華嚴經寫經 造成記에 대한 어학적 고찰 『東洋學』21　단국대 동양학 연구소　1. 序言　2. 解讀　3. 綜合的 檢討

南豊鉉　1993　신라　신라시대 이두문의 해독『書誌學報』9

한국서지학회 1. 서언 2. 해독 1) 甘山寺彌勒菩薩像造成記(719) 2) 甘山寺阿彌陀如來像造成記(720) 3) 關門城 石刻銘(7세기말 ?) 4) 上院寺鐘銘(725) 5) 正倉院 所藏 毛氈의 貼布記(8세기 중엽 추정) 6) 葛項寺石塔造成記(785~798) 7) 永川菁堤碑貞元銘(798) 8) 中初寺幢竿石柱記(827) 9) 菁州蓮池寺鐘銘(833) 10) 竅興寺鐘銘(856) 11) 咸通銘禁口銘(865) 12) 禪房寺塔誌石銘(879) 13) 英陽石佛坐像光背銘(889) 14) 松山村大寺鐘銘(904) 3. 결어

盧鏞弼 1990 신라 新羅 眞興王 大等의 分化와 그 政治的 背景—昌寧 眞興王巡狩碑 會集人名의 大等관계 부분의 분석을 중심으로— 『歷史學報』 127 역사학회 1. 머리말 2. 昌寧 眞興王巡狩碑의 會集人名 부분을 통하여 살펴본 眞興王代 大等에 관한 몇 가지 문제 3. 眞興王代 大等의 分化와 典大等의 始置 4. 眞興王代 大等 分化의 정치적 배경 ; 貴族聯合政治의 전개와 관련하여 5. 맺음말

盧鏞弼 1990 신라 昌寧 眞興王巡狩碑 建立의 政治的 背景과 그 目的—그 教事部分의 判讀과 內容 分析을 中心으로— 『韓國史研究』 70 한국사연구회 1. 머리말 2. 昌寧碑文의 性格에 관한 研究史的 檢討 3. 教事部分의 判讀 4. 文章 및 段落의 區分과 그 內容 分析 5. 昌寧巡狩碑 建立의 政治的 背景과 그 目的 6. 맺음말

盧鏞弼 1993 신라 磨雲嶺碑의 '客' 연구 『國史館論叢』 48 국사편찬위원회 1. 머리말—기존의 연구에 대한 검토 2. 磨雲嶺碑文 隨駕人名 部分의 判讀 3. 韓國 古

代社會의 '客'에 대한 여러 유형 4. 磨雲嶺碑文의 '客'에 대한 檢討 5. 맺는말

盧鏞弼 1993 신라 眞興王 北漢山巡狩碑 建立의 背景과 그 目的『鄕土서울』53 서울시사편찬위원회 1. 머리말 2. 北漢山碑文의 判讀 3. 北漢山碑의 建立時期— 硏究史的 檢討를 중심으로— 4. 北漢山碑文의 南川 軍主와 大等 5. 北漢山碑文에 나타난 政治思想 6. 北漢山碑 建立의 目的 7. 맺는말

盧泰敦 1988 고구려 5세기 金石文에 보이는 高句麗人의 天下觀『韓國史論』19 서울대 국사학과 ○ 머리말 1. 天孫國意識 2. 주변국과의 관계에 대한 의식—朝 貢·守天·華夷 3. 동아시아와 고구려인의 天下— 皇帝·可汗·大王 4. 天下觀과 同類意識 ○ 맺음말

盧泰敦 1989 신라 蔚珍鳳坪新羅碑와 新羅의 官等制『韓國 古代史硏究』2 한국고대사연구회 1. 鳳坪碑에 보이 는 人名과 官等 2. 官等의 表記方式

大谷光男 1973 백제 百濟 武寧王·同王妃의 墓誌에 보이 는 曆法에 대하여『考古美術』119 한국미술사학회

도유호 1964 고구려 평천리에서 나온 고구려 부처에 대하 여『고고민속』1964-3

稻田春水 1913 고려 淸平山文殊院記碑에 就ㅎ야『朝鮮佛 敎月報』15 朝鮮佛敎月報社 *

리순진 1986 기타 새로 발견된 오국리무덤에 대하여『조 선고고연구』1986-1 *

리지린 1959 고구려 자료 ; 광개토왕비 발견의 경위에 대하

여『력사과학』1959-5

림종상　　1963　　기타　　자료 ; 定州郡 "沈香庵" 비문 『력사과학』1963-6　　＊

摩石生　　1929　　고려　　文益漸神道碑『서울』3 서울사　　＊

梅原末治　　1964　　백제　　益山出土의 龍氏作 盤龍鏡『考古美術』44 한국미술사학회

木下禮仁　　1984　　고구려　　中原高句麗碑—建立年代를 中心으로—『素軒南都泳博士華甲紀念 史學論叢』; 1980『村上四男博士和歌山大學退官紀念朝鮮史論文集』; 1980　　中原高句麗碑の建立年代について『古代學硏究』92 ; 1993『日本書紀と古代朝鮮』塙書房　　1. 序言　2.中原高句麗碑의 所在地와 그 地域性　3. 碑石의 形狀과 碑文의 判讀　4. 4~5世紀에 있어서 高句麗·百濟·新羅三國의 關係　5. 中原碑建立年代의 推定에 關한 二·三의 問題點　6. 中原碑의 建立年代

文暻鉉　　1987　　신라　　蔚州 新羅 書石銘記의 新檢討 『慶北史學』10 경북사학회　　1. 머리말　2. 書石銘記의 判讀 1) 釋文 2) 乙巳銘記 3) 乙未銘記　3. 書石銘記의 解釋 1) 書石銘記의 年代 2) 登場 人物 ① 王族 ② 隨行臣僚 3) 銘記의 解釋 ① 乙巳銘記 ② 乙未銘記 ③ 書石谷과 立宗家 ④ 喙字攷 ⑤ 另字攷　4. 맺음말

文暻鉉　　1990　　신라　　迎日冷水里新羅碑에 보이는 部의 性格과 政治運營問題 『韓國古代史硏究』 3 한국고대사연구회　　1. 들머리　2. 비석의 발견경위　3. 碑文의 해석　4. 碑의 건립 연대　5.碑에 나타난 部와 六部　6. 葛文王과 部　7. 마무리

文暻鉉　　1992　　신라　　居伐牟羅 男彌只碑의 새 檢討『水邨朴
永錫敎授華甲紀念 韓國史學論叢』　　1. 머리말　2. 碑
文의 釋文　3. 碑文의 구성 분석과 해석　4. 和白(等,
重臣)회의와 葛文王　5. 牟卽智 寐錦王　6. 律令　7.
新羅六部　8.碑 建立의 目的과 性格　9. 맺음말

文明大　　1967　　고려　　泰和貳年銘 高麗 靑銅半子『考古美術』
82 한국미술사학회

文明大　　1967　　조선　　宜人韓氏墓誌銘註記『考古美術』82 한
국미술사학회

文明大　　1967　　조선　　康熙十六年銘 興旺寺 大伐囉『考古美
術』83 한국미술사학회

文明大　　1968　　고려　　在銘銀入絲香垸의 新例『考古美術』97
한국미술사학회

文明大　　1968　　고려　　至正元年銘玉禪燈『考古美術』97 한국
미술사학회

文明大　　1970　　신라　　仁陽寺金堂治成碑像考『考古美術』108
한국미술사학회

文明大　　1974　　고려　　三幕寺在銘磨崖三尊佛考『又軒丁仲煥
博士還曆紀念論文集』　　1. 머리말　2. 熾盛光如來 三
尊佛像의 現狀 및 樣式　3. 熾盛光如來와 男女 性器信
仰의 意義　4. 木造前室 構造　5. 三幕寺의 기타 佛敎
美術　6. 맺는말

文明大　　1974　　신라　　新羅 法相宗(瑜伽宗)의 成立問題와 그
美術(上・下)—甘山寺 彌勒菩薩像 및 阿彌陀佛像과 그
銘文을 中心으로—　　『歷史學報』62・63 역사학회　1.

亥年>에　대하여『韓國上古史學報』3　한국상고사학회
○　머리말　1. 籠吾里山城 1) 位置 2) 城壁 3) 施設物
4) 磨崖石刻 5) 出土遺物　2. 泥城　3. 歷史的考察 1)
高句麗以前時代 2) 高句麗時代 3) 高麗時代 4) 朝鮮時
代　○　맺음말

閔德植　1992　신라　新羅의　慶州　明活山城碑에　관한　考
察—新羅王京硏究를　위한　일환으로—　『東方學志』74
연세대 국학연구원　○ 머리말　1. 明活山城碑　2. 雁
鴨池 出土 碑片　3. 考察　○ 맺는말

閔德植　1994　고구려　高句麗의　泰川　籠吾里山城과　磨崖石
刻『白山學報』43 백산학회　○ 머리말　1. 籠吾里山
城 1) 현황 2) 성벽 3) 시설물 4) 출토유물 5) 문헌자
료 6) 니성　2. 磨崖石刻 1) 발견경위 2) 현황 3) 판독
4) 서체 5) 내용　○ 맺음말

閔泳珪　1961　신라　興德王陵碑斷石『考古美術』7 한국미술
사학회

閔泳珪　1962　신라　新羅　興德王陵碑斷石記　『歷史學報』
17·18　역사학회

閔泳珪　1985　고구려　鄭蕢園廣開土境平安好太王陵碑文釋略
校錄幷序『東方學志』46·47·48합집　연세대 국학연
구원

閔賢九　1973　고려　月南寺址 眞覺國師碑의 陰記에 대한 一
考察—高麗 武臣政權과 曹溪宗—　『震檀學報』36 진
단학회　1. 序言　2. 月南寺址 逸名碑의 正體:眞覺國
師碑　3. 眞覺國師碑 陰記의 內容　4. 陰記에 보이는
崔氏武臣政權과 禪宗과의 關係　5. 結語

閔賢九　　1974　　고려　　朴康壽 墓地銘의 檢討—高麗 金石文
資料의 新例—　『歷史學硏究』5 전남대 사학회　　1.
序言　2. 誌石과 銘文　3. 銘文의 內容 : 朴康壽와 그
의 집안 1) 姓名 및 出身地 2) 家系 3) 官歷 4) 夫人
과 子女 5) 卒年 및 享年　4. 餘言

朴敬遠　　1960　　고려　　晋陽郡 鳴石面出土 有銘十二支神立像
『考古美術』4 한국미술사학회

朴敬源　　1985　　신라　　永泰二年銘 石造毘盧遮那坐像—智異山
內院寺 石佛 探査始末—　『考古美術』168 한국미술
사학회　○ 序言　○ 智異山과 內院寺　○ 石造毘盧
遮那坐像　○ 永泰二年銘 石盒　○ 造像銘　○ 造像
記의 事例와 記錄方法　○ 石佛의 舍利藏置　○ 新羅
下待의 毘盧遮那佛像　○ 結言

朴敬源외　　1983　　신라　　永泰二年銘蠟石制壺　『釜山市立博物
館年報』6　　1. 머리말　2. 양식적인 특징　3. 명문검
토 및 의의　4. 반출토기壺　5. 맺는말

朴光碩　　1993　　조선　　전라좌수영의 문화유적『전라좌수영의
역사와 문화』순천대 박물관　○ 머리말　1. 건물(址)
2. 성·봉수(址)　3. 碑　4. 기타　○ 맺음말　　＊

朴方龍　　1982　　신라　　新羅 關門城의 銘文石考察『美術資料』
31 국립중앙박물관　　1. 序言　2. 歷史的 槪觀 및 現
狀　3. 銘文石의 解釋과 考察 1) 解釋 2) 考察 ①地名
檢討 ②尺度問題 ③銘文石의 系統　4. 關門城의 諸問
題 1) 長城과 新垈里城 2) 名稱問題　5. 結語

朴方龍　　1988　　신라　　明活山城作成碑의 檢討『美術資料』41
국립중앙박물관　　1. 序言　　2. 作成碑의 發見經緯 및

現狀　1)發見經緯・場所　2)碑石의　現狀　3.　碑文의　判讀　4.　碑文의　內容檢討　1)碑文의　文段構成　2)力役動員과　明活山城의　規模　3)碑文에　보이는　職名과　官位名　4)立碑年代　및　建碑에　따른　몇　가지　問題　5.　結語

朴方龍　　1988　　신라　　南山新城碑　第八碑・第九碑에　대하여『美術資料』42　국립중앙박물관

朴方龍　　1990　　신라　　新羅十二支銘骨壺에　대한　小攷『新羅文化』7　동국대　신라문화연구소　○　서언　1.　十二支銘이　있는　骨壺　2.　十二支銘骨壺의　製作年代　3.　雁鴨池骨壺에　보이는　四掛　4.　十二銘骨壺의　意義　5.　結語

朴性鳳　　1979　　고구려　　廣開土好太王期　高句麗　南進의　性格『韓國史硏究』27　한국사연구회　　1.　머리말　2.　好太王「廣開土境」의　南進的　모습　1)「廣開土境」의　實現　2)　南녘　進出의　實態　3)　北녘　經略의　實狀　3.　好太王期　南進意義　1)　南進地域의　比定과　意義　2)　北民과　南民의　比重問題　4.　맺음말

朴性鳳　　1985　　고구려　　廣開土好太王期의　內政整備에　대하여『千寬宇先生還曆紀念　韓國史學論叢』정음문화사　　1.　머릿말　2.　高句麗　內政革新의　條件과　契機　3.　好太王期　內政整備의　實貌와　性格　1)　太王期의　일반적　상황과　佛敎　진전　2)　中央과　地方의　統治制度　整備모습　3)　曆法과　紀年法　및　年號制　문제　4)　諡號制의　變改　5)　立碑制와　守墓人　烟戶制의　개편　4.　整備의　實效와　意義　5.　맺음말

朴性鳳　　1996　　고구려　‘廣開土好太大王’　王號에　대하여『重山鄭德基博士華甲紀念韓國史學論叢』　1.　서론　2.‘國岡上’

과 葬地名　3. '廣開土'와 王의 業績　4. '好太王'號가 갖
는 意味　5. 高句麗의 獨自 世界觀과 '好太王'　6. 맺음말

朴性鳳　1997　고구려　高句麗 金石文의 연구현황과 과제—"廣
開土好太王碑와 中原高句麗碑"를 중심으로—　　『國史
館論叢』78 국사편찬위원회　1. 고구려 금석문의 개황
과 연구사적 검토　2. 好太王碑 연구와 문제점　3. 中原
碑 硏究와 난점　4. 고구려 金石文 연구상의 과제　附：
高句麗 金石文 관계 硏究文獻 目錄

朴性鳳　1997　고구려　'廣開土好太王'王號와 世界觀　『廣開
土好太王碑 硏究 100年』　高句麗硏究會　1. 서론　2.
'國岡上'과 葬地名　3. '廣開土'와 王의 業績　4. '好太
王碑'가 갖는 意味　5. 高句麗의 獨自 世界觀과 '好太
王'　6. 맺음

朴盛鍾　1997　신라　三和寺 鐵佛 銘文에 대하여　『文化史學』
8 한국문화사학회　1. 머리말　2. 銘文의 判讀　3. 銘
文의 解讀　4. 銘文의 짜임새와 造像記로서의 성격　5.
三和寺 創建說과 盧舍那佛像　6. 銘文의 문장 양식　7.
마무리

朴時亨　1964　고구려　강좌 ; 광개토왕릉비 『력사과학』
1964-5

朴時亨　1965　기타　강좌 ; 우리 나라의 금석학 『력사과학』
1965-5

朴連洙　1982　신라　壬申誓記石에 관한 考察—花郎의 「天」및
「國家」觀—　『陸士論文集』23 육군사관학교　1. 서론
2. 壬申誓記石의 發見　3. 製作年代와 製作者　4. 壬申
誓記石의 意義　5. 결론

박윤원 1963 고구려 安岳 第3號墳은 高句麗 미천왕릉이다
『고고민속』2 *

朴日薰 1962 신라 保寧聖住寺址 逸名碑片『考古美術』27
한국미술사학회

朴日薰 1964 신라 法廣寺址와 釋迦佛舍利塔碑 『考古美
術』47·48 한국미술사학회

朴鍾大 1980 백제 七支刀研究—銘文解說問題를 中心으
로— 『慶南大論文集』7 1. 序言 2. 日本學者의
銘文解釋 1) 年號에 對한 解釋 2)月日에 對한 解釋
3. 銘文의 刺削痕迹 4. 銘文解說에 對한 分析 1) 年號
解說問題 2)「宜□供侯王」問題 5. 結言

朴鐘大 1985 고구려 廣開土王陵碑文 解釋의 問題點（
上)—日本學界의 對倭記錄에 대한 釋文을 中心으로—
『加羅文化』3 경남대 가라문화연구소 1. 序言 2.
輯安의 遺蹟과 陵碑現況 3. 遺蹟과 陵碑에 대한 文獻
記錄 4. 日本學界의 碑文解釋과 調査 5. 結語

朴鐘大 1990 고구려 日本의 廣開土王陵碑文研究와 任那問
題論證分析『加羅文化』8 경남대 가라문화연구소 1.
序言 2. 初期의 陵碑文研究 1) 軍部의 釋文과 解釋作
業 2) 日本書紀 紀年에 대한 論爭 3) 宮內城의 訂正과
會餘錄 發刊 3. 管政友의 任那問題論證 1) 陵碑文의
註解 2) 漢籍考와 任那의 宰 3) 任那問題의 論考 4.
陵碑搬出 計劃과 調査 活動 1) 白鳥庫吉의 搬出 計劃
2) 鳥居龍藏의 陵碑 調査 5. 結言

박진석 1989 고구려 호태왕비문을 통하여 본 임나일본부의
존재여부 문제(1)『력사과학』1989-1·2 1. 호태왕비

　　　　문 <신묘년기사>를 분석함.　2. 호태왕비문의 왜, 비문
　　　　과 《일본서기》와의 관계

박진석　1990　고구려　호태왕비문을 통하여 본 주몽왕과 그의
　　　　출신『조선학연구』2　　*

박진석　1993　고구려　호태왕비문의 영락년호에 대하여『발해
　　　　사연구』1 연변대출판사(서울대출판부)

朴眞奭　1994　고구려　好太王碑文 가운데의 別體字에 대한
　　　　考證『高句麗文化國際學術會論文集』;　1995,『中國境
　　　　內高句麗遺蹟硏究』예하 1. 글자의 아랫부분을 비대화
　　　　한 문자　2. 상이한 글자체의 복합문자　3. 생략문자
　　　　4. 衍畫문자　5. 變畫(혹은 變體)문자　6. 속자와 통용
　　　　문자　7. 고구려의 특수문자　8. 기타

朴眞奭　1995　고구려　牟頭婁墓誌에 대한 몇가지 문제『中
　　　　國境內高句麗遺蹟硏究』예하　　1. 일반정황과 墓誌에
　　　　대한 해석　2. 墓誌의 주인공에 대하여　3. 墓誌의 ‘聖
　　　　太王之世’에 대하여　4. 墓誌의 주인공 : 牟頭婁의 생
　　　　존연대에 대하여

朴眞奭　1995　고구려　好太王碑文의 ‘永樂’ 연호에 대하여
　　　　『中國境內高句麗遺蹟硏究』예하

朴眞奭　1995　고구려　好太王碑文의 일부 疑難文字들에 대
　　　　한 고증『中國境內高句麗遺蹟硏究』예하

朴眞奭　1997　고구려 북경대학 도서관에 보존된 호태왕비탁
　　　　본(3021326-3)의 採拓연대 고증　『고구려연구』3　고
　　　　구려연구회　1. 머리말　2. 題簽과 陸和九의의『記』
　　　　를 분석　3. 1876~1884년 사이에 채탁되었다는 견해

에 대해서　4. 1889년의 이운종탁본으로 본는 견해에 대해서　5.『북경대학도서관 3호분』에 대한 채탁년대 고증박진욱　1990　고구려　안악 3호 무덤의 주인공에 대하여『조선고고연구』1990-2　＊

朴眞奭　1997　고구려　辛卯年 記事 再論　『廣開土好太王碑研究 100年』　高句麗研究會　1. 이른바 "通說"과 그에 존재하는 모순　2. 이른바 비문 變造說에 대하여　3. 신묘년기사에 대한 해석과 역사사실을 구별하여 보는 견해에 대하여　4. 신묘년기사에 대한 필자의 해석

朴漢卨　1982　조선　韓國墓誌에 關한 一研究『人文學研究』16 강원대　1. 序言　2. 墓誌와 그 分類　3. 磁器製墓誌　1) 池君澤墓誌 2) 申宗夏妻豊川任氏墓誌 3) 金致彦墓誌 및 追記 4) 孟喜墓誌 5) 安景禩妻龍仁李氏墓誌 6) 韓紀墓誌 7) 恭人全州李氏墓誌 8) 車輯墓誌 9) 宋元良墓誌　10) 金元祿墓誌　11) 朴慶泰妻晉州姜氏墓誌 12) 梁濬徵墓誌 13) 趙性一墓誌 14) 申履均墓誌 및 其他　4. 石製墓誌 1) 金宗瀗墓誌 2) 韓相履墓誌 3) 韓相健墓誌 4) 崔有衡墓誌 5) 閔贊鎬配安東金氏墓誌　5. 土製墓誌 1) 閔命哲墓誌 2) 淑人長淵張氏墓誌 3) 貞夫人海平尹氏墓誌　6. 結論

朴香美　1995　신라　迎日冷水里碑를 통해 본 5~6世紀 新羅의 財産相續『慶北史學』17·18合 경북사학회　1. 머리말　2. 5~6세기 신라의 사회경제적 상황 1) 농업생산력의 발달 2) 읍락의 변화　3. 영일냉수리비에 보이는 財(物)의 의미와 그 실체　4. 재산상속형태와 그 성격　5. 맺음말

朴現圭   1997   기타   해동금석문의 신자료인 청 翁樹崐『碑目瑣記』에 대하여『書誌學報』20 한국서지학회 1. 열림말 2. 翁樹崐과 해동금석문의 수집 과정 3. 해동문헌의 개요 4. 찰기 원고본 碑目瑣記의 내용 분석 5. 맺음말

朴賢淑   1996   백제   宮南池 출토 百濟 木簡과 王都 5部制『韓國史硏究』92 한국사연구회   1. 머리말 2. 木簡의 내용검토 1) 木簡의 형태와 墨書銘의 해석 2) 木簡의 성격과 水田 3. 木簡을 통해 본 王都 5部制 1) 王都 5部制의 실시 2) 5部 5巷制로의 개편 4. 맺음말

방학봉   1990   발해   정효공주묘지에 반영된 유가사상연구『韓國學硏究』2 인하대 한국학연구소 ; 1991 『발해문화연구』이론과 실천

방학봉   1991   발해   「정효공주묘지병서」에 대한 考釋『발해문화연구』이론과 실천 ; 1993 『발해사연구』1 연변대출판사(서울대 출판부)

방학봉   1991   발해   정혜공주묘지와 정효공주묘지에 대한 비교연구『발해문화연구』이론과 실천 1. 머리말   2. 정혜공주묘비와 정효공주묘비 3. 두 비문의 같은 점과 다른 점 4. 두 비문에 반영된 몇 가지 문제 5. 맺음말

방학봉   1991   발해   정효공주묘지의 '대왕' '황상'에 대하여『발해문화연구』이론과 실천

法雲   1943   신라   異次頓의 殉敎『佛敎』불교사 1. 序言 2. 순교의 실시에 대하여 3. 이차돈 순교의 이유 4. 栢栗寺 六面石幢刻文 5. 석당각문의 내용 ○ 결론*

邊善雄　1973　신라　　皇龍寺 9層 塔誌의 研究 『國會圖書館報』 10-10(96) 국회도서관　1. 序言　2. 內容과 構成　3. 皇龍寺成典의 構成과 그 性格 1) 構成 2) 上宰相의 問題 3) 性格　4. 政官과 政法典 1) 政官의 起源 2) 僧職名의 變遷 ① 國統 ② 法主・大統・政法 3) 僧官 設置의 意義와 性格 및 機能　5. 結論

邊太燮　1978　신라　丹陽眞興王拓境碑의 建立年代와 性格 『史學志』 12 단국대 사학회　1. 丹陽眞興王拓境碑의 建立年代―眞興王 12年(551)으로부터 數年 앞서 건립되었다. 2. 王敎를 받은 王京人은 어떤 사람인가―北方經略事業의 中心人物들이다. 3. 丹陽碑의 性格―眞興王巡狩碑의 先驅的 形態로 拓境碑의 性格을 지닌다.

邊太燮　1978　신라　　學術座談 丹陽新羅赤城碑 『韓國學報』 12 일지사　○ 赤城碑의 發見 및 周邊發掘 경위　○ 碑文內容의 檢討　○ 碑의 建立年代　○ 碑文 발견의 歷史的 意義

邊太燮　1979　고구려　中原高句麗碑의 內容과 年代에 대한 檢討 『史學志』 13 단국대 사학회　1. 碑文의 시작　2. 碑文內容의 檢討　3. 本碑의 建立年代

福士慈稔　1993　신라　新羅에 있어서 佛敎의 수용과 전개―6世紀 王族의 出家를 中心으로―　『震山韓基斗博士華甲紀念論叢　韓國宗敎思想의 再照明』 원광대출판국　1. 序言　2. 史料에 나타나는 王族의 出家　3. 金石文에 나타나는 佛敎關係記事　4. 『花郎世記』에 나타나는 佛敎關係記事　5. 結語

徐吉洙　1997　고구려　북한에서의 광태토호태왕비 탁본과 비문

에 관한 연구 『廣開土好太王碑 研究 100年』 高句麗硏
究會 1. 머리말 2. 광개토호태왕비 연구사 1) 제1기 :
1963년 현지조사 이전의 연구 2) 제2기 1963년~1980년
대 전반의 현지조사와 그 연구성과 3) 제3기 : 1980년대
후반의 새로운 연구방향 3. 광개토호태왕비 연구의 주
요 쟁점과 그 연구성과 1) 고구려의 국가 기원과 건국년
대 2) 한일관계사(辛卯年과 庚子年 記事) 3) 고구려의 북
방진출 문제 4) 守墓人烟戶 5)「永樂」年號 문제와 고구
려의 天下觀 4. 맺는말

徐首生 1956   신라   四山碑銘과 四六騈麗文 —東國文宗 崔孤
雲의 文學— (上・下)『語文學』1~2 한국어문학회

徐首生 1974   신라   崔孤雲의 還國時期・歸路와 吉祥塔記에
대하여『語文學』31 한국어문학회 1. 머리말 2. 崔
孤雲의 錦衣還鄉時期와 海往海歸 3. 崔孤雲의 遺文
海印寺雲陽臺妙吉祥塔記 4. 맺는말

徐首生 1974   조선   有明朝鮮國四溟松雲大師石藏碑銘에 대
하여『霞城李瑄根博士古稀紀念 韓國學論叢』 1. 머리
말 2. 不滅의 護國 大聖 四溟堂과 그의 思想 3. 四
溟大師石藏碑 고찰 1) 舊碑 建立 年代와 撰者 2) 舊碑
의 位置와 受難 3) 新碑의 建立 4) 舊碑의 內容과 價
値 4. 맺는말

徐永大 1996   고구려   高句麗 金石文 補遺『仁荷史學』4
인하대 인하역사학회   1. 墨書銘 1) 米倉溝 將軍墓
2) 集安 山城下 332號墳 3) 通溝 四神塚 4) 德化里 2
號墳 2. 佛像銘 1) 延嘉 七年銘 金銅日光三尊佛 3.
瓦塼銘 1) 太王陵 瓦銘 2) 安鶴宮址 出土 瓦銘 3) 土

城洞 出土 瓦銘 4) 土城里 出土 瓦銘 5) 長梅里 出土 瓦銘 6) 平壤 出土 瓦銘 7) 出土 瓦銘　4. 土器銘 1) 定陵寺址 出土 土器銘 2) 集安 下活龍村 積石塚 出土 土器銘 3) 截頭圓錐形 土製品名　5. 石函銘 1) 大城山城 出土 石盒銘　6. 銅鏡銘 1) 大城山城 出土 銅鏡銘 7. 錢銘 1) 台城里 1호묘 出土 錢銘 2) 安鶴宮 2호묘 出土 錢銘　8. 鐘銘 1) 祥原郡 王塚 발견 鐘銘

徐榮洙　1982　고구려　廣開土大王陵碑文의 征服記事 再檢討 (上)『歷史學報』96 역사학회　1. 序論　2. 碑文의 구조와 서술 1) 構造分析의 시각 2) 征服記事의 구성과 유형 3) 集約文과 前提文　3. 朝貢記事의 성격 1) 朝貢記事 검토의 관점 2) 朝貢의 일반적 성격 3) 碑文의 朝貢記事 : 朝貢·歸王奴客·民의 의미

徐榮洙　1986　고구려 「광개토대왕비 신연구」 서평『精神文化研究』29　한국정신문화연구원

徐榮洙　1988　고구려　廣開土大王陵碑文의 征服記事 再檢討 (中)『歷史學報』119 역사학회　4. 北方經略記事의 성격 1) 征討와 巡狩 : 永樂五年 乙未 2) 征討와 服屬 : 永樂二十年 庚戌 3) 北方關係의 성격 : 永樂八年·十七年條의 정복대상과 관련하여

徐榮洙　1988　고구려　廣開土大王陵碑文의 征服記事 再檢討 (下)『歷史學報』120 역사학회　5. 南進征服記事의 구성과 성격 : 永樂六年 丙甲~十七年 丁未 1) 南進記事의 구성 2) 南進記事의 성격　6. 南進征服의 集約 : 所謂 “辛卯年”記事 1) 辛卯年記事의 연구사적 검토 2) 碑文變造와 文字의 문제 3) 辛卯年記事의 판독과 해석

4) 廣開土王代 南進의 성격 7. 結論

徐榮洙 1995   고구려 廣開土大王碑文의 연구사적 검토 『고구려연구』1 고구려사연구회   1. 머리말 2. 능비의 발견과 조사 및 탁본 1) 능비의 발견과 조사 2) 탁본의 종류와 유포 3. 비문의 연구현황 4. 비문연구의 쟁점 5. 맺는말

徐榮洙 1997 고구려   辛卯年 記事의 變狀과 原狀 『廣開土好太王碑 研究 100年』 高句麗研究會 1. 서론 2. ‘辛卯年記事’의 研究類型과 爭點 3. 碑文의 구조와 ‘辛卯年記事’ 4. ‘辛卯年記事’의 변상 5. ‘辛卯年記事’의 원상-새로운 判讀과 解釋 6. ‘辛卯年記事’의 성격 7. 결어

徐榮一 1996   기타   抱川 半月山城 出土〈馬忽受解空口單〉銘 기와의 考察『史學志』29 단국대 사학회   1. 머리말 2. 半月山城의 歷史·地理的 背景 3. 기와의 樣式檢討 4. 銘文의 分析 5. 熊津 初期 解氏의 動向 6. 맺는말

徐毅植 1997   신라   新羅 中古期의 ‘節’·‘作’과 冷水里碑文의 吟味 『歷史敎育』63 역사교육연구회 1. 서언 2. ‘節’과 ‘作’의 용례와 해석 3. ‘節居利’와 ‘節舍知’ 4. ‘得財’와 干의 租賦統責 5. 결어

宣石悅 1990   신라   迎日冷水里新羅碑에 보이는 官等·官職問題『韓國古代史研究』3 한국고대사연구회   1. 머리말 2. 碑에 보이는 人物의 分析 3. 官等과 官職의 分析 4. 맺음말

宣石悅 1997   신라   昌寧地域 出土 土器 銘文 ‘大干’의 檢討

『지역과 역사』3 부산경남역사연구소　○ 머리말　1.
토기 명문의 판독과 검토　2. 大干의 原義와 역사적
전개　3. 신라의 지방통치와 桂城의 大干　○ 맺음말

成周鐸　1991　백제　武寧王陵 出土 誌石에 關한 硏究『武寧
王陵의 硏究現況과 諸問題』 공주대 백제문화연구소
1. 緒　2. 武寧王의 治績　3. 誌石文 資料에 대한 檢討
1) 王과 王妃 誌石文에 대한 檢討 2) 干支로 表示된
位置圖에 대한 檢討 3) 買地文에 대한 검토　4. 誌石
性格에 대한 考察　5.　結

蘇鎭變　1997　조선　복사골 神道碑의 碑文 硏究　『경기향
토사학』2　전국문화원연합회 경기도지회　○ 머리
말　1. 三人의 神道碑 主人公의 生涯　2. 神道碑文의
時代的 分析과 그 價値　3. 神道碑文의 硏究課題　○
맺는말

蘇鎭轍　1991　백제　日本國 國寶 ʻ隅田八幡神社 所藏 人物
畵像鏡ʼ의 碑文을 보고—서기 503년 8월 10일 百濟
武寧王(斯麻)은 ʻ大王年ʼ대를 쓰고 繼體天皇을 ʻ男弟
王ʼ으로 부르다—　『朴成壽敎授華甲紀念論叢—韓國
獨立運動史의 認識—』　1. 序言　2. 隅田八幡鏡 銘文
의 판독 1) 高橋健自의 판독 2) 福山敏男의 판독　3.
隅田八幡鏡 銘文의 해석 1) 해석에 임하는 일본학계의
시각 2) 福山, 水野 등의 해석 3) 해석에 대한 小考
4. 靑銅鏡에 대한 고대인의 생각과 관행—鏡은 ʻ獻上
物ʼ이 아니다. 1) 鏡은 ʻ除魔具ʼ이며 ʻ권력상징ʼ 2)
鏡은 ʻ神器ʼ이며 ʻ信任부여ʼ 3) 일본의 역사관행—
ʻ三種의 神器ʼ와 皇統 승계　5. 隅田八幡鏡은 武寧王
(斯麻)이 繼體天皇(男弟王)에게 ʻ하반ʼ한 鏡 1) 斯麻

그는 누구인가? 2) 斯麻는 계체를 '남제왕'이라 불렀
다. 3) 斯麻는 河內의 왕(開中費直)을 시켜 鏡을 만들
다. 4) 斯麻는 많은 白銅鏡을 만들어 男弟王에게 주다.
6. '大王年'의 참주인은 斯麻(武寧王)한 분이다.　7.
結言

孫大俊　　1993　　신라　　韓國에 있어서의 部의 生成과 展開—
1. 新羅의 六部—『古代韓日關係史硏究』 경기대 학술
진흥원　　2. 金石文에 나타난 部 1) 從來의 金石文의
性格 2) 蔚珍鳳坪里碑의 性格 3) 迎日冷水里碑의 性格
3. 金石文에 나타난 官等

손영종　　1966　　삼국　　금석에 보이는 삼국사기의 몇 개 년호에
대하여 『력사과학』 1966-4 ; 1991 『북한의 우리고대사
인식』 1 대륙연구소 출판부　　1. 태화(泰和)　2. 연수(延
壽)　　3. 건흥(建興)　4. 연가(延嘉)　5. 영강(永康)

손영종　　1983　　백제　　백제 7지도의 명문해석에서 제기되는 몇
가지 문제(1)『력사과학』 1983-4　　1.「태화4년 5월13일
병오정양」(앞면 제1-13자)에 대하여　2.「□벽백병 의빈
공후왕」(앞면 제21-29자)에 대하여　　3.「백제왕□익수
생성지」(뒤면 제9자-17자)에 대하여　4.「고위후 왕□조
전시후세」(뒤면 제18-21자)에 대하여

손영종　　1984　　백제　　백제 7지도의 명문해석에서 제기되는 몇
가지 문제(2)『력사과학』 1984-1

손영종　　1985　　고구려　　중원 고구려비에 대하여『력사과학』
1985-2　　1. 비문해석에서 제기되는 몇 가지 문제 ① 비
문에 보이는 년대문제 ② 왕호, 관직명, 인명, 지명문제
2. 비문의 기본내용과 그에 반영되어 있는 력사적 사실

손영종   1986   고구려   광개토왕릉비를 통하여 본 고구려의 령
역『력사과학』1986-2(118)   1. 비려정벌전역과 서북령
역의 변화   2. 식신 및 동부여와의 전쟁과 동북령역의
확대   3.백제, 가라, 왜와의 전쟁과 고구려의 남부령역의
확대

손영종   1986   고구려· 광개토왕릉비문에 보이는 '수묘인연호'
의   계급적   성격과   립역방식에   대하여 『력사과학』
1986-3   1. 수묘인연호의 계급적 성격에 대하여   2. 수
묘인연호의 립역방식에 대하여

손영종   1987   고구려   덕흥리 벽화무덤의 주인공의 국적문제
에 대하여『력사과학』1987-1   *

손영종   1988   고구려   광개토왕릉비 왜관계기사의 올바른 해
석을 위하여『력사과학』1988-2   1. 신묘년(391년)조
기사에 대하여   2. 기해년(399년)조 및 경자년(400년)조
기사에 대하여

손영종   1991   고구려   덕흥리 벽화무덤의 피장자 망명인설에
대한 비판 (1)(2)『력사과학』1991-1~2 (137~138)   1.
진의 출생지 문제   2. 피장자의 경력문제   3. 4세기말 5
세기초의 평양과 그 이남지역의 정세문제   4. 370년대
유주의 소속문제   5. 안악3호무덤 묵서에 보이는 관직명
과 호상관계문제

宋基豪   1981   발해   渤海 貞惠公主墓碑의 고증에 대하여『韓
國文化』2 서울대 한국문화연구소   1. 묘비의 발견 경
위   2. 비문의 판독 성과   3. 비문에 대한 연구 현황과
문제점   4. 묘비 발견의 의의

宋基豪외   1992   발해   咸和 4年銘 渤海 碑像 검토『西巖趙

恒來教授華甲紀念 韓國史學論叢』 아세아문화사   1. 머리말 2. 명문분석 3. 양식검토 4. 비상의 연대 5. 맺음말

宋容縡   1989   조선   學堂山 墓表『鄕土硏究』6 충남향토연구회 1.위치와 내력 2. 묘비문의 금석학적 가치 3. 학당산 묘표 4. 비문의 특징

宋容縡   1992   기타   大田·忠南의 金石文 地表調査『鄕土硏究』12 충남향토연구회

宋容縡   1994   기타   大田·忠南地方의 未發表 金石文 1『鄕土硏究』15 충남향토연구회

申東河   1985   신라   古代의 人名末音節考—古代 金石文 資料 硏究 1— 『同大論叢』15 동덕여대

申相燦   1996   고려   普願寺址 法印國師碑考『鄕土史硏究』8 韓國鄕土史硏究會   1. 序 2. 本論 3. 結論

申正熙외   1983   신라   蔚州 川前里 書石 銘文의 再檢討『蔚山工專論文集』8-1   *

辛鍾遠   1987   기타   幢竿造營의 文化史的 背景『江原史學』3 강원사학회 ○ 序言—硏究史 및 최근 資料 1.幢의 種類 1) 幢 2) 石幢 3) 幢竿 4) 掛佛 2. 文獻 및 金石文에 보이는 幢竿 1)『三國遺事』2) 昌寧 邑內里 石佛造像記 3) 淸州 龍頭寺幢竿記 4) 海美 普願寺法印國師寶乘塔碑 5)『高麗圖經』6)『梵魚寺事蹟』 3. 民俗에서의 竿柱 4. 佛敎受容과 幢竿 造營의 背景 ○ 結語

辛鍾遠   1990   신라   6세기 初 新羅의 犧牲禮—迎日 冷水里

碑와 蔚珍 鳳坪碑의 碑文을 중심으로— 『震檀學報』 70 진단학회　1. 머리말　2. 兩碑의 文段構成　3. 殺牛儀式에 대한 視角　4. 盟約과 犧牲　5. 6세기 初의 儒敎政治理念　6. 맺음말　○ 碑文全文

辛鍾遠　1994　신라　斷石山神仙寺 造像銘記에 보이는 彌勒信仰集團에 대하여—新羅 中古期의 王妃族 岑喙部— 『歷史學報』 143 역사학회　1. 머리말　2. 難解字문제　3. 造像銘에 나타난 彌勒上生신앙　4. 岑喙部의 盛衰　5. 맺음말

辛鍾遠　1996　기타　강원도의 禁標·封標『博物館誌』2 강원대 박물관　1. 머리말　2. 문헌자료　3. 研究史　4. 처음 소개되는 금표·봉표 및 관련자료　5. 맺음말

辛鍾遠　1996　기타　洪川 壽陀寺 梵鐘 銘文『博物館志』2 강원대 박물관

申瀅植　1979　고구려　中原高句麗碑에 대한 一考察『史學志』13 단국대 사학회 ; 1984 『韓國古代史의 新研究』 일조각　1. 序言　2. 廣開土王碑와의 比較　3. 高句麗 官階에 대한 考察　4. 碑文에 대한 若干의 檢討　5. 結語

申虎澈　1994　고려　高麗 顯宗代의 「淨兜寺五層石塔造成形止記」註解『李基白先生古稀紀念 韓國史學論叢』上 일조각　1. 머리말　2. 形止記 原文과 註解　3. 形止記 構成과 釋文　4. 石塔基壇의 銘文

沈載完　1980　고구려　廣開土王碑 書體攷『新羅伽倻文化』11 영남대 신라가야문화연구소　1. 廣開土王碑 研究　2. 廣開土王碑 以前의 書體　3. 廣開土王碑 書體論　4.

廣開土王碑 書體考證

沈載完   1989   신라   冷水里 新羅碑의 發見經緯와 書法考 『迎日冷水里碑 發掘報告』   *

雙荷子   1912   기타   京城에 古塔과 古碑『朝鮮佛敎月報』1 朝鮮佛敎月報社

安秉佑   1990   신라   迎日冷水里新羅碑와 5-6세기 新羅의 社會經濟相 『韓國古代史硏究』 3 한국고대사연구회 ○ 머리말 1. 분쟁과 상속의 대상―財(物)의 내용 2. 節居利의 지위와 촌락지배 방식의 변화 3. 생산력 수준과 촌락공동체의 변모 ○ 맺음말

안춘배   1992   고구려   廣開土大王陵碑文 硏究(1)―碑文의 文段과 解釋을 중심으로― 『考古歷史學志』8 동아대 박물관   1. 緖言 2. 碑文의 文段 3. 碑文의 解釋 4. 結言

梁光錫   1989   삼국   三國時代의 金石文과 그 變遷―文體의 展開樣相을 中心으로― 『硏究論文集』28 성신여대 1. 緖言 2. 金石文과 釋文上의 問題點 1) 現存遺文의 實態 ① 高句麗 ② 百濟 ③ 新羅 ④ 統一新羅 ⑤ 其他 2) 釋文上의 問題點과 再檢討 ① 文字 ② 語彙 3. 文體上의 特徵과 變遷過程 1) 文體別 類型과 特徵 2) 文體의 變遷과 影響 4. 結論

梁承律   1998   신라   金立之의「聖住寺碑」『古代硏究』6 고대연구회   1. 머리말 2. 비문의 복원 3. 碑片의 판독 4. 비문의 내용 1) 현존 비문의 내용 분석 2) 결락부분의 내용 분석 5. 비문의 의의 1) 聖住寺 創建 문제 2) 聖住寺와 金周元 家系 3) 聖住寺碑의 撰者 金立之 6.

맺음말

梁起錫　1995　백제　百濟 扶餘隆 墓誌銘에 대한 檢討　『國史館論叢』62 국사편찬위원회　1. 머리말　2. 扶餘隆 墓誌銘의 現狀과 內容構成　3. 扶餘隆의 生涯와 活動　4. 의장왕대의 太子冊封　5. 唐代人의 百濟認識　6. 맺음말

梁翰承　1993　고려　演福寺鐘 한자명문과 梵字명문의 일부 고찰 『震山韓基斗博士華甲紀念 韓國宗敎思想의 再照明』 원광대 출판국　1. 머리말 1) 구명착수동기 2) 각인된 한자 및 범자명문의 작성자와 書者　2. 종의 유래와 형태　3. 마멸된 일부명문에서 고증된 인명과 관직　4. 한자명문에 나타난 고위직 및 하위직 관리　5. 국내외학자들의 관심

嚴基杓　1997　신라　統一新羅時代의 幢竿과 幢竿支柱 硏究 『文化史學』 6·7 한국문화사학회　1. 序論　2. 幢竿의 起源과 名稱　3. 幢竿支柱의 配置　4. 幢竿支柱의 樣式과 分類　5. 結論

延敏洙　1987　고구려　廣開土王碑에 보이는 倭關係記事의 檢討 『東國史學』 21 동국사학회　1. 序言　2. 辛卯年條·永樂六年條의 檢討　3. 永樂九年條·十年條의 檢討　4. 永樂十四年條·十七年條의 檢討　5. 結語

延敏洙　1995　고구려　광개토왕비문에 보이는 대외관계―고구려의 남방경영과 국제관계론―　『韓國古代史硏究』 10 (『삼한의 사회와 문화』) 신서원　1. 머리말　2. 신묘년조의 해석문제　3. 영락10년조의 해석과 국제관계―고구려의 남방경영과 그 파문―　4. 영락 14·17년조의 정

토기사와 그 성격   5. 왜의 실체와 출병의 사적 성격
6. 맺음말

延敏洙   1997 고구려   廣開土王碑 硏究와 韓日關係史像   『廣
開土好太王碑 硏究 100年』 高句麗硏究會 1. 序言 2.
倭主導型 韓日關係史像-參謀本部로부터 官學派에 이르
는 연구   3. 南北韓 史學界의 韓日關係史像-民族主義
史學者로부터 近年에 이르는 연구 4, 高句麗的 世界秩
序下의 韓日關係史像 5. 結語

吳星   1978   신라   永川 菁堤碑 丙辰銘에 대한 再檢討『歷
史學報』79 역사학회   1. 머리말 2. 碑文에 나타난
築堤經緯와 人物들에 대한 檢討 3. 菁堤碑를 通해서
본 新羅時代의 水利事業 4. 맺는말

王健群   1989   고구려   廣開土好太王碑文考釋『東方學志』63
연세대 국학연구원

王健群   1991   고구려   好太王碑'의 발견과 탑본『中國學界
의 高句麗史 認識』(엄성흠 譯) 대륙연구소 출판부 ;
1983   好太王碑的發現和捶拓『社會科學戰線』1983-4
1. 호태왕비의 건립 2. 호태왕비의 발견 3. 호태왕비
의 탑본 1) 탑제 인원과 탑본 경과 2) 그려내고 박아
내는 데서 착오가 생기는 원인 4. 소위 "石灰塗抹作戰"

劉鳳榮   1972   조선   白頭山定界碑와 間島問題『白山學報』
13 백산학회   1. 緖言 2. 定界碑建立에 關聯된 諸問
題 1) 定界碑建立의 動機 2) 穆克登의 對朝鮮態度 3)
定界碑建立事實 4) 豆滿江의 源流問題 5) 兩江에 對한
中國側 知識의 薄弱 6) 定界碑에 對한 兩國의 關心度
3. 間島에 歸屬問題 1) 韓淸間의 論爭 ① 發端 ② 乙

酉會談 ③ 丁亥會談 ④ 丁亥會談 以後의 諸交涉 2) 兩國의 行政機構와 日本監政下의 間島 ① 兩國의 行政機構創設 ② 日本監政時代의 間島 ③ 間島에 關한 協約 3) 定界碑의 紛失　4. 結論

劉永智　1991　고구려　好太王碑의 발견에 관한 몇 가지 문제『中國學界의 高句麗史 認識』(엄성흠譯) 대륙연구소 출판부 ; 1985　好太王碑的發現及其他『社會科學戰線』1985-1 ; 1985『季刊邪馬台國』26

尹明喆　1997 고구려　廣開土大王의 對外政策과 東亞地中海의 秩序再編　『廣開土好太王碑 研究 100年』 高句麗研究會　1. 머리말　2. 4세기 東亞秩序의 變動과 力學關係의 變化　3. 廣開土大王의 對北方政策과 역학관계의 변화　4. 廣開土大王의 對南方政策과 역학관계의 변화　5. 결론

尹武炳　1958　고려　吉州城과 公嶮鎭—公嶮鎭 立碑問題의 再檢討—　『歷史學報』10 역사학회

尹武炳　1964　고구려　延嘉七年銘金銅如來像의 銘文에 대하여『考古美術』51 한국미술사학회

尹龍九　1995　낙랑　樂浪遺民의 墓誌 二例『仁荷史學』3 인하대 인하역사학회　1. 머리말　2. 王舒墓誌　3. 李仁德墓誌　3. 맺음말

尹日寧　1990　삼국　關彌城位置考 —廣開土王碑文, 三國史記, 大東地志를 바탕으로—　『北岳史論』2　국민대 북악사학회　1. 序言　2. 廣開土王碑文의 五十八城과 關彌城의 位置 1) 丙申戰役의 展開過程 2) 丙申戰役의 機動路와 關彌城 3) 海水環燒와 關彌城 4) 關彌城의

位置—烏頭山城　　3. 三國史記의 ‘石峴等十城’과　關彌城의 位置 1) 石峴等十城과 百濟北邊關防 2) 百濟北邊關防과 關彌城 3) 關彌城의 위치—烏頭山城　　4. 大東地志의 關彌城과 烏頭山城 1) 大東地志의 關彌城—烏頭山城 2) 烏頭山城의 遺址　　5. 結論

李慶成　　1960　　고려　　仁川博物館藏 元大德二年銘 鐵製梵鐘『考古美術』3 한국미술사학회

李基東　　1978　　신라　　新羅 官等制度의 成立年代 問題와 赤城碑의 發見『歷史學報』78 역사학회 ; 1978 『史學志』12 단국대 사학회 ; 1984 『新羅 骨品制社會와 花郎徒』일조각　　1. 序言　2. 旣往의 學說　3. 赤城碑 發見의 意義　4. 結語

李基東　　1978　　신라　　新羅 太祖 星漢의 問題와 興德王陵碑의 發見『大丘史學』15・16 대구사학회 ; 1984 『新羅 骨品制社會와 花郎徒』일조각　　1. 序言　2. 旣往의 學說　3. 興德王陵碑의 發見　4. 結語

李基東　　1979　　신라　　雁押池에서 出土된 新羅木簡에 대하여『慶北史學』1 경북사학회 ; 1984 『新羅 骨品制社會와 花郎徒』일조각　　1. 序言　2. 木簡의 形態와 內容　3. 木簡의 性格과 年代　4. 木簡에 보이는 洗宅과 景德王의 改革政治　5. 結語

李基東　　1986　　고구려　　廣開土王陵碑文에 보이는 百濟關係記事의 檢討『百濟研究』17 충남대 백제연구소　　1. 머리말　2. 陵碑文에 보이는 百濟關係 記事　3. 百濟關係 記事의 解釋과 考證　4. 三國史記 記事와의 對比　5. 맺음말

李基東　　1988　　고구려　　광개토왕비 연구의 현황과 문제점 『韓國史市民講座』3 일조각　　1. 머리말　2. 陵碑가 발견되어　碑文이 공개되기까지　3. 비문연구의 진전 4. 비문 연구의 현단계　5. 비문 연구의 문제점　6. 맺는말

李基東　　1991　　백제　　武寧王陵 出土 誌石과 百濟史研究의 新展開 『武寧王陵의 研究現況과 諸問題』공주대 백제문화연구소　　1. 머리말　2. 立證된 『三國史記』 百濟本紀 記事의 正確性　3. 高調된 武寧王의 系譜에 대한 關心　4. 高調된 古代 韓·日 關係史의 한 局面　5. 立證된 百濟曆法에 대한 中國 史書의 記錄　6. 注目된 買地券의 文句 '不從律令'　7. 맺는말

李基文　　1981　　신라　　吏讀의 起源에 대한 一考察 『震檀學報』 52 진단학회

李基白　　1969　　신라　　永川菁堤碑貞元銘의 考察 『考古美術』 102 한국미술사학회 ; 1974　『新羅政治社會史研究』 일조각　　1. 序言　2. 貞元十四年銘의 內容　3. 新羅의 水利事業과 菁堤의 修治　4. 貞元銘에 나타난 新羅의 中央集權體制와 地方豪族　5. 貞元銘에 나타난 新羅의 力役體制　6. 結語

李基白　　1970　　신라　　永川 菁堤碑의 丙辰築堤記 『考古美術』 106·107 한국미술사학회 ; 1974 『新羅政治社會史研究』 일조각　　1. 머리말　2. 碑文의 內容　3. 築堤와 建碑　4. 碑文에 나타난 新羅의 社會　5. 맺는말

李基白　　1972　　고구려　　(書評) 廣開土王陵碑의 研究 (李進熙 著) 『歷史學報』 56 역사학회

李基白　　1978　　신라　　丹陽赤城碑 發見의 意義와 赤城碑 王敎事部分의 檢討『史學志』12 단국대 사학회　　1. 丹陽赤城碑 發見의 意義　2. 丹陽赤城碑 "王敎事" 部分의 檢討 ; 1996『韓國古代政治社會史硏究』일조각

李基白　　1979　　고구려　　中原高句麗碑의 몇 가지 問題『史學志』13 단국대 사학회 ;　1996『韓國古代政治社會史硏究』일조각　　1. 머리말　2. 碑面과 碑文　3. 碑文에 나타난 高句麗·新羅 關係　4. 맺는말

李基白　　1988　　신라　　蔚珍 居伐牟羅碑에 대한 考察『아시아 문화』4 한림대 아시아문화연구소 ; 1988 『蔚珍鳳坪 新羅碑調査報告書』문화재관리국 ; 1996『韓國古代政治社會史硏究』일조각　1. 머리말　2. 碑文의 文段 區分　3. 所敎事부분의 分析　4. 別敎令 부분의 意味　5. 碑文에 나타난 律 執行의 實際　6. 碑 建立 關係 記事　7. 맺는말

李蘭暎　　1965　　기타　　金石文資料蒐集 『業績報告書』 54-55 동아문화연구위원회　　*

李道學　　1988　　고구려　　永樂 6年 廣開土王의 南征과 國原城『孫寶基博士停年紀念 韓國史學論叢』지식산업사　　1. 머리말　2. 능비문 영락 6년조의 검토　3. 영락 6년 고구려의 남한강 상류지역 진출　4. 국원성의 명칭과 설치　5. 맺음말

李道學　　1990　　백제　　百濟 七支刀 銘文의 再解釋 『韓國學報』60　일지사　1. 머리말　2. 表面 銘文의 검토 1) 年代 문제 2) 侯王 문제와 表面의 銘文 해석　3. 裏面 銘文의 검토　4. 맺음말

李道學　1991　백제　백제흑치상지 묘지명의 검토『우리문화』8　1. 머리말—묘지의 출토경위와 그 성격　2. 흑치상지묘지명의 해석　3. 흑치상지의 생애와 활동　4. 백제사의 몇 가지 문제　5. 맺음말

李道學　1992　신라　磨雲嶺 眞興王巡狩碑의 近侍隨駕人에 관한 檢討『新羅文化』9 동국대 신라문화연구소　1. 머리말　2. 近侍組織의 구성 1) 沙門道人 2) 執駕人 3) 裏內從人 4) 騾人 5) 貞(-八)人 6) 藥師 7) 奈夫通典 8) 及伐斬典 9) 裏內△△ 10) 堂來客 11) 裏內客 12) 外客 13) 助人 14) 裏公　3. 맺음말

李道學　1997　고구려　廣開土王陵碑文에 보이는 戰爭 記事의 분석　『廣開土好太王碑 硏究 100年』 高句麗硏究會　1. 머리말 : 광개토왕릉비문의 성격과 관련지어　2. 능비문의 전쟁 관련 기사　3. 맺음말 : 능비문에 보이는 主敵 인식과 결부지어

李藤龍　1990　고구려　廣開土大王碑文에 쓰인 '烟'字의 語彙的 意味『碧史李佑成敎授停年退職紀念論叢 民族史의 展開와 그 文化』창작과 비평사　1. 서론　2. 國義字'烟'의 語原　3. 突厥語(Turkic languages)의 資料　4. 野人, 女眞語의 자료　5. 守墓人烟戶의 解釋　6. 結語

李龍範　1983　신라　紺岳山 古碑에 대하여『佛敎美術』7 동국대 박물관

李明植　1981　신라　新羅 地方制度의 硏究『한사실업전문대학논문집』6　1. 序言　2. 金石文에 나타난 地方官名 1) 昌寧 眞興王巡狩碑 檢討 2) 南山新城碑 檢討　3.

地方行政區域　1) 地方境域의　擴大　2) 九州五小京　4. 地方官位　및　地方官職　5. 結語

李明植　1985　신라　新羅時代의 地方統治體制『新羅文化』2 동국대 신라문화연구소　1. 序言　2. 金石文에　나타난 地方官名 1) 昌寧　眞興王巡狩碑　檢討 2) 南山新城碑 檢討　3. 地方行政區域 1) 地方境域의　擴大 2) 九州 五小京　4. 地方官位 및 地方官職　5. 結語

李明植　1989　신라　蔚珍地方의 歷史・地理的 環境과 鳳坪新羅碑『韓國古代史研究』2 한국고대사연구회　1. 머리말　2. 碑의 發見經緯　3. 蔚珍地方의 歷史的 性格　4. 蔚珍碑의 城・村名에 대한 檢討　5. 碑文의 解讀에 대한 所見　6. 맺음말

李明植　1990　신라　新羅 中古期의 王權强化過程『歷史敎育論集』13・14 경북대 역사교육학회　1. 머리말　2. 骨品制社會의 展開　3. 中古王權强化의 基盤　4. 맺음말

李文基　1981　신라　金石文資料를 통하여 본 新羅의 六部『歷史敎育論集』2 경북대 역사교육학회　1. 序言　2. 金石文資料에 보이는 六部　3. 六部冠稱의 時期와 그 意義　4. 金石文資料에서의 部名消滅背景　5. 結語

李文基　1982　신라　新羅 眞興王代의 臣僚組織에 대한 一考察『大丘史學』20・21　대구사학회 1. 序言　2. 磨雲嶺碑에 보이는 眞興王의 臣僚　3. 中央行政組織과 堂來客　4. 近侍組織과 裏內客　5. 地方統治組織과 外客　6. 結語

李文基　1983　신라　蔚州 川前里 書石 原銘追銘의 再檢討『歷史敎育論集』4 경북대 역사교육학회　1. 머리말

2. 銘文의 中心人物과 新羅　3. 隨行人物과 그 性格
4. 銘文의 解釋과 그 意義　5. 맺음말

李文基　1989　신라　蔚珍鳳坪新羅碑와 中古期 六部問題『韓
國古代史研究』2 한국고대사연구회　1. 머리말　2.
鳳坪碑의 判讀과 解釋 試論　3. 六部에 대한 研究史的
檢討　4. 鳳坪碑로 본 中古期의 六部問題　5. 맺음말

李文基　1991　백제　百濟 黑齒常之 父子 墓誌銘의 檢討『韓
國學報』64 일지사　1. 머리말　2. 資料의 紹介와 判
讀　3. 黑齒常之의 生涯와 活動　4. 墓誌銘에 보이는
百濟史의 몇가지 問題　5. 맺음말

李丙燾　1957　신라　壬申誓記石에 對하여『人文社會科學』5
서울대학교 논문집 ; 1976『韓國古代史研究』박영사

李丙燾　1972　백제　百濟武寧王陵出土誌石에 대하여『學術
院論文集』11 학술원 ; 1976『韓國古代史研究』박영사

李丙燾　1974　백제　百濟七支刀考『震檀學報』38 ; 1976
『韓國古代史研究』박영사　1. 序言　2. 日本古典에
나타난 七支刀관계의 記載와 이에 대한 卑見　3. 日本
石上神宮의 七支刀　4. 結論

李丙燾　1979　고구려　中原高句麗碑에 대하여『史學志』13
단국대 사학회　1. 碑의 입지적 조건과 形式　2. 建
興年號 문제　3. 建碑 年代와 "高麗大王祖王" 및 "新
羅寐錦"　4. 新羅와 高句麗의 關係　5. 碑文의 大意와
碑의 性格　6. 麗·羅 간의 문화교류

李丙燾　1979　신라　慶州瑞鳳塚出土銀盒盂銘文考─특히 延
壽年號를 중심으로─　『Mélanges de Coréanologie』

Paris   1. 머리말   2. 銀盒盂銘文에 대한 諸考說과 論評   4. 筆者의 見解   *

李丙燾   1983   신라   西原 新羅寺蹟碑에 대하여『湖西文化研究』3 충북대 호서문화연구소   1. 序說   2. 忠北大의 判讀會 主催   3. 筆者의 檢討部分과 解說   4. 西原의 地理·歷史的 背景   5. 結論

李銖勳   1993   신라   新羅 村落의 성격—6세기 금석문을 통한 행정촌·자연촌 문제의 검토—   『韓國文化研究』6 부산대 한국문화연구소   1. 머리말   2. "冷水里碑"와 "鳳坪碑"의 村落 1) "冷水里碑"의 村落과 道使 2) "鳳坪碑"의 村落과 村使人   3. 행정촌·자연촌 문제의 검토   4. 맺음말

李銖勳   1994   신라   6세기 新羅 村落의 匠人集團—築城·築堤 금석문을 중심으로—   『釜山史學』27 부산사학회   1. 머리말   2. 築城 금석문의 匠人   1) 匠尺과 측량·설계기술 2) 作上人, 工尺, 石捉上人과 축조기술 3) 文尺, 書尺과 문서(작업일지)기록   3. 築提 금석문의 匠人   4. 맺음말

李銖勳   1996   신라   南山新城碑의 역역편성과 郡(中)上人 —최근에 발견된 제9비를 중심으로—   『釜山史學』30 부산사학회   1. 머리말   2. 역역편성의 단위와 郡·城·村   3. 역역편성과 城·村作上人, 郡(中)上人 1) 역역편성과 城·村作上人의 성격 2) 城·村作上人과 郡(中)上人의 상호관계   4. 맺음말

이순구   1998   고구려   廣開土大王陵碑 研究의 現況과 展望—최근 10년을 중심으로—   『한국 인문과학의 현황과

쟁점』 한국정신문화연구원　○ 머리글　1. 광개토대왕릉비 연구사 회고　2. 연구의 현황　3. 연구의 쟁점　4. ‘신묘년조’와 ‘경자년조’ 기사　○ 맺는 글--앞으로의 전망

李如星　1949　고구려　最近 安岳에서 發見된 高句麗古墳의 壁畵와 年代에 대하여『력사제문제』9　1. 古墳의 性質과 狀態　2. 古墳內의 壁畵　3. 古墳의 年代考

李永樂　1971　고려　太安二年銘 高麗銅鐘과 小鐘一口『考古美術』109 한국미술사학회　1. 太安二年銘 麗川出土銅鐘　2. 扶安出土 高麗小鐘

李永植　1993　가야　昌寧 校洞 11號墳 出土 環頭大刀銘『宋甲鎬教授 停年退任紀念論文集』　1. 머리말　2. 昌寧校洞11號出土環頭大刀銘　1) 環頭大刀銘의 發見　2) 銘文判讀의 問題　3) 銘文의 判讀　4) 銘文의 理解　3. 맺음말

李泳鎬　1986　신라　新羅 文武王陵碑의 再檢討『歷史教育論集』8 경북대 역사교육학회　1. 머리말　2. 碑文의 判讀　3. 碑形의 復元　4. 內容 및 意義　5. 맺음말

李榮姬　1987　고려　法泉寺智光國師玄妙塔에 關한 研究『考古美術』173 한국미술사학회　1. 序論　2. 智光國師의 生涯와 高麗中期의 佛教　3. 智光國師玄妙塔의 樣式　4. 智光國師玄妙塔의 特殊性　5. 結論

李佑成　1965　신라　新羅時代의 王土思想과 公田—大崇福寺碑 및 鳳巖寺 智證碑의 一考—　『趙明基博士華甲紀念 佛教史學論叢』；1990『韓國中世社會研究』 일조각　1. 머리말　2. 王土思想　3. 元聖王葬地의 수용과

그 보상 4. 智證和尙의 개인 莊田의 처리 5. 맺음말

李宇泰   1986   신라   永川 菁堤碑를 통해 본 菁堤의 築造와 修治『邊太燮博士華甲記念 史學論叢』삼영사   1. 머릿말 2. 菁堤의 築造 3. 菁堤의 修治 4. 맺음말

李宇泰   1989   신라   蔚珍鳳坪新羅碑를 통해 본 地方統治體制『韓國古代史研究』2 한국고대사연구회   1. 머리말 2. 문단의 구분과 내용 3. 지방통치체제 1) 지방관 2) 재지세력 4. 맺음말

李宇泰   1991   신라   蔚珍鳳坪新羅碑의 再檢討—碑文의 判讀과 解釋을 中心으로— 『李元淳敎授停年紀念 歷史學論叢』교학사   1. 序言 2. 碑文의 判讀 3. 碑文의 解釋 4. 結語—碑의 性格—

李宇泰   1992   신라   丹陽 新羅 赤城碑 建立의 背景—也爾次의 功績과 恩典의 性格을 중심으로—   『泰東古典研究』8 한림대 태동고전연구소   1. 머리말 2. 문단의 구분과 判讀 3. 也爾次의 功績 4. 恩典의 性格 5. 맺음말

李宇泰   1992   신라   迎日冷水里碑의 再檢討—財의 性格을 中心으로—   『新羅文化』9 동국대 신라문화연구소   1. 머리말 2. 碑文의 構成과 建立年代 3. 財의 性格 4. 맺음말

李宇泰   1996   고려   洪景輔 墓誌『博物館彙報』7 서울시립대 박물관   1. 머리말 2. 墓誌의 狀態 3. 洪景輔의 家門 4. 洪景輔의 生涯 5. 맺음말

李宇泰   1997   신라   蔚州 川前里 書石原銘의 再檢討 『國

史館論叢』78 1. 머리말 2. 書石谷과 그 銘文 1) 書石의 狀況 2) 原銘·追銘 以外의 銘文 3) 銘文의 상호관계 3. 原銘의 判讀과 해석 1) 旣存의 연구성과의 검토 2) 판독 3) 문단구분 및 해석 4. 맺음말

李源周 1988 조선 栗谷先生神道碑銘과 그 刪改事實에 對하여『韓國學論集』15 계명대 한국학연구소 1. 序言 2. 刪改 經緯 3. 刪改 內容 4. 刪改 理由 5. '李文靖眞聖人也' 等의 問題 6. 結言

李銀基 1976 신라 新羅末 高麗初期의 龜趺碑와 浮屠 硏究『歷史學報』71 역사학회 1. 序論 2. 羅末麗初期 以前의 樣式 3. 羅末麗初期의 樣式 1) 新羅末 2) 高麗初 前半 3) 高麗初 後半 4. 羅末麗初期 以後의 樣式 5. 結論

李殷晟 1984 백제 武寧王陵의 誌石과 元嘉曆法『東方學志』43 연세대 국학연구원 1. 序文 2. 百濟에의 曆法의 流入 3. 武寧王陵의 誌石 4. 元嘉曆法의 特徵 5. 元嘉曆法의 計算 6. 結論 ○ 附表

李殷昌 1961 고려 瑞山開心寺의 靑銅銀入絲香垸『考古美術』8 한국미술사학회

李殷昌 1961 신라 保寧 聖住寺址의 逸名塔碑『考古美術』14 한국미술사학회

李殷昌 1962 신라 保寧 團圓寺의 逸名浮屠와 그 塔碑『考古美術』18 한국미술사학회 1. 逸名浮屠 2. 塔碑

李殷昌 1963 조선 李朝在銘 白磁壺의 一例『考古美術』31 한국미술사학회

李仁哲 1997 고구려   廣開土好太王碑를 통해 본 高句麗의 南
方經營   『廣開土好太王碑 硏究 100年』 高句麗硏究會
1. 머리말 2. 守墓人烟戶의 徵發時期 3. 新來韓穢와 관
련된 新占領地域 4. 高句麗의 南方經營 5. 맺음말

李仁哲 1997   고구려   4~5世紀 高句麗의 守墓制—廣開土大
王碑의 守墓人烟戶條를 중심으로— 『淸溪史學』13 한
국정신문화연구원 청계사학회 1. 머리말 2. 守墓人烟
戶의 징발 3. 守墓役의 이행 4. 守墓人의 신분 5. 맺음
말

李仁哲 1997   고구려   安岳 3號墳의 연꽃무늬와 墨書銘
『韓國 古代의 考古와 歷史』학연문화사 ○ 머리말
1. 연꽃무늬를 통해 본 安岳 3號墳의 축조연대 2. 冬
壽墨書銘의 의미 3. 안악 3호분의 墓主 ○ 맺음말

李仁哲 1998   고구려   德興里壁畵古墳의 墨書銘을 통해 본
고구려의 幽州經營 『역사학보』158 1. 머리말 2.
鎭의 幽州刺史 재임기간 3. 고구려의 유주진출 4.
고구려의 유주경영과 지방통치체제 5. 맺음말

李載浩 1995   고구려   廣開土王陵碑文의 析疑—특히 辛卯
年 倭來渡 記事에 대하여— 『韓國史研究』88 한국사
연구회 1. 序言-問題의 提起 2. 廣開土王 卽位前後
의 國際情勢 1) 西北地方(後燕·契丹)의 經略 2) 半島
南方(百濟·契丹)의 經略 3. 廣開土王陵碑文의 分析
4. 結論

李鍾旭 1974   신라   南山新城碑를 통하여 본 新羅의 地方統
治體制『歷史學報』64 역사학회 1. 머리말 2. 南山
新城碑에 나타난 人員의 分析 3. 南山新城의 築造를

위한 力役體制　4. 新羅 中古의 地方行政機構　5. 新羅 中古의 村落構造　6. 新羅 中古 地方民의 身分制 7. 맺는말

李鍾旭　1992　고구려　廣開土王陵碑의 辛卯年條에 대한 해석 『韓國上古史學報』 10 한국상고학회　1. 머리말 2. 기존연구에 대한 검토　3. 永樂 1~6년 사이의 국제관계　4. 신묘년조에 대한 해석　5. 맺음말

李鍾旭　1992　삼국　廣開土王陵碑 및 『三國史記』에 보이는 '倭兵'의 正體 『韓國史 市民講座』 11 일조각　1. 머리말　2. 廣開土王陵碑에 보이는 倭兵　3. 『三國史記』에 보이는 倭兵　4. 맺음말

李鍾旭　1994　신라　迎日冷水里碑를 통하여 본 新羅의 統治體制 『李基白先生古稀紀念 韓國史學論叢』 上 일조각 1. 머리말　2. 碑文에 대한 檢討　3. 冷水里·鳳坪碑 등에 나타난 敎體制　4. 冷水里碑에 나타난 政治組織　5. 冷水里碑에 나타난 財物相續과 血族集團　6. 맺음말

이종서　1998　신라　'節'·'等'의 의미분석과 赤城碑 '敎事'부분의 재검토 『韓國史論』 39　서울대 국사학과　○ 머리말　1. 中古期 비문에 보이는 '節'과 '等'의 의미 분석　1) '節'의 의미 2) '等'의 의미　2. 丹陽 赤城碑의 재검토　1) '敎事'부분의 신해석　2) 合議制 중심의 권력구조 ○ 맺음말

이종찬　1985　고려　보림사 보조국사영탑비명 『보조국사 적연국사 현화사 비명』 동국대 박물관　*

李鍾學　1994　고구려　廣開土王碑文의 倭에 대한 新考察 『伽耶文化』 4 가야문화연구원　1. 머리말　2. 碑文

研究의 槪觀   3. 碑文의 解讀과 解釋   4. 碑文의 變造說   5. 맺는말

李鍾學   1994   고구려   廣開土王碑文의 倭의 實體에 대한 新考察—古代韓倭關係史의 定立을 위하여—   『新羅의 對外關係史 研究』(『新羅文化祭學術發表會論文集』) 신라문화선양회   1. 머리말   2. 倭의 實體에 대한 諸見解   3. 廣開土王 前後期의 東아시아와 韓半島 政勢   4. 日本列島의 倭는 韓半島出兵이 可能했던가?   5. 碑文의 倭의 實體   6. 맺는말

李鍾學   1996   고구려   廣開土王碑文 辛卯年記事의 檢討—軍事史學的 研究方法에 의한—   『軍史』32 국방군사연구소   1. 머리말   2. 主語의 戰爭   3. 缺字補充   4. 基本的 性格   5. 맺는말

李重華   1928   신라   武烈王碑의 碑身에 對하여『한빛』3, 4·5합병호 한빛사 ; 1943   『반도사화와 낙토 주』만선학회사 ; 1971『韓國學研究叢書』1 성진문화사 *

李重華   1971   조선   鐘樓와 普信閣鐘에 對하여『韓國學研究叢書』1 성진문화사   1. 四銘鐘과 四大鐘   2. 종루   3. 종루의 위치   4. 종루의 구조   5. 보신각종의 변증 *

李智冠   1991   신라   谷城 大安寺 寂忍禪師照輪淸淨塔碑文 『伽山學報』1 가산불교문화연구원

李智冠   1991   신라   長興 寶林寺 普照禪師彰聖塔碑文『伽山學報』1 가산불교문화연구원

李智冠   1991   신라   河東 雙谿寺眞鑑禪師大空塔碑文 『伽山學報』1 가산불교문화연구원

李智冠 1993 고려 奉化 太子寺 朗空大師 白月栖雲塔碑 校勘 譯註『伽山學報』2 가산불교문화연구원

李智冠 1993 고려 忠州 淨土寺 法鏡大師 慈燈塔碑 校勘 譯註『伽山學報』2 가산불교문화연구원

李智冠 1993 고려 海州 廣照寺 眞澈大師 寶月乘空塔碑 校勘 譯註『伽山學報』2 가산불교문화연구원

李智冠 1994 고려 校勘 譯註 原州 居頓寺 圓空國師 勝妙塔碑文『伽山學報』3 가산불교문화연구원

李智冠 1994 고려 校勘 譯註 海美 普願寺 法印國師 寶勝塔碑文『伽山學報』3 가산불교문화연구원

李智冠 1995 고려 校勘 譯註 開城 靈通寺 大覺國師碑文『伽山學報』4 가산불교문화연구원

李智冠 1995 고려 校勘 譯註 開城 興王寺 大覺國師墓誌銘『伽山學報』4 가산불교문화연구원

李智冠 1995 고려 校勘 譯註 仁同 僊鳳寺 大覺國師碑文『伽山學報』4 가산불교문화연구원

李智冠 1996 고려 校勘 譯註 軍威 麟角寺 普覺國師 靜照塔碑文『伽山學報』5 가산불교문화연구원

李智冠 1996 고려 校勘 譯註 淸河 寶鏡寺 圓眞國師 碑文『伽山學報』5 가산불교문화연구원

李智冠 1997 조선 校勘 譯註 楊州 檜巖寺 無學王師 妙嚴尊者 塔碑文『伽山學報』6 가산불교문화연구원

李智冠 1997 조선 校勘 譯註 忠州 靑龍寺 普覺國師幻庵 定慧圓融 塔碑文『伽山學報』6 가산불교문화연구원

李進熙   1982   고구려   變造된 碑文『廣開土王陵碑의 探求』(李基東譯) 일조각   1. 眩惑된 從來의 碑文硏究   2. 變造된 碑文   3. 參謀本部와 酒勾景信의 프로필

李進熙   1982   고구려   수수께끼로 덮여있던 碑文硏究『廣開土王陵碑의 探求』(李基東譯) 일조각   1. 碑 全面에 石灰가 발라졌다   2. 廣開土王陵碑에 관한 韓國의 古記錄   3. 碑의 發見과 이끼 燒却   4. 雙鉤加墨本과 拓本은 언제 만들어졌는가

李進熙   1982   고구려   參謀本部에서의 碑文 解讀作業『廣開土王陵碑의 探求』(李基東譯) 일조각   1. 비로소 알려진 碑文 解讀本   2. 解讀作業과『會餘錄』출판

李進熙   1982   고구려   參謀本部에 의한 '石灰塗付作戰'『廣開土王陵碑의 探求』(李基東譯) 일조각   1. 숨겨진 酒勾의 이름   2. 石灰를 바른 것은 酒勾本 補强을 위해서   3. 參謀本部와 廣開土王陵碑

李進熙   1982   백제   七支刀 硏究 百年『廣開土王陵碑의 探求』(李基東譯) 일조각   1. 公開된 七支刀   2. 第2次 世界大戰 이전의 七支刀 硏究   3. 東晉 泰和說의 定說化   4. 福山說의 問題點

李進熙   1984   고구려   日本에서의 廣開土王陵碑 硏究『東方學志』43 연세대 국학연구원   1. "任那日本府"說의 定說化과정   2. "任那日本府"說의 문제점   3. 碑文해석에 대한 새 見解   4. 石灰塗付의 事實 확인   5. 石灰塗付의 시기와 犯人 추구   6. 변조된 碑文과 日參謀本部   7. 비판과 반론   ○ 새로 해명된 문제들

李進熙   1992   고구려   廣開土大王陵碑를 둘러싼 近年의 論

爭 『水邨朴永錫敎授華甲紀念論叢　韓國史學論叢』　○ 머리말　1. 碑發見과 拓本작성의 年代問題　2. 水谷拓本의 年代問題　○ 맺음말

李春影　1986　조선　楷書·草書가 混用된 金石文—蓬萊 楊士彦의 撰·書翰 李宗孫墓碣—　『嶺東文化』 2 관동대 영동문화연구소

李泰鎭　1972　고려　醴泉 開心寺 石塔記의 分析—高麗前期 香徒의 一例—　『歷史學報』 53·54 역사학회 ; 1986 『韓國社會史硏究』 지식산업사

李泰鎭　1978　기타　畦田考—統一新羅 高麗時代 水稻作法의 類推—　『韓國學報』 10 일지사 ; 1986 『韓國社會史硏究』 지식산업사　○ 머리말　1. 統一新羅期의 「畦田」과 그 作法　2. 高麗時代의 稻作과 休閑法　○ 나머지 말

李海濬　1988　조선　全南地方發見의 埋香資料와 그 性格 『全南文化財』 1 전라남도　1. 머리말—자료의 분포와 의미—　2. 埋香碑와 埋香信仰(儀式)의 背景　3. 전남지방 발견의 매향자료들　4. 전남지방 매향자료와 주도집단—특히 「香徒」와 관련하여—　5. 맺음말

李海濬외　1993　기타　고문서 금석문 문집자료의 조사 『향토사 이론과 실제』 향토문화진흥원.

李亨求　1985　고구려　廣開土大王陵碑文의 僞字考—中國 王健群의 論文을 보고—　『千寬宇先生還曆紀念 韓國史學論叢』 정음문화사　1. 머릿말　2. 이른바 辛卯年記事에 대한 解釋　3. 庚子年記事의 僞作 "倭 '滿倭' 潰"考　4. 맺는글

李亨求   1988   고구려   廣開土王陵碑 碑文의 특징 『韓國史 市民講座』3 일조각   1. 廣開土王陵碑 碑文의 時代的 背景과 그 相關問題   2. 廣開土王陵碑 文字의 筆劃과 그 運用法   3. 廣開土王陵碑 문자의 구조   4. 廣開土王陵碑의 世界性   5. 廣開土王陵碑의 藝術的 價值   6. 廣開土王陵碑의 歷史的 價值   7. 맺는글

李亨求   1992   조선   서울 南山北麓出土 萬曆癸未銘勝字銃筒考—附:경기도 광주출토 新製銃筒—   『擇窩許善道先生停年紀念 韓國史學論叢』 일조각   1. 머리글   2. 勝字銃筒의 創製   3. 서울 南山北麓出土 萬曆癸未銘 勝字銃筒에 대한 考察   4. 서울 南山北麓出土 萬曆癸未銘 勝字銃筒의 特徵   5. 附 : 京畿道 廣州出土 新製銃筒   6. 맺는글

李亨求   1993   고구려   廣開土王陵碑 硏究—所謂 辛卯年記事와 庚子年記事를 中心으로—   『國史館論叢』45 국사편찬위원회   1. 머리글   2. ‘後’字의 削除와 僞作 ‘倭’   3. ‘後’字의 削除 再論   4. 僞作 倭滿倭潰   5. ‘倭’의 實體   6. 復元 廣開土大王 時代史   7. 맺는글

李亨求   1995   고구려   廣開土大王碑 拓本 比較硏究—北京大學圖書館所藏拓本을 中心으로—   『書通』47   동방연서회   *

李亨求외   1981   고구려   廣開土王陵碑文의 所謂辛卯年記事에 對하여—僞作 “倭”字考—   『東方學志』29 연세대 국학연구원 ; 1982   廣開土王陵碑文のいわゆる辛卯年記事 『アジア公論』11・12月   1. 緖論   2. 所謂辛卯年記事와 그 影響   3. 所謂辛卯年記事에 對한 懷疑   4. 歷史上으

로 본 "倭"의 實體　5. 書法上 "倭"字의 虛像과 眞像 (1) 酒勾景信 雙鉤加墨本의 最末尾字 卽 "後"字의 出現과 削除 (2) "倭"字의 虛像 (3) "倭"字의 眞像—"倭"字는 卽, "後"字를 變造한 것이다.　6. "來渡海"字와 "破"字에 對한 考證 (1) "來渡海"字와 "破"字의 妥當性 與否 (2) "來渡海"　3字에 對한 書法上의 考證과 그 復元試圖　7. "破百殘倭寇新羅"說　8. 結論　○ 附 : 後記 및 圖版

李炳佑　1990　신라　迎日地方의 歷史・地理的 考察『韓國古代史硏究』3 한국고대사연구회　1. 머리말　2. 碑의 發見經緯와 位置　3. 迎日지역의 歷史的 性格　4. 考古學자료의 검토　5. 맺음말

李惠善　1996　고려　'龍頭寺址 鐵幢記'에 보이는 高麗初 淸州 豪族『湖西文化硏究』14 충북대 호서문화연구소　1. 序言　2. 龍頭寺 鐵幢竿의 建立과 淸州豪族 1) 용두사 철당간의 건립 2) '鐵幢記'의 청주호족　3. 청주호족의 지배양상 1)청주호족의 지배기구 2) 지배기구의 역할과 성격　4. 結語

李惠善　1996　고려　「龍頭寺幢竿記」에 보이는 高麗初 淸州 豪族『民族文化硏究』29 고려대 민족문화연구소　1. 머리말　2. 更定田柴科의 文林郎・將仕郎과 登科田의 관련 여부에 대한 검토　3. 관인의 初入仕와 土地分給　4. 맺음말

李浩官　1966　고려　高麗 靑銅梵鐘과 己酉銘靑銅盤子『考古美術』67 한국미술사학회　1. 靑銅梵鐘　2. 己酉銘靑銅盤子

李浩官　1967　조선　靑銅禁口銘文 追記『考古美術』79 한국

미술사학회　　1. 大定九年銘禁口　2. 壬午銘 飯子　3. 青銅 盤子

李浩官　1974　고려　寶嚴寺 乙丑銘銅鐘과 白蓮寺 隆慶三年銘銅鐘『考古美術』123・124 한국미술사학회　1.(序言)　2. 寶嚴寺 乙丑銘銅鐘　3. 隆慶三年銘銅鐘　4. 結語

李昊榮　1974　신라　新羅 中代王室과 奉德寺『史學志』8 단국대 사학회　1. 서언　2. 奉德寺 창건과 성덕왕　3. 성덕대왕신종과 경덕왕 및 혜공왕　4. 결어

李昊榮　1975　신라　聖德大王神鐘銘의 解釋에 관한 몇 가지 문제『考古美術』125 한국미술사학회　1. 序言　2. 判讀과 解釋　3. 梵鐘에 대한 觀念　4. 神鐘의 鑄造 期間　5. 聖德王의 薨年 問題　6. 結語

李昊榮　1979　고구려　中原高句麗碑 題額의 新讀―長壽王代의 年號 推論―　『史學志』13 단국대 사학회

李昊榮　1984　삼국　高句麗・新羅의 漢江流域 進出問題『史學志』18 단국대 사학회　1. 머리말　2. 高句麗 漢江流域 進出　3. 中原高句麗碑의「下部」　4. 新羅의 漢江流域進出　5. 丹陽新羅赤城碑의 居柒夫　6. 新羅 漢江.朔州의「郡」　7. 맺는말

李弘稙　1954　신라　慶州 南山東麓三層石塔內 發見品『韓國金石文化論考』　*

李弘稙　1954　신라　延壽在銘新羅銀合于에 대한 一二考察『崔鉉培博士還甲紀念論文集』; 1971『韓國古代史의 硏究』신구문화사　1. 머리말　2. 銀合于의 銘文　3. 紀年과 重量문제　4. 銘文 中의 "中"의 용법　5. 餘說

李弘稙   1954   신라   在日朝鮮梵鐘考『韓國古蹟圖報』 4   *

李弘稙   1955   신라   貞元廿年在銘 新羅梵鍾—襄陽雪山出土品— 『庸齋白樂濬博士還甲紀念國學論叢』；1955『朝鮮學報』7 朝鮮學會 ；1971『韓國古代史의 硏究』신구문화사   1. 머리말   2. 발견의 경위   3. 梵鐘의 모습   4. 鐘銘釋文   5. 綜合的 考察   6. 發見寺誌의 問題   7. 후기

李弘稙   1960   고려   京畿道 廣州郡 東部面 校里 磨厓佛『考古美術』2 한국미술사학회

李弘稙   1962   조선   鬱陵島搜討官關係碑二『考古美術』24 한국미술사학회

李弘稙   1965   신라   新羅銘瓦片 二題『考古美術』58 한국미술사학회   1.「官瓦」「東窯」   2.「令妙寺」在銘瓦

李弘稙   1968   고려   琉球에서 發見된「高麗瓦匠」在銘瓦『考古美術』96 한국미술사학회

李弘稙   1968   신라   羅末의 戰亂과 緇軍『史叢』12・13合 고려대 사학회；1971『韓國古代史의 硏究』신구문화사   1. 머리말   2. 海印寺 吉祥塔誌와 哭戰七緇軍詞   3. 羅末麗初의 海印寺의 經濟力   4. 餘說

李弘稙   1970   신라   海印寺石塔에서 發見된 羅末戰亂의 吉祥塔『法施』57 법시사   *

李喜寬   1990   신라   迎日冷水里碑에 보이는 至都盧 葛文王에 대한 몇 가지 問題『韓國學報』60 일지사   1. 問題의 提起   2. 至都盧葛文王의 冊封問題   3. 至都盧葛文王의 王位繼承問題   4. 至都盧葛文王의 地位問題—

「此七王等」의 새로운 解析을 중심으로— 5. 맺음말

李熙敦   1989   신라   순흥 己未年銘 壁畵墳에 대하여『金宅圭博士華甲紀念文化人類學論叢』 1. 머리글 2. 己未年銘墓의 개관 3. 己未年銘墓의 구조 4. 己未年銘墓의 壁畵 5. 맺음말 *

李熙眞   1995   고구려   廣開土王碑文에 나타난 任那加羅征伐 背景과 影響 『三韓의 社會와 文化』(『韓國古代史硏究』10) 신서원 1. 머리말 2. 4세기말~5세기초 한반도내 세력관계의 변화와 왜의 신라침공 배경 3. 임나가라정벌의 배경 4. 임나가라정벌의 영향 5. 맺음말

日本世界雜誌編者識   1909   고구려   高句麗永樂大王墓碑發見훈 事實『西北學會月報』1-9(雜俎)   *

林基中   1994   고구려   北京에서 調査한 廣開土王碑拓本과 釋文 13種에 대하여『書通』7·8月   *

林基中   1995   고구려   北京大學所藏 好太王碑 原石拓本攷 『日本學』14 동국대 일본학연구소 1. 緒言 2. 原石初期拓本 3. 硏究期의 石齒加墨拓本과 摹刻本과 雙鉤本 4. 趙葵畦의 高句麗好太王陵集釋 5. 새로 발견된 原石 初期拓本이 갖는 意味 6. 原石拓本의 採石時期와 系統 7. 結語

林基中   1997 고구려   한국에서 호태왕비의 탁본과 비문연구 『廣開土好太王碑 硏究 100年』 高句麗硏究會 1. 머리말 2. 읽기와 풀이하기 3. 읽고 풀이한 내용에서 나타난 의문점의 한 가지 4. 새로 읽기에 따른 풀이 5. 맺음말

임기환　1994　고구려　광개토왕비의 國烟과 看烟—4·5세기 고구려 대민편제의 일례—　『역사와 현실』13 한국역사연구회　1. 문제제기　2. 광개토왕 이전 수묘제의 추이　3. 수묘역의 운영　4. 국연과 간연　5. 맺음말

林起煥　1997　고구려　광개토왕비문에 보이는 '民'의 性格　『廣開土好太王碑 硏究 100年』 高句麗硏究會　○ 머리말　1. '屬民'의 성격　2. '舊民'의 성격　3. 太王과 民　○ 맺음말

任世權　1989　신라　蔚珍鳳坪新羅碑의 金石學的 考察 『韓國古代史硏究』 2 한국고대사연구회　1. 머리말　2. 石文의 조사와 연구상의 문제점　3. 蔚珍碑의 형태상 특징　4. 蔚珍碑의 金石學的 考察 1) 碑의 形態와 書體 2) 碑文의 判讀 3) 碑文 構成의 특징　5. 맺음말

任世權　1997　고구려　廣開土王碑의 硏究　『國史館論叢』74 국사편찬위원회　1. 머리말　2. 탁본연구의 현황과 문제점　3. 靑溟本의 체제와 상태 1) 帖의 체제와 제작상태 2) 각 冊의 상태　4. 釋文과 跋文 1) 釋文 2) 跋文　5. 문자 글자들의 재검토 1) 제1면 2) 제2면 3) 제3면 4) 제4면　5. 釋文의 작성　6. 맺음말

任昌淳　1958　신라　大邱에서 新發見된 戊戌塢作碑 小考　『史學硏究』 1 한국사학회 ； 1958 『朝鮮硏究年報』 2　1. 緖言　2. 碑의 發見經路　3. 碑의 內容　4. 立碑의 年代　5. 碑와 大邱　6. 碑文의 考釋　7. 結論

任昌淳　1967　기타　韓國의 金石과 書藝 『白山學報』 3 백산학회　1. 緖說　2. 韓國의 金石과 金石學 1) 金石의 大觀 2) 拓本과 蒐輯　3. 金石을 通해 본 歷代의 書藝와

書學 1) 三國時代 2) 新羅統一期 3) 高麗時代

任昌淳 1973   고구려   高句麗의 金石과 書藝『書通』1   1. 高句麗의 書風 2. 廣開土王碑의 史料的 價値와 日本人의 妄作 3. 牟頭婁 墓誌 其他

任昌淳 1978   신라   丹陽赤城碑에 대한 愚見 二·三『史學志』12 단국대 사학회   1. 字體 2. 文體 3. 官名 4. 年代 5. 碑의 명칭에 대하여

任昌淳 1979   고구려   中原高句麗古碑 小考『史學志』13 단국대 사학회   1. 碑의 現形과 原形想定 2. 書體 3. 文字判讀에 대하여 4. 碑의 內容을 把握하기 위한 問題 5. 本碑의 價値

任昌淳 1983   신라   淸州 雲泉洞發見 新羅寺蹟斷碑 淺見 二三『湖西文化硏究』3 충북대 호서문화연구소   1. 序 2. 碑本身의 想定 1) 碑의 原形 2) 碑의 크기 3) 碑文의 字數 4) 碑文의 順序 3. 判讀에 대한 私見 4. 碑의 價値

任昌淳 1988   신라   蔚珍鳳坪新羅古碑 調査硏究『蔚珍鳳坪新羅碑調査報告書』문화재관리국   1. 碑의 發見經緯 및 硏究의 진행상황 2. 碑의 형태 3. 碑文의 내용 1) 第1段 2) 第2段 3) 第3段 4) 第4段 5) 第5段 4. 碑文의 文章 5. 碑의 書體 6. 碑의 價値 및 指定에 대한 意見

林憲眞 1961   조선   大接型 誌石『考古美術』6 한국미술사학회

張東翼 1981   고려   高麗墓誌 4例 檢討『大丘史學』19 대구사학회 ○ 머리말 1. 徐鈞墓誌 2. 李公升墓誌 3.

任忠△墓誌　4. 鄭邦輔墓誌

張明洙　1995　선사　岩刻畫를 통해본 고인돌 社會의 信仰意識—고인돌 암각화에 비쳐진 죽음관을 중심으로—　『中央史論』8 중앙대 사학연구회　1. 머리말　2. 고인돌에 새겨진 岩刻畫들 1) 仁庇里 고인돌 岩刻畫 2) 五林洞 고인돌 岩刻畫 3) 道項里 고인돌 岩刻畫　3. 고인돌 岩刻畫의 信仰的 性格 1) 鉾劍 그림의 信仰的 性格　2) 바위구멍 그림의 信仰的 性格 3) 고인돌 사회의 죽음관과 信仰意識　4. 맺음말

張明洙　1997　선사　岩刻畫에 나타난 性信仰 모습　『古文化』50　한국대학박물관협회　1. 머리말　2. 岩刻畫 속의 性信仰 그림들　3. 性信仰 岩刻畫의 信仰的 性格　4. 岩刻畫 이외의 資料에 나타난 性信仰 意識　5. 맺음말

張明洙　1997　선사　蔚山 大谷里 岩刻畫人들의 生業과 信仰　『仁荷史學』5　인하대 사학회　1. 머리말　2. 岩刻畫의 立地環境　3. 岩刻畫의 그림 내용　4. 그림 속의 生業活動 樣相　5. 그림의 信仰的 性格　6. 맺음말

張炳仁　1990　고려　高麗時代 婚姻制에 대한 재검토—一夫多妻制說의 비판—　『韓國史硏究』71 한국사연구회　○ 머리말　1. 연구사의 검토　2. 일부다처제설의 근거 자료 검토　3. 혼인사례 분석 1)『高麗史』자료를 통한 분석 2) 金石文, 世系, 戶籍 자료를 통한 분석　4. 여말선초 다처병축 현상과 그 규제　○ 맺음말

장세경외　1997　고구려　광개토호태왕 비문의 성 이름 연구　『韓國學論叢』31　한양대 한국학연구소　1. 서론　2.

백제성 이름 해독과 위치 비정 1) 해독례 대조 2) 위치 비정의 대조 3. 성 이름 표기자의 검토 4. 결론

張俊植   1989   기타   중원지방의 석조부도—일제 침략기에 반출된 塔·碑를 중심으로—   『鄕土史硏究』1 향토사연구전국협의회   1. 序言 2. 各論 1) 月光寺 圓郎禪師浮屠塔과 碑 2)淨土寺 法鏡大師慈燈塔과 碑 3)淨土寺 弘法國師實相塔과 碑 4) 法泉寺 智光國師玄妙塔 5) 興法寺 眞空大師浮屠塔 6) 興法寺 眞空大師塔碑 7) 居頓寺 圓空大師玄妙塔과 碑 3.結論

張俊植   1993   삼국   충주지역에서의 삼국시대 불교『博物館志』2 충청전문대 박물관   1. 머리말 2. 봉황리 마애불, 보살군 3. 建興 오년명 금동불 광배 4. 중앙탑 사지 출토 육엽연화문 기와 5. 삼국시대의 사찰지 6. 맺음말   *

張哲秀   1989   기타   誌石의 名稱과 種類에 대한 一考察『金宅圭博士華甲紀念文化人類學論叢』   1. 머리말 2. 誌石의 名稱과 종류 3. 맺음말   *

張忠植   1981   고려   太康十一年銘 通度寺 拜禮石考『考古美術』151 한국미술사학회   1. 前言 2. 通度寺의 建立背景과 石造物 3. 拜禮石의 一般的 性格 4. 通度寺 拜禮石의 變形과 銘文의 僞刻 5. 圖像의 樣式 및 復元的 考察 6. 結語

張忠植   1984   신라   新羅金石文 調査研究의 現段階『新羅宗敎의 新研究』(『新羅文化祭學術發表會論文集』5) 신라문화선양회   1. 前言 2. 金石文調査研究의 어제와 오늘 3. 研究展望과 그 課題 4. 結語

전대준　1990　고구려　「삼국사기」와 「광개토왕비문」에 보이는 숙신의 정체『력사과학』1990-2(134)

田壽炳　1987　고려　坦文國師에 관한 考察『東洋文化硏究』2 대전대 동양문화연구소　1. 序言　2. 時代的 背景　3. 生涯　4. 思想　5. 結言

전주농　1959　고구려　安岳 하무덤 3號墳에 대하여―그 발견 10주년을 기념하여―　『문화유산』5 : 1991『북한의 우리고대사 인식』2 대륙연구소 출판부

전주농　1963　고구려　다시 한번 安岳의 王陵을 論함『고고민속』2　○ 머리말　1. 미천왕릉설의 실머리와 그 문헌적 근거　2. 미천왕의 재장 1) 장지 선정과 왕릉경영의 전제조건 2) 왕릉의 기념비적 상징성 3) 왕릉 축조의 객관적 조건과 그 연대　3. 冬壽와 그 墨書의 정체　○ 맺는말

全鎣弼　1960　조선　壺型誌石『考古美術』5 한국미술사학회

鄭景柱　1994　기타　慶南地方 寺刹 金石文獻資料 調査硏究『傳統文化論集』2 경성대 향토문화연구소　＊

鄭求福　1978　신라　丹陽新羅赤城碑 內容에 대한 一考『史學志』12 단국대 사학회　1. 머리말　2. 碑文에 나오는 人物 分析　3. 碑文의 內容　4. 맺음말

鄭求福　1987　백제　무녕왕 誌石에 대한 一考『宋俊浩敎授停年紀念論叢』　1. 머리말　2. 誌石文과 買地券의 해석과 飜譯상의 문제점　3. 誌石 및 買地券의 內容과 特性　4.《三國史記》敍述의 檢討　5. 맺음말

鄭求福　1990　신라　迎日冷水里新羅碑의 金石學的 考察『韓

國古代史研究』3 한국고대사연구회 1. 머리말 2. 碑의 形態와 書體 3. 異體字의 釋讀 4. 碑의 建立年代 5. 맺음말

鄭求福 1992 조선 새로 발견된 金石文 判決事公 鄭自源墓誌『淸溪史學』9 한국정신문화연구원 청계사학회 1. 머리말 2. 지형과 묘소의 배치 상황 3. 誌石의 출토위치와 유물 4. 誌石의 判讀 5. 맺음말―본 지석의 특징

정대구 1985 신라 성덕대왕신종명과 판독문제『傳統文化』15-4 전통문화사 1. 금석문이란 무엇인가 2. 성덕대왕신종명의 판독연구 3. 문제점 몇 가지 *

鄭杜熙 1979 고구려 廣開土王碑文 辛卯年記事의 再檢討『歷史學報』82 역사학회 1. 머리말 2. 過去 日本學者들의 硏究 3. 鄭寅普氏 說의 意義와 그 影響 4. 碑文의 構成과 그 解釋 5. 맺는말

鄭明鎬 1964 신라 慶州 在銘石槽 二座『考古美術』50 한국미술사학회

鄭明鎬 1964 조선 桐華寺의 在銘香爐 二座『考古美術』47·48 한국미술사학회 1. 高杯型 在銘 銀入絲 香垸 2. 鼎型 在銘 陽刻文 香爐

정병삼 1995 고려 一然碑文의 檀越『韓國學硏究』5 숙명여대 한국학연구소 ○ 머리말 1. 간송문고본「보각국사비명」탁본의 현상 2. 음기의 檀越-卿士大夫 3. 檀越의 성격 ○ 맺음말

정병삼 1995 신라 통일신라 금석문을 통해 본 僧官制度

『國史館論叢』62 국사편찬위원회 1. 통일신라 금석문과 승직　2. 成典寺院　3. 國統・大統・政法和尙　4. 上座와 維那秩- 院圭・典座・維那直歲　5. 史　6. 匠・博士 7. 三綱制　8. 맺음말　○ 부록 : 통일신라 및 고려전기 僧官・寺職자료

鄭善如　1997　신라　新羅 中代末・下代初 北宗禪의 收容—<丹城斷俗寺神行禪師碑文>을 중심으로—　『韓國古代史研究』12　한국고대사학회　1. 머리말　2. 神行의 北宗禪 收容　3. 神行의 귀국과 中代 專制王權　4. <丹城斷俗寺神行禪師碑>의 건립과 金獻貞　5. 맺음말

鄭良謨　1963　조선　宣德十年銘粉靑沙器墓誌『美術資料』7 국립중앙박물관

鄭良謨　1963　조선　安宗茂의 白磁墓誌『考古美術』31 한국미술사학회

鄭良謨　1963　조선　金在仁白磁墓誌『考古美術』34 한국미술사학회

鄭良謨　1963　조선　金景漢白磁墓誌『考古美術』35 한국미술사학회

鄭良謨　1963　고려　畵靑磁 至正二年詩銘甁『考古美術』38 한국미술사학회

鄭良謨　1964　조선　分院出土「御廚」銘 白磁盌 斷片『考古美術』50 한국미술사학회

鄭良謨　1965　조선　靑華白磁「丙申」銘 山水文八角甁『考古美術』56・57 한국미술사학회

鄭良謨　1967　조선　在銘印花文粉靑沙器 新例 『考古美術』

86 한국미술사학회

鄭永鎬   1961   고려   正豊 二年銘小鐘—서울 朴秉來氏藏—
『考古美術』16 한국미술사학회

鄭永鎬   1962   고려   在銘高麗「鈑子」의 新例『考古美術』18
한국미술사학회

鄭永鎬   1962   고려   密陽 舞鳳寺의 石造光背와 石佛坐像
『考古美術』19·20 韓國美史學會

鄭永鎬   1962   조선   正統元年銘 銅鐸『考古美術』21 한국미
술사학회

鄭永鎬   1962   조선   東亞大藏 金銅佛과 康熙銘砲『考古美
術』24 한국미술사학회

鄭永鎬   1962   고려   固城 玉泉寺의 在銘飯子와 銀絲香爐
『考古美術』25 한국미술사학회

鄭永鎬   1966   고려   覺淵寺 遺物調查略報(下)『考古美術』
67 한국미술사학회   2. 通一大師 塔碑   3. 石造浮屠
(傳 通一大師塔)   4. 龜趺와 屋蓋石   5.其他遺物

鄭永鎬   1968   조선   中原 靑龍寺址의 調查—普覺國師淨慧圓
融塔과 塔碑 및 石燈을 중심으로—   『史叢』12·13
合 고려대 사학회   1. 序言   2. 遺蹟遺物 1) 寺址와
現 靑龍寺 2) 普覺國師와 그의 關係 諸遺物 3) 石造浮
屠   4)「靑龍寺 位田碑記」石碑 5) 石塔材   3. 結言

鄭永鎬   1969   신라   新羅 獅子山 興寧寺址 研究『白山學報』
7 백산학회 ; 1969『단국대학교 대학원논문집』; 1974
『新羅 石造浮屠 研究』   1. 序言   2. 新羅·禪門九山
獅子山派   3. 澄曉大師와 興寧寺 事蹟   4. 興寧寺址의

遺蹟 遺物 1) 寺址 槪況과 石塔址의 推定 2) 澄曉大師
寶印塔碑 ① 碑文의 形態 ② 碑文의 訂正 ③ 碑陰記
④ 碑文의 撰者問題 3) 澄曉大師 寶印塔의 推定 4) 石
室과 石棺 5) 石造 浮屠와 그 復原 6) 金銅如來立像
7) 石造遺物과 瓦片 8) 獅子山 法興寺 重建碑 9) 現
法興寺와 諸 遺物 5. 結語

鄭永鎬 1969 신라 永川菁堤碑의 發見『考古美術』102 한
국미술사학회 1. 發見과 調査의 經緯 2. 碑의 形態
3. 銘文의 判讀

鄭永鎬 1974 신라 寶林寺 石塔內發見 舍利具에 대하여
『考古美術』123·124合 한국미술사학회

鄭永鎬 1974 신라 雙谿寺 眞鑑禪師大空塔의 推定『古文
化』12 한국대학박물관협회

鄭永鎬 1975 신라 浮嚴寺 水瑪瑙塔內 發見 舍利具에 대하
여『東洋學』5 단국대 동양학연구소

鄭永鎬 1978 신라 丹陽新羅眞興王赤城碑片의 收拾發掘調
査 略報『史學志』12 단국대 사학회

鄭永鎬 1978 신라 石碑의 發見調査 經緯『史學志』12 단
국대 사학회

鄭永鎬 1978 신라 鎭川 太和四年銘 磨崖佛立像『考古美
術』138·139合 한국미술사학회

鄭永鎬 1979 고구려 中原高句麗碑의 發見調査와 硏究展望
『史學志』13 단국대 사학회 1. 발견조사 경위 2.
立石의 유래와 보존 3. 碑文의 판독조사 4. 石碑의
형태 5. 石碑위치의 역사지리적 고찰 6. 연구전망

○ 附記

鄭永鎬　1979　기타　韓國美術史上 梵鐘硏究의 重要性『梵鐘』2 한국범종연구회　1. 序言　2. 銘文에서의 絶對年代　3. 銘文에서의 造成緣記　4. 結語

鄭永鎬　1982　고려　利川 <太平興國>銘 磨崖半跏像『史學志』16 단국대 사학회　1. 發見調査 經緯　2. 磨崖半跏像의 考察　3. 銘文의 考察　4. 利川地區의 歷史性과 調査展望

鄭永鎬　1991　고려　在日 至正十七年銘 靑銅香垸—金象嵌梵字入銀入絲 香垸의 新例『佛敎와 歷史—李箕永博士古稀紀念論叢—』한국불교연구원

丁元卿　1992　신라　신라경문왕대의 願塔건립『博物館硏究論集』1 부산시립박물관　1. 서언　2. 탑지명문검토　3. 원탑건립의 특성　4. 결어　＊

鄭仁甲　1984　발해　渤海 貞孝公主 무덤 管見『白山學報』28 백산학회 1. 序言　2. 貞孝公主 무덤을 通하여 본 渤海國의 文化　3. 貞孝公主 碑文에 나타난 文王의 尊號　4. 結言

鄭寅普　1948　조선　鷺梁 忠烈詞碑文 閑山島制勝堂碑文『新天地』3-10

鄭寅普　1955　고구려　廣開土境平安好太王陵碑文釋略『庸齋白樂濬博士還甲紀念論叢』; 1967『薝園文錄』3; 1975『古代日本と朝鮮の基本問題』(旗田巍 編) 學生社 ; 1983『薝園鄭寅普全集』5 ; 1985『白山學報』32(李亨求 譯) 백산학회

鄭濟奎　1997　고려　崔彦撝撰碑銘 幷序部 書頭의 性格『文化史學』6·7合 韓國文化史學會　1. 서론　2. 幷序部 書頭의 內容과 그 意味　3. 幷序部 書頭를 통해 본 佛敎認識　4. 結論

丁仲煥　1962　고려　梁山 內院寺 所藏 大安七年銘 高麗 禁口에 對하여『古文化』1 한국대학박물관협회

鄭海昌　1962　고려　高達寺址의 浮圖와 碑趺에 關하여『史學硏究』13 한국사학회

趙東元　1993　신라　新羅 中古 金石文 硏究 『國史館論叢』42 국사편찬위원회　1. 序言　2. 迎日 冷水里 新羅碑　3. 蔚珍 鳳坪 新羅碑　4. 蔚州 川前里 書石　5. 永川 菁堤碑　6. 丹陽 赤城碑　7. 眞興王 巡狩碑　8. 戊戌塢作碑　9. 南山 新城碑　10. 結語

趙東元　1995　고구려　高句麗 金石文의 所在와 硏究現況『阜村申延澈教授 停年退任紀念 史學論叢』일월서각　1. 序言　2. 金石文의 種類와 所在 1) 碑 2) 石刻 3) 墓誌 4) 造像銘 5) 墨書銘 6) 金屬器銘 7) 土器·瓦·塼銘　3. 金石文의 硏究現況 1) 廣開土大王陵碑 2) 中原高句麗碑 3) 安岳3號墳墨書銘 4) 德興里古墳墨書銘 5) 其他　4. 結言

趙東元　1997　기타　韓國 金石文硏究의 現況과 課題『國史館論叢』78 국사편찬위원회　1. 序言　2. 金石文의 硏究現況 1) 金石文 硏究의 形成 過程 2) 金石文 硏究의 展開 3) 金石文 硏究의 現況 4) 金石文 硏究 成果 分析　3. 硏究課題　4. 結語

趙東元　1997　기타　韓國 金石文 硏究 300年 『于松趙東杰先生停年紀念論叢 韓國史學史硏究』　1. 서언　2. 금석문

연구의 형성　3. 일제시기의 연구　4. 해방 이후 연구
현황　5. 금석문 연구논문의 분석　6. 결어

趙法鍾　1995　고구려　　廣開土王陵碑文에 나타난 守墓制研究
『韓國史의 時代區分』(『韓國古代史研究』 8) 신서원　　1.
머리말　2. 廣開土王·長壽王代의 守墓制 改革　3. 守墓
人의 구성과 통제　4. 新來韓穢의 의미와 성격　5. 맺음말

趙法鍾　1996　신라　　蔚珍鳳坪碑에 나타난 '奴人'의 성격 검
토—新羅의 對民服屬 把握方式의 內容을 中心으로—
『新羅文化』 13 동국대 신라문화연구소　　1. 서론　2.
본론 1) 신라의 대외팽창과 복속민의 편제 2) 예속지
역의 복속양상 3) 울진 봉평비에 나타난 '奴人'의 성격
4. 결론

趙炳魯　1997　조선　　17, 8세기 南漢山城의 再修築에 관한
一考察—최근에 발견한 金石文을 중심으로—　『京畿
史論』 창간호 경기대 사학회　　1. 머리말　2. 譯學生
徒의 신분 1) 직역 2) 본관 3) 연령　3. 譯學生徒의 家
系와 家門 1) 四祖의 출신 2) 四祖의 직역 3) 童蒙의
통혼 가문　4. 맺음말

曺成鉉　1996　고려　　靑銅銀入絲 '貞祐六年社福寺' 銘香垸
『湖巖美術館研究論文集』 1 湖巖美術館　　1. 머리말
2. 槪要 및 형태　3. 銀入絲 文樣　4. 銘文　5. 製作技
法 및 상태　6. 맺음말

趙由典　1989　신라　　蔚珍鳳坪新羅碑의 位置確認 發掘調査
『韓國古代史研究』 2 한국고대사연구회　　1. 調査經緯
2. 碑의 發見位置 및 周邊環境　3. 確認發掘調査　4.
考察　5. 結言

趙仁成　1988　고구려　廣開土王陵碑를 통해 본 高句麗의 守墓制『韓國史 市民講座』3 일조각　1. 碑文의 守墓人 관계 記事에 대한 관심　2. 碑文의 守墓人 관계 記事의 내용　3. 守墓人의 임무　4. 守墓人의 社會的 處地　5. 守墓制 시행의 思想的 배경

趙重憲　1989　기타　論山地方 金石文攷(二)『鄕土硏究會誌』3 論山鄕硏　＊

趙重憲　1989　조선　阮堂이 남긴 金石文考『鄕土史硏究』1 한국향토사연구회　1. 서언　2. 완당과 금석문 1) 금석학자로서의 완당 2) 불우한 만년과 금석문 ① 실명으로 남긴 금석문 ② 대필로 보이는 금석문 ③ 岩石刻文　3. 결어

趙重憲　1994　조선　六臣遺墟址의 金石文攷『鄕土史硏究』6 한국향토사연구회　1. 육신 유허지　2. 금석문에 나타난 유적　3. 금석문에 나타난 祠宇

조희승　1987　고구려　광개토왕릉비문에 대한 몇가지 문제『조선고고연구』21　＊

朱甫暾　1979　신라　新羅 中古의 地方統治組織에 대하여『韓國史硏究』23 한국사연구회　○ 序言　1. 昌寧碑에 보이는 地方官名　2. 軍主와 그 性格　3. 幢主, 道使의 性格과 그 分化　4. 中古의 地方統治體制와 그 變化　○ 結言

朱甫暾　1984　신라　丹陽新羅赤城碑의 再檢討—碑文의 復元과 分析을 중심으로—　『慶北史學』7 경북사학회　1. 碑文의 復元　2. 碑文의 構成과 本文의 分析　3. 碑文에 보이는 職名　4. 建碑의 年代問題　○ 結言

朱甫暾   1985   신라   雁鴨池出土 碑片에 대한 一考察『大丘史學』27 대구사학회 ○ 머리말 1. 碑文의 判讀 2. 建碑의 下限年代 3. 建碑의 絶對年代와 明活城 4. 明活城의 築造와 그 變貌 5. 本碑가 지닌 意味 ○ 맺음말

朱甫暾   1988   신라   신라 중고기의 郡司와 村司『韓國古代史研究』1 한국고대사연구회 1. 머리말 2. 研究史上의 문제점 3. 中古期 郡의 성격과 郡司의 구성 1) 郡의 성격 2) 郡司의 구성 4. 村司의 구성과 自然村 1) 南山新城碑와 村司의 구성 2) 大邱戊戌塢作碑와 自然村 5. 맺음말

朱甫暾   1989   신라   迎日冷水里新羅碑에 대한 基礎的 檢討『新羅文化』6 동국대 신라문화연구소 1. 導論 2. 碑文의 構成과 內容 3. 本碑의 建立年代 4. 本碑와 5~6世紀 新羅史 問題 5. 마무리

朱甫暾   1989   신라   蔚珍鳳坪新羅碑와 法興王代 律令『韓國古代史研究』2 한국고대사연구회 1. 머리말 2. 奴人法과 本碑의 性格 3. 本碑를 통해 본 法興王代 王權 4. 本碑와 法興王代 律令問題 5. 맺음말

朱甫暾   1990   신라   6세기초 新羅王權의 位相과 官等制의 成立『歷史敎育論集』13·14 경북대 역사교육학회 1. 머리말 2. 6세기초 王權의 位相 3. 官等制의 成立 4. 맺음말

朱甫暾   1991   신라   二城山城 出土의 木簡과 道使『慶北史學』14 경북사학회 1. 머리말 2. 木簡의 年代 3. 木簡과 道使 4. 맺음말

朱甫暾　1992　신라　明活山城作城碑의　力役動員體制와　村落『西巖趙恒來敎授華甲紀念　韓國史學論叢』　아세아문화사　1. 머리말　2. 本碑의　建立年代와　官等表記　3. 碑文의　構造的　特徵과　力役動員體制　4. 本碑에　보이는　村落과　그　變化　5. 맺음말

朱甫暾　1992　신라　新羅의　村落構造와　그　變化『國史館論叢』35 국사편찬위원회　○ 머리말　1. 痲立干時代　地方統治方式과　村落의　存在樣相　2. 地方官　派遣과　中古期　村落支配의　强化 1) 冷水里碑와　村落 2) 鳳坪碑와　村落 3) 赤城碑와　村落 4) 南山新城碑와　村落　3. 統一期　地方再編과　村落　4. 金憲昌의　亂과　下代　村落의　變化　○ 맺음말

朱甫暾　1994　신라　南山新城의　築造와　南山新城碑—第9碑를 중심으로—　『新羅文化』10·11 동국대 신라문화연구소　1. 머리말　2. 南山新城의　築造와　그　意味　3. 南山新城의　記載樣式과　第9碑　4. 第9碑의　構造的　特徵과　그　意義　5. 맺음말

朱榮憲　1963　고구려　安岳 第3號 무덤의　被葬者에　대하여『고고민속』2　*

朱榮憲　1977　고구려　高句麗壁畵古墳『고고민속』　*

中央大韓國學硏究所　1973　고구려　廣開土王碑關係資料『韓國學』1　*

陳宗煥　1984　기타　慶州地域　龜趺碑紋樣에　대하여『慶州史學』3 경주사학회　1. 머리말　2. 龜趺碑의　構造　3. 龍과　龜의　槪念　및　出土遺物 1) 거북(龜)의　槪念　및　出土遺物 2) 龍의　槪念　및　出土遺物　4. 慶州地域　龜

跌碑의　槪觀　1) 太宗武烈王陵龜跌　2) 西岳里龜跌　3) 四天王寺址龜跌　4) 高仙寺址　龜跌　5) 聖德王陵　龜跌　6) 興德王陵　龜跌　7) 鍪藏寺址阿彌陀佛造像事蹟碑　龜跌　8) 崇福寺址　龜跌　9) 皇福寺址　龜跌　10) 昌林寺址龜跌　11) 天龍寺址　龜跌　5. 맺는말

秦弘燮　1960　신라　新發見 南山新城碑小考『歷史學報』13 역사학회 ; 1961　『朝鮮學報』 19 朝鮮學會 ; 1961 『朝鮮研究年報』3　1. 前文　2. 第二南山新城碑　3. 第三南山新城碑의　發見經緯　4. 碑의 形態와 碑文　5. 碑文의 考釋　6. 碑의 建立年代와 經緯　7. 結言

秦弘燮　1961　조선　大邱 石氷庫碑『考古美術』12 한국미술사학회

秦弘燮　1961　신라　燕岐의 三尊千佛碑像『考古美術』14 한국미술사학회

秦弘燮　1962　신라　癸酉銘 三尊千佛碑像에 對하여『歷史學報』17・18합집　역사학회 ; 1963『朝鮮研究年報』5　1. 序言　2. 發見의 經緯　3. 形態와 現狀　4. 彫刻　5. 造石記　6. 造石記의 釋讀　7. 年代의 推定　8. 結語

秦弘燮　1962　신라　大象二年銘 石造菩薩立像『考古美術』19・20 한국미술사학회

秦弘燮　1965　신라　南山新城碑의 綜合的考察『歷史學報』26 역사학회 ; 1976『三國時代의 美術文化』同和出版公社

秦弘燮　1966　고려　鳴鳳寺 慈寂禪師 凌雲塔碑『考古美術』68 한국미술사학회

秦弘燮　　1966　　조선　　廣興寺 銅鐘『考古美術』76 한국미술사학회

秦弘燮　　1968　　고려　　銅製 延祐元年銘 秤錘『考古美術』90 한국미술사학회

秦弘燮　　1975　　조선　　特殊形式의 石塔一例『東洋學』5 단국대 동양학연구소

秦弘燮　　1982　　신라　　新羅北岳太白山遺蹟調査報告(7)『韓國文化院論叢』40 이화여대 한국문화연구원　1. 毘盧寺眞空大師普法塔碑碑文　2. 小白山喜方寺遺誌　3. 大乘寺事蹟記　4. 大乘寺木刻佛幀關係文書　5. 四佛山彌勒庵重創記　6. 鳴鳳寺慈寂禪師凌雲塔碑碑文　7. 天竺山佛影寺始創記　8. 興寧寺澄曉大師寶印塔碑碑文

車勇杰　　1983　　신라　　淸州 雲泉洞 古碑 調査記『湖西文化硏究』3 충북대 호서문화연구소　1. 調査經緯　2. 二次調査　3. 判讀會의 開催　4. 其他

蔡秉瑞　　1967　　고구려　　安岳地方의 壁畵古墳『白山學報』2 백산학회　○ 머리말　1. 安岳第1號墳　2. 安岳第2號墳　3. 安岳第3號墳　○ 結語

蔡尙植　　1979　　고려　　普覺國尊 一然에 대한 硏究—迦智山門의 登場과 관련하여—　『韓國史硏究』26 한국사연구회　○ 序　1. 一然碑文에 대한 새로운 檢討　2. 佛敎界의 動向과 迦智山門의 登場　3. 結語——然에 대한 思想史的 檢討

蔡尙植　　1982　　고려　　淨土寺址 法鏡大師碑 陰記의 分析—高麗初 地方社會와 禪門의 構造와 관련하여—　『韓國

史硏究』36 한국사연구회   1. 머리말   2. 法鏡大師碑
陰記의 現狀 및 判讀 3. 내용분석   4. 맺는말

蔡尙植   1989   가야   陜川 苧浦里 4號墳出土 土器의 銘文
『伽倻』2

채희국   1988   고구려   광개토왕릉비문의 해석에서 제기되는
몇 가지 문제에 대하여『력사과학』1988-2(126)   1. 고
구려시조왕 추모의 출생의 관한 서술에 대하여   2. 광개
토왕의 세대수에 대하여 3.<영락>년호문제

채희국   1988   발해   발해의 정혜공주묘와 정효공주묘에 대
하여『조선고고연구』1988-2   *

千寬宇   1975   고구려   廣開土王陵碑의 解釋問題『韓國史의 再
照明』독서신문사   ○문제의「陵碑」   ○ 광개토왕의
對後燕作戰   ○「倭以辛卯年…」의 여러 해석   ○「倭
以辛卯年…」은 어떻게 읽어야 하나   ○「倭」는 정복
자 아닌 소병력 援兵

千寬宇   1979   고구려   廣開土大陵碑文 再論『全海宗博士華
甲紀念史學論叢』일조각   1. 서설―"재론"에 이르기
까지―   2. 대거란 관계―乙未   3. 대백제,가라,왜 관
계―辛卯·丙申   4. 대숙신 관계―戊戌   5. 대백제,왜
관계―己亥·庚子·甲辰   6. 대후연 관계―丁未   7.
대동부여 관계―庚戌   8. '왜'의 의미   9. '광개토경'의
의미

千寬宇   1983   고구려   廣開土王碑文 再論『韓國史의 展開』；
1985 『アジア公論』14-2, 3   *

千寬宇   1988   고구려   광개토왕의 정복활동『韓國史 市民講

座』3 일조각　1. 高句麗史 최대의 領域을 이룩한 廣開土王—4·5세기　2. 광개토왕릉비에 보이는 정복활동(上)　3. 廣開土王陵碑에 보이는 征服活動(下)　4. 廣開土王陵碑에 보이는 ‘倭’

崔光植　1989　신라　蔚珍鳳坪新羅碑의 釋文과 內容『韓國古代史研究』2 한국고대사연구회　1. 머리말　2. 碑의 釋文　3. 碑文의 內容分析　4. 碑의 性格과 意義　5. 맺음말

崔光植　1990　신라　迎日 冷水里 新羅碑의 釋文과 內容分析『三國遺事의 現場的 研究』(『新羅文化際學術發表會議論文集』11)　신라문화선양회　○ 머리말　1. 碑의 釋文　2. 비문의 내용분석　3. 비의 성격　○ 맺음말

崔孟植　1998　고구려　高句麗 廣開土王碑文에 대한 解讀 一考(1)『선사와 고대』10　한국고대학회　1. 머리말　2. 紙本에 대하여　3. 비문에 대한 검토　4. 맺는 말을 대신하여

崔夢龍　1976　조선　李朝墓誌 數例『考古美術』129·130 한국미술사학회　1. 王度會墓誌(紙)　2. 尹孝孫 母親 光州鄭氏 墓誌　3. 高宰傑墓誌　4. 李仁秀墓誌　5. 權重銓墓誌　6. 金以礪墓誌　7. 林震範의 夫婦合葬墓誌

崔夢龍　1978　조선　朝鮮王朝墓誌數例(其三)『考古美術』136·137 한국미술사학회　1. 閔天瑞墓誌　2. 鄭仁 및 鄭昇墓誌　3. 權大臨墓誌　4. 朴成樑墓誌　5. 金汝鈵墓誌　6. 洪大胤墓誌　7. 貞敬夫人 恩津宋氏墓誌　8. 德水李氏墓誌　9. ○ 熙豊子의 墓誌

崔文誠　1985　고구려　最近 廣開土王陵碑 研究의 動向과 그

論爭點(1)『慶州史學』4 경주사학회

崔範勳   1979   신라   丹陽 眞興王 赤城碑에 나타난 人名 試讀『徐炳國博士華甲紀念論集』형설출판사   1. 序論 2. 碑文의 內容   3. 國文表記 人名資料   4. 人名解讀 5. 結論

崔範勳   1987   기타   金石文에 나타난 吏讀硏究『京畿大學校論文集』21   1. 金石文과 吏讀   2. 高句麗廣開土王陵碑   3. 中原高句麗碑   4. 延壽在銘瑞鳳塚銀盒杆   5. 蔚州川前里書石   6. 永川菁堤碑   7. 新羅丹陽赤城碑   8. 壬申誓記石   9. 昌寧新羅眞興王拓境碑   10. 高句麗城壁刻字   11. 磨雲嶺新羅眞興王巡狩碑   12. 黃草嶺新羅眞興王巡狩碑   13. 北漢山新羅眞興王巡狩碑   14. 戊戌塢作碑   15. 新羅南山新城碑   16. 甘山寺 彌勒菩薩·阿彌陀如來造像記   17. 新羅上院寺鐘記   18. 新羅无盡寺鍾記   19. 金泉葛項寺石塔記   20. 永泰二年銘石盒 21. 昌寧仁陽寺石佛造像記   22. 始興中初寺撞竿石柱記 23. 淸州蓮池寺鐘銘   24. 新羅竅興寺鐘銘   25. 結論

崔柄憲   1972   신라   新羅下代 禪宗九山派의 成立—崔致遠의 四山碑銘을 中心으로—   『韓國史硏究』7 한국사연구회 ; 1976 『韓國史論文選集』2 일조각   ○ 序言 1. 禪宗成立以前의 新羅佛敎   2. 禪宗의 初期 輸入   3. 禪宗九山派의 成立   4. 禪師들의 身分과 社會經濟的 基盤   ○ 結語

崔聖銀   1984   고려   高麗時代 癸酉銘靑銅八部衆立像『考古美術』161 한국미술사학회   1. 머리말   2. 造成背景과 銘文分析   3. 神將像의 名稱   4. 양식적 특징과 조

성연대

崔信浩　1987　기타　韓國鐘의 '銘'에 대하여『東洋學』17
단국대 동양학연구소　1. 序言　2. 鐘銘 1) 부처님의
자비를 구하는 鐘銘 2) 大王의 功德을 구하는 鐘銘 3)
鐘記의 경우　3. 結言

崔泳喜　1961　고려　山淸　斷俗寺의 大鑑國師塔碑의 斷片
『考古美術』12 한국미술사학회

최완수　？　조선　김추사의 금석학『간송문화』3　*

최운학　1965　발해　자료 ; 발해 <정혜공주묘비>『력사과학』
1965-3

崔應天　1988　고려　高麗時代 靑銅金鼓의 硏究—특히 鑄造
方法과 銘文分析을 중심으로—　『佛敎美術』9 동국
대 박물관　1. 머리말 2. 金鼓의 起源과 用途 1) 起源
과 傳來 2) 用途와 造成 背景　3. 金鼓의 名稱과 形式
4. 高麗時代 金鼓의 樣式的 變遷　5. 高麗時代 金鼓의
工藝史的 意義 1) 鑄造方法 2) 銘文分析 3) 工藝史的
意義　6. 맺음말　○ (부록) 高麗時代 金鼓의 銘文 및
現狀 特徵表

崔壹聖　1994　조선　忠北의 神道碑—북부지방을 중심으
로—　『鄕土史硏究』6 한국향토사연구회

최태길　1993　발해　'발해정효공주묘지병서에 대한 고역'을
논함『발해사연구』2 연변대출판사(서울대출판부)

최택선　1987　고구려　고구려벽화무덤의 주인공문제에 대하
여『력사과학』1987-4　*

최택선　1988　고구려　고구려의 인물풍속도무덤과 인물풍속

及 사신무덤 주인공들의 벼슬등급에 대하여『력사과학』
1988-1   *

崔虎林   1989   삼국   三國 및 統一新羅時代의 墓誌에 관한
一硏究『韓國學論集』15. 한양대 한국학연구소   1.
머리말   2. 三國時代의 墓誌 1) 高句麗 冬壽墓誌 2)
高句麗 鎭墓誌 3) 高句麗 牟頭婁墓誌 4) 百濟武寧王과
王妃의 誌石   3. 統一新羅時代의 墓誌 1) 泉男生墓誌
2) 扶餘隆墓誌 3) 高慈墓誌   4. 맺는말

최홍규   1993   고려   고려시대 수원지방의 금석문『제7회 鄕
土史硏究 전국학술대회』충남향토연구회   *

최희림   1967   고구려   平壤城을 쌓은 년대와 규모『고고민
속』1967-2

秋萬鎬   1991   신라   深原寺 秀徹和尙 楞伽寶月塔碑의 금석
학적 분석『역사민속학』1 한국역사민속학회   1. 머
릿말   2. 秀徹和尙塔碑 기존본   3. 교정본, 완성본, 옮
김글(解釋本)   4. 자료의 갈래별 분석 1) 새김글 ① 새
김글 상태 ② 수철의 행적 ③ 새김글의 제작 2) 역사
① 인물과 제도 ② 골품제의 해체와 관료제로의 이행
3) 불교 일반 ① 승려와 산문 ② 교종과의 관계 4)
민속   5. 맺음말

忠州工專博物館   1990   조선   靑龍寺址의 金石文『靑龍寺址
地表調査報告書』충주공전박물관   1. 普覺國師碑銘
(釋文)   2. 靑龍寺 位置碑記   3. 普覺國師碑銘(陽村集)
原文   4. 普覺國師碑銘(朝鮮金石總覽)原文   5. 靑龍寺
位田碑 및 陰記(拓本)

坪井良井   1966   고려   瀋陽出土의 至正四年銘 金鼓『考古美

術』74 한국미술사학회

表龍洙　1996　기타　釜山地域의 紀念碑 現況(Ⅰ)—解放 以前을 中心으로—　『港都釜山』 13 釜山市史編纂委員會　1. 머리말　2. 事蹟碑　3. 紀功碑　4. 頌德碑　5. 檀碑　6. 墓碑　7. 旌閭碑　8. 其他

하일식　1993　신라　6세기말 신라의 역역 동원체계—남산신성비의 기재양식에 대한 재검토—　『역사와 현실』 10 한국역사연구회 1. 문제의 제기　2. 비문기재양식의 분석 1) 제1비 2) 제2비 3) 제4비 4) 소결　3. 축성작업과 역역 동원　4. 나머지 문제

하일식　1997　신라　昌寧 仁陽寺碑文의 研究—8세기말~9세기초 신라 지방사회의 단면—　『韓國史研究』 95 한국사연구회 1. 머리말　2. 판독과 해석　3. 碑文의 내용과 행위주체 1) 寺名・地名과 기재방식 2) 행위 주체　4. 碑像의 주인공　5. 맺음말

河日植　1997　신라　昌寧 觀龍寺의 石佛臺座銘과「觀龍寺事蹟記」　『韓國古代史研究』12　한국고대사학회　1. 머리말　2. 觀龍寺 藥師殿의 石造如來坐像 1) 石造如來坐像 2) 中臺石 眼象의 造像記　3.「觀龍寺事蹟記」　4. 맺음말

韓銀變　1989　조선　兩班社會의 여종의 墓碑와 정려문『鄕土史研究』1　한국향토사연구회　1. 서언 2. 노비의 신분　3. 우암 송시열 선생과 여종(婢)의 묘비　4. 金永復의 私婢 玉今 孝女門

咸東鮮　1980　조선　韓國現代詩에 관한 金石文研究—1920년대를 중심으로—　『創論』 1 중앙대 한국예술연구소

     1. 緒論 2. 放浪의 마음―空超 吳相淳攷 3. 나의 寢室로―尙火 李相和攷 4. 結論

許善道   1965   조선   嘉靖乙卯銘 天字銃筒에 대하여―韓國火砲의 前期型態小考― 『美術資料』 10 국립중앙박물관

許善道   1987   조선   三嘉縣 蔡濟恭撰并書 鳳岩大師碑『韓國學論叢』 9 국민대 한국학연구소   1. 緒言 2. 鳳岩大師碑의 位置와 周邊 遺跡―절골(寺谷)과 白蓮庵址― 3. 鳳岩大師碑銘과 弟子秩 附 月城堂禪師碑 4. 樊岩集收載 佛敎關係文字 5. 結語

許興植   1976   고려   智谷寺 眞觀禪師碑『韓國中世社會史資料集』 아세아문화사 ; 1986『高麗佛敎史硏究』 일조각   ○ 머리말 1. 비문의 전래와 전문 2. 진관선사의 생애와 연보 3. 몇가지 주목할 사실   ○ 맺음말

許興植   1976   신라   沙林院 弘覺禪師碑『韓國中世社會史資料集』 아세아문화사 ; 1986『高麗佛敎史硏究』 일조각   ○ 머리말 1. 탁본의 현존상태 2. 전문의 판독과 내용 3. 비문의 사료적 가치   ○ 맺음말

許興植   1977   고려   高麗初 佛敎界의 動向―寂然國師碑文을 中心으로― 『문학과 지성』 29   ○ 머리말   ○ 자료의 現存狀態   ○ 寂然國師의 生涯   ○ 寂然國師의 佛敎思想的 位置   ○ 맺음말

許興植   1979   고려   高麗時代의 새로운 金石文資料『大丘史學』 17 대구사학회   ○ 머릿말 1. 長安寺毘盧遮那佛背石刻銘 2. 圓應國師碑陰記 3. 圓悟國師碑文 4. 圓鑑國師碑文

許興植　　1981　고려　高麗中期　華嚴宗派의　繼承―元景王師
를　中心으로―　『韓國史硏究』35　한국사연구회　;
1986　般若寺　元景王師碑陰記『高麗佛敎史硏究』일조
각　○ 머리말　1. 元景王師의　生涯와　碑陰記　2. 元
景王師의　師弟繼承　3. 中期華嚴宗의　社會性　○ 맺음
말

許興植　　1982　기타　韓國金石文의　整理現況과　展望『民族文
化論叢』2·3　영남대　민족문화연구소　○ 머리말　1.
金石文의　重要性　2. 蒐集과　整理의　沿革　3. 刊行의
現況　4. 整理方法과　展望　○ 맺음말

許興埴　　1984　고려　高麗의　梁宅椿　墓誌『文化財』17　문화
재관리국　○ 머리말　1. 全文의　判讀　2. 內容의　檢
討　3. 몇가지　注目할　事實　○ 맺음말

許興植　　1984　고려　龍壽寺　開刱記『釋林』18　동국대　불교
학생회　; 1986『高麗佛敎史硏究』일조각　○ 머리말
1. 전문과　판독방법　2. 내용의　검토　3. 용수사와　세
속과의　관계　○ 맺음말

許興植　　1985　기타　韓國金石學史　試論『千寬宇先生華甲紀
念史學論叢』정음문화사 ; 1986　『高麗佛敎史硏究』일
조각　○ 머리말　1. 형성기―17·18세기　2. 발전과
중단―19~20세기　전반　3. 최근의　경향　○ 맺음말

許興植　　1986　고려　金石文의　落穗『高麗佛敎史硏究』일조
각　○ 머리말　1. 長安寺　毘盧遮那佛背銘　2. 地藏禪
院　朗圓大師碑陰記　3. 雲門寺　圓應國師碑陰記　4. 玉
龍寺　先覺國師碑陰記　5. 鉢淵寺　眞表律師事蹟碑　6.
佛臺寺　圓悟國師碑　7. 圓悟國師의　父　梁宅椿墓誌　8.

修禪寺 圓鑑國師碑　○ 맺음말

許興植　　1986　　고려　　靈巖寺 寂然國師碑『高麗佛敎史硏究』 일조각　○ 머리말　1. 탁본과 전문의 판독　2. 적연 국사의 생애와 연보　3. 남중국을 통한 法眼宗의 수용 ○ 맺음말

許興植　　1986　　고려　　惠居國師의 生涯와 行蹟『韓國史硏究』 52 한국사연구회 ; 1986 葛陽寺 惠居國師碑『高麗佛 敎史硏究』일조각　○ 머리말　1. 비문의 전래와 전문 2. 혜거의 생애와 연보　3. 불교사의 새로운 문제점 ○ 맺음말

許興植　　1990　　고려　　指空비문의 종합적 검토『鄕土文化』5 경산향토문화연구회　1. 머리말　2. 비문의 이본　3. 이본의 교감　4. 陰記의 사료가치　5. 맺음말　　*

許興植　　1991　　고려　　指空의 原碑文과 碑陰記『佛敎와 歷 史—李箕永博士古稀紀念論叢—』 한국불교연구원　　○ 머리말　1. 碑文의 異本　2. 牧隱本과 異本의 차이점 3. 陰記의 全文과 造成時期　4. 檀越과 門徒　○ 맺음 말

許興植　　1993　　고려　　普照國師碑文의 異本과 拓本의 接近 『書誌學報』9 한국서지학회 ; 1994『韓國中世佛敎史硏 究』일조각　○ 머리말　1. 異本이 생긴 原因　2. 現 存하는 여러 異本　3. 校勘과 原碑의 接近　4. 解釋上 의 몇가지 爭點　○ 맺음말

許興植　　1993　　고려　　眞覺國師 慧諶의 原碑와 解析의 補完 『精神文化硏究』50 한국정신문화연구원 ; 1994『韓國 中世佛敎史硏究』일조각　○ 머리말　1. 異本이 생긴

原因 2. 異本과 拓本된 時期 3. 拓本의 判讀과 校勘
4. 解析上의 몇가지 補完 ○ 맺음말

許興植 1993 기타 金石文의 破損原因과 復元方法『精神文
化研究』52 한국정신문화연구원 ; 1994『韓國中世佛教
史研究』일조각 ○ 머리말 1. 破損된 原因 2. 佚碑
와 斷碑 3. 復元碑의 問題點 4. 復元方法의 摸索
○ 맺음말

許興植 1996 기타 韓國金石學의 現況과 課題『韓國史學』
16 한국정신문화연구원 1. 머리말 2. 金石學과 金
石文 3. 金石文의 時代區分 4. 金石文의 整理와 保
存 5. 맺음말

洪思俊 1954 백제 (資料) 百濟 砂宅智積碑에 대하여『歷
史學報』6 역사학회 ; 1959『朝鮮研究年報』1

洪思俊 1960 백제 全羅北道 益山出土 六朝鏡『考古美術』
1 한국미술사학회

洪思俊 1961 신라 崇福寺碑片『考古美術』15 한국미술사
학회

洪思俊 1961 신라 新羅 文武王陵 斷碑의 發見『美術資料』
3 국립중앙박물관

洪思俊 1962 신라 「新羅 文武王陵 斷碑」追記『考古美術』
26 한국미술사학회

洪思俊 1962 신라 慶州 上人岩의 造像銘記『考古美術』29
한국미술사학회

洪思俊 1963 고려 雲門寺圓應國師碑의 追刻銘『考古美術』
32 한국미술사학회

洪思俊 1965   조선   夫餘 舊校里發見 文字石片『考古美術』 61 한국미술사학회

洪思俊 1968   조선   新出土 南岳大師碑銘『考古美術』90 한국미술사학회

洪思俊 1978   조선   朝鮮初葉의 鐘形과 銘文『考古美術』 138·139 한국미술사학회

洪順錫 1990   신라   韓國 古碑銘 探訪—寶林寺 普照禪師彰聖塔碑— 『동양학간보』10 단국대 동양학연구소

洪順錫 1993   선사   抱川郡 蒼屋屛의 岩刻文에 대하여『제7회 鄉土史研究 전국학술대회』충남향토연구회   *

洪順錫 1994   선사   抱川郡 玉屛洞의 岩刻文에 대하여『鄉土史研究』6   1. 머리말 2. 玉屛洞 巖刻文에 관련한 주변의 상황 3. 옥병동 암각문의 제작년도와 내용 4. 옥병동 암각문의 사료적 가치 5. 마무리

홍우흠 1989   신라   冷水里 新羅碑 文字判讀 述要『迎日冷水里碑 發掘報告』   *

洪以燮 1961   조선   通德郎 權齊彦의 誌石『考古美術』7 한국미술사학회

洪再善 1984   신라   金石文에 보이는 新羅僧官『素軒南都泳博士華甲紀念論叢』太學社   1. 序言 2. 本論 1) 政官(法政典) 2) 國統.大統 3) 維那.都維那.大維那 4) 州統.郡統 5) 成典 6) 僧職의 地位 3. 結語

黃善榮 1995   신라   金石文에 보이는 新羅 下代의 文散階『釜山史學』29 부산사학회   1. 머리말 2. 文散階의 用例 3. 文散階 受容의 背景 4. 高麗 初期 文散階와의

關係 5. 맺음말

黃壽永   1957   고려   奉恩寺所藏高麗香爐와 梵鐘의 調査『東國史學』5 동국대 사학회

黃壽永   1960   고려   高麗在銘 青銅「鈑子」의 新例『美術資料』2 국립중앙박물관 ; 1974『韓國의 佛教美術』同和出版公社

黃壽永   1960   고려   高麗青銅梵鐘의 新例(其一)『考古美術』2 한국미술사학회   1. 頭正寺銅鐘(在銘)   2. 光州 芝山洞 出土 小鐘(無銘)   3. 晋陽郡 水谷面 出土 銅鐘(無銘)   4.國立博物館(慶州)所藏小鐘(在銘)   5. 大邱 張桂煥氏 所藏 小鐘(無銘)

黃壽永   1960   신라   碑岩寺所藏의 新羅在銘石像『考古美術』4 한국미술사학회   1. 癸酉銘全氏阿彌陀佛三尊石像(國寶 552號)   2. 己丑銘阿彌陀如來諸佛菩薩石像(國寶 553號)   3. 彌勒菩薩半跏石像(國寶 554號)

黃壽永   1960   고려   高麗青銅梵鐘의 新例(其二)『考古美術』5 한국미술사학회   6. 全北 扶安 出土 銅鐘(無銘)   7. 己未銘 小鐘   8. 長興寺鐘(在銘)   9. 錦山 花林里 出土 中鐘(無銘)   10. 錦山面 馬首里 出土 小鐘(無銘)

黃壽永   1960   신라   新羅高麗 在銘金口考『黃義敦先生古稀紀念史學論叢』동국대 1. 前言 2. 形態 3. 記銘 4. 名稱 5. 各論

黃壽永   1961   고려   高麗青銅梵鐘의 新例(其三)『考古美術』6 한국미술사학회   11. 青銅 小鐘 서울 李弘根氏 所藏 12. 善山 出土 青銅 小鐘(無銘)   13. 青銅 小鐘 서

울 金東鉉氏 所藏　14. 靑銅 小鐘 서울 金東鉉氏 所藏
15. 小鐘(무명)　16. 正豊 二年銘 小鐘

黃壽永　　1961　　고려　　在日 高麗靑銅銀入絲香垸의 新例『考古
美術』12 한국미술사학회

黃壽永　　1961　　신라　　新羅崇福寺碑片『考古美術』14 한국미
술사학회

黃壽永　　1961　　조선　　日本 大坂美術館의 李朝舍利塔『考古美
術』15 한국미술사학회

黃壽永　　1961　　신라　　貞元二十年在銘 新羅銅鐘의 鐵索과 鐵
壺『考古美術』17 한국미술사학회

黃壽永　　1962　　고려　　高麗在銘 舍利塔『考古美術』19・20 한
국미술사학회

黃壽永　　1962　　신라　　燕岐 蓮花寺의 石像『考古美術』22 한
국미술사학회

黃壽永　　1962　　고려　　高麗大德九年銘 靑銅「判子」(慶州博物館
所藏)『考古美術』24 한국미술사학회

黃壽永　　1962　　신라　　五臺山 上院寺銅鐘의 搬移事實『歷史學
報』16 역사학회 ; 1974『韓國의 佛敎美術』同和出版
公社

黃壽永　　1963　　고구려　　新國寶 高句麗延嘉七年銘金銅如來立
像『美術資料』8 국립중앙박물관

黃壽永　　1964　　고구려　　國寶 延嘉七年銘 金銅如來立像『考古
美術』42 한국미술사학회

黃壽永　　1964　　신라　　癸酉銘 千佛三尊像의 天蓋石 『考古美

術』42 한국미술사학회

黃壽永　　1964　　고려　　高麗 正豊銘 金鼓『考古美術』49 한국미술사학회

黃壽永　　1964　　고려　　高麗靑銅梵鐘의 新例(其五)『考古美術』50 한국미술사학회　　17. 戊辰銘 靑銅小鐘　18. 靑銅小鐘　19. 乙巳銘 靑銅 小鐘

黃壽永　　1964　　조선　　正德銘 甫州北岳寺 銀絲香垸『考古美術』51 한국미술사학회　　1. 前言　2. 形態　3. 銀入絲　4. 銘文

黃壽永　　1964　　고려　　貞祐四年銘高麗靑銅半子『考古美術』52 한국미술사학회

黃壽永　　1964　　조선　　正德銘 甫州北岳寺 銀絲香院의 補『考古美術』53 한국미술사학회

黃壽永　　1965　　신라　　新羅塔誌石과 舍利壹『美術資料』10 국립중앙박물관 ; 1970　『朝鮮硏究年報』12

黃壽永　　1966　　고려　　高麗靑銅梵鐘의 新例(其六)『考古美術』73 한국미술사학회　　1. 傳 江原道 出土 銅鐘　2. 梨大藏 小鐘　3. 幸西寺 小鐘(銘文)

黃壽永　　1966　　고려　　高麗靑銅梵鐘의 新例(其七)『考古美術』75 한국미술사학회　　1. 佛頭頂帶 靑銅 小鐘　2. 辛亥銘 正方寺 小鐘　3. 至元銘 靑銅 小鐘

黃壽永　　1967　　고려　　高麗靑銅梵鐘의 新例(其八)『考古美術』78 한국미술사학회　○ 戊辰銘 銅鐘

黃壽永　　1967　　고려　　高麗靑銅梵鐘의 新例(其九)『考古美術』

　　　83 한국미술사학회　　1. 靑銅 小鐘 서울 忠武路 金載崇氏 所藏　2. 香寂庵 小鐘 서울 蔣奎緒氏 所藏

黃壽永　　1967　　고려　　高麗靑銅梵鐘의 新例(其十)『考古美術』84 한국미술사학회　○ 淸寧 4年銘 銅鐘

黃壽永　　1967　　고려　　高麗靑銅梵鐘의 新例(其十一)『考古美術』88 한국미술사학회　　1. 戊寅銘 靑銅 小鐘　2. 無銘 小鐘

黃壽永　　1967　　신라　　新羅在銘香坏의 新例 二座『考古美術』88 한국미술사학회

黃壽永　　1968　　신라　　新羅 崇福寺碑片『考古美術』96 한국미술사학회

黃壽永　　1968　　고려　　統和와 正德銘의 塔誌石『考古美術』97 한국미술사학회

黃壽永　　1968　　고려　　淸平寺 文殊院記碑片의 調査『考古美術』99 한국미술사학회

黃壽永　　1969　　고려　　高麗靑銅梵鐘의 新例(其十二)『考古美術』101 한국미술사학회　　前言　1. 丁丑銘 靑銅 小鐘　2.金潤氏藏 中鐘　3. 慶北大 博物館 小鐘　4. 車明浩氏藏 小鐘　5. 靑銅 小鐘　6. 靑銅 小鐘　7. 靑銅 中鐘　8. 慶熙大 博物館 所藏 小鐘　9. 東國大 博物館 所藏 小鐘　10. 東國大 博物館 所藏 小鐘　11. 東國大 博物館 所藏 小鐘

黃壽永　　1969　　신라　　金立之撰 新羅聖住寺碑『文化財』4 문화재관리국 ; 1974『韓國의 佛敎美術』동화출판공사

黃壽永　　1969　　신라　　新羅 閔哀大王 石塔記—桐華寺 毘盧庵

三層石塔의　調査—　　『史學志』3　단국대　사학회　;
1974『韓國의　佛敎美術』同和出版公社　　1. 收拾의　經
緯　　2. 舍利石盒　3. 閔哀大王　石塔記　4. 金銅四方
佛函　　5. 閔哀大王石塔의　推定　6. 毘盧庵石塔의　舍
利　藏置　7. 石塔建立의　背景

黃壽永　　1970　　고려　　高麗　崔沆과　崔琪의　墓誌『考古美術』
106·107　한국미술사학회

黃壽永　　1970　　신라　新羅　法光寺　石塔記『白山學報』8　백산
학회 ; 1974『韓國의　佛敎美術』同和出版公社　　1. 法
光寺址　三層石塔　　2. 法光寺　石塔記　　3. 重修塔碑와
舍利具　4. 結語

黃壽永　　1970　　신라　　新羅誓幢和上碑의　新片—建立年代와　名
稱에　대하여—　　『考古美術』108　한국미술사학회 ;
1987　『元曉硏究論叢』한국통일원

黃壽永　　1972　　기타　　新羅·高麗梵鐘의　新例　13『考古美術』
113·114　한국미술사학회　　1. 在銘品 1) 太安二年銘
銅鐘 2) 己丑銘竹丈寺鐘 3) 扶餘博物館藏　論山出土　在
銘小鐘　　2. 無銘品　　1) 淸州出土　新羅無名中鐘 2) 公
州博物館所藏　淸州出土　小鐘 3) 李秉喆氏　所藏　中鐘
4) 國立博物館所藏　楊平出土　中鐘 5) 扶餘博物館所藏
扶安出土　小鐘 6) 慶州　天恩寺址出土　小鐘 7) 서울　道
銑寺出土　小鐘　　<부록> 1)新羅梵鐘　破片 2)東國大學
校所藏　鐵鐘

黃壽永　　1972　　신라　　金立之撰　新羅　聖住寺碑(續)『考古美
術』115　한국미술사학회

黃壽永　　1972　　신라　　新羅皇龍寺九層塔誌『考古美術』116　한

국미술사학회

黃壽永   1973   고려   高麗 梵鐘의 新例(十四) 『考古美術』
117 한국미술사학회   1. 貞右十三銘 小鐘(日本 京都)
2. 高麗 青銅小鐘

黃壽永   1973   신라   金立之撰 新羅 聖住寺碑(其三) 『考古美
術』117 한국미술사학회 ; 1974 『韓國의 佛教美術』同
和出版公社

黃壽永   1973   신라   新羅 皇龍寺 九層木塔 刹柱本記와 그
舍利具 『東洋學』3. 단국대 동양학연구소 ; 1974 『韓
國의 佛教美術』동화출판공사   1. 前言 2. 收拾經緯
3. 塔銘—刹柱本記   4. 金利具 1) 金銅外函   2) 金銅內
函 3) 銀製舍利塔   4) 金銅八角舍利塔 5) 銀製小圖盤
6) 青銅小蓋 7) ㄱ字形金具 8) 金盒 9) 銀盒 10) 유리
珠 11) 青銅小圖筒 12) 青銅方形小函 13) 銀製圖盒
14) 蓮花盤形具 15) 金銅花紋片 ＜附＞ 仲和三年銘 金
銅圓套 5. 心礎위의 方石—宴坐石 ○ 附言

黃壽永   1973   신라   新羅皇龍寺 刹柱本記—九層木塔 金銅塔
誌— 『美術資料』16 국립중앙박물관 ; 1974 新羅 皇
龍寺九層塔誌 『韓國의 佛教美術』同和出版公社

黃壽永   1974   신라   新羅皇龍寺九層塔誌·刹柱本記에 대하
여 『韓國의 佛教美術』동화출판공사

黃壽永   1976   기타   金石文의 新例 『韓國學報』5 일지사
2. 1) 高句麗城壁刻字 2) 新羅 四天王寺西碑 3) 新羅
皇福寺碑 4) 高麗僊鳳寺大覺國師碑 陰記 5) 高麗 芬皇
寺 和諍國師碑片   3. 新羅 法華經石과 瓦經 ＜附記＞
1) 南山新城碑 2) 慶州月城發見逸名石片

黃壽永　　1978　　삼국　　三國 金石文 資料『史學志』12 단국대 사학회

黃壽永　　1987　　고려　　高麗石塔의 研究—在銘作品을 中心으로—　『考古美術』175·176 한국미술사학회　　1. 序　2. 塔身에 記銘을 지닌 作品　3. 塔誌를 지닌 石塔　4. 結言

黃壽永　　1988　　고려　　玉龍寺 道詵國師碑『先覺國師道詵의 新研究』영암군　　*

黃壽永　　1997　　신라　　三和寺의 新羅鐵佛坐像의 背刻銘記　『文化史學』8 한국문화사학회　　1. 머리말　2. 三和寺 鐵佛坐像 背刻 銘記　3. 銘文中에 보이는 諸事項

Ⅱ. 日本語 論文

角林文雄　　1994　　고구려　　高句麗廣開土王碑文にみえる各國の戰略　『日本書紀研究』19　塙書房　○　はじめに　1. 辛卯年條について　2. 百濟敗戰の原因　3. 紀元四〇〇年の倭—高句麗戰　○　むすび—諸國の戰略的立場と行動

葛城末治　　1923　　고구려　　廣開土王陵碑圖販・釋文・解說『書道全集』6　　＊

葛城末治　　1923　　고구려　　朝鮮金石文『朝鮮史講座』朝鮮史研究會；1924『朝鮮金石文』中樞院；1926『朝鮮史講座特別講義』朝鮮史學會；1982『朝鮮金石文』(影印) 現代社　○　總說　○　各說　1. 三國時代：秥蟬縣神祀碑 등 10種　2. 新羅統一時代：四天王寺碑 등 9種　3. 高麗時代：廣照寺眞澈大師寶月乘空塔碑 등 25種　4. 李氏朝鮮時代：朝鮮太祖健元陵神道碑 등 2種　○　結語

葛城末治　　1923　　백제　　百濟扶餘隆の墓誌に就いて『朝鮮』103　朝鮮總督府

葛城末治　　1931　　신라　　新羅誓幢和上塔碑に就いて『靑丘學叢』5 靑丘學會　；1935 『朝鮮金石攷』大坂屋號館書店；1974 國書刊行會；1978 아세아문화사　；1979 新羅元曉硏究『韓國學硏究資料集』1 원광대출판국

葛城末治　　1933　　기타　　朝鮮金石學槪論『靑丘學叢』14 靑丘

學會　○ 序言　1. 金石學總說 1) 金石文の意義 2) 金石文の淵源 3) 金石文の種類と其の名稱 ① 金文の種類と其の名稱 ② 石文の種類と其の名稱 4) 金石文硏究の效果　2. 朝鮮金石學總說 1) 金石文の硏究者と其の著錄 2) 金石文の種類と其の名稱 3) 金石文字の書體と其の系統 4) 金石文體と其の變遷 5) 金石文中の集字碑 6) 漢字以外の金石文字 7) 金石文中の吏讀 8) 金石文字の避諱と缺筆 9) 金石文中の建號 10) 金石文の分布 ○ 結語

葛城末治　　1934　　고려　　延豊覺淵寺通一大師塔碑の年時と其の撰者に就いて『靑丘學叢』16 靑丘學會

葛城末治　　1935　　고구려　　高句麗廣開土王陵碑『朝鮮金石攷』大坂屋號館書店；1974 國書刊行會；1978 아세아문화사

葛城末治　　1935　　신라　　新羅誓幢和上塔碑に就いて『朝鮮金石攷』大坂屋號館書店；1974 國書刊行會；1978 아세아문화사

葛城末治　　1937　　삼국　　朝鮮の金石文より見たる上代の內鮮關係『朝鮮』260 朝鮮總督府　　1. 高句麗 廣開土王陵碑 2. 新羅 高仙寺 誓幢和上塔碑　3. 新羅 鳳林寺 眞鏡大師 月凌空塔碑

葛城末治　　1938　　조선　　朝鮮の集字碑に就いて『稻葉博士還曆紀念滿鮮史論叢』稻葉博士還曆紀念會　○ 序言　1. 王羲之の集字碑 1) 慶州 鍪藏寺阿彌陀如來像造碑 2) 襄陽 沙林寺弘角禪師塔碑 3) 義興 麟角寺普覺國尊靜照塔碑　2. 唐太宗の集字碑—原州 興法寺眞空大師塔碑　3. 新羅 金生の集字碑—奉化 太子寺郎空大師白月栖雲塔

碑　○　結語

岡崎敬　　1964　　고구려　　安岳第三號墳(冬壽墓)の研究—その壁畫
と墓誌銘を中心として—　　『史淵』93　九州大　九州史學
會　1. 安岳のおける壁畫墓の發見　2. 安岳第三號墳の構
造と內容　3. 發見遺物とその出土狀態　4. 石室內の壁畫
5.　石室の構造と壁畫に關する問題—遼陽石槨墓との比較
6. 墨書銘とその考釋　7. おわりに

岡崎敬　　1968　　낙랑　　夫租薉君銀印をめぐる諸問題『朝鮮學
報』46　朝鮮學會

岡田貢　　1941　　기타　　京城府內の諸記念碑と其の正確な位置
『京城彙報』昭和16-10　　＊

岡田英弘　　1976　　고구려　　廣開土王と仁德天皇『倭國の時代—現
代史としての日本古代史—』　　＊

岡井愼吾　　1920　　신라　　新羅の名僧元曉の碑を讀みて『朝鮮彙
報』28　朝鮮總督府 ; 1979　新羅元曉研究『韓國學研究
資料集』1 원광대 출판국　　＊

岡幸二郎　　1987　　백제　　七支刀銘字について—その觀察と記
錄—　　『田村圓澄先生古稀紀念　東アジアの日本—考
古・美術—』吉川弘文館　　＊

輕部慈恩　　1969　　백제　　在銘の百濟古塼瓦について『鎌田博士還
曆記念歷史學論叢』　○　瓦塼の出土する場所　○　瓦塼銘
の刑の上からの類別　○　在銘百濟瓦の類別　○　製作年
月の瓦　○　刻印型銘入瓦　○　瓦塼製作の由來を銘とし
たもの　○　用途を記した百濟瓦塼

耿鐵華　1985　　고구려　　高句麗好太王碑及び高句麗王朝と好太王

について『市民の古代』7 ；1984『文物天地』1984-6　○　好太王碑發見と研究ブーム　○　高句麗王朝七百年　○　好太王の業績

耿鐵華　1988　고구려　好太王碑發見時期について　新たな檢討『市民の古代』10　＊

鯨淸　1984　고구려　入門・廣開土王碑をめぐる論爭『季刊邪馬台國』22　＊

古江亮仁　1989　신라　慶州瑞鳳塚出土合杅の銘文についての二.三の問題『朝鮮學報』130　朝鮮學會

古谷淸　1910　고려　圓明國師の墓誌と石棺『考古學雜誌』2　日本考古學會

高寬民　1990　고구려　榮樂10年, 高句麗廣開土王の新羅救援戰について　『朝鮮史研究會論文集』　27　朝鮮史研究會　○　はじめに　1. 廣開土王陵碑文の安羅人戍兵をめぐる諸說について　2. 安羅人戍兵と10年庚子條の解釋　3. 倭の新羅侵攻理由について　○　おわりに

高寬敏　1991　고구려　廣開土王碑文のいわゆる辛卯年條について『年報』2 大坂經法大・アジア研　＊

高句麗史研究會　1985　고구려　現代語譯 廣開土王碑文『季刊邪馬台國』23　＊

高明士　1984　고구려　勞貞一院士を訪ね高句麗好太王碑を談ず『季刊邪馬台國』22　＊

高明士　1985　고구려　高句麗好太王碑研究の近況を展望する『季刊邪馬台國』26　＊

古田武彦　　　1972　　　고구려　　　高句麗好太王碑文の新事實—李進熙說
への批判を中心として—　『史學雜誌』81-12 東京大　　＊

古田武彦　　　1973　　　고구려　　　高句麗王碑と倭國の展聞『失われた九
州王朝』　　＊

古田武彦　　　1973　　　고구려　　　好太王碑文「改削」說への批判—李進熙
氏「廣開土王の硏究」について—　『史學雜誌』82-8 東
京大

古田武彦　　　1974　　　고구려　　　直接證據と間接證據—好太王碑文『酒
切本』の來歷—　『東アジアの古代文化』3

古田武彦　　　1985　　　고구려　　　疑考・好太王碑—王健群說をめぐっ
て—　『古代史を疑う』駸駸堂出版　○　衝擊の論文と
の出會い　○　いくつかの素朴な疑問　○　酒勾筆跡の再
檢證　○　回避された「匹敵」問題　○　ゆがめられた研究
史　○　倭とは九州王朝の派遣軍である　○　王健群氏の
誤謬　○　客觀的存在としての國境　○　朝鮮半島內に倭
地あり　○　倭國とは邪馬一國　○　教科書も無視する「倭
=九州王朝」說

古田武彦　　　1985　　　고구려　　　中國の好太王碑研究の意義と問題點—
王健群氏に問う—　『市民の古代』7　○　讀賣シンポジウ
ムから　○　王健群「好太王碑の研究」の出現　○　好太王
碑改竄說の破産　○　王說の意義　○「初均德抄本」の發見
○　現地調査の重要性　○　酒勾本の持つ意味　○　黃龍と
履龍　○　論爭の教訓　○　論爭の現狀　○　王說の問題點
○　好太王碑の大義名分　○　古代東アジア政治地圖　○
海賊か國家か　○「三國志」の證言　○「倭」とは何か　○
316年の衝擊　○　中國文獻の用例　○　殘された問題

古田武彦　　1985　　고구려　　好太王碑と九州王朝『市民の古代』7
○ 好太王碑研究史　○ 私にとっての好太王碑　○ 好太
王碑の現地へ　○ 好太王の墓は　○ 國內城探索　○ 角
觝塚・舞踊塚にはじめて入る　○ 王健群氏との對談　○
倭とは何か　○ 王健群氏との對談を終えて　○ 好太王
碑の最終目的

古田武彦　　1986　　고구려　　好太王碑の資料批判—共和國(北朝
鮮)と學者に問う—　『紀要』20 昭和藥科大　　＊

古畑徹　1985　　고구려　（批評・紹介）王健群著"好太王碑の硏究"
『東洋史硏究』44-2

古畑徹　1987　　고구려　廣開土王碑の發見・採拓に關する若干
の史料紹介『朝鮮學報』123 朝鮮學會

谷井濟一　　1914　　신라　　朝鮮昌寧に於ける古碑の發見『考古學
雜誌』4-9 日本考古學會

管野銀八　　1923　　신라　　新羅興寧寺澄曉大師塔碑の撰者に就て
『東洋學報』13-2 東洋協會學術調査部　　1. 碑面に於け
る撰者の矛盾　2. 史に見えざる崔仁溶の人物事蹟　3.
高麗史崔彦撝傳の矛盾　4. 結論

關野貞　1914　고구려　滿洲輯安縣及び平壤附近に於ける高句
麗時代の遺跡(二)『考古學會雜誌』5-4 ; 1941　『朝鮮
の建築と藝術』岩波書店　　◎ 第一編 輯安縣地方に於
ける高句麗の遺跡　5. 廣開土王碑　6. 廣開土王の墓は將
軍塚なるべし　7. 高句麗時代の礎石　　◎ 第二編 平壤地
方に於ける高句麗の遺跡　1. 概說　2. 鎭南浦府大上面梅
山里古墳　3. 鎭南浦府新北面花上里古墳　4. 龍岡郡日連
面安城洞大塚及雙楹塚　○ 結語

關野貞　　1914　　고구려　　滿洲輯安縣及び平壤附近に於ける高句麗時代の遺跡(一)『考古學會雜誌』5-3 ； 1941　『朝鮮の建築と藝術』　岩波書店　○ 緒言　1. 槪說　2. 今の通溝は卽國內城にして山城子は尉那巖城なり　3. 通溝城及山城子　4. 墳墓

關野貞　　1918　　기타　　朝鮮の古碑『圖書及畵圖』3-1　　＊

關野貞　　?　　고려　　高麗眞空大師碑『圖書骨薰雜誌』123　　＊

關野貞　　?　　낙랑　　朝鮮平安道龍岡郡秥蟬碑『書苑』4-1　　＊

管政友　　1887　　백제　　唐平百濟國碑『如蘭社話』20-12　　＊

管政友　　1891　　고구려　　高麗好太王碑銘考『史學雜誌』2-9・10・11・12 東京大

菅政友　　1907　　백제　　大和石上神宮寶庫所藏七支刀『菅政友全集』雜考 1　＊

久保田穰　　1984　　고구려　　一辯護士の見た李進熙氏の「廣開土王陵碑」の硏究『季刊邪馬台國』22　　＊

堀淳二　　1953　　고구려　　高句麗古墳の星辰圖について『史觀』42 早稻田大學史學會　○ 序　1.　2.　○ 結

宮崎市定　　1982　　백제　　七支刀銘文試釋『東方學』64 東方學會　○ 序言　○ 本論-銘文試釋　○ 結語―七支刀と歷史

宮崎雅弘　　1985　　고구려　　高句麗廣開土王碑に見える「倭」について『季刊邪馬台國』26　　＊

今西龍　1915　고구려　好太王碑文『訂正增補大日本時代史』上 ＊

今西龍　　1918　　신라　　朝鮮慶州栢栗寺六面石幢刻文『考古學雜誌』8-11 日本考古學會 ；1933　『新羅史硏究』近澤書店

今西龍　　1921　　신라　　新羅文武王陵碑に就いて『藝文』12-7
京都大文學會　；　1933『新羅史研究』近澤書店　；　1978
『朝鮮金石瑣談』(外) 아세아문화사

今西龍　　1921　　신라　　新羅眞興王巡狩管境碑考『考古學雜誌』
　　12-1・3・11 日本考古學會　；　1933『新羅史研究』近
　　澤書店　；　1978『朝鮮金石瑣談』(外) 아세아문화사　　1.
　　黃草嶺碑　2. 北漢碑　3. 昌寧碑　1) 昌寧に就さて　2)
　　碑の形狀及碑文 3) 碑文の解釋

今西龍　　1927　　고구려　　廣開土境好太王陵碑に就いて『朝鮮古
　　史の研究』國書刊行會　　1. 碑石の所在地とその研究
　　2. 好太王とその時代　3. 碑文の解釋

今西龍　　1929　　신라　　曆作金庾信平濟頌碑文と夫餘『朝鮮及滿
　　洲』6　　＊

今西龍　　1933　　신라　　聖德大王神鐘銘『新羅史研究』近澤書店
　　；　1978『朝鮮金石瑣談』(外) 아세아문화사

今西龍　　1933　　신라　　鷲棲寺舍利石盒刻文『新羅史研究』近澤
　　書店　；　1978『朝鮮金石瑣談』(外) 아세아문화사

今西龍　　1933　　신라　　孝子里碑『新羅史研究』近澤書店　；
　　1978『朝鮮金石瑣談』(外) 아세아문화사

今西龍　　1944　　고려　　玉龍寺先覺大師碑銘に就きて『高麗史研
　　究』近澤書店　；　1974『高麗及李朝史研究』國書刊行會

金子鷗亭　　1982　　고구려　　好太王碑・爨寶子碑『古碑帖臨書精
　　選』2-24 日貿出版　　＊

金子鷗亭　　1987　　고구려　　好太王碑の書について『書道研究』
　　1　〇「碑面にニール被膜」情報を憂う　〇 好太王碑の書

風　○　その書の見どころ　　○　拓本からの考察　○　好太
王碑の臨書法

旗田巍　　　1971　　고구려　好太王碑文の讀み方『歷史讀本』9月　＊

旗田巍　　　1972　　고구려　　僞作の思想史的意味―好太王碑文と「南
淵書」『讀賣新聞』6月3日　　＊

旗田巍　　　1973　　고구려　古代日朝關係史の研究―廣開土王陵碑問
題を中心として―　『朝鮮史研究會會報』33　　＊

旗田巍　　　1973　　고구려　廣開土王陵碑文の諸問題『アジアレビュ
ー』14　　＊

旗田巍　　　1974　　고구려　　廣開土王陵碑文の諸問題『古代朝鮮と
日本』朝鮮史研究會　龍溪書舍

旗田巍　　　1977　　고구려　廣開土王陵碑文の諸問題『好太王碑と任
那日本府』

旗田巍　　　1983　　고구려　廣開土王陵碑文の諸問題『日本人の韓國
觀』　＊

旗田巍　　　1985　　고구려　廣開土大王碑文と古代日韓關係史『高句
麗文化展』　＊

金勇男　　　1980　　고구려　新しく發掘された德興里高句麗壁畫古墳
について『朝鮮學報』95 朝鮮學會

金元龍　　　1973　　백제　百濟武寧王陵について『朝鮮學報』68 朝
鮮學會

金允經　　　1929　　백제　大唐平百濟國碑に就いて『史苑』1-5　1.
はしがき　2. 百濟の滅亡　3. 塔は百濟の遺物　4. 附言(碑
銘本文の差異に就いて)

金仁顯　1977　고구려　廣開土王碑の改ざんについて―金鍾武博士の新しい見解は誤り―　『アジア公論』6-5　一, 二, 三, 四, 結語

金仁顯　1977　고구려　好太王碑文の改ざんの直接證據『東アジアの古代文化』15

金在滿　1956　고구려　慶州壺杅塚出土の銅壺銘十について『考古學雜誌』42-1 日本考古學會 *

金在鵬　1973　고구려　好太王碑文敍法考『朝鮮學報』66 朝鮮學會

金在鵬　1974　고구려　好太王碑文と日本國家の起源―江上波夫氏に―　『韓』3-3 韓國研究院

金在鵬　1975　고구려　私の日本古代史研究―好太王碑文と私―　『朝日アジアレビュー』23

金在鵬　1975　고구려　好太王碑文の敍法と解釋『日本古代國家と朝鮮』　*

金貞培　1972　고구려　古代韓日關係史の一斷面―廣開土王碑文の問題點―　『韓國時事』67　*

金鐘武　1973　고구려　わたしが見た廣開土王碑―碑文僞造の可能性と少ない―　『アジア公論』2-5　*

金鍾武　1977　고구려　好太王碑について『韓』60 韓國研究院　*

那珂通世　1893　고구려　高句麗古碑考『史學雜誌』47～49 東京大 ; 1915『那珂通世遺書』　大日本圖書株式會社 ; 1958『外交繹史』　岩波書店

內藤湖南　1926　낙랑　樂浪遺蹟出土漆器の銘文『內藤湖南全

集』7

內藤虎次郎   1911   신라   新羅眞興王巡境碑考(1.2)『藝文』2-4(6) 京都大文學會

內藤虎次郎   1914   고구려   朝鮮平安南道龍岡郡新出土漢碑釋文『藝文』5-3 京都帝大京都文學會

內藤虎次郎   1920   백제   近獲の二.三史料―夫餘隆墓誌. 夫餘隆と新羅王との盟文. 泉男生. 泉男産墓誌銘. 高慈墓誌― 『藝文』11-3 京都大文學會   1. 阿什哈達磨崖字   2. 大唐故光祿大夫行大常卿使持節熊津都督帶方郡王扶餘君墓誌   3. 扶餘隆と新羅王との盟文

內藤虎次郎   1926   낙랑   樂浪遺跡出土の漆器銘文 『藝文』17-1 京都大文學會

內藤虎次郎   1926   낙랑   再ひ樂浪出土の漆器銘文と就つ『北大國學月刊』1-1   *

瀧川政次郎   1972   백제   百濟武寧王妃墓碑陰の冥劵『古代文化』24-3 ; 1976『法史學硏究』3 財團法人 古代學協會

瀧川政次郎   1972   백제   百濟武寧王妃墓碑陰冥劵考追考『古代文化』24-7

大口喜六   1918   신라   朝鮮慶州栢栗寺六面石幢に就いて『考古學雜誌』9-1 日本考古學會

大坂金太郎   1931   신라   新羅武烈王陵碑に就いて『朝鮮』198 朝鮮總督府

大坂金太郎   1934   신라   慶州に於て新に發見せられたる南山新城碑『朝鮮』235 朝鮮總督府.   1. 碑文   2. 碑石   3.

發見の場所　4. 發見の時日と發見者　5. 發見の動機 6. 石碑の原位置　7. 南山新城　8. 石碑の年代　9. 碑文 の意義　10. 碑石の保存

大坂金太郎　1967　신라　新羅花郎の誓記石『朝鮮學報』43 朝鮮學會　1. 誓記石の發見　2. 誓記石の遺失と再入 手　3. 誓記石の全文と文意　4. 誓記石の處置

大坂金太郎　1967　신라　朝鮮慶州出土の彫三島廚子に就て 『朝鮮學報』44 朝鮮學會

大坂金太郎　1969　백제　百濟壁畫塼室墳出の在銘塼について 『朝鮮學報』51 朝鮮學會

渡邊公子　1981　백제　七支刀銘文の解釋をめぐつて『東アシ ア世界における日本古代史講座』3　1. 研究略史　2. 銘文解釋を巡る諸說の檢討

渡邊光敏　1985　고구려　古代の銘文に見る倭韓關係—中平漢 紀年銘大刀・七支刀・隅田八幡藏人物畫像鏡—　　『韓國 文化』7-3　1. 中平漢紀年銘大刀　2. 七支刀　3. 隅田八 幡藏人物畫像鏡　○ おわりに

渡邊刀水　1941　기타　朝鮮の金石を語る『書之友』7-8 雄 山閣　＊

渡邊諒　1968　발해　鴻臚井考『東洋學報』51-1；1991 姚義 田　譯『遼海文物學干』

渡邊秀雄　1940　백제　博士王仁の碑に就て『海を超えて』昭和 15-10

渡邊彰　1917　조선　三陟郡篆字東海碑の由來『朝鮮彙報』大 正6-11

稻葉君山　　1925　　고구려　　高句麗の泉男生墓誌に就いて『朝鮮史講座特別講義』1-6 朝鮮史學會　　1. 泉氏の系譜　2. 閱歷　3. 卒去幷に墓所

稻葉岩吉　　1927　　고려　　北靑城串山城女眞字摩厓考釋『靑丘學叢』2 靑丘學會

稻葉岩吉　　1931　　기타　　寺院經濟資料と長生標『東亞經濟資料』15-1,2　＊

稻葉岩吉　　1932　　신라　　黃草嶺新羅眞興王斷碑の出現―咸南訪碑錄の―　『靑丘學叢』9 靑丘學會

稻葉岩吉　　1934　　조선　　明の毛憐衛指揮使司之印の出土『靑丘學叢』15 靑丘學會

稻田春水　　1915　　신라　　全羅南道智異山華嚴寺華嚴石壁經に就て『朝鮮及滿洲』98

稻田春水　　?　　조선　　三陟東海の碑『朝鮮公論』1-3　＊

島田好　　1930・31　　고구려　　高句麗好太王碑考『滿蒙』昭和5-11, 6-2,6,7　＊

東方史學會事務局　　1985　　고구려　　東方史學會 好太王碑訪中團報告『市民の古代』7　　1. はじめに―好太王碑開放への努力　2. いよいよ國境の地・集安へ　3. 好太王碑について 1) 基礎的調査から 2) 碑文判讀の嚴密性をどのように確保するか 3) 論爭の文字「來渡海破」について 4)「倭」についてはどこまで確認しうるか 5) 現地集安博物館副館長耿鐵華氏との出會い　4. 國境の地・集安での四泊五日間

藤島亥治郎　　1933　　신라　　慶州を中心とせる新羅時代碑論『考古學雜誌』23-11 日本考古學會　　1. 序說　2. 實例　3.

結論

藤本幸夫　　1990　기타　語學的觀點から見た朝鮮金石文『書道研究』4-7　　1. 三國の碑文 1) 碑文は何故難讀か 2) 吏讀について 3) 碑文中の古語 4) 碑文に見える中・朝・日の關係　2. 三國の木簡 1) 樂浪の木簡 2) 新羅の木簡 3) 百濟の木簡

藤田亮策　　1918　고구려　滿洲國安東省輯安縣に於ける高句麗遺蹟の調査『靑丘學叢』23 靑丘學會　　*

藤田亮策　　1926　고려　三日浦の埋香碑(上・下)『朝鮮史學』3・4 朝鮮史學同攷會　；1963『朝鮮學論攷』　1. はじがき　2. 所在地　3. 埋香碑文　4. 建碑の由來と彌勒信仰　5. 埋香地の推定　6. 彌勒佛施納の田畓　7. 結語

藤田亮策　　1932　신라　新羅金仁問墓碑に就いて『京城帝大史學會會報』1(2)　　*

藤田亮策　　1932　신라　新羅金仁問墓碑の發見『靑丘學叢』7 靑丘學會

藤田亮策　　1934　낙랑　樂浪封泥攷『小田先生頌壽記念朝鮮論集』；1948『朝鮮考古學研究』高桐書院　1. 封泥と印章　2. 樂浪土城發見の封泥　3. 樂浪遺蹟發見の印　4. 封泥及び印章に表はれたる郡縣名と官職　5. 結語

藤田亮策　　1935　기타　朝鮮金石瑣談(1)『靑丘學叢』19 靑丘學會　<小引>　1. 慶州南山新城碑　2. 寶林寺石塔誌　3. 寶林寺鐵造毘盧遮那佛造像記　4. 高麗歸法寺玄應墓誌　5. 玄化寺住持闡祥墓誌

藤田亮策　　1935　기타　朝鮮金石瑣談(2)『靑丘學叢』20 靑丘

學會　6. 高麗 李資元 女 李氏墓誌　7. 高麗 樂浪郡
君夫人 金氏墓誌　8. 高麗 金義元墓誌　9. 高麗 任懿
墓誌　10. 高麗 王子之妻 金氏墓誌　11. 簡單なる高麗
墓誌銘 三例

藤田亮策　1936　낙랑　樂浪封泥續攷『京城帝大創立十周年紀
念論文集―史學篇』; 1948『朝鮮考古學研究』高桐書院
1. 序言　2. 樂浪土城發見の封泥分類　3. 樂浪封泥の
綜合的記載　4. 縣の官印封泥　5. 私印の封泥　6. 其他
の封泥　7. 結語

藤田亮策　1939　신라　新羅文武王陵碑拓片の一(圖版)『靑丘
學叢』30 靑丘學會

藤田亮策　1943　기타　金銅經牌『會報』19-20 書物同好會

藤田亮策　1955　신라　在日本新羅鐘の銘文について―靑丘遺文
(二)―　『大和文化研究』3-3,4

藤田亮策　1959　고려　高麗鐘の銘文『朝鮮學報』14 朝鮮學
會　1. 朝鮮鐘の傳來　2. 那覇波上宮鐘(興海大寺鐘)
3. 竹原照蓮寺鐘(古彌縣西院鐘)　4. 聖居山天興寺鐘
5. 出雲天倫寺鐘(東京廻眞寺鐘)　6. 博多聖福寺鐘　7.
大坂正祐寺鐘(蔚山臨江寺鐘)　8. 肥前專日寺鐘(河淸部
曲北寺鐘)　9. 大坂鶴滿寺鐘　10. 近江園城寺鐘(靑梟大
寺鐘)　11. 博多承天寺鐘(戒持寺鐘)　12. 松平家鐘(川
北觀世音寺鐘)　13. 久米氏鐘(德興寺鐘)　14. 伊東家鐘
(天井寺鐘)　15. 南部家鐘(善慶院鐘)　16. 韓國博物館
鐘(鳳安寺鐘)　17. 韓國博物館鐘(月峰寺鐘)　18. 鎌倉
鶴岡人幡鐘(文聖庵鐘)　19. 高麗末の四鐘　20. 高麗
鐘の研究

藤田亮策　　1963　　신라　　甕興寺鐘『朝鮮學論攷』藤田先生記念事業會

藤田友治　　1983　　고구려　　好太王碑改削說への反證『市民の古代』5　　1. 今日までの好太王碑文研究の經過とその意義について　　2. 好太王碑の公開を前にしてなされなければ基本調査　　3. 大東急記念文庫の拓本の史料價値とその由來　　4. 改ざん說の再檢討

藤田友治　　1984　　고구려　　好太王碑論爭の決着—中國側現地調査・王論文の意義と古田說について『市民の古代』6　　1. 最近の中國側現地調査からの研究成果　　2. 王論文と從來說の比較　　3. 好太王碑論爭の決着　　4. 好太王碑研究の今後の課題

藤田友治　　1985　　고구려　　好太王碑の新たな論爭點—倭の正體と守墓人制度について—　　『市民の古代』7　　1. はじめに—王健群『好太王碑の研究』の意義と問題點　　2. 好太王碑にあらわされて倭とは何か　　3. 好太王碑建立の目的—守墓人制度の確立について　　4. 守墓人制度にみる高句麗の支配構造　　5. 好太王はどこに埋葬されたか—好太王墓は太王陵・將軍塚のいずれであるか

藤澤一夫　　1972　　백제　　百濟砂宅智積建堂塔記碑考—貴族造寺事情徵證史料—　『アジア文化』8-3　　*

萬石齊　　?　　신라　　沮渠安周造象碑『書藝』4-4　　*

滿鐵資料課　　1936　　고구려　　輯安廣開土境平安好太王陵碑『滿洲金石志稿』1　　*

末松保和　　1930　　신라　　咸南利原郡萬德山に發見せられたる新

　　　　羅眞興王の戊子巡狩碑『朝鮮』176 朝鮮總督府 ; 1954
　　　　眞興王磨雲嶺碑の發見 『新羅史の諸問題』 東洋文庫 ;
　　　　1995『新羅の政治と社會』下 吉川弘文館

末松保和　　1932　　신라　　甘山寺彌勒尊像及び阿彌陀佛の火光後
　　　　記『朝鮮』211 ; 1954『新羅史の諸問題』東洋文庫 ;
　　　　1995『新羅の政治と社會』下 吉川弘文館

末松保和　　1933　　신라　　逸新羅竅興寺鐘銘釋文『靑丘學叢』11
　　　　靑丘學會 ; 1954 竅興寺鐘銘『新羅史の諸問題』東洋文
　　　　庫 ; 1995『新羅の政治と社會』下 吉川弘文館

末松保和　　1934　　신라　　新羅昌林寺無垢淨塔願記について『靑
　　　　丘學叢』15 靑丘學會 ; 1954「昌林寺無垢浮塔願記」『新
　　　　羅史の諸問題』 東洋文庫 ; 1995 『新羅の政治と社會』
　　　　下 吉川弘文館

末松保和　　1935　　고구려　　好太王碑の辛卯年について『史學雜
　　　　誌』46-1 東京大

末松保和　　1936　　신라　　慶州出土の壬申誓記石について『京城帝
　　　　大史學會誌』10 京城帝大史學會 ; 1954「壬申誓記石」
　　　　『新羅史の諸問題』東洋文庫 ; 1995『新羅の政治と社會』
　　　　上 吉川弘文館

末松保和　　1936　　신라　　新羅六部攷『京城帝大創立十周年記念
　　　　論文集(史學篇) ; 1954 『新羅史の諸問題』 東洋文庫
　　　　○ 序言　1. 三國史記に見える六部 2. 三國遺事に見え
　　　　る六部　3. 日本書紀に見える新羅の部　4. 金石文に見
　　　　える部　5. 結論—六部發生史論 （附） 高麗初期の慶州
　　　　六部配置圖

末松保和　　1942　　신라　　新羅の人名に見える宗字・夫字の訓みかた『會報』17　書物同好會

末松保和　　1954　　신라　　近時發見の新羅金石文『新羅史の諸問題』；1995『新羅の政治と社會』下　吉川弘文館

末松保和　　1954　　신라　　眞興王磨雲嶺碑の發見『新羅史の諸問題』；1995『新羅の政治と社會』下　吉川弘文館

末松保和　　1959　　고구려　　解說「高句麗好太王碑文『歷史敎育』7-4；1963『日本上代史管見』

末松保和　　1966　　고구려　　高句麗廣開土王碑文の調査研究『中央公論』200-8　　＊

末松保和　　1977　　고구려　　水谷悌二郎著「好太王碑考」解說『好太王碑考』開明書院

末松保和　　1977　　고구려　　好太王碑研究の落穗『日本歷史』368　日本歷史學會　　＊

末松保和　　1978　　고구려　　好太王碑と私『末松保和古稀紀念古代東アジア史論集』上　；1996『高句麗と朝鮮古代史』吉川弘文館

末松保和　　1981　　고구려　　好太王碑文研究の流れ―水谷悌二郎氏の研究を中心として　『東アジア世界における日本古代史講座』3；1996『高句麗と朝鮮古代史』吉川弘文館　○　はしがき　1.「好太王碑考」と「水谷拓本」　2. 總字數(字詰,行數)の問題　3.「雙鉤廓塡」と「漆喰假面」の問題　4. 釋文の問題　5.「廣開土王陵」と其の後

末松保和　　1985　　고려　　高麗演福寺鐘銘について『東洋學報』66

梅原末治   1924   기타   北朝鮮發見の古鏡『東洋學報』14-3 東洋協會學術調査部   1. 2. 3. 1) 內行花紋鏡   4. 2) 靑盖盤龍四神鏡 3) 流雲紋四神鏡 4) 波紋系細線四神鏡 5) 獸帶紋細線四神鏡 6) TLV式細線鳥四紋鏡 7) 細線式禽獸紋鏡 8) 四乳双禽鏡 9) 自餘の細線式鏡   5.   10) 百乳星雲鏡 11) ゴシック式銘帶鏡

梅原末治   1933   기타   朝鮮北部出土 紀年塼集錄『支那學』7-1

梅原末治   1950   신라   韓國 慶州 皇福寺塔發見の舍利容器『美術硏究』156 美術硏究所

梅原末治   1964   고구려   平壤平川里出土の金銅半跏思惟像『朝鮮學報』31 朝鮮學會

梅原末治   1966   고구려   輯安好太王碑『朝鮮古文化綜鑑』4   *

梅原末治   1973   고구려   高句麗廣開土王陵碑に關する旣往の調査と李進熙氏の同碑の新說について—付 その王陵なと— 『日本歷史』302 日本歷史學會

木崎愛吉   1921   백제   大和 石上神宮七枝刀記『大日本歷史』1   *

木下禮仁   1980   고구려   中原高句麗碑—その建立年代を中心として— 『村上四男博士和歌山大學退官紀念朝鮮史論文集』; 1984『素軒南都泳博士華甲紀念 史學論叢』; 1993『日本書紀と古代朝鮮』塙書房

木下禮仁   1980   고구려   中原高句麗碑の建立年代について—研究發表の記錄— 『古代學研究』93 古代學研究會

木下禮仁   1982   고구려   日付干支と年次—中原高句麗碑の日

付干支をめぐつて『考古學と古代史』(同志社大學　考古學シリーズ 1)

木下禮仁　　1984　　고구려　　高句麗の暦—中原高句麗碑をめぐって—　『韓國文化』6-1

木下禮仁　　1993　　백제　　百濟史料字音假名字と金石文『日本書紀と古代朝鮮』塙書房　　1. 稻荷山鐵劍銘文にみる朝鮮との關係　2.「上代三金石文の字音假名字」とその性格　3.「○月中」について　4. 北里闌翁の業績について

無記名　　1911　　조선　　先賢及孝子節婦ノ事蹟表旌セル碑閣概要『朝鮮總督府月報』1-4　　＊

無記名　　1914　　낙랑　　秥蟬碑解說『朝鮮總督府月報』4-4

無記名　　1920　　고구려　　輯安母儉紀功碑縮影本及同解說『朝鮮彙報』1920-1

無記名　　1935　　신라　　北漢山眞興王巡狩碑 『北平圖書館館刊』9-2　　＊

無記名　　1935　　신라　　黃草嶺眞興王巡狩碑 『北平圖書館館刊』9-2　　＊

無記名　　1984　　고구려　　好太王碑六年丙申(三九六年)・八年戊申(三九八年)條の考釋『季刊邪馬台國』22　　＊

武田幸男　　1962　　고려　　淨兜寺五層石塔造成形止記の研究—高麗顯宗祖における若木郡の構造—　　『朝鮮學報』25 朝鮮學會　○ はじめに　1. 形止記の解讀の構成　2. 若木郡の地位と社會構造 1) 若木郡の沿革 2) 若木郡の郡縣制度におけるじ地位 3) 若木郡の社會構造 4) 姓氏集團と郡縣制度　3. 若木郡における階層構成の一端 1)

喜捨記録の史料的性格　2）經濟的 階層構成　3）身分的
諸階層　4）階層構成の一端　　4.若木郡の支配機構　1）外
官の若木郡支配　2）若木郡の軍事組織　①　若木郡司　②
郡吏の職名・系統　③　郡吏の定數　④　郡吏の職掌　3）若
木郡吏の性格　　○　おわりに代えて

武田幸男　　1968　　고구려　　"碑文之由來記"考略—廣開土王碑發
見の實相—　　『櫻博士頌壽記念東洋史學論叢』 汲古書
院　　1. 碑發見の問題點　2. 由來記の史料批判　3. 碑
發見の經緯　4. 碑發見の時期　5. 結語

武田幸男　　1973　　고구려　　高句麗廣開土王の碑文と日本『古代
史未探究』　　＊

武田幸男외　　1974　　고구려　　座談會　廣開土王陵碑と古代東アジ
ア『古代朝鮮と日本』龍溪書舍

武田幸男　　1977　　신라　　金石文資料からみた新羅官等制『江上
波夫教授古稀紀念論集—歷史篇—』　　1. はじめに　2.
官位表記法の變遷　3. 官位を記した新資料の年次　4.
六世紀前半の官位制

武田幸男　　1978　　고구려　　高句麗好太王碑にみえる歸王について
『末松保和古稀紀念 古代東アジア史論集』上　○　はじめ
に　1. 新羅關係における歸王　2. 百濟關係の展開　3. 奴
客の實體　4. 東夫餘關係の解釋　○　おわりに

武田幸男　　1978　　고구려　　廣開土王碑文辛卯年條の再吟味『井
上光貞博士還曆紀念 古代史論叢』上　吉川弘文館　　○
はじめに　1. 辛卯年條解釋をめぐる新說　2. 辛卯年條解
釋の釋讀　3. 辛卯年條の性格　4. 辛卯年條と對百濟戰
5. 永樂六年の軍事行動　○　おわりに

武田幸男　　1979　　고구려　　高句麗廣開土王期の對外關係記事
『三上次男頌壽紀念東洋史・考古學論集』　　○　はじめに
1.『廣開土王碑文』の對外關係　2. 廣開土王紀の對外
記事　3. 廣開土王紀代外記事の性格　○　おわりに

武田幸男　　1979　　고구려　　廣開土王碑からみた高句麗の領域支
配『東洋文化研究所紀要』78　東京大　東洋文化研究所
○　はじめに　1. 廣開土王の領域擴大 1) 攻,破された城
と村の總計 2) 永樂六年條の五八城　2. 新來韓,穢諸城
の支配形態 1) 守墓役體制の改革 2) 新來韓,穢諸城の支
配 3) 新來韓,穢諸城の改編　3. 新來領域の種族支配 1)
永樂五年條稗麗の解釋 2) 守墓役免除の新來領域 3) 城
村支配下の種族支配　4. 舊民領域の支配形態 1) 舊民
領域の種族支配(1) 2) 舊民領域の種族支配(2) 3) 舊民
領域における城支配の展開　○　おわりに

武田幸男　　1979　　신라　　眞興王代における新羅の赤城經營『朝
鮮學報』93 朝鮮學會　○　はじめに　1. 碑文の構成と
釋文　2. 赤城經營の指導層　3. 赤城經營の推進層　4.
赤城人の功積と恩典　5. 立碑年次とその意義―おわり
にかえて―

武田幸男　　1980　　삼국　　5〜6世紀東アジア史の一視點―高句麗
＜中原碑＞から新羅＜赤城碑＞へ―　　『東アジア世界にお
ける日本古代史講座』4 學生社　　1. ひとつの古代東ア
ジア論　2. 5〜6世紀東アジアの分極體制　3. 高句麗＜
中原碑＞の新羅認識　4. 高句麗＜中原碑＞の對新羅關係
5. 新羅＜赤城碑＞にみる新羅の新動向

武田幸男　　1981　　고구려　　牟頭婁一族と高句麗王權『朝鮮學

報』99・100 朝鮮學會　○　はじめに　1.『墓誌』の釋文　2. 墓主とその族系　3. 祖,父の事蹟　4.「聖王」と「奴客」　5.「北夫餘」の意義　○　おわりに

武田幸男　　1986　　고구려　　講演：好太王碑の難しさ『會報』27 近代詩文書作家協會　　*

武田幸男　　1987　　고구려　　廣開土王碑の百濟と倭『百濟研究』17 忠南大 百濟研究所　　1. 問題の所在　2. 碑にみえる百濟と倭　3. 碑前.碑後の百濟と倭　4. おめりに　　*

武田幸男　　1988　　고구려　　廣開土王碑の拓本を求めて『朝鮮學報』126 朝鮮學會　　1. 序言—廣開土王碑拓本の問題點　2. 墨本の作成開始とその種類　3. 墨本變遷觀にみる原石拓本　4.原石拓本の現狀　5. 原石拓本の類型とその變遷　6. 結言—原石拓本の意義

武田幸男　　1988　　고구려　　好太王の時代—4・5世紀の高句麗と東アジア—　　『好太王碑と集安の壁畫古墳—躍動する高句麗文化—』讀買テレビ放送編 木耳社　　1. 高句麗史上の好太王　2. 東アジア史上の好太王

武田幸男　　1989　　고구려　　德興里壁畫古墳被葬者の出資と經歷『朝鮮學報』 130 朝鮮學會　　1. はじめに—問題の所在—　2. 被葬者・鎭の出自　3. 被葬者・鎭の經歷　4. 幽州刺史の實相　5. おわりに—冬壽の場合と鎭の場—

武田幸男　　1992　　고구려　　中國最初期の廣開土王碑文研究—傅雲龍と王志修の場合—　　『西巖趙恒來敎授華甲紀念 韓國史學論叢』 아세아문화사　　1. 最初期の研究史群像　2. 傅雲龍の釋文と跋文　3. 王志修と『高句麗永樂太王碑歌攷』　4. 王志修の墨本と作文　5. 王志修の紀年記

事解釋　6. 結語

武田幸男　　1993　　고구려　　その後の廣開土王碑研究『年報朝鮮學』3　　1.「その後」の意味　2. 1980年代研究の基本方向　3. 1990年前後の研究現況

武田幸男　　1993　　고구려　　碑文からみた四五世紀の高句麗『廣開土王碑と古代日本』東京都目黑區敎育委員會編　學生社　　1. 廣開土王か好太王か?　2. 廣開土王,長壽王親子の時代　3. 都の位置と高句麗の趨勢　　4. 廣開土王長壽王時代の國際關係

武田幸男　　1993　　신라　　蔚州書石谷における新羅葛文王一族―乙巳年原銘・己未年追銘の一解釋―　『東方學』85　東方學會　　1. はじめに　2. 原名・追銘の解文と隨從集團　3. 乙巳年原名の葛文王家　4. 己未年追銘の葛文王妃家　5. おわりに

武田幸男　　1994　　가야　　伽倻～新羅の桂城「大干」―昌寧・桂城古墳群出土土器の銘文について『朝鮮文化研究』1　東京大　朝鮮文化研究室　　1. はじめに　2. 土器銘文の釋文　3.「大干」の解釋　4. 桂城「大干」の性格　5. おわりに

泊勝美　　1975　　고구려　　高句麗好太王碑の謎『任那日本府はなかった』　*

朴時亨　　1967　　고구려　　廣開土王の陵碑について『今日の朝鮮』127　*

朴容緒　　1980　　고구려　　德興里壁畫古墳についての考察―德興里壁畫古墳は何を語っているのか―　『統一評論』1980-5　○ 高句麗壁畫古墳の特徵　○ 古墳の被葬者は

誰なのか ○ 高句麗の領域問題 ○ 高句麗の幽州進出

方基東 1988 고구려 千秋墓, 太王陵, 將軍塚『好太王碑と高句麗遺蹟』讀賣新聞社 ○ はじめに 1. 三陵墓の概要 2. 太王陵と將軍塚の被葬者傳承 3. 近代以降の被葬者論議 4. 墳墓の形式,構造からみた三陵墓の比較分析 5. 瓦片,瓦堂からみた三陵墓の比較 6. 好太王碑の性格と墓上立碑方式 7. 好太王碑, 太王陵, 將軍塚における方向の解釋 8. 被葬者問題の結論

白崎昭一郎 1983 고구려 廣開土王碑の問題點『藤澤一先生古稀紀念 古文化論叢』 *

白崎昭一郎 1984 고구려 廣開土王碑は何を語ゐか『季刊邪馬台國』22 *

白崎昭一郎 1989~1992 고구려 好太王碑文考證 (1)~(10)『古代日本海文化』18~26 古代日本海文化研究會

白崎昭一郎 1990 고구려 廣開土王碑拓本の編年『福井考古學會會誌』8 *

白木原和美 1977 낙랑 樂浪關係遺跡出土銘鏡檢索『法文論叢』(史學篇)39 熊本大學法文學會 ○ 凡例 ○ 文獻表 1. 日光鏡・淸白鏡(等) 2. 內行花紋鏡 1) 蝙蝠刑の鈕座を持つもの 3. 內行花紋鏡 2) 四葉刑の鈕座を持つもの 4. 方格規矩鏡 5. 獸首鏡・夔鳳鏡(いわゆる單夔式を含む) 6. 獸帶鏡 7. 盤龍鏡 8. 神獸鏡 9. 畫像鏡

白鳥庫吉 1905 고구려 滿洲地名談─附好太王の碑文に就て『白鳥庫吉全集』第5卷 *

白鳥庫吉 1905 고구려 好太王の碑文に就いて『中央公論』

　　　　　　20-8　　＊

福山敏男　　1952　　백제　　「石上神宮の七支刀」再補『美術研究』165　美術研究所

福山敏男　　1968　　백제　　石上神宮七支刀の銘文『日本建築史研究』墨水書房　1. 石上神宮の歴史と七支刀　2. いままでの七支刀研究　3. 私の調査と銘文解說　4. さらに廣い立場での檢討

福宿南嶋　　1987　　고구려　　好太王碑文を讀む『書道研究』1

福宿孝夫　　1986・1989　　고구려　　好太王碑の文字研究—字體の考察と書體の史的解明　(1)～(6)『紀要』60～65　宮崎大　敎育・人文科學　　＊

榧本杜人　　1953　　백제　　石上神宮の七支刀とその銘文『朝鮮學報』3　朝鮮學會

榧本杜人　　1961　　낙랑　　樂浪古蹟の双印—「漢委奴國王」金印再檢討(前說)—　『朝鮮學報』21・22　朝鮮學會　1. はじめに　2. 樂浪古蹟の双印

榧本杜人　　1968　　낙랑　　小場恒吉撰「金銀平文漆盒」『朝鮮學報』47　朝鮮學會

榧本杜人　　1968　　백제　　七支刀銘文再考—靑丘考古記(三)—『朝鮮學報』49　朝鮮學會

比田井南谷　　1987　　고구려　　わが好太王碑拓本考『書道研究』1

浜田耕作　　1906　　고구려　　高句麗好太王碑の話『早稻田興風學會雜誌』10-3　　＊

浜田耕策　　1973　　고구려　　高句麗廣開土王陵碑文の虛像と實像

『日本歷史』304　日本歷史學會　○　はじめに　1. 研究史の概略　2. 諸說の紹介とその疑問点　3.「碑文」の構造　4. 前置き文の構造と機能　○　おわりに

浜田耕策　　1974　　고구려　　高句麗廣開土王陵碑文の研究—碑文の構造と史臣の筆法を中心として—　　『朝鮮史研究會論文集』11；1974『古代朝鮮と日本』龍溪書舍　○　はじめに　1. 課題の設定　2.『碑文』の構造と「前置き文」　3.「辛卯年」の一節と新羅使の上訴　4.「辛卯年」の一節と史臣の筆法　○　おわりに

浜田耕策　　1978　　신라　　新たに發見された丹陽新羅赤城碑『日本歷史』365　日本歷史學會

浜田耕策　　1981　　신라　　新羅の聖德大王神鐘と中代の王室『响沫集』3 學習院大史學會　　＊

浜田耕策　　1982　　고구려　　好太王碑文の一二の問題『歷史公論』77　○　朝鮮の一部學者の辛卯年條の解釋　○　國岡上の守墓人烟戶

浜田耕策　　1986　　고구려　　高句麗廣開土王陵墓比定論の再檢討『朝鮮學報』119・120 朝鮮學會　　1. はじめに　2. 集安行と比定論　1) 明治・大正期　2) 昭和期　3) 戰後期　3. 碑と將軍塚・太王陵との方向と位置　4. 文字資料の檢討　1) 千秋塚と太王陵の塼銘　2) 牟頭婁塚墓誌　5. おわりに

浜田耕策　　1987　　고구려　　高句麗の古都集安出土の有銘塼『日本古代中世史論考』(佐伯有淸編)　吉川弘文館　○　はじめに　1. 塼の發見と將來　2. 塼の分類　3. 塼の形態と用途　○　おわりに

浜田耕策　　1988　　고구려　　好太王碑をめぐる爭點『好太王碑と集安の壁畵古墳』讀買テレビ放送編　木耳社　　1. はじめに　2. 碑石と拓本　3. 碑文の爭點　4. 陵碑の比定論

浜田耕策　　1990　　고구려　　故足立幸一氏寄贈の京都府立福知山高校所藏の廣開土王碑拓本について　『學習院大學東洋文化研究所調査研究報告』24　　1. はじめに　2. 足立拓本の出會い　3. 故足立幸一氏と拓本　4. 足立拓本の形態　5. 足立拓本拓出年代　6.おわりに

浜田耕策　　1990　　고구려　　朝鮮に傳わった廣開土王陵碑文—「增補文獻備考」所載碑文の淵源—　『東アジア古文書の史的研究』唐代史研究會編　刀水書院　　1. はじめに　2. 墨水廓塡本　3. 皇城新聞の碑文情報　4.「皇城新聞・碑銘」の特徵　5. おわりに

浜田耕策　　1990　　신라　　新羅「太王」號の成立とその特質『年報朝鮮學』1　九州大　朝鮮學研究所　　1. はじめに　2. 王號の四變遷　3. 金石文にみる王號の實用例　4. ＜大王＞號の成立　5. おわりに

浜田耕策　　1992　　신라　　新羅鐘銘の再檢討(1)—敦賀市・常宮神社所藏の「鐘の記」と菁州蓮池寺鐘—　『史淵』129　九州大　文學部　　1. はじめに　2. 菁州蓮池寺鐘 1) 鐘の現在 2) 鐘の由來　3. 稻庭正義と＜鐘の記＞　4. 鐘銘の釋文　5. おわりに

浜田耕策　　1993　　고구려　　高句麗廣開土王碑研究の歩み『廣開土王碑と古代日本』東京都目黑區敎育委員會編　學生社　　1. 最初の拓本—黑水廓塡本　2. 石灰拓本と原石拓本　3. 見直される碑文　4. 古代日朝關係史研究と碑文

濱田耕策　　1997　　고구려　　廣開土好太王時代の"聖王"秩序に對いて　　『廣開土好太王碑 研究 100年』　高句麗研究會 1. はじめに　2. 永樂20年の5鴨盧について　3. 高句麗への歸化・來投者　4. 碑文にみえる「慕化」の來投と敗者の連行　5. おわりに

山尾幸久　　1981　　백제　　七支刀の銘文について『村上四男博士和歌山大學退官紀念 朝鮮史論文集』　1. はじめに　2. 近時の研究　3. 問題の所在　4. 銘字の書體　5. 銘文の字句　6. むすび

山尾幸久　　1989　　고구려　　高句麗廣開土王碑銘の史料批判『古代日朝關係』墻書房　○ 銘文についての問題點　○ 碑文の構成と思想　○ 大前置き文の事實　○ 史料價値についての結論

山尾幸久　　1989　　백제　　石上神宮七支刀銘の百濟王と倭王『古代日朝關係』墻書房　○ 近年の研究成果　○ 銘文についての疑問　○ 銘字の書體‘七支刀の由來

山田宗睦　　1985　　고구려　　討論 好太王碑をめぐって『市民の古代』7

山田宗睦　　1987　　고구려　　「好太王碑論爭の解明」書評『市民の古代』9　＊

三宅米吉　　1898　　고구려　　高麗古碑考(續き) 古瓦銘榻寫附『考古學會雜誌』2-2；1929 『三宅米吉著述集』下

三宅米吉　　1898　　고구려　　高麗古碑考『考古學會雜誌』2-1；1929『三宅米吉著述集』下

三宅米吉　　1898　　고구려　　高麗古碑考追加『考古學會雜誌』2-5

；1929『三宅米吉著述集』下

三品彰英　　1962　　고구려　　高句麗廣開土王陵碑『日本書紀朝鮮關係記事考證』上　＊

三品彰英　　1962　　백제　　石上神宮の七支刀『日本書紀朝鮮關係記事考證』上　＊

上原和　　1979　　고구려　　德興里古墳の墓誌銘と壁畫『藝術新潮』350　＊

上田正昭　　1971　　백제　　石上神宮と七支刀『日本なかの朝鮮文化』9 朝鮮文化社　1. タマフリの傳統　2. 神宮の呼稱　3. 七支刀銘文解讀の盲點

上田正昭　　1973　　고구려　　碑文の謎『日本の歴史―大王の世紀―』2　＊

上田正昭외　　1985　　고구려　　(對談)好太王碑と近代史學『季刊三千里』42　○ 好太王碑をめぐって　○ 參謀本部と近代史研究　○ 碑文の＜倭＞をめぐって　○ '日本書紀'の思想　○ 雨森芳洲から學ぶもの　○ 善隣・友好關係に光を

徐建新　　1994　　고구려　　北京に現存する好太王碑原石拓本の調査と研究―王少箴舊藏本と北京圖書館藏本を中心にして―　『史學雜誌』103-12 東京大　1. 緒言―原碑研究と原石拓本研究　2. 新發見の拓本の外的調査　3. 新發見の拓本の拓制年代と採石史上における諸問題　4. 好太王碑の一部の碑字に對する再考察　5. 結び

徐建新　　1996　　고구려　　北京に現存する好太王碑原石拓本に關する調査と研究『朝鮮文化研究』3 東京大　朝鮮文化研究室　1. はじめに　2. 北京大學圖書館所藏の非原石

拓本三點について　　3. 北京大學圖書館所藏の原石拓本四點について　　4. 北京大學所藏原石拓本の特徴と價値　5. 結語

西嶋定生　　1974　　고구려　　廣開土王碑辛卯年條の讀法について『圖說日本の歷史』3　　＊

西嶋定生　　1985　　고구려　　廣開土王碑文辛卯年條の讀み方について　『三上次男博士喜壽記念論文集—歷史編—』　平凡社　　1. 問題の所在　2. 辛卯年條の性格　3.「來」字の讀み方　4. 結語

西田長男　　1956　　백제　　石上神宮の七支刀の銘文『日本古典の史的 研究』理想社

石幡貞所藏　　?　　조선　　在朝鮮京城文錄壬辰之役之古碑『東亞學會雜誌』1-7　　＊

星野良作　　1974　　고구려　　廣開土王碑をめぐる論爭の進展—激論のなかで明ちかになった諸點—　『歷史と旅』1-2　　＊

星野良作　　1974　　고구려　　最近におけるの廣開土王陵碑文の研究『史元』18　　＊

星野良作　　1977　　고구려　　日本古代史の基本的問題—廣開土王碑の謎『任那と日本』　　＊

星野良作　　1983　　고구려　　廣開土王碑文研究の新しい展開『廣場』113(1983-1)　　＊

星野良作　　1983　　고구려　　廣開土王碑文研究の新展開—李亨求氏の新說に接して—　『日本古代政治史論考』(佐伯有清編)　吉川弘文館　　○　はじめに　1. 李亨求氏研究の論旨と考證 1) 李氏研究の目的 2) 李氏新說の論旨　2. 李亨

求氏説への二,三の疑問　○　あとがきにかえて

星野良作　　1987　　고구려　　酒匂景信將來の廣開土王碑文の復元的研究『東アジアの日本—考古美術篇—』　　＊

星野良作　　1987　　고구려　　酒匂景信將來の廣開土王碑文『東アジア古代文化』50　　＊

星野良作　　1989　　고구려　　酒匂景信將來の廣開土王陵碑文の一考察—碑文最末‘倭’字の由來をめぐって『研究と評論』　　＊

星野恒　　1892　　백제　　七枝刀考『史學雜誌』37　東京大

小田　　1920　　고구려　　毌丘儉紀功碑拓本說明『朝鮮彙報』1920-1　朝鮮總督府

小田幹治郎　　1914　　신라　　鍪藏寺碑の發見『朝鮮及滿洲』84

小田幹治郎　　1920　　고구려　　龍岡古碑の年代考證『朝鮮彙報』1920-1　朝鮮總督府

小田幹治郎　　1920　　신라　　新羅の名僧元曉の碑『朝鮮彙報』1920-4　朝鮮總督府

小田幹治郎　　1923　　조선　　京城塔洞公園塔碑『朝鮮彙報』1923-1　朝鮮總督府　　＊

小田幹治郎　　1930　　기타　　朝鮮に於ける金石文『朝鮮之研究』朝鮮及滿洲史　　＊

小田幹治郎　　1931　　신라　　慶州鍪藏寺彌陀殿碑解說『小田幹治郎遺稿』　　＊

小田幹治郎　　1931　　신라　　黃草嶺眞興王巡狩碑解說『小田幹治郎遺稿』　　＊

小田省吾　　1932　　고구려　　平壤出土永和九年玄菟太守在銘塼に關する一考察『靑丘學叢』9 靑丘學會

小倉親熊　　1938　　고려　　玉龍寺先覺大師道詵の一考察『文獻報國』2 朝鮮總督府圖書館　　*

小川敬吉　　?　　삼국　　古塔碑の栞『朝鮮總督府博物館報』5　　*

小川柳波　　?　　고구려　　丸都古碑考『日本及日本人』461　　*

孫大俊　　1986　　신라　　新羅金石文における部の性格について―日本部制の原型探究―　　『京畿大學校　論文集』19-1 경기대　　1. 序章　2. 部の地位と性格 1) 文獻に現われた部 2) 金石文に現われた部　3. 部の性格を究めるための試章 1) 文化史的立場から 2) 言語學的立場から　4. 結論

孫海波　　1940　　기타　　評 葛城末治撰「朝鮮金石苑『中和月刊』1-12　　*

宋世丸　　1980　　백제　　百濟七支刀銘文の新しい解釋『社會科學論文集』1　　*

宋世丸　　1982　　백제　　古代朝鮮の鐵製技術と百濟七支刀『歷史公論』77　○ 朝鮮の錬鐵と七支刀　○ 七支刀の銘文の讀みと百濟の鐵

松原孝俊　　1992　　고구려　　神話學から見た「廣開土王碑文」『朝鮮學報』145 朝鮮學會　　1. はじめに―問題の所在―　2.「廣開土王碑文」の社會的機能　3. 高句麗神話の體系的について　4. 高句麗神話に認められる神話的モデル　5. 天降神話とガリア　6. 龜の橋モチ-フ　7. 死後天に歸るモチ-フについて　8.「廣開土王碑文」の系譜記述と神話記

述について　9. 「辭」高句麗神話の專門的傳承者について
10. まとめにかえて

松原孝俊　　　1995　　　고구려　　　『牟頭婁墓誌』 の神話學的研究
『佐伯有淸先生古稀記念　　日本古代の傳承と東アジア』
吉川弘文館　○　はじめに　1. 墓誌釋讀文の研究史　2.
釋讀文　3. 高句麗の墓誌樣式　4. 墓誌の歷史學的研究
5. 墓誌の神話資料　6. 同時代の神話傳承との比較　7.
「日月之子」の試釋　8. 墓誌に記された神話像　9. おわ
りに代えて

松井如流　　1959　　　고구려　　好太王碑小引『書品』100　　＊

水谷悌二郎　　1937　　　낙랑　　粘蟬碑考『畫說』6

水谷悌二郎　　1959　　　고구려　　好太王碑考『書品』100 東洋書道
協會 ; 1977『好太王碑考』開明書院　1. 好太王碑墨本
考 1) 拓本 2) 雙鉤廓塡本 3) 墨本製作の年代 4) 雙鉤廓
塡本と拓本との比較　2. 好太王碑字考—附碑辭考, 好太
王碑辭考　3. 好太王碑文考—高句麗文化の紀念碑, 紀功
墓碑の初, 鄒牟王說話, 儒留王の名, 大朱留王の名, 好太
王諡号, 稱元, 日の干支, 高句麗文化進展と對慕容燕交涉,
好太王治世の對慕容燕交涉,　中國の候王としての禮制創
始, 碑の文辭, 碑の刑制, 碑の大さ, 碑字の大さ字數, 高句
麗文化の特性, 碑字の別體, 碑字の書體　○　附　好太王碑
字の變相(要約)　○　好太王碑釋文

藪田嘉一郎　　1961　　　백제　　七支刀銘考釋—釋文篇—　『日本上
古史研究』5-6

水井哲雄　　1973　　　고구려　　高句麗廣開土大王碑文の將來者をめ
くる一・二の史料追加にいて『日本歷史』295　日本歷

史學會　　＊

神保公子　　1973　　백제　　七支刀研究の歩み『日本歷史』301　日本歷史學會　　1. 百濟獻上說　1）福山敏男氏の研究　2）榧本杜人氏の研究　3）西田長男氏の研究　4）三品彰英氏の研究　　2. 僞作說　1）藪田嘉一郎氏の研究　　3. 百濟下賜說　1）金錫亨氏の研究　2）藤間生大氏の研究　3）坂元義種氏の研究　4）上田正昭氏の研究　　4. 東晋下賜說　1）栗原朋信氏の研究

神保公子　　1975　　백제　　七支刀の解釋をめぐつて『史學雜誌』84-11　東京大　　1. はじめに―本稿の目的　2. 七支刀研究の歩み　3.「侯王」について　4. おわりに

辛澄惠　　1984　　신라　　「黃草嶺新羅眞興王巡狩碑」碑文の字形研究『朝鮮學報』112　朝鮮學會　○　はじめに　1. 碑の現狀　2. 研究方法と資料　3. 碑文の字形研究 1）中國に見られる字形 2）竹冠・草冠をもつ字形 3）辵偏・辶偏をもつ字形 4）中國には見られない字形　4. 碑文の文字文化受容の經路　○　おわりに

辛澄惠　　1985　　고구려　　廣開土王碑と朝鮮族『季刊三千里』43　○　集安と廣開土王碑　○　中國の中の朝鮮

辛澄惠　　1988　　신라　　新羅における碑文文字の特徵―6世紀を中心に―　『シンポジウム日本文化と東アジア』

深津行德　　1990　　신라　　迎日冷水里新羅碑について『韓』116　韓國研究院　　＊

安井小太郎1897　　조선　　在朝鮮京城文祿壬辰之役之古碑『東亞學會雜誌』1-7　　＊

野本白雲　　1931　　신라　　新羅眞興王巡境碑に就て『書藝』4-3
平凡社　○　黃草嶺碑　○　其他の三碑

楊守敬　　1909　　고구려　　高麗好太王碑六卷(鉤刻本)　　＊

梁任公　　1931　　고구려　　跋劉子植好太王碑考釋　『北平圖書館館
刊』5-4　　＊

延敏洙　　1994　　백제　．七支刀銘文の再檢討―年號の問題と製作年
代を中心に―　　『年報朝鮮學』4　九州大　朝鮮學研究會
1. はじめに　2. 年號をめぐる諸說の檢討　3. 七支刀と七
枝刀―神功紀の史料批判　4. 銘文の判讀と內容分析　5.
七支刀の史的意義―製作年代と關連して―　6. おわりに

鈴木英夫　　1986　　고구려　　廣開土王碑文加羅關係記事の基礎的
研究『千葉史學』8　○　はじめに　1. 辛卯年條　2. 十年
庚子條　○　まとめにかえて

鈴木英夫　　1989　　삼국　　動向と展望―最近發見の韓國の古代四
碑について『國史學』139 國史學會

鈴木靖民　　1983　　백제　　石上神宮七支刀銘についての一試論
『坂本太郎頌壽紀念 日本史學論集』上　　＊

鈴木靖民　　1985　　고구려　　好太王碑文の倭記事『東アジアの古
代文化』44　○　碑文研究の現況　○　碑文の判讀　○　倭
記事の檢討　○　倭の實體へのアプローチ

鈴木靖民　　1988　　고구려　　好太王碑の倭おめぐる研究動向『唐代
史研究回報』2　　＊

鈴木靖民　　1988　　고구려　　好太王碑の倭の記事と倭の實體『好
太王碑と集安の壁畵古墳』　讀買テレビ放送編　木耳社
1. はじめに　2. 倭の記事の釋讀　3. 倭の記事の探究―倭．

と高句麗―　　4. 倭の實體とその出兵

鈴木靖民　　1990　　고구려　　廣開土王碑文の「倭」關係記事―最近の研究成果をめぐって―　　『東アジア古文書の史的研究』唐代史研究會編 刀水書院　○　はじめに　1. 倭關係記事の釋讀　2. 倭關係記事の史實　○　おわりに

鈴木靖民　　1993　　고구려　　四五世紀の高句麗と倭『廣開土王碑と古代日本』東京都目黑區敎育委員會編　學生社　　1. 碑文の中の「倭」　2. 碑文の解釋(1)「辛卯の年の條」　3. 碑文の解釋(2)「永樂九年の條」　4. 碑文の解釋(3)「永樂十年の條」　5. 碑文の解釋(4)「永樂十四年の條」　6. 碑文の解釋(5)「永樂十七年の條」

鈴木靖民　　1997　고구려　　日本におけるる廣開土王碑拓本と碑文の研究　『廣開土好太王碑 研究 100年』高句麗研究會　○　はじめに　1. 拓本の日本將來と研究　2. 拓本研究の展開　3. 拓本研究の新段階　4. 碑文の解讀　5. 碑文の內容構成と研究　6. 近代と古代の間の廣開土王碑文　○　おわりに

鈴木治　　1959　　신라　　慶州壺杵塚とその紀年について『天理大學報』29 天理大學人文學會

永井哲雄　　1973　　고구려　　高句麗廣開土王陵碑文の將來者をめぐる一二の史料追加について『日本歷史』296 日本歷史學會

王健群　　1988　　고구려　　好太王碑研究に關するいくつかの問題『好太王碑と高句麗遺蹟』讀賣新聞社　○　はじめに　1. 好太王碑の現狀　2. 私の好太王碑に對する數回の調査　3. 拓本の先後, 優劣について　4. 好太王碑文の中の

『倭』の實體　5. 申采浩の『記聞』とその好太王碑に關する論述　6.『改ざん說』質疑の補充意見　7. 好太王碑と好太王陵　8. いくつかの具體的問題の說明　○ 結びに

友田吉之助　　1978　　고구려　　好太王碑文と顓頊曆紀年法『紀要』1 鳥根医大

熊谷善夫　　1958　　고구려　　冬壽墓安岳第3號墳の紹介『佛敎藝術』37　*

熊谷宣夫　　1959　　신라　　甲寅銘王延孫造光背考『美術研究』209 美術研究所　1~5.　○ 追記

鴛淵一　1928　　조선　　淸初に於える淸朝關係と三田渡の碑文『史料』13-1・2・3・4　　*

原田淑人　　1919　　신라　　新羅統一時代の瓦塼文に就いて『國華』30-1

原田淑人　　1926　　낙랑　　樂浪出土漆器の銘文中に見ゆる㓋工に就いて『史學雜誌』37-8 東京大；1940『東西古文化研究』

原田淑人　　1927　　낙랑　　再び樂浪出土漆器銘文中の消字に就いて竝に牢の字に就いて『史學雜誌』38-6 東京大；1940『東西古文化研究』

有光敎一　1972　　고구려　　高句麗壁畫古墳の四神圖—四神圖變遷をめぐって—　『高松塚古墳と飛鳥』　○ はじめに　○ 高句麗の壁畫古墳　○ 高松塚古墳と高句麗の壁畫古墳

有光敎一　1972　　고구려　　高句麗時代の壁畫墳について『日本のなかの朝鮮文化』14　1. 高松塚古墳壁畫について　2. 高句麗古墳の壁畫　3. 結尾

有光敎一　　1972　　고구려　　高松塚古墳と高句麗壁畵古墳『佛敎藝術』87

劉永智　　1985　　고구려　　好太王碑の發見およびその他『季刊邪馬台國』26　　＊

劉節　　1931　　신라　　新羅眞興王巡狩管境碑之硏究『北平圖書館館刊』5-6　　＊

六反田豊　　1986　　조선　　定陵碑文の改撰論議と桓祖庶系の排除―李朝初期政治史の一斷面―　『東洋史論集』15　九州大　東洋史硏究會　　1. 定陵と二つの神道碑　2. 定陵碑文の改撰論議　3. 碑文改撰と宗親政策との關連　4. 李朝建國當初の宗親政策　1) 太祖初の宗親處遇　2) 二度の王子亂と"宗親不任以事"制　5. 桓祖庶系の排除―最初の碑文改撰論議　6. 桓祖庶系に對する臺諫の攻擊―二度目の碑文改撰論議　7. むすび

栗原朋信　　1966　　백제　　七支刀銘文についての一解釋『日本歷史』216 日本歷史學會

栗原朋信　　1970　　백제　　七支刀の銘文よりみた日本と百濟東晋の關係『歷史敎育』18-4

義山泰秀　　1941　　고구려　　高句麗好太王碑に關する明治年間の二.三の刊本について『書物同好會會報』13 書物同好會

李丙燾　　1973　　고구려　　韓國碑文の解釋―廣開土王碑と北漢山碑を中心として―　『アジア公論』2-2　　＊

李成市　　1997　　고구려　　廣開土王碑の立碑目的と高句麗の守墓役制　『廣開土好太王碑　硏究 100年』　高句麗硏究會　○　はじめに　　1. テクストの形成と書き手の意圖　2.

碑文の文脈と武勳記事　3. テクストとしての碑文と讀者　4. 碑文の文脈からみた倭　○ おわりに

李鍾學　1998　고구려　廣開土大碑文の眞實―軍事史學的研究方法による辛卯年記事の檢討―　『日本及日本人』1630　1.「渡海作戰」の主體をめぐって　2. 碑文の軍事理論的アプローチ　3. 主體は「倭」か「高句麗」か　4. 欠字の補完は困難か　5. 求めれる記事の性格把握　6. 碑文の「倭」は對馬の海賊か　7. 成立しない「任那日本府」說

李進熙　1956　고구려　黃海道發見の高句麗壁畵古墳　『駿台史學』6 明治大史學地理學會　　*

李進熙　1972　고구려　廣開土王陵碑文の謎―初期朝日關係研究史上の問題點―　『思想』575　1. はじめに　2. 酒勾雙鉤本は參謀本部で解釋された　3. 碑文のすりかえを隱蔽するための「石灰塗付作戰」が行われた　4. 碑の略奪策動と『南淵書』　5. 酒勾雙鉤本より前の資料はのこっていない　6. 酒勾景信のすりかえた「碑文」　7. おわりに

李進熙　1972　고구려　廣開土王陵研究史上の問題點――九一〇年代までの中國で研究をめぐっで―　『考古學雜誌』58-1 日本考古學會

李進熙　1973　고구려　なぜ「廣開土王陵碑文」は改ざんされたか『流動』5-1

李進熙　1973　고구려　廣開土王陵碑と酒勾景信『日本歷史』307 日本歷史學會

李進熙　1973　고구려　廣開土王陵碑のこと『日本のなかの朝鮮文化』18

李進熙　　1973　　고구려　　廣開土王陵碑文と歴史の虚構『倭から日本へ』（江上波夫ほか編）二月社　　＊

李進熙　　1973　　고구려　　謎に包まれた廣開土王碑『日本の歴史―古代の日本―』1　　＊

李進熙　　1973　　고구려　　王碑ナゾをめぐって―井上光貞氏の所論に答える―　『毎日新聞』5月15日　　＊

李進熙　　1974　　고구려　　廣開土王陵碑の現狀と課題『歴史學研究』410 歴史學研究會

李進熙　　1974　　고구려　　廣開土王陵碑をめぐる諸問題―古田武彦氏の所論によせて―　『史學雜誌』83-7 東京大

李進熙　　1974　　고구려　　皇國史觀は克服されたか―廣開土王陵碑の問題をめぐって―　『歴史と文學』7　　＊

李進熙　　1974　　백제　　七支刀研究の100年『歴史讀本』19-14 ＊

李進熙　　1976　　고구려　　好太王碑と近代史學『季刊三千里』7

李進熙　　1976　　백제　　武寧王陵と百濟系渡來集團『東アジアの古代文化』8　○　70年代前半の收穫　○　武寧王陵と日本の古墳　○　武寧王陵と百濟渡來集團　○「歸化人史觀」の克服

李進熙　　1985　　고구려　　廣開土王陵碑文の共同調査―四・五世紀の東アジアと日本―　好太王碑を中心に―『アジア公論』　14-7

李進熙　　1985　　고구려　　最近の廣開土王陵碑にかんする論争―王健群氏の新說と國際シンポジウム―　『玄岩申國柱博士華甲記念 韓國學論叢』東國大

李進熙　　1985　　고구려　　好太王碑を現地に訪ねて『季刊三千里』
　　　　　44

李進熙　　1991　　백제　　船山大刀銘の研究史上の諸問題『靑丘學
　　　　術論集』1　韓國文化研究振興財團　　○　はしめに　　○
　　　　大刀の「反正下賜」說の通說化　　○　金錫亨の「百濟王下
　　　　賜」說　　○　金錫亨說への批判　　○　銘文研究の新たな전
　　　　개　　○　大刀銘文の現狀と問題點　　○　船山古墳の出土
　　　　遺物　　○　むすびに

李進熙　　1992　　고구려　　廣開土王陵碑をめぐる論爭『靑丘學術論
　　　　集』2　韓國文化研究振興財團　　1. 碑の發見と拓本作成
　　　　の年次　　2. 石灰塗付と碑面の現狀認識　　3. 水谷拓本の拓
　　　　出時期　　4. 改ざん說をめぐる論爭　　5. おわりに

林英正　　1990　　고려　　高麗時代隨院僧徒に關よる金石文資料の
　　　　檢討『應陵史學』16 佛敎大學歷史研究所 東京　　*

林屋辰三郎　　1975　　고구려　　古代の日本と朝鮮—廣開土王陵碑
　　　　前後—　『日本のなかの朝鮮文化』26　　1. 史料評價のZ
　　　　軸　　2.「三國史記」再見　　3. 廣開土王碑　　4. 朝鮮側史料
　　　　の意志性

笠井倭人　　1978　　고구려　　廣開土王碑に對るす石炭塗付作戰說
　　　　への疑問　『末松保和古稀紀念　　古代東アツア史論集』
　　　　上　吉川弘文館　　1. はじめに　　2. 石灰塗付作戰說の
　　　　要點　　3. 二つの素朴な疑問點　　4. 酒勾本と內藤拓本と
　　　　の比較　　5. 酒勾本, 內藤拓本共通誤鉤文字問題　　6. お
　　　　わりに

笠井倭人　　1989　　고구려　　好太王碑水谷拓本の一考察『日本歷
　　　　史』497　日本歷史學會

長白榮禧・筱峯甫輯　　1909　　고구려　　高句麗永樂大王墓碑文『西北學會月報』1-9(雜俎)　　*

長田夏樹　　1966　　신라　　新羅文武王陵碑文初探『神戶外大論叢』17-1～3

長正統　　1981　　고구려　　九州大學所藏好太王碑拓本の外的研究『朝鮮學報』99・100　朝鮮學會　○　はじめに　1. 九大拓本の概要　2. 付着新聞紙片と拓本製作時期　3. 寄贈者梶本益一氏について　4. 拓本製作工程の諸問題　1) 拓本用紙の繼ぎかた　2) 貼付用新聞紙片　3) 墨打ちと後入れ　4) 拓本の折りたたみかた　○　あとがき

齋藤忠　　1981　　신라　　新羅の葬制から見た甘山寺跡石造阿彌陀如來像彌勒菩薩像銘文の一解釋『朝鮮學報』99・100　朝鮮學會

齋藤忠　　?　　백제　　百濟平瓦に見える刻印銘に就いて　　*

前間恭作　　1926　　고려　　若木石塔記の解讀『東洋學報』15-3　東洋協會學術調查部

前間恭作　　1931　　신라　　眞興碑について―靑丘學叢第二號崔南善氏眞興王碑論文につき同氏に寄せたる書簡―　　『東洋學報』19-2　東洋協會學術調查部

田中俊明　　1981　　고구려　　高句麗の金石文―硏究の現狀と主題―　『朝鮮史硏究會論文集』18　○　はじめに　1. 德興里古墳　墨書銘　2. 廣開土王陵碑　3. 廣開土王壺杅　4. 牟頭婁墓誌　5. 延壽元年銘銀盒杅　6. 中原高句麗碑　7. 平壤城城壁石刻　1)～5)　8. 泰川　籠吾里山城石刻　9. 延嘉七年銘金銅佛光背　10. 建興五年銘光背　11. 辛

卯銘金銅三尊佛光背　12. 永康七年銘光背　○　おわりに

田中俊明　　1983〜5　　신라　　新羅の金石文 (1) 戊戌塢作碑『韓國文化』5-1　(2)　永川菁堤碑丙辰銘 『韓國文化』5-3 (3)　永川菁堤碑貞元銘『韓國文化』5-5　(4)　壬申誓記石『韓國文化』5-7　(5)　南山新城碑第1碑 『韓國文化』5-9 (6)　南山新城碑第2碑 『韓國文化』5-11　(7)　南山新城碑第3碑・第4碑 『韓國文化』6-1　(8)　南山新城碑第5碑〜第7碑 『韓國文化』6-3 (9)　南山新城碑總括『韓國文化』6-5 (10)　蔚州川前里書石・乙巳年原銘『韓國文化』6-7 (11)　蔚州川前里書石・乙未年銘 『韓國文化』6-10 (12) 蔚州川前里書石・乙未年追銘 『韓國文化』 7-1　(13・完) 蔚州川前里書石・乙卯年銘ほか『韓國文化』7-3

田中俊明　　1985　　고구려　　高句麗長安城城壁石刻の基礎的研究 『史林』68-4 京都大學 文學部 史學研究會　○　はじめに　1. 城壁石刻の發見經緯と釋文　2. 城壁石刻の解讀と年代　○　おわりに

田中俊明　　1997　　고구려　　高句麗の北方進出と「廣開土王碑文」 『廣開土好太王碑 研究 100年』 高句麗研究會　○　はじめに　1. 西北への進出-稗麗 1) 高句麗西北の境界 2) 稗麗への侵攻 3) 高句麗の遼東領有　2. 東北境域の形成 1) 柵城 2) 舊夫餘　3. 東北への進出-肅愼・東夫餘　○ おわりに

前澤和之　　1972　　고구려　　廣開土王陵碑文をめぐる二三の問題 『續日本紀研究』159　＊

鮎貝房之進　　1934　　고구려　　高句麗城壁石刻文『雜攷』6-上

鮎貝房之進　　1934　　고려　　覺淵寺通一大師塔碑, 開心寺石燈記,

　　　　高達寺元宗大師惠眞塔碑,　法興寺眞空大師塔碑陰記,　菩
　　　　提寺大鏡大師塔碑陰記,　西院鐘記,　五龍寺法鏡大師普照
　　　　慧光塔碑陰記,　龍頭寺鐵幢記,　淨兜寺石塔造成形止記,
　　　　『雜攷』6-上

鮎貝房之進　　1934　　고려　　埋香碑, 通道寺國長生石記『雜攷』
　　　　6-下

鮎貝房之進　　1934　　신라　　葛項寺塔記, 甘山寺彌勒菩薩阿彌陀
　　　　如來光背記,　開仙寺石燈記,　大安寺寂忽禪師照輪淸淨塔
　　　　碑末記,　无盡寺鐘記,　上院寺鐘記,　石佛光背記,　蓮池寺鐘
　　　　記, 中初寺幢竿石柱記『雜攷』6-上

鄭杜熙　　1980　　고구려　　廣開土王陵碑辛卯年記事の再檢討『アジ
　　　　ア公論』24　　＊

鄭文　　　1920　　고구려　　高麗國永樂好太王碑文纂考『州交通圖
　　　　書館大山房全書本』　　＊

井上秀雄　　1972　　고구려　　高句麗の南下と廣開土王陵碑『古代朝
　　　　鮮』　　＊

井上秀雄　　1975　　신라　　新羅金石文調査の中間報告『東北大學
　　　　文學部研究年報』25 東北大學文學部　　1. 調査研究槪要
　　　　2. 新羅銘文研究の問題点　3. 新羅銘文の解說 1) 咸安防
　　　　禦山石刻 2) 慶州上人岩造像銘記 3) 高句麗平壤城碑と新
　　　　羅南山新城碑　4. 新羅金石文研究の展望

井上秀雄　　1980　　신라　　拓本と釋文―朗慧和尙碑の解讀と前に
　　　　して―　『朝鮮學報』96 朝鮮學會　○ はじめに　1. 朗
　　　　慧和尙碑の現狀と研究經過 1) 碑の現狀 2) 碑文の紹介
　　　　3) 釋文集の成立 4) 比較の方法　2. 釋文の檢討 1) 第

一行の拓本と釋文 2) 第二行の拓本と釋文 3) 第三行の拓本と釋文 4) 第四行の拓本と釋文　○ おわりに

井上秀雄　1984　고구려　廣開土王碑の現地に立つ『季刊邪馬台國』22　*

井上秀雄　1987　고구려　古代朝鮮金石文としての好太王碑『書道研究』1　○ 好太王碑をみて　○ 碑文の現狀　○ 碑文の「倭」　○ 碑文研究の展望　○ 古代朝鮮銘文の特徴　○ 高句麗初期の銘文としての「好太王碑」の字形について　1) 好太王碑文の內容の特徴　2) 碑文の字形の特徴　○ おわりに

鄭早苗　1983　신라　開仙寺石燈記『朝鮮學報』107 朝鮮學會　1. はしめに　2. 開仙寺石燈記の現狀　3. 石燈記の釋文　4. 石燈記の解讀 5. おわりに

鄭早苗　1988　삼국　朝鮮三國と日本の金石文字—經路と年代—　『シンポジウム日本文化と東アジア』 東北大・文・日本文化研

種村宗人　1915　고구려　高句麗好太王碑說明『日本古代史』　*

佐藤治郎　1975　고구려　讀書ノート 佐伯有淸著 "研究史廣開土王碑"『歷史評論』302

佐伯有淸　1972　고구려　高句麗廣開土王陵碑文の再檢討—とくに'辛卯年'の倭關係記事おめぐって—　『續日本古代史論集』上　*

佐伯有淸　1972　고구려　高句麗廣開土王陵碑文再檢討のための序章—參謀本部と朝鮮研究—　『日本歷史』287 日本歷史學會

佐伯有淸　　　1973　　　고구려　　　高句麗廣開土王碑をめぐる諸問題—
李進熙氏の所論によせて—　　『歷史學硏究』 401　歷史學
硏究會

佐伯有淸　　　1974　　　고구려　　　高句麗廣開土王の碑文と日本 『古代
の朝鮮と日本』學生社 ； 1973 『古代史の謎探る』　　1.
廣開土王の碑文と參謀本部　　2.　朝鮮人學者の新見解
3. 廣開土王の碑文の再檢討

佐伯有淸　　　1974　　　고구려　　　高句麗廣開土王碑文硏究と紀年論
爭—參謀本部の古代日朝關係史觀 『古代朝鮮と日本』　龍
溪書舍

佐伯有淸　　　1976　　　고구려　　　橫井忠植と「高麗古碑本之由來」の出
現『世界』 365　　＊

佐伯有淸　　　1977　　　고구려　　　高句麗牟頭婁墓誌の再檢討『史朋』7
北大・文　　＊

佐伯有淸　　　1977　　　고구려　　　廣開土王碑文硏究への警醒『古代の東
アジアと日本』　　＊

佐伯有淸　　　1977　　　삼국　　　七支刀と廣開土王碑『古代史演習』吉
川弘文館　　1. 七支刀とその銘文　2. 廣開土王碑とそ
の碑文　○ 附錄：1. 牟頭婁塚とその墓誌　2. 壺杅塚
出土壺杅(銅盌)の銘文

佐伯有淸　　　1982　　　고구려　　　明治二十一年本"高句麗古碑考"の成立
『名古屋大學日本史論集』下　吉川弘文館

佐伯有淸　　　1987　　　고구려　　　高句麗廣開土王時代の墨書銘『東ア
ジアの古代文化』51

佐伯有淸　　　1987　　　고구려　　　德興里古墳壁畵古墳の墓誌『日本古

代中世史論考』（佐伯有淸編）　吉川弘文館　　1. 鎭の墓誌　2. 墓誌の論点　3. 墓誌にみえる吉祥語　4. 富壽無疆

佐伯有淸　　1987　　고구려　　食大倉考―德興里高句麗壁畫古墳の墓誌に關連して―　『成城大日本常民文化紀要』13　　*

佐竹保子　　1984　　백제　　百濟武寧王誌石の字跡と,中國石刻文字との比較『朝鮮學報』111　朝鮮學會　　1. はじめに　2. 武寧王誌石と,中國各王朝の石刻文字との比較　1) 漢王朝系・唐王朝系・南北朝系の各石刻文字　2)南朝系・北朝系の各石刻文字と,武寧王陵誌石　3. 初唐風石刻文字との距離　1) 初唐風石刻文字との距離　2) 四五〇年～五二二年の南北兩朝の資料と較べて―差異の定量化―　4. 結論

佐竹保子　　1987　　백제　　南北朝の碑文文字と百濟『韓』105　韓國硏究院

佐竹保子　　1988　　고구려　　中國碑文文字における三百年代後半の轉換―廣開土王碑の文子との關連―　　『シンポジウム日本文化と東アジア』　1. 問題の所在と考察の方法　2. 最初の轉換とその前後　3. 廣開土王碑の文字とその關連

佐竹保子　　1988　　백제　　南北朝の碑文化と百濟―地域と階層―『シンポジウム日本文化と東アジア』

酒匂景信　　1889　　고구려　　高句麗古碑『會餘錄』第5集　　*

酒井改藏　　1955　　고구려　　好太王碑面の地名について『朝鮮學報』8　朝鮮學會

竹內榮喜　　1933　　고구려　　好太王碑の南淵書『歷史公論』2-4～5　東京雄山閣

中吉功　　1958　　신라　　造像銘のある新羅の鐵佛二種—高麗佛の
先驅的彫像—　『朝鮮學報』12 朝鮮學會 ; 1971　『新
羅・高麗の佛像』二玄社

中吉功　　1971　　신라　造像銘記鈔存『新羅・高麗の佛像』二玄社

中小路駿逸　　1988　　고구려　好太王碑文私見『市民の古代』10 *

中村久四郎　　1907　　조선　韓國會寧府の「顯忠祠碑銘」について
『歷史地理』9-5

中村榮孝　　1962　　조선　朝鮮官版の內賜記の國王印について
『朝鮮學報』25 朝鮮學會

中村完　　1981　　기타　朝鮮古代金石文の資料について『村上四男
博士和歌山大學退官紀念　朝鮮史論文集』　1. 從來の資
料輯　2. 資料一覽表　3. 本表について

中塚明　　1971　　고구려　近代日本史學史における朝鮮問題—とく
に「廣開土王陵碑」をめぐって　『思想』561　　*

中塚明　　1974　　고구려　書評 李進熙著"好太王碑の謎"『統一評
論』113

中塚明　　1977　　고구려　近代日本學史における朝鮮問題—とくに
「廣開土王陵碑」をめぐって『好太王碑と任那日本府』(李進
熙著) 學生社

池內宏　　1929　　신라　眞興王の戊子巡境碑と新羅の東北境『古
蹟調査特別報告』6　朝鮮總督府 ; 1979『滿鮮史硏究』
上世 2 吉川弘文館　1. 序說　2. 眞興王の三碑　3. 眞
興王の北境經略　4. 高句麗滅亡以前に於ける新羅の東
北境の變遷　5. 新羅一統時代の東北境　6. 尹瓘の九城
の役と黃草嶺碑　○ 結論　○ 年代表　○ 附圖：眞興

王戊子巡境碑と新羅の東北境參照圖

池內宏　　1937　　고구려　　高句麗人牟頭婁の墓と墨書の墓誌『書苑』1-8　　＊

池內宏　　1938　　고구려　　廣開土王碑『通溝』上　　＊

池內宏　　1938　고구려　　廣開土王碑發見の由來と碑石の現狀『史學雜誌』49-1　東京大

池內宏　　1941　　낙랑　　樂浪郡考『滿鮮地理歷史報告』16　　1. 四郡の開設と三郡併合　　2. 三郡併合以後の樂浪郡　　3. 後漢時代の樂浪郡　　4. 樂浪郡治と土城里の土城　　5. 後漢末以後の樂浪郡　　6. 樂浪郡十八縣の各の位置　　7. 樂浪郡の退縮と郡治の徙動　　○ 附說　高句麗の嶺東經略

津田左右吉　　1913　　고구려　　好太王征服地域考『朝鮮歷史地理』1 南滿洲鐵道株式會社

津田左右吉　　1913　　신라　　眞興王巡境碑について『朝鮮歷史地理』1 南滿洲鐵道株式會社

秦弘燮　　1961　　신라　　新發見 南山新城碑小考『朝鮮學報』19 朝鮮學會 ; 1960『歷史學報』13 역사학회 ; 1961 『朝鮮硏究年報』3　　1. 前文　2. 第二南山新城碑　3. 第三南山新城碑の發見經緯　　4. 碑の形態と碑文　5. 碑文の考釋　6. 碑の建立年代とその經緯　7. 結言

蔡秉瑞　　1959　　고구려　　安岳近方壁畵古墳發掘手錄『亞細亞硏究』2-2　　＊

チェ・ヒ　　1979　　고구려　　新しく發掘された德興里古墳壁畵『朝鮮畵報』1979-11　　1. 古墳の構造形式　2. 前室の壁畵　3. 通路の壁畵　4. 玄室の壁畵

淺見倫太郎　　1910　　선사　　濟州道に在る徐福の石壁文字『朝鮮』25 朝鮮總督府 京城朝鮮雜誌社

淺見倫太郎　　1911　　기타　　日韓交涉史蹟に關する二千年來の金石遺文(上・下)『朝鮮』31~32 朝鮮總督府 京城朝鮮雜誌社　　1. 高句麗好太王ノ碑文　　2. 新羅眞興王巡狩碑文　3. 平百濟ノ碑文(扶餘ノ碑)　○ 附錄 金石文字數種

淺見倫太郎　　1914　　고구려　　大洞江岸發見の高句麗古城石刻『朝鮮及滿洲』83　1. 石刻の發見始末　2. 石刻文の比較研究　3. 石刻年代の推測より生ずる當時の形勢

淺見倫太郎　　1914　　고구려　　龍岡郡發見の漢碑を讀む『朝鮮及滿洲』78　1. 古碑の發見　2. 古碑の讀方　3. 年代の推測

千寬宇　　1973　　고구려　　廣開土王陵碑と任那問題『韓』2-3 韓國研究院

川口勝康　　1982　　백제　　七支刀について―冒頭の年號を中心にして―　『歷史公論』77　○ 四世紀史と七支刀　○ 管政友の泰始說　○ 星夜恒の泰初說　○ 喜田貞吉の「泰初=泰始」說　○ 泰和四年その他の判讀　○ 判讀と解釋(百濟獻上說)の矛盾　○ 百濟下賜說の論理　○ 百濟下賜說の批判と止揚　○ 倭濟對等通交說と東晋下賜說　○ 七支刀 銘文の論理と史實　○ 應神王朝論と'倭王旨'の比定

千歲龍彦　　1987　　고구려　　好太王碑の諸問題―藤田右治「好太王碑論爭の解明」を讀んで『古代史の硏究』7 關西大・古代史硏究會　○ はじめに　1.　2.　3.　○ むすび

靑梧桐生　　1960　　고구려　　高句麗好太王碑『書道』6-5　　＊

靑柳南冥　　1927　　고구려　　好太王古碑の說明『朝鮮國寶遺物及古蹟大全』　　＊

邨岡良弼　　1888　　고구려　　高句麗古碑『如蘭社話』8　　＊

村山光一　　1975　　고구려　　古代日朝關係史研究の現狀と課題『歷史評論』302　　＊

村山正雄　　1979　　백제　　「七支刀」銘字調査の一端『三上次男博士頌壽紀念　東洋史・考古學論集』朋友書店　　＊

村山正雄　　1979　　백제　　七支刀 銘字一考―榧本論文批判を中心として―　　『旗田巍先生古稀紀念　朝鮮歷史論集』 上 龍溪書舍

村山正雄　　1982　　백제　　石上神宮の七支刀について『韓國文化』4-1

村山正雄　　1982　　백제　　七支刀銘文の「侯王」について『朝鮮學報』104 朝鮮學會　朝鮮學會

村山正雄　　1985　　백제　　「七支刀」に關する宮崎市定論文について『三上次男博士喜壽記念論文集―歷史篇―』 平凡社

村山正雄　　1990　　백제　　石上神宮・七支刀銘文發見の經緯と若干の新知見『朝鮮學報』135　朝鮮學會

村上四男　　1976　　신라　　新羅眞興王と其の時代『朝鮮學報』81 朝鮮學會 ; 1978 『朝鮮古代史研究』 開明書院　○ はしがき　1. 眞興王の卽位　2. 王母と王妃　3. 眞興王の諱と美稱　4. 王母の攝政時代　5. 國史の撰修　6. 異斯夫　7. 眞興王代の對外發表　8. 中國との通交　9. 眞興

王の崇佛 10. 眞興王異斯夫の巡狩管境碑 11. おわりに

村上四男 1978 신라 新羅の村主『朝鮮古代史研究』開明書院 1. 昌寧碑文に見える村主 2. 南山新城碑文に見える村主 3. 第二南山新城碑, 第四南山新城碑に見える村主 4. 說話に見える村干(村主) 5. 村主の種類 6. 正倉院文書に見える新羅の村主 7. 骨品制と村主 8. 村主の歷史的起源 9. 村主と軍制 10. 羅末の動亂と村主の活躍 11. あとがき

村上英之助 1978 백제 考古學から見た七支刀の製作年代『考古學研究』25-3

塚原熹 1911 고려 高麗圓證國師塔銘之碑『朝鮮』29 朝鮮總督府 京城朝鮮雜誌社

塚全康信외 1990 고구려 高句麗壁畵古墳の墓誌について『廣島文敎女子大學紀要』25(人文社會科學篇) *

崔南善 1930 신라 新羅眞興王の在來三碑と新出現の磨雲嶺碑『靑丘學叢』2 靑丘學會 ; 1973 『六堂崔南善全集』2

崔書勉 1974 고구려 太王陵古塼將來記『韓』3-8 韓國硏究院

湯山明 1985 고려 演福寺銅鐘の梵語銘文覺書―二の小論を末松保和敎授に捧ぐ-『東洋學報』66 東洋文庫

太田亮 1928 고구려 高麗好太王碑『日韓古代史資料』 *

土居山洋 1933 신라 興法寺廉巨和尙塔誌に就きて『史學會報』4 京城帝大法文學部史學會 1. 所在 2. 興法寺 3. 廉巨和尙塔 4. 廉巨和尙 塔誌板 5. 結論 *

樋口隆康 1972 백제 武寧王陵出土鏡と七子鏡『史林』55-4

京都大學　文學部　史學研究會

坂元義種　　1973　　고구려　　論文評―佐伯有淸「高句麗廣開土王碑文の再檢討―　‘辛卯年’の倭關係記事をめぐって『史學雜誌』82-6 東京大　　＊

坂元義種　　1976　　기타　　金石文(朝鮮)『考古學ゼミナ−ル』120 ；1978　　朝鮮古代金石文小考―新羅統一以前―　　『百濟史の硏究』塙書房　○　はじめに　1. 樂浪帶方郡　時代　2. 高句麗　3. 百濟　4. 新羅

坂元義種　　1980　　고구려　　好太王碑文―碑文第二段の記述法からみた辛卯年記事を中心に『ゼミナ−ル日本古代史』下 光文社　　○　碑文とその問題点　　○　碑文第二段の編年　○　碑文における戰鬪狀況と戰鬪理由の記述　　○　辛卯年記事に關する諸說の紹介　　○　碑文の技術法からみた辛卯年の記事　[附記]

坂元義種　　1980　　백제　　七支刀とその銘文『ゼミナ−ル日本古代史』下　光文社　　○「七枝刀」と「七支刀」　○　管政友, 銘文を發見　○「泰和」はどこの年号か　　○「侯王」をめぐって　[附記]

八木奬三郎　　1929　　고구려　　鴨綠江畔好太王の碑と將軍塚『亞東』6-1, 7-2~3　　＊

八田蒼明　　1936　　고구려　　好太王の碑と平壤『平壤彙報』　　＊

八丸生　1926　　기타　　松坡の古碑『文敎の朝鮮』12

平野邦雄　　1975　　고구려　　大和王權と朝鮮―廣開土王陵碑の問題點―　『岩波講座日本歷史』1（原始および古代 1）　　＊

坪井九馬三　　1901　　기타　　解題海東金石苑『史學雜誌』11-10

200　第2部　金石文 關聯 論文(人名別 分類)

　　　　東京大

坪井良平　　1960　　기타　　朝鮮鐘の資料補遺『朝鮮學報』16 朝鮮學會

坪井良平　　1963　　기타　　朝鮮鐘の新資料『朝鮮學報』27 朝鮮學會

坪井良平　　1964　　기타　　朝鮮鐘の新資料補遺『朝鮮學報』33 朝鮮學會

坪井良平　　1965~9　　기타　　朝鮮鐘の新資料補遺 其二~其七『朝鮮學報』36・41・43・47・51・58 朝鮮學會

坪井良平　　1969　　기타　　在韓朝鮮鐘の銘文について『史蹟と美術』史蹟美術同攷會　　*

護國生　1905　　조선　　文祿役北韓義兵戰捷碑『歷史地理』7-8

湖東逸人　　1911　　조선　　明の都御史楊經理が法思の碑『朝鮮』27 朝鮮總督府 京城朝鮮雜誌社

湖東逸人　?　　고려　　文珠寺藏經の碑文『朝鮮』4-2　　*

皇城子　1909　　고구려　　讀高句麗永樂大王碑謄本『西北學會月報』1-9(雜俎)　　*

黃壽永　　1973　　삼국　　新羅聖住寺郞と百濟烏合寺とその碑石について『亞細亞文化』10-2 アジア文化研究所・大阪 *

黃壽永　　1988　　삼국　　三國の金石文資料『シンポジウム日本文化と東アジア』東北大・文・日本文化研　　1.~ 4.

橫山昭一　　1993　　고구려　　東京都目黑區所藏拓本について『廣開土王碑と古代日本』東京都目黑區敎育委員會編 學生社

横井忠直　　1889　　고구려　　高句麗古碑(寫眞石版)・高句麗碑出土記・高句麗古碑考・高句麗古碑釋文　『亞細亞協會會餘錄』5　＊

後藤朝太郎　？　낙랑　　朝鮮平安道龍岡郡秥蟬碑『書苑』4-1　＊

後藤孝典　　1974　　고구려　　廣開土王陵碑―李進熙說に對するさまざまな反應について―　『東アジアの古代文化』1

黑板勝美　　1918　　고구려　　高句麗好太王碑縮本・同解說『朝鮮彙報』6月　＊

黑板勝美　　1919　　고구려　　好太王碑に就て『歷史地理』32-5　＊

喜田貞吉　　1919　　백제　　石上神宮の神寶七枝刀『民族と歷史』1-1

喜田貞吉　　1925　　백제　　大唐平百濟國碑に關する疑問『考古學雜誌』15-5 日本考古學會

Ⅲ. 中國語　論文

康捷　　　1986　　고구려　　朝鮮德興里壁畫墓及其有關問題『博物
館研究』1986-1 ; 1986『考古學の世界』5

耿鐵華　　1984　　고구려　　高句麗好太王碑『文物天地』1984-6 ;
1985　　高句麗好太王碑及び高句麗王朝と好太王について
『市民の古代』7 ; 1991 高句麗好太王碑『중국학계의　고
구려사　인식』(엄성흠譯)　대륙연구소출판부

耿鐵華　　1988　　고구려　　卌丘儉紀攻碑考略　『中國文物報』
1988, 4, 29

耿鐵華　　1988　　고구려　　對卌丘儉紀攻碑的幾点說明『中國文物
報』1988, 7, 22

耿鐵華　　1988　　고구려　　好太王碑的國烟看烟及其身分問題『求
是學刊』1988-4

耿鐵華　　1988　　고구려　　好太王碑火前無完整拓本　『考古與文
物』1988-1 ; 1988 好太王碑は火で燒かれる以前に完全
な拓本なかつた『市民の古代』10

耿鐵華　　1989　　고구려　　高句麗好太王碑─兼記高句麗王朝和
好太王　『文物天地』1989-6　　1.好太王碑的發現與硏究
熱　2.高句麗王朝七百年　3.好太王業績

耿鐵華　　1990　　고구려　　好太王碑的保護與現狀　『文博』
1990-2

耿鐵華   1992   고구려   好太王碑‘辛卯年’句考釋『考古與文物』 1992-4

耿鐵華   1993   고구려   集安高句麗歷史與好太王碑 『高句麗硏究文集』（耿鐵華·孫仁杰 편） 延邊大 出版社   1. 高句麗起源與建國   2. 高句麗與中原的關係   3. 高句麗與朝鮮史上的高麗王朝   4. 好太王碑

耿鐵華   1994   고구려   好太王碑建立及相關問題 『好太王碑新考』吉林文史出版社   1. 好太王生前已開始籌建墓碑   2. 立碑是長壽王卽位後的第一件事件   3. 好太王碑遭受到兩次損傷

耿鐵華   1994   고구려   水谷悌二郎先生與『好太王碑考』『好太王碑新考』吉林文史出版社   1. 水谷拓本   2. 水谷釋文   3. 碑文考證

耿鐵華   1994   고구려   羅振玉先生與好太王碑硏究 『好太王碑新考』吉林文史出版社

耿鐵華   1994   고구려   好太王碑集釋集解 『好太王碑新考』吉林文史出版社

耿鐵華   1994   고구려   集安博物館藏好太王碑拓本 『好太王碑新考』吉林文史出版社   1. 呂耀東捐贈本   2. 張明善拓本   3. 周雲台拓本   4. 三種拓本的文字比較

耿鐵華   1994   고구려   好太王碑的史料價値 『好太王碑新考』吉林文史出版社

耿鐵華   1994   고구려   好太王碑記載的神話傳說及其科學意義 『好太王碑新考』吉林文史出版社

耿鐵華   1994   고구려   王健群先生好太王碑識讀比較誤差及說

明　『好太王碑新考』吉林文史出版社　　1. 所謂新識讀
文字　2. 所謂肯定諸家論爭文字　3. 關于空刻部分　4.
關于推定的字

耿鐵華　　1994　　고구려　　「好太王碑研究」札記 『好太王碑新考』
吉林文史出版社

高洁　　　1985　　고구려　　在長春召開的好太王碑討論會 『博物
館研究』1985-4　　1. 對碑文的解釋　2. 關于集安的墓葬
3. 關于好太王的墓葬　4. 關于丸都山城　5. 研究工作朝着
科學技術方向前進

高明士　　1983　　고구려　　臺灣所藏的高句麗好太王碑拓本『韓國
學報』(臺灣) ; 1984『季刊邪馬台國』22　　*

高明士　　1983　　고구려　　訪勞貞一院士談高句麗好太王碑『韓國學
報』3　*

高明士　　1984　　고구려　　「臺灣所藏的高句麗好太王碑拓本」補述—
兼述好太王碑研究送況『韓國學報』4　　*

高明士　　1984　　고구려　　臺灣所藏的高句麗好太王碑拓本『韓國史
研究』45 ; 1984　臺灣所藏の高句麗好太王碑拓本 『季刊
邪馬台國』22　*

高明士　　1997　고구려　　臺灣的好太王碑拓本以及碑文研究　『廣
開土好太王碑 研究 100年』 高句麗研究會　　1. 臺灣所見
好太王碑諸拓本及其研究概述　2. 國館乙本的價值及其相
關問題的探討　3. 結論

顧燮光　　1918　　고구려　　好太王碑『夢碧簃石言』4　*

顧燮光　　1925　　고구려　　夢碧簃石言『遼東文獻徵略』; 1934 『奉
天通志』　*

高占一 외　　1986　　고구려　　毌丘儉紀功碑發現始末 『博物館硏究』 1986-3

歐陽輔　　1923　　고구려　　高麗好太王碑 『集古求眞』 3　　*

金榮華　　1979　　조선　　韓國公州市「明國三將軍碑」考索 『大陸雜誌』 59　大陸雜誌社　　1. 望日思恩碑　2. 遊擊將藍公種德碑　3. 委官林濟之碑

金毓黻　　1925　　고구려　　高句麗好太王碑釋文 『遼東文獻徵略』　　*

金毓黻　　1925　　고구려　　按語 『遼東文獻徵略』　　*

金毓黻　　1934　　고구려　　晋高句麗好太王碑 『奉天通志』　　*

金毓黻　　1956　　발해　　關于'渤海貞惠公主墓碑硏究'的補充 『考古學報』 1956-2

金鐘太　　1972　　가야　　南韓居昌古墓壁畫簡述 『大陸雜誌』 44-4 *

金鐘太　　1973　　낙랑　　『漢樂浪時代之銘文硏究』　臺大歷史硏究所碩士論文　　*

羅繼祖　　1982　　발해　　旅順口唐開元崔忻題名 『吉林大學學報』 1

羅繼祖　　1983　　발해　　渤海貞惠貞孝兩公主的墓碑 『博物館硏究』 1983-3

羅繼祖 외　　1986　　고구려　　簡談好太王碑字體 『博物館硏究』 1986-1

羅福頤　　1937　　고구려　　高麗好太王碑釋文 『滿洲金石志』 1　　*

羅叔言　　1925　　고구려　　高麗好太王碑跋 『遼東文獻徵略』 ; 1934 『奉天通志』

羅叔言　　1925　　고구려　　俑廬日札 『遼東文獻徵略』 ; 1931 『輯安

縣志』；1934『奉天通志』   ＊

羅叔言　1931　고구려　高麗好太王碑跋『輯安縣志』   ＊

羅振玉　1907　고구려　高麗好太王陵碑跋　『唐風樓金石文字跋尾』 ＊

羅振玉　1908　고구려　高麗好太王碑釋文『國粹學報』4-10   ＊

羅振玉　1908　고구려　好太王碑『俑盧日札』   ＊

羅振玉　1909　고구려　高麗好太王碑跋『神州國光集』9   ＊

羅振玉　1909　고구려　高麗好太王碑釋文及拓本 『神州國光集』9 ＊

羅振玉　1920　고구려　好太王陵碑跋『雪堂金石文字跋尾』   ＊

羅振玉　1922　고구려　高麗好太王碑跋　『海東金石苑補遺』1；1933『希古樓金石萃編』10   ＊

羅振玉　1937　고구려　高句麗好太王碑釋文『書苑』1-5   ＊

羅振玉　1937　고구려　高麗好太王碑跋『滿洲金石志』1   ＊

勞幹　1944　고구려　跋高句麗大兄冉牟墓誌兼論高句麗都城之位置『歷史言語研究所集刊』11　中央研究院歷史言語研究所；1976『勞幹學術論文集』甲篇 上冊　1. 緒言　2. 釋文　3. 立誌的時代　4. 奴客　5. 高句麗都城的推論

勞榦　1980　고구려　秥蟬神祠碑的研究『東方學志』23·24　연세대 국학연구원　1. 秥蟬長　2. 丞, 屬國　3. 代, 嵩　4. 蓋臧

段成桂　1981　고구려　「好太王碑」略述 『書法』1981-3

談國桓　1925　고구려　手札 『遼東文獻徵略』；1931『輯安縣志』；1934『奉天通志』   ＊

談國桓　　1929　　고구려　　好太王碑拓本跋語『遼寧省博物館藏拓本附跋』　*

銅中　　　1937　　고구려　　高句麗永樂好太王碑『書苑』1-5　　*

明智　　　1984　　고구려　　「廣開土境平安好太王陵碑文釋略」初評『學術研究叢刊』1984-1

朴眞奭　　1981　　고구려　　試論廣開土王碑文的'辛卯年記事『朝鮮史通訊』1981-3　1.關于'辛卯年'的年代考證　2.駁古代日本(倭)曾統治朝鮮半島南半部的論點

潘承弼　　1937　　기타　　海東金石苑原本考辨(1)『鉛印盃門雜著本制言』41　*

方起東　　1995　　고구려　　好太王碑釋文一得　『博物館研究』1995-1

凡標　　　1995　　고구려　　高句麗好太王墓碑跋　『書通』47　　*

傅朗雲　　1996　　고구려　「好太王碑」所載相關問題的思考　『社會科學戰線』1996-4　1. 先從'留'字說起　2. 古地名與古民族　3. 公元4世紀的朝鮮半島　4. 好太王戰績評估

傅雲龍　　1909　　고구려　　勾麗好太王碑跋『長白彙微錄』卷8　*

傅雲龍　　1931　　고구려　　好太王碑跋『輯安縣志』　*

常宗豪　　1973　　고구려　　高句麗廣開土好太王碑跋『聯合書院學報』11 香港中文大學聯合書院

徐光輝　　1990　　고구려　　中原高句麗碑　『東北亞歷史與文化』遼沈書社　1.碑文內容　2.碑文研究　3.結語

徐建新　　1993　　고구려　　高句麗好太王碑研究史概述『世界史研究同態』10　*

徐建新　　1993　　고구려　　王培眞「好太王碑原石拓本的新發見及其研究」『世界歷史』2　　*

徐建新　　1994　　고구려　　北京現存好太王碑原石拓本的 調査與硏究『韓國硏究』　*

徐建新　　1997　고구려　　中國學界對高句麗好太王碑碑文及拓本的研究　『廣開土好太王碑 研究 100年』　高句麗硏究會 1. 中國學界對好太王碑的研究狀況　2. 關于近年來對北京地區所藏好太王碑拓本的調査與研究

徐德源　　1997　　고구려　　高句麗好太王碑鑿立之原委與性質重探『高句麗渤海研究集成』3　哈爾濱出版社

徐樹釣　　1890　고구려　高句麗好太王碑釋文『寶鴨齋題跋』卷上　*

盛昱　　1900　　고구려　　好太王碑釋文纂攷『高麗國永樂好太王碑釋文纂攷』　*

蘇顯揚　　1931　　고구려　　好太王墓碑賦『輯安縣志』　*

孫紹華　　1979　　발해　　旅順鴻臚井題記刻石―唐與渤海關係的信物『社會科學集刊』4

孫進己　　1989　　고구려　　好太王碑『東北古史資料叢編』2　*

叔明　　1940　　고구려　　鄭氏高麗永樂好太王碑釋文纂考書後『雅言』(庚辰)1　*

楊寶鏞　　1916　　고구려　　好太王塼跋『夢碧簃石言』　*

楊守敬　　1909　　고구려　　高句麗廣開土好太王談德碑跋『高麗好太王碑』『增訂寰宇貞石圖』　*

楊守敬　　1909　　고구려　　高麗好太王碑雙鉤本『高麗好太王碑』　*

楊再林   1983   발해   貞孝公主墓的一塊文字磚『博物館硏究』 1983-3

閻萬章   1956   발해   渤海「貞惠公主墓碑」的硏究『考古學報』 1956-2 ;   1985 정혜공주묘비의 연구『고구려 발해 문화』(최무장譯) 집문당

閻萬章   1987   발해   關于渤海貞惠公主墓志考釋中的一些問題 『遼金史論集』(陳述 主編) 3 書目文獻出版社

葉鞠裳   1925   고구려   語石 『遼東文獻徵略』; 1931 『輯安縣志』; 1934 『奉天通志』   *

葉昌熾   1970   고구려   高句麗好太王碑『語石』臺灣商務印書館 *

榮禧   1903   고구려   高句麗永樂好太王墓碑讕言『古高句麗永樂大王墓碑文攷』   *

榮禧   1909   고구려   高句麗永樂大王墓碑讕言『西北學會月報』1-9(雜組)   *

吳光國   1915   고구려   高句麗古碑文 『輯安縣鄕土志』   *

吳其昌   1930   고구려   魏毋丘儉討高句麗丸都山紀功刊石跋尾『國學季刊』2-2   *

吳琦幸   1985   고구려   叶昌熾與好太王碑硏究 『社會科學戰線』1985-4

吳重熹   1900   고구려   高麗永樂好太王碑釋文纂攷後跋 『高麗國永樂好太王碑釋文纂攷』   *

王健群   1980   발해   渤海貞惠公主墓碑考『文物集刊』2 ; 1985 정혜공주묘비 『고구려 발해 문화』(최무장譯) 집문당

王健群   1982   고구려   好太王碑乙未年紀事考釋『博物館研究』 1982-1

王健群   1983   고구려   廣開土王碑六年丙申·八年戊戌條考釋『學習與探索』4

王健群   1983   고구려   好太王碑文譯注(上·下) 『博物館研究』 1983-1, 3

王健群   1983   고구려   好太王碑的發現和捶石 『社會科學戰線』 1983-4   1.好太王碑的建立   2.好太王碑的發現   3.好太王碑的捶石   4.所謂'石灰涂抹作戰' ; 1984 好太王碑の發見と採石『季刊邪馬台國』22 ; 1991   好太王碑'의 발견과 탑본『中國學界의 高句麗史 認識』(엄성흠譯) 대륙연구소 출판부

王健群   1985   고구려   好太王碑文中"倭"的實體 『博物館研究』 1985-3

王健群   1985   고구려   和好太王碑研究有關的幾個問題 『博物館研究』1985-1   1. 好太王碑碑面的現狀   2. 各種拓本的先後, 優劣   3. 從黑板勝美拍攝的照片上看到的問題   4. 論爭的焦點, 各種說法和一個史學工作者應有的態度

王健群   1986   고구려   申采浩對好太王碑的論述和他的輯安紀聞『博物館研究』1986-3   1. 關于好太王討碑麗的問題   2. 關于'倭'的問題   3. 關于征鮮卑的論述和'輯安紀聞'

王健群   1992   고구려   集安高句麗好太王碑 『中國文物報』 1992, 3, 8

王健群   1997   고구려   廣開土王碑文中"倭"的實體 『廣開土好太王碑 研究 100年』 高句麗研究會   1. 廣開土王碑

　　　　文中“倭的實體　2.『古事記』,『日本書紀』中有關神功征
　　　　韓, 任那國司, 任那日本府的記載是否屬實　3.　關於”倭
　　　　的五王“的問題　4. 如何理解韓國和日本有些古代文化遺
　　　　存相似的問題?

王國維　　1956　　고구려　　魏毌丘儉丸都山紀功刻石跋『觀堂集
　　　　臨』　*

王承禮　　1982　　발해　　唐代渤海‘貞惠公主墓志’和‘貞孝公主墓志’的
　　　　比較硏究『社會科學戰線』1982-1；　1982 唐代渤海“貞惠
　　　　公主墓志”と“貞孝公主墓志”の比較硏究　『朝鮮學報』　103
　　　　(古畑徹 譯) 朝鮮學會；1988 唐代 渤海 ‘貞惠公主墓志’와
　　　　‘貞孝公主墓志’의 비교 연구『渤海의 起源과 文化』(최무장
　　　　譯) 藝文出版社

王承禮　　1984　　발해　　唐代渤海貞孝公主墓誌硏究（上・中・
　　　　下）『博物館硏究』1984-2,3, 1985-1　1. 出土情況和志
　　　　文　2. 考釋　3. 問題討論　4. 結語

王承禮　　1988　　발해　　記唐代渤海國咸和十一年中臺省致日本太
　　　　政官牒『北方文物』3

王鈞　　1993　　고구려　　遺篋堂藏本好太王碑『收藏家』3　*

王仲殊　　1990　　고구려　　關于好太王碑文辛卯年條的釋讀　『考
　　　　古』1990-11

王仲殊　　1991　　고구려　　再論好太王碑文辛卯年條的釋讀『考古』
　　　　1991-12

王志修　　1895　　고구려　　高句麗永樂大王碑攷『高句麗永樂好太王
　　　　古碑歌攷』　*

王俠　　1985　　발해　　貞惠公主墓與貞孝公主墓　『學習與探索』

　　　　　　1985-4　　　1. 貞惠公主墓　　2. 貞孝公主墓　　3. 幾點認識

王會庵　　1992　　고구려　　漫話'好太王碑『中國文物報』1992, 4,
12

于雲峰　　1931　　고구려　　高句麗好太王碑文『輯安縣志』　　*

魏存成　　1997　고구려　　集安高句麗王陵研究　『廣開土好太王碑
研究 100年』　高句麗研究會

劉承幹　　1922　　고구려　　補遺按『海東金石苑補遺』1　　*

劉承幹　　1933　　고구려　　晋高麗好太王碑『希古樓金石萃編』10　*

劉承幹　　1937　　고구려　　海東金石苑補遺按『滿洲金石志』1　　*

劉永智　　1981　　고구려　　最新發現的高句麗碑『學術研究叢刊』
1981-1

劉永智　　1982　　고구려　　幽州刺史墓小考『朝鮮史通訊』1982-4
*

劉永智　　1982　　고구려　　好太王碑'辛卯年'記事初探　『學術研究
叢刊』1982-6　　1. 利用標點解釋與實際內容不一致　　2.
傳統標點是正確的　　3. 渡海波不符合文理　　4. 破是及物
動詞與百殘或新羅連在一起是符合語法的　　5. 對疑問詞
的解釋

劉永智　　1983　　고구려　　關于'好太王碑'論爭的問題『東北史研
究』1983-1　　1. 碑的一般情況　　2. 碑的研究歷史　　3. 幾
個論爭的問題

劉永智　　1983　　고구려　　幽州刺史墓考略『歷史研究』1983-2
1. 幽州刺史墓的基本情況　　2. 墓制反映了魏晋時期的特
點　　3. 壁畫內容與中原地區基本一致　　4. 官職名稱與晋

朝相同　5. 前秦苻堅統治時的幽州

劉永智　1985　고구려　好太王碑的發見及其他『社會科學戰線』
1985-1　1. 好太王碑發現的時間問題　2. 碑的發現時間
爲光緒六年　3. 幾個具體問題

劉永智　1986　고구려　「高句麗碑出土記」芻議　『學術研究叢刊』
1986-4　1.「出土記」發表前日人的記述　2.「出土記」的
發表及其內容　3.「出土記」對日本國內外的影響

劉永智　1997　고구려　好太王碑之發現與釋文研究　『廣開土
好太王碑　研究 100年』　高句麗研究會　1. 好太王碑的
發現　2. 關於發現碑的幾個具體問題　3. 釋文研究

劉節　1929　고구려　好太王碑考釋『國學論叢』2-1；1958
『古史吉存』人民出版社　*

劉天成・張拱坦　1931　고구려　釋高句麗碑文跋『輯安縣志』　*

劉天成・張拱坦　1931　고구려　好太王碑『輯安縣志』　*

李　强　1984　발해　渤海"文字瓦"摹誤訂正『黑龍江文物叢刊』
1984-3

李樂瑩　1997　고구려　從冉牟墓誌和好太王碑看高句麗書法
『高句麗歷史與文化研究』吉林文史出版社

李殿福　1991　고구려　高句麗金銅, 石雕佛造像及中原郡碑—
兼談高句驪易名高麗之始—　『博物館研究』1991-1　1.
紀年銘金銅佛造像　2. 石佛造像　3. 中原郡高(句)麗碑
4. 對有關問題的探討　1)"高句驪"何時易名爲"高麗"？ 2)
延嘉, 建興,景等年號銘金銅佛造像的具體年代. 3) 中原郡
高(句)麗碑的年代.

李進熙　　　1985　　고구려　　廣開土王陵碑文解析的攻防戰　『韓國硏究』 7(何桂玲譯)　　＊

張鳳臺　　　1909　　고구려　　釋高勾麗碑文『長白彙微錄』 卷8　　＊

張鳳臺　　　1909　　고구려　　按說『長白彙微錄』 卷8　　＊

藏式毅　　　1934　　고구려　　好太王碑釋文『奉天通志』　　＊

莊　申　　　1971　　백제　　百濟武寧王陵發掘經過簡報 跋『大陸雜誌』 43-6　　＊

莊　申　　　1972　　가야　　南韓居昌古墓壁畵簡述跋　『大陸雜誌』 44-4　　＊

張延厚　　　1925　　고구려　　跋語『遼東文獻徵略』；1934『奉天通志』＊

寂　白　　　1952　　고구려　　朝鮮安岳所發見的冬壽墓『文物參考資料』1 ＊

鄭文焯　　　1900　　고구려　　高麗國永樂好太王碑跋『高麗國永樂好太王碑釋文纂攷』　＊

鄭文焯　　　1922　　고구려　　高麗國永榮好太王碑釋文纂攷『海東金石苑補遺』 1　＊

鄭文焯　　　1937　　고구려　　高麗國永樂好太王碑考釋『滿洲金石志』1 ＊

丁少山　　　1900　　고구려　　好太王碑攷釋『高麗國永樂好太王碑釋文纂攷』　＊

趙葵畦　　　1995　　고구려　　高句麗好太王墓碑集釋校勘記『書通』47 ＊

趙福香외　　1997　　고구려　　淸末遼東局勢與好太王碑的發現 『高句麗歷史與文化硏究』吉林文史出版社　1. 淸朝的封禁政策, 使好太王碑埋沒于荒烟漫草之中, 遲滯了好太王碑的衆新發現　2. 淸朝封禁政策的廢除, 爲好太王碑的重新發現

提供了契機　3. 清末東邊外地區的丈放, 設置, 爲好太王碑
的重新發現創造了有利條件　　4. 好太王碑的發現凝聚着遼
東人民的汗水和智慧

周國林　1988　고구려　對毌丘儉紀攻碑的一点異議『中國文物
報』1988, 6, 17

周榮順　1993　고구려　好太王碑書法淺談『高句麗研究文集』
(耿鐵華　孫仁杰　편) 延邊大　出版社　　1. 好太王碑書體
是隷書,是那一時期早期的過渡字體　2. 好太王碑中一個
字的結體具有着多種變化,同時也具有着不同書寫形式　3.
好太王碑布白屬于縱有橫,橫有列式　　4. 好太王碑是早期
立碑段階的碑碣　5. 好太王碑書體屬于方整類隷書

陳東　1931　고구려　高勾麗永樂太王墓碑文誌感(五言二十韻
幷序)『輯安縣志』　＊

秦文錦　1929　고구려　好太王碑集聯拓本『碑聯集搨—古鑑閣藏
好太王碑一』　＊

陳顯昌　1980　발해　唐崔忻題名石刻『求是學刊』1

叢文俊　1997　고구려　關於高句麗好太王碑文字與書法之研究
『廣開土好太王碑 研究 100年』 高句麗研究會　1. 碑文
補釋 1) 天帝之子 2) 剖卵降世 3) 履龍背昇天 4) 昊天不
吊 5) 奴客 6) 王巡, 下平穰 7) 烟戶　2.「好太王碑」文字
研究 1) 隷變與銘石書問題 2)「好太王碑」字形釋例　3.「
好太王碑」書法研究　1) 舊體銘石書與「好太王碑」的摩崖
書法特徵 2)「好太王碑」書法美的解析

秋石　1994　고구려　毌丘儉紀功碑與毌丘儉　『東方研究』
1994-1

鄒秀玉　　　1983　　발해　　貞孝公主墓誌反映出的儒家思想『博物館研究』1983-3

鄒秀玉　　　1997　　발해　　渤海貞孝公主墓誌幷序考釋『高句麗渤海研究集成』6　哈爾濱出版社

許英桓　　　1971　　백제　　百濟武寧王陵發掘經過簡報『大陸雜誌』43-6　*

洪晴玉　　　1959　　고구려　　關于冬壽墓的發現和研究『考古』1

第 3 部

韓國 金石文 關聯 論文
（時代別）

第 3 部　韓國 金石文 關聯 論文
(時代別)

Ⅰ. 先史

淺見倫太郞　　1910　　濟州道に在る徐福の石壁文字『朝鮮』25 朝
鮮總督府 京城朝鮮雜誌社

洪順錫　　1993　　抱川郡 蒼屋屛의 岩刻文에 대하여『제7회 鄕土
史硏究 전국학술대회』충남향토연구회　　*

洪順錫　　1994　　抱川郡　玉屛洞의 岩刻文에 대하여『鄕土史硏
究』6　　1. 머리말　2. 玉屛洞 巖刻文에 관련한 주변
의 상황　3. 옥병동 암각문의 제작년도와 내용　4. 옥
병동 암각문의 사료적 가치　5. 마무리

張明洙　　1995　　岩刻畵를 통해본 고인돌 社會의 信仰意識―고인
돌 암각화에 비쳐진 죽음관을 중심으로―　『中央史論』
8 중앙대 사학연구회　　1. 머리말　2. 고인돌에 새겨진
岩刻畵들 1) 仁庇里 고인돌 岩刻畵 2) 五林洞 고인돌 岩
刻畵 3) 道項里 고인돌 岩刻畵　3. 고인돌 岩刻畵의 信
仰的 性格 1) 銊劍 그림의 信仰的 性格 2) 바위구멍 그
림의 信仰的 性格 3) 고인돌 사회의 죽음관과 信仰意識

　　4. 맺음말

張明洙　　1997　　岩刻畵에 나타난 性信仰 모습　『古文化』50　　한
　　　국대학박물관협회　　1. 머리말　2. 岩刻畵 속의 性信仰
　　　그림들　3. 性信仰 岩刻畵의 信仰的 性格　4. 岩刻畵 이
　　　외의 資料에 나타난 性信仰 意識　5. 맺음말

張明洙　　1997　　蔚山 大谷里 岩刻畵人들의 生業과 信仰 『仁荷
　　　史學』5　　인하대 사학회　　1. 머리말　2. 岩刻畵의 立
　　　地環境　3. 岩刻畵의 그림 내용　4. 그림 속의 生業活
　　　動 樣相　5. 그림의 信仰的 性格　6. 맺음말

Ⅱ. 樂浪

無記名　　1914　　秥蟬碑解說『朝鮮總督府月報』4-4

內藤湖南　　1926　　樂浪遺蹟出土漆器の銘文『內藤湖南全集』7

內藤虎次郎　　1926　　樂浪遺跡出土の漆器銘文　『藝文』17-1 京
　　　都大文學會

內藤虎次郎　　1926　　再ひ樂浪出土の漆器銘文と就つ『北大國學月
　　　刊』1-1　　＊

原田淑人　　1926　　樂浪出土漆器の銘文中に見ゆる汨工に就いて
　　　『史學雜誌』37-8 東京大 ; 1940『東西古文化研究』

原田淑人　　1927　　再び樂浪出土漆器銘文中の消字に就いて竝に
　　　牢の字に就いて『史學雜誌』38-6 東京大 ; 1940『東西

古文化研究』

藤田亮策　　1934　　樂浪封泥攷『小田先生頌壽記念朝鮮論集』；1948『朝鮮考古學研究』高桐書院　　1. 封泥と印章　2. 樂浪土城發見の封泥　3. 樂浪遺蹟發見の印　4. 封泥及び印章に表はれたる郡縣名と官職　5. 結語

藤田亮策　　1936　　樂浪封泥續攷『京城帝大創立十周年紀念論文集—史學篇』；1948『朝鮮考古學研究』高桐書院　　1. 序言　2. 樂浪土城發見の封泥分類　3. 樂浪封泥の綜合的記載　4. 縣の官印封泥　5. 私印の封泥　6. 其他の封泥　7. 結語

水谷悌二郎　　1937　　粘蟬碑考『書說』6

池內宏　　1941　　樂浪郡考『滿鮮地理歷史報告』16　　1. 四郡の開設と三郡倂合　2. 三郡倂合以後の樂浪郡　3. 後漢時代の樂浪郡　4. 樂浪郡治と土城里の土城　5. 後漢末以後の樂浪郡　6. 樂浪郡十八縣の各の位置　7. 樂浪郡の退縮と郡治の徙動　○ 附說 高句麗の嶺東經略

榧本杜人　　1961　　樂浪古蹟の双印—「漢委奴國王」金印再檢討(前說)—　『朝鮮學報』21・22 朝鮮學會　　1. はじめに　2. 樂浪古蹟の双印

岡崎敬　　1968　　夫租薉君銀印をめぐる諸問題『朝鮮學報』46 朝鮮學會

榧本杜人　　1968　　小場恒吉摸「金銀平文漆奩」『朝鮮學報』47 朝鮮學會

金鐘太　　1973　　『漢樂浪時代之銘文研究』臺大歷史研究所碩士論文 *

金鍾太　　1975　　樂浪時代의　銘文 『史學志』9 단국대 사학회

1. 平山君神道碑　1) 碑의　內容　2) 建立年代問題　3) 碑의　考證　　2. 秦始皇卄五年戈銘文　1) 戈의　發展　2) 戈의　銘文　3) 戈의　考證　　3. 永光五年銘考文廟銅鐘　1) 鐘의　發見　2) 鐘의　銘文　3) 鐘의　考證

金鍾太　　1977　　樂浪時代의　銘文考—瓦塼·封泥·印章을　중심으로—　『考古美術』135　한국미술사학회　　1. 序言　2. 樂浪의　瓦塼銘文　3. 瓦塼銘文의　種類　4. 瓦塼銘文의　考證　5. 封泥　및　印章의　種類　6. 結言

白木原和美　　1977　　樂浪關係遺跡出土銘鏡檢索『法文論叢』(史學篇)39　熊本大學法文學會　　○ 凡例　○ 文獻表　1. 日光鏡·淸白鏡(等)　2. 內行花紋鏡　1) 蝙蝠刑의 鈕座を持つもの　3. 內行花紋鏡　2) 四葉刑의 鈕座を持つもの　4. 方格規矩鏡　5. 獸首鏡·夔鳳鏡(いわゆる單夔式を含む)　6. 獸帶鏡　7. 盤龍鏡　8. 神獸鏡　9. 畵像鏡

金鍾太　　1979　　樂浪出土漢代銅鏡銘文考『全海宗博士華甲紀念史學論叢』일조각　　1. 前言　2. 樂浪出土銅鏡銘文　1) 武帝　이전의　銅鏡銘文　2) 武帝　이후의　銅鏡銘文　3) 王莽時代의　銅鏡銘文　4) 後漢時代의　銅鏡銘文　5) 紀年鏡銘文　3. 結言　4. 樂浪出土　漢鏡銘文　資料

孔錫龜　　1988　　平安　黃海道地方出土　紀年銘塼에　대한　硏究『震檀學報』65　진단학회　　1. 緖論　2. 資料의　集成　3. 紀年의　表記方式　4. 國家別　年號채택에　대한　檢討　5. 身分에　대한　考察　1) 姓氏　2) 官職　3) 出身地　6. 結論

尹龍九　　1995　　樂浪遺民의　墓誌 二例『仁荷史學』3 인하대 인하역사학회　　1. 머리말　2. 王舒墓誌　3. 李仁德墓誌

3. 맺음말

關野貞　　　？　　　朝鮮平安道龍岡郡秥蟬碑『書苑』4-1　　＊

後藤朝太郎　　？　　　朝鮮平安道龍岡郡秥蟬碑『書苑』4-1　　＊

Ⅲ. 三國

葛城末治　　1937　　朝鮮の金石文より見たる上代の内鮮關係『朝鮮』260 朝鮮總督府　1. 高句麗 廣開土王陵碑　2. 新羅 高仙寺 誓幢和上塔碑　3. 新羅 鳳林寺 眞鏡大師 月凌空塔碑

金錫亨　　1966　　일본 후나야마(船山) 고분에서 나온 칼의 명문에 대하여『력사과학』1966-2

손영종　　1966　　금석에 보이는 삼국사기의 몇 개 년호에 대하여『력사과학』1966-4 ; 1991『북한의 우리고대사 인식』1 대륙연구소 출판부　1. 태화(泰和)　2. 연수(延壽)　3. 건흥(建興)　4. 연가(延嘉)　5. 영강(永康)

黃壽永　　1973　　新羅聖住寺郎と百濟烏合寺とその碑石について『亞細亞文化』10-2 アジア文化研究所・大阪　＊

佐伯有淸　　1977　　七支刀と廣開土王碑『古代史演習』吉川弘文館　1. 七支刀とその銘文　2. 廣開土王碑とその碑文　○ 附錄：1. 牟頭婁塚とその墓誌　2. 壺杅塚出土壺杅(銅盌)の銘文

黃壽永　　1978　　三國 金石文 資料『史學志』12 단국대 사학회

武田幸男　　1980　　5~6世紀東アジア史の一視點―高句麗＜中原碑＞から新羅＜赤城碑＞へ―　　『東アジア世界における日本古代史講座』4 學生社　1. ひとつの古代東アジア論　2. 5~6世紀東アジアの分極體制　3. 高句麗＜中原碑＞の新羅認識　4. 高句麗＜中原碑＞の對新羅關係　5. 新羅＜赤城碑＞にみる新羅の新動向

李昊榮　　1984　　高句麗・新羅의 漢江流域 進出問題『史學志』18 단국대 사학회　1. 머리말　2. 高句麗 漢江流域 進出　3. 中原高句麗碑의「下部」　4. 新羅의 漢江流域 進出　5. 丹陽新羅赤城碑의 居柒夫　6. 新羅 漢江.朔州의「郡」　7. 맺는말

鄭早苗　　1988　　朝鮮三國と日本の金石文字―經路と年代―　『シンポジウム日本文化と東アジア』東北大・文・日本文化研

黃壽永　　1988　　三國の金石文資料『シンポジウム日本文化と東アジア』東北大・文・日本文化研　1.~ 4.

金煐泰　　1989　　三國時代 佛敎金石文 考證『佛敎學報』26 동국대 불교문화연구원　1. 延嘉 7年銘 因現義佛像光背文　2. 大和 13年銘 石佛像　3. 辛卯銘 金銅三尊佛光背文　4. 永康 7年銘 金銅光背文　5. 建興丙辰銘 金銅光背文　6. 癸未銘 金銅三尊佛光背文　7. 金銅釋迦坐像光背文　8. 甲寅年銘 釋迦像光背文　9. 鄭智遠銘 金銅如來立像文　10. 百濟砂宅智積碑片　11. 益山王宮里石塔內藏 金板金剛經　12. 新羅瓦經片　13. 阿道和尙碑　14. 癸酉銘 阿彌陀佛三尊四面石像　15. 癸酉銘 三尊千佛碑像

16. 戊寅銘 蓮花寺四面石像　附) 眞興王磨雲嶺巡狩碑

梁光錫　　1989　　三國時代의 金石文과 그 變遷—文體의 展開樣相을 中心으로—　『硏究論文集』28 성신여대　1. 緖言　2. 金石文과 釋文上의 問題點 1) 現存遺文의 實態 ① 高句麗 ② 百濟 ③ 新羅 ④ 統一新羅 ⑤ 其他 2) 釋文上의 問題點과 再檢討 ① 文字 ② 語彙　3. 文體上의 特徵과 變遷過程 1) 文體別 類型과 特徵 2) 文體의 變遷과 影響　4. 結論

鈴木英夫　　1989　　動向と展望—最近發見の韓國の古代四碑について『國史學』139 國史學會

崔虎林　　1989　　三國 및 統一新羅時代의 墓誌에 관한 一硏究 『韓國學論集』15. 한양대 한국학연구소　1. 머리말　2. 三國時代의 墓誌 1) 高句麗 冬壽墓誌 2) 高句麗 鎭墓誌 3) 高句麗 牟頭婁墓誌 4) 百濟武寧王과 王妃의 誌石　3. 統一新羅時代의 墓誌 1) 泉男生墓誌 2) 扶餘隆墓誌 3) 高慈墓誌　4. 맺는말

尹日寧　　1990　　關彌城位置考—廣開土王碑文, 三國史記, 大東地志를 바탕으로—　『北岳史論』2　국민대 북악사학회　1. 序言　2. 廣開土王碑文의 五十八城과 關彌城의 位置 1) 丙申戰役의 展開過程 2) 丙申戰役의 機動路와 關彌城 3) 海水環燒와 關彌城 4) 關彌城의 位置—烏頭山城　3. 三國史記의 ‘石峴等十城’과 關彌城의 位置 1) 石峴等十城과 百濟北邊關防 2) 百濟北邊關防과 關彌城 3) 關彌城의 위치—烏頭山城　4. 大東地志의 關彌城과 烏頭山城 1) 大東地志의 關彌城—烏頭山城 2) 烏頭山城의 遺址　5. 結論

Ⅳ. 高句麗

徐樹鈞　1890　高句麗好太王碑釋文『寶鴨齋題跋』卷上　　＊

管政友　1891　高麗好太王碑銘考『史學雜誌』2-9・10・11・12　東京大

那珂通世　1893　高句麗古碑考『史學雜誌』47～49　東京大；1915　『那珂通世遺書』　大日本圖書株式會社；　1958　『外交繹史』　岩波書店

王志修　1895　高句麗永樂大王碑攷『高句麗永樂好太王古碑歌攷』＊

三宅米吉　1898　高麗古碑考『考古學會雜誌』2-1；1929　『三宅米吉著述集』下

三宅米吉　1898　高麗古碑考(續き)　古瓦銘榻寫附　『考古學會雜誌』2-2；1929　『三宅米吉著述集』下

三宅米吉　1898　高麗古碑考追加『考古學會雜誌』　2-5　；1929　『三宅米吉著述集』下

盛昱　1900　好太王碑釋文纂攷『高麗國永樂好太王碑釋文纂攷』＊

吳重熹　1900　高麗永樂好太王碑釋文纂攷後跋『高麗國永樂好太王碑釋文纂攷』　＊

鄭文焯　1900　高麗國永樂好太王碑跋『高麗國永樂好太王碑釋文纂攷』　＊

丁少山　1900　好太王碑攷釋『高麗國永樂好太王碑釋文纂攷』　　＊

榮禧　1903　高句麗永樂好太王墓碑讕言　『古高句麗永樂大王墓碑文攷』　＊

白鳥庫吉　1905　滿洲地名談─附好太王の碑文に就て『白鳥庫吉全集』第5卷　＊

白鳥庫吉　　　1905　　好太王の碑文に就いて『中央公論』20-8　　*

浜田耕作　　　1906　　　高句麗好太王碑の話　『早稻田與風學會雜誌』
　　　　　10-3　　*

羅振玉　　1907　　高麗好太王陵碑跋『唐風樓金石文字跋尾』　　*

羅振玉　　1908　　高麗好太王碑釋文『國粹學報』4-10　　*

羅振玉　　1908　　好太王碑『俑廬日札』　　*

羅振玉　　1909　　高麗好太王碑跋『神州國光集』9　　*

羅振玉　　1909　　高麗好太王碑釋文及拓本『神州國光集』9　　*

傅雲龍　　1909　　勾麗好太王碑跋『長白彙微錄』卷8　　*

楊守敬　　1909　　高句麗廣開土好太王談德碑跋『高麗好太王碑』『增
　　　訂寰宇貞石圖』　　*

楊守敬　　1909　　高麗好太王碑雙鉤本『高麗好太王碑』　　*

楊守敬　　1909　　高麗好太王碑六卷(鉤刻本)　　*

榮禧　　　1909　　高句麗永樂大王墓碑讕言　『西北學會月報』1-9(雜
　　　俎)　　*

長白榮禧・筱峯甫輯　　1909　　高句麗永樂大王墓碑文『西北學會月
　　　報』1-9(雜俎)　　*

張鳳臺　　1909　　釋高勾麗碑文『長白彙微錄』卷8　　*

張鳳臺　　1909　　按說『長白彙微錄』卷8　　*

皇城子　　1909　　讀高句麗永樂大王碑膽本　『西北學會月報』1-9(雜
　　　俎)　　*

津田左右吉　　　1913　　好太王征服地域考『朝鮮歷史地理』1　南滿洲

鐵道株式會社

關野貞　　1914　　滿洲輯安縣及び平壤附近に於ける高句麗時代の遺跡(一)『考古學會雜誌』5-3；1941　『朝鮮の建築と藝術』　岩波書店　○ 緒言　1. 概說　2. 今の通溝は卽國內城にして山城子は尉那巖城なり　　3.　通溝城及山城子　4. 墳墓

關野貞　　1914　　滿洲輯安縣及び平壤附近に於ける高句麗時代の遺跡(二)『考古學會雜誌』5-4；1941　『朝鮮の建築と藝術』　岩波書店　　◎ 第一編　輯安縣地方に於ける高句麗の遺跡　5. 廣開土王碑　6. 廣開土王の墓は將軍塚なるべし　7. 高句麗時代の礎石　　◎ 第二編　平壤地方に於ける高句麗の遺跡　1. 概說　2. 鎭南浦府大上面梅山里古墳　3. 鎭南浦府新北面花上里古墳　4. 龍岡郡日連面安城洞大塚及雙楹塚　○ 結語

內藤虎次郎　　1914　　朝鮮平安南道龍岡郡新出土漢碑釋文『藝文』5-3 京都帝大京都文學會

淺見倫太郎　　1914　　大洞江岸發見の高句麗古城石刻『朝鮮及滿洲』83　1. 石刻の發見始末　2. 石刻文の比較硏究　3. 石刻年代の推測より生ずる當時の形勢

淺見倫太郎　　1914　　龍岡郡發見の漢碑を讀む『朝鮮及滿洲』78　1. 古碑の發見　2. 古碑の讀方　3. 年代の推測

今西龍　1915　好太王碑文『訂正增補大日本時代史』上　　*

那珂通世　1915　高句麗古碑考『那珂通世遺書』　　*

吳光國　1915　高句麗古碑文『輯安縣鄕土志』　　*

種村宗人　1915　高句麗好太王碑說明『日本古代史』　　*

楊寶鏞　　1916　　好太王塼跋『夢碧簃石言』　　＊

顧燮光　　1918　　好太王碑『夢碧簃石言』4　　＊

藤田亮策　　　1918　　　滿洲國安東省輯安縣に於ける高句麗遺蹟の調査
『靑丘學叢』23 靑丘學會　　＊

黑板勝美　　1918　　高句麗好太王碑縮本・同解說『朝鮮彙報』6月　＊

黑板勝美　　1919　　好太王碑に就て『歷史地理』32-5　　＊

羅振玉　　1920　　好太王陵碑跋『雪堂金石文字跋尾』　　＊

無記名　　1920　　輯安母儉紀功碑縮影本及同解說　　　『朝鮮彙報』
1920-1 朝鮮總督府

小田　　1920　　毌丘儉紀功碑拓本說明『朝鮮彙報』1920-1　　朝
鮮總督府

小田幹治郎　　　1920　　　龍岡古碑の年代考證『朝鮮彙報』 1920-1
朝鮮總督府

鄭文　　　1920　　　高麗國永樂好太王碑文篡考『州交通圖書館大山房
全書本』　　＊

羅振玉　　1922　　高麗好太王碑跋『海東金石苑補遺』1；1933　　『希
古樓金石萃編』10　　＊

劉承幹　　1922　　補遺按『海東金石苑補遺』1　　＊

鄭文焯　　1922　　高麗國永榮好太王碑釋文篡攷『海東金石苑補遺』1 ＊

葛城末治　　1923　　廣開土王陵碑圖販・釋文・解說『書道全集』6　＊

葛城末治　　　1923　　　朝鮮金石文『朝鮮史講座』朝鮮史研究會 ；1924
『朝鮮金石文』中樞院 ；1926『朝鮮史講座特別講義』 朝
鮮史學會 ；1982『朝鮮金石文』（影印）現代社　○　總說

○　各說　1. 三國時代 : 秥蟬縣神祀碑　등 10種　2. 新羅統一時代 : 四天王寺碑　등 9種　3. 高麗時代 : 廣照寺眞澈大師寶月乘空塔碑　등 25種　4. 李氏朝鮮時代 : 朝鮮太祖健元陵神道碑　등 2種　○　結語

歐陽輔　1923　高麗好太王碑『集古求眞』3　　*

顧燮光　1925　夢碧簃石言『遼東文獻徵略』; 1934『奉天通志』*

金毓黻　1925　高句麗好太王碑釋文『遼東文獻徵略』　　*

金毓黻　1925　按語『遼東文獻徵略』　　*

羅叔言　1925　高麗好太王碑跋　『遼東文獻徵略』; 1934『奉天通志』*

羅叔言　1925　俑廬日札　『遼東文獻徵略』; 1931『輯安縣志』; 1934『奉天通志』　　*

談國桓　1925　手札『遼東文獻徵略』; 1931『輯安縣志』; 1934『奉天通志』　　*

稻葉君山　1925　高句麗の泉男生墓誌に就いて『朝鮮史講座特別講義』1-6 朝鮮史學會　1. 泉氏の系譜　2. 閲歷　3. 卒去併に墓所

葉鞠裳　1925　語石『遼東文獻徵略』; 1931『輯安縣志』; 1934『奉天通志』　　*

張延厚　1925　跋語『遼東文獻徵略』; 1934『奉天通志』　　*

今西龍　1927　廣開土境好太王陵碑に就て『朝鮮古史の硏究』　　*

靑柳南冥　1927　好太王古碑の說明『朝鮮國寶遺物及古蹟大全』*

太田亮　1928　高麗好太王碑『日韓古代史資料』　　*

談國桓　1929　好太王碑拓本跋語『遼寧省博物館藏拓本附跋』　　*

劉節　　　　1929　　　好太王碑考釋『國學論叢』2-1 ; 1958『古史吉存』人民出版社　　*

秦文錦　　　　1929　　　好太王碑集聯拓本『碑聯集掦—古鑑閣藏好太王碑—』　*

八木奬三郎　　　1929　　　鴨綠江畔好太王の碑と將軍塚『亞東』6-1, 7-2~3　*

島田好　　　1930·31　　　高句麗好太王碑考『滿蒙』昭和　5-11, 6-2,6,7　*

吳其昌　　　1930　　　魏毋丘儉討高句麗丸都山紀功刊石跋尾『國學季刊』2-2　*

羅叔言　　1931　　高麗好太王碑跋『輯安縣志』　　*

傅雲龍　　1931　　好太王碑跋『輯安縣志』　　*

蘇顯揚　　1931　　好太王墓碑賦『輯安縣志』　　*

梁任公　　1931　　跋劉子植好太王碑考釋『北平圖書館館刊』5-4　　*

于雲峰　　1931　　高句麗好太王碑文『輯安縣志』　　*

劉天成·張拱坦　　1931　　釋高句麗碑文跋『輯安縣志』　　*

劉天成·張拱坦　　1931　　好太王碑『輯安縣志』　　*

陳東　　　1931　　高勾麗永樂太王墓碑文誌感(五言二十韻幷序)『輯安縣志』　*

小田省吾　　　1932　　　平壤出土永和九年玄菟太守在銘塼に關する一考察『青丘學叢』9 青丘學會

劉承幹　　1933　　晋高麗好太王碑『希古樓金石萃編』10　　*

竹內榮喜　　1933　　好太王碑の南淵書『歷史公論』2-4~5 東京雄山閣

金毓黻　　1934　　晋高句麗好太王碑『奉天通志』　　*

藏式毅　　1934　　好太王碑釋文『奉天通志』　　*

鮎貝房之進　　1934　　高句麗城壁石刻文『雜攷』6-上

葛城末治　　1935　　高句麗廣開土王陵碑『朝鮮金石攷』大坂屋號
館書店 ; 1974 國書刊行會 ; 1978 아세아문화사

末松保和　　1935　　好太王碑の辛卯年について『史學雜誌』46-1
東京大

滿鐵資料課　　1936　　輯安廣開土境平安好太王陵碑『滿洲金石志稿』*

八田蒼明　　1936　　好太王の碑と平壤『平壤彙報』　　*

羅福頤　　1937　　高麗好太王碑釋文『滿洲金石志』1　　*

羅振玉　　1937　　高句麗好太王碑釋文『書苑』1-5　　*

羅振玉　　1937　　高麗好太王碑跋『滿洲金石志』1　　*

銅中　　1937　　高句麗永樂好太王碑『書苑』1-5　　*

劉承幹　　1937　　海東金石苑補遺按『滿洲金石志』1　　*

鄭文焯　　1937　　高麗國永樂好太王碑考釋『滿洲金石志』1　　*

池內宏　　1937　　高句麗人牟頭婁の墓と墨書の墓誌『書苑』1-8　　*

高裕燮　　1938　　高句麗古都國內城遊觀記『朝光』9 朝鮮日報社　　*

池內宏　　1938　　廣開土王碑『通溝』上　　*

池內宏　　1938　　廣開土王碑發見の由來と碑石の現狀『史學雜誌』
49-1 東京大

叔明　　1940　　鄭氏高麗永樂好太王碑釋文纂考書後 『雅言』（庚
辰)1　　*

義山泰秀　　1941　　高句麗好太王碑に關する明治年間の二.三の刊
本について『書物同好會會報』13 書物同好會

勞幹　　1944　　跋高句麗大兄冉牟墓誌兼論高句麗都城之位置『歷
史言語研究所集刊』 11　中央研究院歷史言語研究所　；
1976『勞幹學術論文集』甲篇 上冊　1. 緒言　2. 釋文
3. 立誌的時代　4. 奴客　5. 高句麗都城的推論

李如星　　1949　　最近 安岳에서 發見된 高句麗古墳의 壁畵와 年代
에 대하여『력사제문제』9　1. 古墳의 性質과 狀態　2.
古墳內의 壁畵　3. 古墳의 年代考

寂白　　1952　　朝鮮安岳所發見的冬壽墓『文物參考資料』1　*

堀淳二　　1953　　高句麗古墳の星辰圖について『史觀』42 早稻田大
學史學會　○ 序 1. 2. ○ 結

鄭寅普　　1955　　廣開土境平安好太王陵碑文釋略『庸齋白樂濬博士
還甲紀念論叢』；1967『舊園文錄』3；　1975 『古代日本
と朝鮮の基本問題』(旗田巍편) 學生社 ；1983『舊園鄭寅
普全集』5；　1985『白山學報』32(李亨求역) 백산학회

酒井改藏　　1955　　好太王碑面の地名について『朝鮮學報』8 朝
鮮學會

王國維　　1956　　魏毌丘儉丸都山紀功刻石跋『觀堂集臨』　*

金在滿　　1956　　고구려　　慶州壺杅塚出土の銅壺銘十について
『考古學雜誌』42-1 日本考古學會 *

李進熙　　1956　　黃海道發見の高句麗壁畵古墳『駿台史學』6 明治
大史學地理學會　*

金龍國　　1957　　廣開土王과 海路作戰—通溝碑文에 관한 小考—

　　　　　　　　『海軍』59　　＊

김용준　　　1957　　안악제3호분(하무덤)의 연대와 그 주인공에 대
　　　　하여『문화유산』3

熊谷善夫　　1958　　冬壽墓安岳第3號墳の紹介『佛敎藝術』37　　＊

리지린　　　1959　　자료 ; 광개토왕비 발견의 경위에 대하여『력사
　　　　과학』1959-5

末松保和　　　1959　　解說「高句麗好太王碑文『歷史敎育』7-4 ;
　　　　1963『日本上代史管見』

松井如流　　1959　　好太王碑小引『書品』100　　＊

水谷悌二郎　　　1959　　好太王碑考『書品』100 東洋書道協會 ;
　　　　1977『好太王碑考』開明書院　　1. 好太王碑墨本考　1)
　　　　拓本 2) 雙鉤廓塡本 3) 墨本製作の年代 4) 雙鉤廓塡本と
　　　　拓本との比較　2. 好太王碑字考—附碑辭考—，　好太王
　　　　碑辭考　3. 好太王碑文考—高句麗文化の紀念碑，紀功墓
　　　　碑の初，鄒牟王說話，儒留王の名，大朱留王の名，好太王
　　　　諡号，稱元，日の干支，高句麗文化進展と對慕容燕交涉,
　　　　好太王治世の對慕容燕交涉，　中國の候王としての禮制創
　　　　始, 碑の文辭, 碑の刑制, 碑の大さ, 碑字の大さ字數, 高句
　　　　麗文化の特性, 碑字の別體, 碑字の書體　○ 附 好太王碑
　　　　字の變相(要約)　○ 好太王碑釋文

전주농　　　1959　　安岳 하무덤 3號墳에 대하여—그 발견 10주년
　　　　을 기념하여—　『문화유산』5 : 1991『북한의 우리고
　　　　대사 인식』2 대륙연구소 출판부

蔡秉瑞　　　1959　安岳近方壁畵古墳發掘手錄『亞細亞硏究』2-2　＊

洪晴玉　　　1959　　關于冬壽墓的發現和硏究『考古』1

靑梧桐生 1960 高句麗好太王碑 『書道』 6-5   *

三品彰英 1962 高句麗廣開土王陵碑 『日本書紀朝鮮關係記事考證』 上   *

박윤원 1963 安岳 第3號墳은 高句麗 미천왕릉이다 『고고민속』 2   *

전주농 1963 다시 한번 安岳의 王陵을 論함 『고고민속』 2 ○ 머리말 1. 미천왕릉설의 실머리와 그 문헌적 근거 2. 미천왕의 재장 1) 장지 선정과 왕릉경영의 전제조건 2) 왕릉의 기념비적 상징성 3) 왕릉 축조의 객관적 조건과 그 연대 3. 冬壽와 그 墨書의 정체 ○ 맺는말

朱榮憲 1963 安岳 第3號 무덤의 被葬者에 대하여 『고고민속』 2   *

黃壽永 1963 新國寶 高句麗延嘉七年銘金銅如來立像 『美術資料』 8 國立中央博物館

岡崎敬 1964 安岳第三號墳(冬壽墓)の硏究—その壁畵と墓誌銘を中心として— 『史淵』 93 九州大 九州史學會 1. 安岳のおける壁畵墓の發見 2. 安岳第三號墳の構造と內容 3. 發見遺物とその出土狀態 4. 石室內の壁畵 5. 石室の構造と壁畵に關する問題—遼陽石槨墓との比較 6. 墨書銘とその考釋 7. おわりに

金元龍 1964 延嘉七年銘 金銅如來像 銘文 『考古美術』 50 한국미술사학회 ; 1987 『韓國美術史硏究』 일지사

도유호 1964 평천리에서 나온 고구려 부처에 대하여 『고고민속』 1964-3

梅原末治 1964 平壤平川里出土の金銅半跏思惟像 『朝鮮學報』

31　朝鮮學會

朴時亨　1964　강좌 ; 광개토왕릉비『력사과학』1964-5

尹武炳　1964　延嘉七年銘金銅如來像의 銘文에 대하여 『考古美術』51 한국미술사학회

黃壽永　1964　國寶 延嘉七年銘 金銅如來立像『考古美術』42 한국미술사학회

김사억　1966　서평 및 문헌해제 ; 원사 박시형 저 "광개토왕릉비"에 대하여『력사과학』1966-5

末松保和　1966　高句麗廣開土王碑文の調査硏究 『中央公論』200-8　*

梅原末治　1966　輯安好太王碑『朝鮮古文化綜鑑』4　*

朴時亨　1967　廣開土王の陵碑について『今日の朝鮮』127　*

蔡秉瑞　1967　安岳地方의 壁畵古墳『白山學報』2　백산학회 ○ 머리말　1. 安岳第1號墳　2. 安岳第2號墳　3. 安岳第3號墳　○ 結語

최희림　1967　平壤城을 쌓은 년대와 규모 『고고민속』1967-3

武田幸男　1968　"碑文之由來記"考略—廣開土王碑發見の實相— 『櫻博士頌壽記念東洋史學論叢』汲古書院　1. 碑發見の問題點　2. 由來記の史料批判　3. 碑發見の經緯　4. 碑發見の時期　5. 結語

今西龍　1927　廣開土境好太王陵碑に就いて『朝鮮古史の研究』國書刊行會　1. 碑石の所在地とその研究　2. 好太王とその時代　3. 碑文の解釋

葉昌熾　　1970　　高句麗好太王碑『語石』臺灣商務印書館　　＊

旗田巍　　1971　　好太王碑文の讀み方『歷史讀本』9月　　＊

中塚明　　1971　　近代日本史學史における朝鮮問題—とくに「廣開土王陵碑」をめぐって—　『思想』561　　＊

古田武彦　　1972　　高句麗好太王碑文の新事實—李進熙說への批判を中心として—　『史學雜誌』81-12 東京大　　＊

旗田巍　　1972　　僞作の思想史的意味—好太王碑文と「南淵書」—　『讀賣新聞』6, 3　　＊

金貞培　　1972　　古代韓日關係史の一斷面—廣開土王碑文の問題點　『韓國時事』67　　＊

有光敎一　　1972　　高句麗壁畵古墳の四神圖—四神圖變遷をめぐって—　『高松塚古墳と飛鳥』　○ はじめに　○ 高句麗の壁畵古墳　○ 高松塚古墳と高句麗の壁畵古墳

有光敎一　　1972　　高句麗時代の壁畵墳について『日本のなかの朝鮮文化』14　1. 高松塚古墳壁畵について　2. 高句麗古墳の壁畵　3. 結尾

有光敎一　　1972　　高松塚古墳と高句麗壁畵古墳『佛敎藝術』87

李基白　　1972　　(書評) 廣開土王陵碑の硏究(李進熙著)『歷史學報』56 역사학회

李進熙　　1972　　廣開土王陵碑文の謎—初期朝日關係硏究史上の問題點—　『思想』575　1. はじめに　2. 酒勾雙鉤本は參謀本部で解釋された　3. 碑文のすりかえを隱蔽するための「石灰塗付作戰」が行われた　4. 碑の略奪策動と『南淵書』　5. 酒勾雙鉤本より前の資料はのこっていない　6.

酒勾景信のすりかえた「碑文」　7. おわりに

李進熙　　1972　　廣開土王陵研究史上の問題點——一九一〇年代まで
の中國で研究をめぐって——　『考古學雜誌』58-1　日本考
古學會

前澤和之　　1972　　廣開土王陵碑文をめぐる二三の問題『續日本紀
研究』159　　*

井上秀雄　　1972　　高句麗の南下と廣開土王陵碑『古代朝鮮』　　*

佐伯有淸　　1972　　高句麗廣開土王陵碑文の再檢討——とくに‘辛卯年’
の倭關係記事おめぐって——　『續日本古代史論集』上　　*

佐伯有淸　　1972　　高句麗廣開土王陵碑文再檢討のための序章——
參謀本部と朝鮮研究——　『日本歷史』287　日本歷史學會

古田武彦　　1973　　高句麗王碑と倭國の展聞『失われた九州王朝』*

古田武彦　　1973　　好太王碑文「改削」說への批判——　李進熙氏「廣
開土王の研究」について——『史學雜誌』82-8　東京大

旗田巍　　1973　　古代日朝關係史の研究——廣開土王陵碑問題を中心
として——　『朝鮮史研究會會報』33　　*

旗田巍　　1973　　廣開土王陵碑文の諸問題『アジアレビュー』14　*

金膺顯　　1973　　高句麗書法考『書通』1　동방연서회　○ 序言
○ 廣開土好太王碑　○ 槪況　○ 書法의 性格　○ 廣
開土王陵塼　及　千秋塚塼　○ 廣開土地好太王壺杅　○
牟頭婁墓誌　○ 冬壽墓誌　○ 平壤故城刻石　○ 金銅
佛造像記　○ 結言

金在鵬　　1973　　好太王碑文敍法考『朝鮮學報』66　朝鮮學會

金鐘武　　1973　　わたしが見た廣開土王碑——碑文僞造の可能性と少

　　　　　　　ない―　　『アジア公論』2-5　　＊

梅原末治　　　1973　　　　高句麗廣開土王陵碑に關する既往の調査と李
進熙氏の同碑の新説について―付 その王陵なと―　『日
本歷史』302 日本歷史學會

武田幸男　　　1973　　高句麗廣開土王の碑文と日本『古代史未探究』＊

浜田耕策　　　1973　　　　高句麗廣開土王陵碑文の虛像と實像　『日本歷
史』304 日本歷史學會　　○　はじめに　　1. 研究史の概略
2. 諸說の紹介とその疑問点　　3.「碑文」の構造　　4. 前置
き文の構造と機能　　○　おわりに

上田正昭　　1973　　碑文の謎『日本の歷史―大王の世紀―』2　　＊

常宗豪　　1973　　高句麗廣開土好太王碑跋『聯合書院學報』11 香港
中文大學聯合書院

永井哲雄　　　1973　　　　高句麗廣開土王陵碑文の將來者をめぐる一二の
史料追加について『日本歷史』296 日本歷史學會

李丙燾　　1973　　　韓國碑文の解釋―廣開土王碑と北漢山碑を中心と
して―　　『アジア公論』2-2　　＊

李進熙　　　1973　　　　なぜ「廣開土王陵碑文」は改ざんされたか『流動』
5-1

李進熙　　　1973　　　廣開土王陵碑と酒勾景信『日本歷史』307 日本
歷史學會

李進熙　　　1973　　　廣開土王陵碑のこと　『日本のなかの朝鮮文化』
18

李進熙　　　1973　　　廣開土王陵碑文と歷史の虛構　『倭から日本へ』
(江上波夫ほか編) 二月社　　＊

李進熙　　1973　　謎に包まれた廣開土王碑『日本の歷史―古代の日本―』1　＊

李進熙　　1973　　王碑ナゾをめぐって―井上光貞氏の所論に答える―　『毎日新聞』5月15日　　＊

任昌淳　　1973　　高句麗의　金石과　書藝『書通』1　1. 高句麗의　書風　2. 廣開土王碑의　史料的　價值와　日本人의　妄作　3. 牟頭婁　墓誌　其他

佐伯有淸　　1973　　高句麗廣開土王碑をめぐる諸問題―李進熙氏の所論によせて『歷史學研究』401　歷史學研究會

千寛宇　　1973　　廣開土王陵碑と任那問題『韓』2-3　韓國研究院

坂元義種　　1973　　論文評―佐伯有淸「高句麗廣開土王碑文の再檢討―‘辛卯年’の倭關係記事をめぐって『史學雜誌』82-6　東京大　　＊

古田武彦　　1974　　直接證據と間接證據―好太王碑文『酒切本』の來歷―　『東アジアの古代文化』3

旗田巍　　1974　　廣開土王陵碑文の諸問題『古代朝鮮と日本』龍溪書舍

金在鵬　　1974　　好太王碑文と日本國家の起源―江上波夫氏に―　『韓』3-3　韓國研究院

武田幸男외　　1974　　座談會　廣開土王陵碑と古代東アジア『古代朝鮮と日本』龍溪書舍

浜田耕策　　1974　　高句麗廣開土王陵碑文の研究―碑文の構造と史臣の筆法を中心として『朝鮮史研究會論文集』11 ; 1974『古代朝鮮と日本』龍溪書舍　○　はじめに　1. 課題の設

定　2.『碑文』の構造と「前置き文」　3.「辛卯年」の一節と新羅使の上訴　4.「辛卯年」の一節と史臣の筆法　○　おわりに

西嶋定生　　1974　　廣開土王碑辛卯年條の讀法について『圖説日本の歴史』3　*

星野良作　　1974　　廣開土王碑をめぐる論争の進展―激論のなかで明ちかになった諸點―　『歴史と旅』1-2　*

星野良作　　1974　　最近におけるの廣開土王陵碑文の研究『史元』18　*

李進熙　　1974　　廣開土王陵碑の現狀と課題『歴史學研究』410　歴史學研究會

李進熙　　1974　　廣開土王陵碑をめぐる諸問題―古田武彦氏の所論によせて―　『史學雜誌』83-7　東京大

李進熙　　1974　　皇國史觀は克服されたか―廣開土工陵碑の問題をめぐって―　『歴史と文學』7　*

佐伯有淸　　1974　　高句麗廣開土王の碑文と日本　『古代の朝鮮と日本』學生社；1973『古代史の謎探る』　1. 廣開土工の碑文と參謀本部　2. 朝鮮人學者の新見解　3. 廣開土王の碑文の再檢討

佐伯有淸　　1974　　高句麗廣開土王碑文研究と紀年論争―參謀本部の古代日朝關係史觀『古代朝鮮と日本』龍溪書舍

中塚明　1974　　書評　李進熙著"好太王碑の謎"『統一評論』113

崔書勉　1974　　太王陵古塼將來記『韓』3-8　韓國研究院

後藤孝典　　1974　　廣開土王陵碑―李進熙説に對するさまざまな反

　　　　　　　應について—　『東アジアの古代文化』1

金在鵬　　　1975　　私の日本古代史研究—好太王碑文と私—　　『朝日アジアレビュー』23

金在鵬　　　1975　好太王碑文の敍法と解釋『日本古代國家と朝鮮』　＊

泊勝美　　　1975　　高句麗好太王碑の謎『任那日本府はなかった』　　＊

林屋辰三郎　　1975　　古代の日本と朝鮮—廣開土王陵碑前後—　『日本のなかの朝鮮文化』26　　1. 史料評價のZ軸　2.「三國史記」再見　3. 廣開土王碑　4. 朝鮮側史料の意志性

佐藤治郎　　1975　　讀書ノート　佐伯有淸著"研究史廣開土王碑"『歷史評論』302

千寬宇　　　1975　　廣開土王陵碑의　解釋問題『韓國史의　再照明』독서신문사　○문제의「陵碑」　○　광개토왕의　對後燕作戰　○「倭以辛卯年…」의　여러　해석　○「倭以辛卯年…」은　어떻게　읽어야　하나　○「倭」는　정복자　아닌　소병력　援兵

村山光一　　1975　　古代日朝關係史研究の現狀と課題『歷史評論』302　＊

平野邦雄　　1975　　大和王權と朝鮮—廣開土王陵碑の問題點—『岩波講座日本歷史』1 (原始および古代 1)　＊

岡田英弘　　1976　　廣開土王と仁德天皇『倭國の時代—現代史としての日本古代史—』　＊

高斗東　　　1976　　廣開土王陵碑文詳釋『月刊文化財』52 월간문화재사　1. 永樂　五年　乙未記　2. 永樂　六年　丙申記　3. 永樂　八年　戊戌記　4. 永樂　九年　己亥記　5. 永樂　十年

　　　　　　丙子記　6. 永樂 十四年 甲辰記　7. 永樂 十七年 丁未記
　　　　　　8. 永樂 二十年 庚戌記

李進熙　　1976　　好太王碑と近代史學『季刊三千里』7

佐伯有淸　　1976　　橫井忠植と「高麗古碑本之由來」の出現『世界』
365　＊

旗田巍　　1977　廣開土王陵碑の諸問題『好太王碑と任那日本府』＊

金仁顯　　1977　　廣開土王碑の改ざんについて―金鍾武博士の新
しい見解は誤り―　『アジア公論』6-5　　一, 二, 三,
四, 結語

金仁顯　　1977　好太王碑文の改ざんの直接證據『東アジアの古代
文化』15

金鍾武　　1977　好太王碑について『韓』60 韓國硏究院　＊

末松保和　　1977　水谷悌二郎著「好太王碑考」解說『好太王碑
考』開明書院

末松保和　　1977　好太王碑硏究の落穗『日本歷史』368　日本歷史
學會　＊

星野良作　　1977　日本古代史の基本的問題―廣開土王碑の謎―
『任那と日本』　＊

佐伯有淸　　1977　高句麗牟頭婁墓誌の再檢討『史朋』7 北大・文 ＊

佐伯有淸　　1977　廣開土王碑文硏究への警醒『古代の東アジアと
日本』　＊

朱榮憲　　1977　高句麗壁畵古墳『고고민속』　＊

中塚明　　1977　近代日本學史における朝鮮問題―とくに「廣開土王

陵碑」をめぐって―　　『好太王碑と任那日本府』(李進熙著)
學生社

金貞培　　1978　　安岳3號墳被葬者 논쟁에 대하여『古文化』16
한국대학박물관협회 ; 1980『韓國古代史의 新潮流』고
려대 출판부

末松保和　　1978　　好太王碑と私『末松保和古稀紀念 古代東アジ
ア史論集』上 ; 1996『高句麗と朝鮮古代史』吉川弘文館

武田幸男　　1978　　高句麗好太王碑にみえる歸王について『末松保
和古稀紀念 古代東アジア史論集』上　○ はじめに　1.
新羅關係における歸王　2. 百濟關係の展開　3. 奴客の實
體　4. 東夫餘關係の解釋　○ おわりに

武田幸男　　1978　　廣開土王碑文辛卯年條の再吟味『井上光貞博
士還曆紀念 古代史論叢』上 吉川弘文館　○ はじめに
1. 辛卯年條解釋をめぐる新說　2. 辛卯年條解釋の釋讀
3. 辛卯年條の性格　4. 辛卯年條と對百濟戰　5. 永樂六
年の軍事行動　○ おわりに

友田吉之助　　1978　　好太王碑文と顓頊曆紀年法『紀要』1 鳥根
医大

笠井倭人　　1978　　廣開土王碑に對るす石炭塗付作戰說への疑問
『末松保和古稀紀念 古代東アツア史論集』上　吉川弘
文館　1. はじめに　2. 石灰塗付作戰說の要點　3. 二
つの素朴な疑問點　4. 酒勾本と內藤拓本との比較　5.
酒勾本, 內藤拓本共通誤鉤文字問題　6. おわりに

金勇男　　1979　　새로 알려진 덕흥리고구려벽화무덤에 대하여
『력사과학』 1979-3 ; 1980 『朝鮮學報』 95 朝鮮學會 ;

　　　　　1982　『東北考古與歷史』1982-1

金貞培　1979　　中原高句麗碑의　몇가지　問題點『史學志』13　단국대 사학회　○ 序言　1. 高句麗의　對新羅·百濟關係　1) 高句麗와　新羅와의　關係　2) 高句麗와　百濟와의　關係　2. 碑의　형태문제　3. 碑의　內容問題　4. 碑의　年代問題　○ 餘言

武田幸男　1979　　高句麗廣開土王期の對外關係記事『三上次男頌壽紀念東洋史·考古學論集』　○ はじめに　1.『廣開土王碑文』の對外關係　2. 廣開土王紀の對外記事　3. 廣開土王紀代外記事の性格　○ おわりに

武田幸男　1979　　廣開土王碑からみた高句麗の領域支配『東洋文化研究所紀要』78 東京大 東洋文化研究所　○ はじめに　1. 廣開土王の領域擴大　1) 攻,破された城と村の總計　2) 永樂六年條の五八城　2. 新來韓,穢諸城の支配形態　1) 守墓役體制の改革　2) 新來韓,穢諸城の支配　3) 新來韓,穢諸城の改編　3. 新來領域の種族支配　1) 永樂五年條稗麗の解釋　2) 守墓役免除の新來領域　3) 城村支配下の種族支配　4. 舊民領域の支配形態　1) 舊民領域の種族支配(1)　2) 舊民領域の種族支配(2)　3) 舊民領域における城支配の展開　○ おわりに

朴性鳳　1979　廣開土好太王期 高句麗 南進의 性格『韓國史研究』27 한국사연구회　1. 머리말　2. 好太王「廣開土境」의　南進的　모습　1)「廣開土境」의　實現　2) 南녘　進出의　實態　3) 北녘　經略의　實狀　3. 好太王期　南進意義　1) 南進地域의　比定과　意義　2) 北民과　南民의　比重問題　4. 맺음말

邊太燮　　1979　　中原高句麗碑의　內容과　年代에　대한　檢討『史學志』13　단국대　사학회　　1. 碑文의　시작　　2. 碑文內容의　檢討　　3. 本碑의　建立年代

上原和　　1979　　德興里古墳の墓誌銘と壁畵『藝術新潮』350　　＊

申瀅植　　1979　　中原高句麗碑에　대한　一考察『史學志』13　단국대 ; 1984　『韓國古代史의　新硏究』일조각　　1. 序言　　2. 廣開土王碑와의　比較　　3. 高句麗官階에　대한　考察　　4. 碑文에　대한　若干의　檢討　　5. 結語

李基白　　1979　　中原高句麗碑의　몇　가지　問題『史學志』13　단국대　사학회 ;　1996『韓國古代政治社會史硏究』일조각　　1. 머리말　2. 碑面과　碑文　3. 碑文에　나타난　高句麗·新羅　關係　4. 맺는말

李丙燾　　1979　　中原高句麗碑에　대하여『史學志』13　단국대　사학회　　1. 碑의　입지적　조건과　形式　　2. 建興年號　문제　3. 建碑　年代와　"高麗大王祖王"및　"新羅寐錦"　4. 新羅와　高句麗의　關係　　5. 碑文의　大意와　碑의　性格　6. 麗·羅　간의　문화교류

李昊榮　　1979　　中原高句麗碑　題額의　新讀—長壽王代의　年號推論—　『史學志』13　단국대　사학회

任昌淳　　1979　　中原高句麗古碑　小考『史學志』13　단국대　사학회　　1. 碑의　現形과　原形想定　2. 書體　3. 文字判讀에　대하여　4. 碑의　內容을　把握하기　위한　問題　5. 本碑의　價値

鄭杜熙　　1979　　廣開土王碑文　辛卯年記事의　再檢討『歷史學報』82　역사학회　　1. 머리말　2. 過去　日本學者들의　硏究

　　3. 鄭寅普氏 說의 意義와 그 影響　4. 碑文의 構成과 그 解釋　5. 맺는말

鄭永鎬　1979　中原高句麗碑의 發見調査와 研究展望『史學志』 13 단국대 사학회　1. 발견조사 경위　2. 立石의 유래와 보존　3. 碑文의 판독조사　4. 石碑의 형태　5. 石碑위치의 역사지리적 고찰　6. 연구전망　○ 附記

千寬宇　1979　廣開土大陵碑文 再論『全海宗博士華甲紀念史學論叢』일조각　1. 서설—"재론"에 이르기까지—　2. 대거란 관계—乙未—　3. 대백제,가라,왜 관계—辛卯·丙申—　4. 대숙신 관계—戊戌—　5. 대백제,왜 관계—己亥·庚子·甲辰—　6. 대후연 관계—丁未—　7. 대동부여 관계—庚戌—　8. '왜'의 의미　9. '광개토경'의 의미

チェ・ヒ　1979　新しく發掘された德興里古墳壁畫『朝鮮畫報』 1979-11　1. 古墳の構造形式　2. 前室の壁畫　3. 通路の壁畫　4. 玄室の壁畫

金永萬　1980　廣開土王陵碑의 新研究(1)『新羅加耶文化』11 영남대 신라가야문화연구소　1. 序論　2. 이른바 '辛卯年'기사의 新讀解　3. 增補文獻備考의 廣開土王碑銘 (次回)

金勇男　1980　新しく發掘された德興里高句麗壁畫古墳について 『朝鮮學報』95 朝鮮學會

勞榦　1980　秥蟬神祠碑的研究『東方學志』23·24 연세대 국학연구원　1. 秥蟬長　2. 丞, 屬國　3. 代, 嵩　4. 蓋臧

木下禮仁　1980　中原高句麗碑—その建立年代を中心として— 『村上四男博士和歌山大學退官紀念朝鮮史論文集』；　1984

『素軒南都泳博士華甲紀念　史學論叢』；1993『日本書紀
と古代朝鮮』塙書房

木下禮仁　　1980　　中原高句麗碑の建立年代について―研究發表の
記錄―　『古代學硏究』93　古代學硏究會

朴容緒　　1980　　德興里壁畵古墳についての考察―德興里壁畵古
墳は何を語っているのか―　　『統一評論』1980-5　　○
高句麗壁畵古墳の特徵　　○　古墳の被葬者は誰なのか　　○
高句麗の領域問題　　○　高句麗の幽州進出

沈載完　　1980　　廣開土王碑　書體攷『新羅伽倻文化』11　영남대
신라가야문화연구소　　1. 廣開土王碑　研究　　2. 廣開土
王碑　以前의　書體　　3. 廣開土王碑　書體論　　4. 廣開土
王碑　書體考證

鄭杜熙　　1980　　廣開土王陵碑辛卯年記事の再檢討　『アジア公論』
24　＊

坂元義種　　1980　　好太王碑文―碑文第二段の記述法からみた辛
卯年記事を中心に―　　『ゼミナール日本古代史』下　光
文社　　○　碑文とその問題点　　○　碑文第二段の編年　　○
碑文における戰鬪狀況と戰鬪理由の記述　　○　辛卯年記事
に關する諸說の紹介　　○　碑文の技術法からみた辛卯年の
記事　[附記]

金永萬　　1981　　增補文獻備考本　廣開土王碑銘에　대하여―廣開
土王碑文의　新研究(2)―　『新羅加耶文化』12　영남대
신라가야문화연구소　　1. 緒言　2. 增補文獻備考에　대
하여　3.「碑銘」의　原本出處　　4. 陵碑發見　經緯　5. 陵
碑의　規模　　6. 碑本의　酉己別　　7. 陵碑의　文字　解讀
8. 碑文에　대한　評釋　9. 結論　　○　附錄

金廷學　1981　廣開土王碑文에 나타난 韓日關係『日本學』1 동국대 일본학연구소

段成桂　1981　「好太王碑」略述 『書法』1981-3

末松保和　1981　好太王碑文硏究の流れ―水谷悌二郎氏の硏究を中心として― 『東アジア世界における日本古代史講座』 3 ; 1996『高句麗と朝鮮古代史』 吉川弘文館 ○ はしがき 1.「好太王碑考」と「水谷拓本」 2. 總字數(字詰,行數)の問題 3. 「雙鉤廓塡」と「漆喰假面」の問題 4. 釋文の問題 5.「廣開土王陵」と其の後

武田幸男　1981　牟頭婁一族と高句麗王權『朝鮮學報』99・100 朝鮮學會 ○ はじめに 1.『墓誌』の釋文 2. 墓主とその族系 3. 祖,父の事蹟 4.「聖王」と「奴客」 5.「北夫餘」の意義 ○ おわりに

朴眞奭　1981　試論廣開土王碑文的'辛卯年記事『朝鮮史通訊』 1981-3 1. 關于'辛卯年'的年代考證 2. 駁古代日本(倭)曾統治朝鮮半島南半部的論點

劉永智　1981　最新發現的高句麗碑 『學術硏究叢刊』1981-1

李亨求외　1981　廣開土王陵碑文의 所謂辛卯年記事에 對하여―僞作 "倭"字考― 『東方學志』29 연세대 국학연구원 ; 1982　廣開土王陵碑文のいわゆる辛卯年記事 『アジア公論』11・12月 1. 緒論 2. 所謂辛卯年記事와 그 影響 3. 所謂辛卯年記事에 對한 懷疑 4. 歷史上으로 본 "倭"의 實體 5. 書法上 "倭"字의 虛像과 眞像 (1) 酒匂景信雙鉤加墨本의 最末尾字 卽 "後"字의 出現과 削除 (2) "倭"字의 虛像 (3) "倭"字의 眞像―"倭"字는 卽, "後"字를 變造한 것이다.― 6. "來渡海"字와 "破"字에 對한 考

證 (1) "來渡海"字와 "破"字의 妥當性 與否 (2.) "來渡海" 3字에 對한 書法上의 考證과 그 復元試圖　7. "破百殘倭寇新羅"說　8. 結論　○ 附：後記 및 圖版

長正統　1981　九州大學所藏好太王碑拓本の外的硏究『朝鮮學報』 99・100 朝鮮學會　○ はじめに　1. 九大拓本の槪要　2. 付着新聞紙片と拓本製作時期　3. 寄贈者梶本益一氏について　4. 拓本製作工程の諸問題 1) 拓本用紙の繼ぎかた 2) 貼付用新聞紙片 3) 墨打ちと後入れ 4) 拓本の折りたたみかた　○ あとがき

田中俊明　1981　高句麗の金石文—硏究の現狀と主題—　『朝鮮史硏究會論文集』18　○　はじめに　1. 德興里古墳墨書銘　2. 廣開土王陵碑　3. 廣開土王壺杅　4. 牟頭婁墓誌　5. 延壽元年銘銀盒杅　6. 中原高句麗碑　7. 平壤城城壁石刻 1)~5)　8. 泰川 籠吾里山城石刻　9. 延嘉七年銘金銅佛光背　10. 建興五年銘光背　11. 辛卯銘金銅三尊佛光背　12. 永康七年銘光背　○ おわりに

金子鷗亭　1982　好太王碑・爨寶子碑『古碑帖臨書精選』2-24 日貿出版　*

木下禮仁　1982　日付干支と年次—中原高句麗碑の日付干支をめぐつて—　『考古學と古代史』(同志社大學 考古學シリ-ズ 1)

浜田耕策　1982　好太王碑文の一二の問題『歷史公論』77　○ 朝鮮の一部學者の辛卯年條の解釋　○ 國岡上の守墓人烟戶

徐榮洙　1982　廣開土大王陵碑文의 征服記事 再檢討(上)『歷史學報』96 역사학회　1. 序論　2. 碑文의 구조와 서술 1) 構造分析의 시각 2) 征服記事의 구성과 유형 3)

集約文과 前提文　3. 朝貢記事의 성격 1) 朝貢記事 검토의 관점 2) 朝貢의 일반적 성격 3) 碑文의 朝貢記事 : 朝貢·歸王奴客·民의 의미

王健群　1982　好太王碑乙未年紀事考釋『博物館研究』1982-1

劉永智　1982　幽州刺史墓小考『朝鮮史通訊』1982-4　　*

劉永智　1982　好太王碑'辛卯年'記事初探　『學術研究叢刊』1982-6　1. 利用標點解釋與實際內容不一致　2. 傳統標點是正確的　3. 渡海波不符合文理　4. 破是及物動詞與百殘或新羅連在一起是符合語法的　5. 對疑問詞的解釋

李進熙　1982　變造된 碑文『廣開土王陵碑의 探求』(李基東譯) 일조각　1. 眩惑된 從來의 碑文研究　2. 變造된 碑文　3. 參謀本部와 酒勾景信의 프로필

李進熙　1982　수수께끼로 덮여있던 碑文研究『廣開土王陵碑의 探求』(李基東譯)　일조각　1. 碑 全面에 石灰가 발라졌다　2. 廣開土王陵碑에 관한 韓國의 古記錄　3. 碑의 發見과 이끼 燒却　4. 雙鉤加墨本과 拓本은 언제 만들어졌는가

李進熙　1982　參謀本部에서의 碑文 解讀作業『廣開土王陵碑의 探求』(李基東譯)　일조각　1. 비로소 알려진 碑文 解讀本　2. 解讀作業과『會餘錄』출판

李進熙　1982　參謀本部에 의한 '石灰塗付作戰'『廣開土王陵碑의 探求』(李基東譯)　일조각　1. 숨겨진 酒勾의 이름　2. 石灰를 바른 것은 酒勾本 補强을 위해서　3. 參謀本部와 廣開土王陵碑

佐伯有淸　1982　明治二十一年本"高句麗古碑考"の成立『名古屋

大學日本史論集』下　吉川弘文館

高明士　　1983　　臺灣所藏的高句麗好太王碑拓本『韓國學報』（臺灣）；1984『季刊邪馬台國』22　＊

高明士　　1983　　訪勞貞一院士談高句麗好太王碑『韓國學報』3　＊

旗田巍　　1983　　廣開土王陵碑文の諸問題『日本人の韓國觀』　＊

金英夏외　　1983　　중원고구려비의　건립　연대『교육연구지』25　경북대사범대학　교육연구지편찬위원회　　1. 머릿말　2. 기왕의　견해　3. 高句麗, 魏의　曆　차이　문제　4. 建碑年代

藤田友治　　1983　　好太王碑改削說への反證『市民の古代』5　1. 今日までの好太王碑文研究の經過とその意義について　2. 好太王碑の公開を前にしてなされなければ基本調査　3. 大東急記念文庫の拓本の史料價値とその由來　4. 改ざん說の再檢討

白崎昭一郎　　1983　　廣開土王碑の問題點『藤澤一先生古稀紀念古文化論叢』　＊

星野良作　　1983　　廣開土王碑文研究の新しい展開『廣場』113(1月)　＊

星野良作　　1983　　廣開土王碑文研究の新展開―李亨求氏の新說に接して―　『日本古代政治史論考』(佐伯有淸編)　吉川弘文館　〇　はじめに　1. 李亨求氏研究の論旨と考證　1) 李氏研究の目的　2) 李氏新說の論旨　2. 李亨求氏說への二,三の疑問　〇　あとがきにかえて

王健群　　1983　　廣開土王碑六年丙申・八年戊戌條考釋『學習與探索』4

王健群　1983　好太王碑文譯注(上・下)『博物館研究』1983-1,3

王健群　1983　好太王碑的發現和捶石　『社會科學戰線』1983-4
1. 好太王碑的建立　2. 好太王碑的發現　3. 好太王碑的捶石　4. 所謂'石灰涂抹作戰'；1984　好太王碑の發見と採石『季刊邪馬台國』22 ；1991　好太王碑'의 발견과 탑본『中國學界의 高句麗史 認識』(엄성흠譯)　대륙연구소 출판부

劉永智　1983　關于'好太王碑'論爭的問題『東北史研究』1983-1
1. 碑的一般情況　2. 碑的研究歷史　3. 幾個論爭的問題

劉永智　1983　幽州刺史墓考略『歷史研究』1983-2　1. 幽州刺史墓的基本情況　2. 墓制反映了魏晋時期的特點　3. 壁畫內容與中原地區基本一致　4. 官職名稱與晋朝相同　5. 前秦苻堅統治時的幽州

千寬宇　1983　廣開土王碑文 再論　『韓國史의 展開』；1985(上・下)『アジア公論』14-2・3　＊

耿鐵華　1984　高句麗好太王碑『文物天地』1984-6 ；1991『中國學界의 高句麗史 認識』(엄성흠譯) 대륙연구소 출판부

鯨淸　1984　入門・廣開土王碑をめぐる論爭　『季刊邪馬台國』22　＊

高明士　1984　「臺灣所藏的高句麗好太王碑拓本」補述―兼述好太王碑研究送況―　『韓國學報』4　＊

高明士　1984　勞貞一院士を訪ね高句麗好太王碑を談ず『季刊邪馬台國』22　＊

高明士　1984　臺灣所藏的高句麗好太王碑拓本『韓國史研究』45 ； 1984　臺灣所藏の高句麗好太王碑拓本　『季刊邪馬台國』

　　　　　22　　＊

久保田穰　　1984　　一辯護士の見た李進熙氏の「廣開土王陵碑」の研
究『季刊邪馬台國』22　　＊

金瑛河　　1984　　廣開土大王碑와 倭—辛卯年記事의 缺字補入을
중심으로—　『弘益史學』창간호　홍익대 사학회　○
머리말　1. 廣開土大王代의 國際關係　2. 辛卯年記事
의 缺字補入試論 1) 日本學界의 補入方法 2) 韓國學界
의 補入方法 3) '任部加'羅主의 補入方法　3. 征服記事
의 解釋 問題　○ 맺음말

藤田友治　　1984　　好太王碑論爭の決着—中國側現地調査・王論文
の意義と古田說について—　『市民の古代』6　1. 最近
の中國側現地調査からの研究成果　2. 王論文と從來說の
比較　3. 好太王碑論爭の決着　4. 好太王碑研究の今後の
課題

木下禮仁　　1984　　高句麗の曆—中原高句麗碑をめぐって—　『韓
國文化』6-1

木下禮仁　　1984　　中原高句麗碑—建立年代를 中心으로—　『素
軒南都泳博士華甲紀念　史學論叢』；1980『村上四男博
士和歌山大學退官紀念朝鮮史論文集』；1980　中原高句
麗碑の建立年代について『古代學研究』92；1993『日本
書紀と古代朝鮮』塙書房　1. 序言　2.中原高句麗碑의
所在地와 그 地域性　3. 碑石의 形狀과 碑文의 判讀
4. 4~5世紀에 있어서 高句麗・百濟・新羅三國의 關係
5. 中原碑建立年代의 推定에 關한 二. 三의 問題點　6.
中原碑의 建立年代

明智　　1984　　「廣開土境平安好太王陵碑文釋略」初評　『學術研

究叢刊』1984-1

無記名　　　1984　　好太王碑六年丙申(三九六年)・八年戊申(三九八年)
條の考釋『季刊邪馬台國』22　　＊

白崎昭一郎　　1984　　廣開土王碑は何を語るか『季刊邪馬台國』22 ＊

工健群　　1984　　好太王碑の發見と探石『季刊邪馬台國』22　　＊

李進熙　　　1984　　日本에서의 廣開土王陵碑 研究『東方學志』43
연세대 국학연구원　　1. "任那日本府"說의 定說化과정
2. "任那日本府"說의 문제점　3. 碑文해석에 대한 새
見解　4. 石灰塗付의 事實 확인　5. 石灰塗付의 시기
와 犯人 추구　6. 변조된 碑文과 日參謀本部　7. 비판
과 반론　○ 새로 해명된 문제들

井上秀雄　　1984　　廣開土王碑の現地に立つ『季刊邪馬台國』22　＊

耿鐵華　　1985　　高句麗好太王碑及び高句麗王朝と好太王について
『市民の古代』7 ； 1984　高句麗好太王碑 『文物天地』
1984-6 ；1991　高句麗好太王碑『중국학계의 고구려사
인식』(엄성흠譯) 대륙연구소 출판부　○ 好太王碑發見
と研究ブーム　○ 高句麗王朝七百年　○ 好太王の業績

高句麗史研究會　　1985　　現代語譯 廣開土王碑文『季刊邪馬台國』
23　＊

高洁　　1985　　在長春召開的好太王碑討論會 『博物館研究』1985
-4　1. 對碑文的解釋　2. 關于集安的墓葬　3. 關于好太
王的墓葬　4. 關于丸都山城　5. 研究工作朝着科學技術方
向前進

高明士　　1985　　高句麗好太王碑研究の近況を展望する『季刊邪馬
台國』26　＊

古田武彦　　　1985　　　疑考・好太王碑—王健群說をめぐって—『古代史を疑う』駸駸堂出版　○　衝撃の論文との出會い　○　いくつかの素朴な疑問　○　酒勾筆跡の再檢證　○　回避された「匹敵」問題　○　ゆがめられた研究史　○　倭とは九州王朝の派遣軍である　○　王健群氏の誤謬　○　客觀的存在としての國境　○　朝鮮半島內に倭地あり　○　倭國とは邪馬一國　○　教科書も無視する「倭=九州王朝」說

古田武彦　　　1985　　　中國の好太王碑研究の意義と問題點—王健群氏に問う—　『市民の古代』7　○　讀賣シンポジウムから　○　王健群「好太王碑の研究」の出現　○　好太王碑改竄說の破産　○　王說の意義　○　「初均德抄本」の發見　○　現地調査の重要性　○　酒勾本の持つ意味　○　黃龍と履龍　○　論爭の敎訓　○　論爭の現狀　○　王說の問題點　○　好太王碑の大義名分　○　古代東アジア政治地圖　○　海賊か國家か　○　「三國志」の證言　○　「倭」とは何か　○　316年の衝撃　○　中國文獻の用例　○　殘された問題

古田武彦　　　1985　　　好太王碑と九州王朝『市民の古代』7　○　好太王碑研究史　○　私にとっての好太王碑　○　好太王碑の現地へ　○　好太王の墓は　○　國內城探索　○　角觝塚・舞踊塚にはじめて入る　○　王健群氏との對談　○　倭とは何か　○　王健群氏との對談を終えて　○　好太王碑の最終目的

古畑徹　　　1985　　　（批評・紹介）王健群著"好太王碑の研究"『東洋史研究』44-2

宮崎雅弘　　　1985　　　高句麗廣開土王碑に見える「倭」について『季刊邪馬台國』26　　＊

旗田巍　1985　廣開土大王碑文と古代日韓關係史『高句麗文化展』*

渡邊光敏　1985　古代の銘文に見る倭韓關係―中平漢紀年銘大刀・七支刀・隅田八幡藏人物畫像鏡―　『韓國文化』7-3　1. 中平漢紀年銘大刀　2. 七支刀　3. 隅田八幡藏人物畫像鏡　○ おわりに

東方史學會事務局　1985　東方史學會 好太王碑訪中團報告『市民の古代』7　1. はじめに―好太王碑開放への努力　2. いよいよ國境の地・集安へ　3. 好太王碑について 1) 基礎的調査から 2) 碑文判讀の嚴密性をどのように確保するか 3) 論爭の文字「來渡海破」について 4)「倭」についてはどこまで確認しうるか 5) 現地集安博物館副館長耿鐵華氏との出會い　4. 國境の地・集安での四泊五日間

藤田友治　1985　好太王碑の新たな論爭點―倭の正體と守墓人制度について―　『市民の古代』7　1. はじめに―王健群『好太王碑の研究』の意義と問題點　2. 好太王碑にあらわされて倭とは何か　3. 好太王碑建立の目的―守墓人制度の確立について　4. 守墓人制度にみる高句麗の支配構造　5. 好太王はどこに埋葬されたか―好太王墓は太王陵・將軍塚のいずれであるか

閔泳珪　1985　鄭舊園廣開土境平安好太王陵碑文釋略校錄幷序『東方學志』46・47・48합집　연세대 국학연구원

朴性鳳　1985　廣開土好太王期의 內政整備에 대하여『千寬宇先生還曆紀念 韓國史學論叢』정음문화사　1. 머릿말　2. 高句麗 內政革新의 條件과 契機　3. 好太王期 內政整備의 實貌와 性格 1) 太王期의 일반적 상황과 佛敎진전 2) 中央과 地方의 統治制度 整備모습 3) 曆法과

紀年法　및　年號制　문제　4)　謚號制의　變改　5)　立碑制와
守墓人　烟戶制의　개편　　4. 整備의　實效와　意義　　5.
맺음말

朴鐘大　　1985　　廣開土王陵碑文　解釋의　問題點（上）―日本學界
의　對倭記錄에　대한　釋文을　中心으로―　　『加羅文化』
3　경남대　가라문화연구소　　1. 序言　2. 輯安의　遺蹟
과　陵碑現況　3. 遺蹟과　陵碑에　대한　文獻記錄　4. 日
本學界의　碑文解釋과　調査　5. 結語

山田宗睦　　1985　　討論　好太王碑をめぐって『市民の古代』7

上田正昭・李進熙　　1985　　（對談）好太王碑と近代史學『季刊三千
里』42　○　好太王碑をめぐって　○　參謀本部と近代史
研究　○　碑文の＜倭＞をめぐって　○ ‘日本書紀’の思想
○　雨森芳洲から學ぶもの　○　善隣・友好關係に光を

西嶋定生　　1985　　廣開土王碑文辛卯年條の讀み方について『三
上次男博士喜壽記念論文集―歷史編―』平凡社　　1. 問
題の所在　2. 辛卯年條の性格　3.「來」字の讀み方　　4.
結語

손영종　　1985　　중원　고구려비에　대하여『력사과학』1985-2　　1.
비문해석에서　제기되는　몇　가지　문제　① 비문에　보이는
년대문제　② 왕호, 관직명, 인명, 지명문제　2. 비문의
기본내용과　그에　반영되어　있는　력사적　사실

辛澄惠　　1985　　廣開土王碑と朝鮮族『季刊三千里』43　○　集安と
廣開土王碑　○　中國の中の朝鮮

鈴木靖民　　1985　　好太王碑文の倭記事『東アジアの古代文化』44
○　碑文研究の現況　○　碑文の判讀　○　倭記事の檢討

　　　　　○ 倭の實體へのアプロ-チ

吳琦幸　　1985　　叶昌熾與好太王碑硏究『社會科學戰線』1985-4

王健群　　1985　　和好太王碑硏究有關的幾個問題　『博物館硏究』
1985-1　　1. 好太王碑碑面的現狀　2. 各種拓本的先後,
優劣　3. 從黑板勝美拍攝的照片上看到的問題　4. 論爭
的焦點, 各種說法和一個史學工作者應有的態度

劉永智　　1985　　好太王碑の發見およびその他『季刊邪馬台國』26 *

劉永智　　1985　　好太王碑的發見及其他　『社會科學戰線』 1985-1
1. 好太王碑發現的時間問題　2. 碑的發現時間爲光緒六年
3. 幾個具體問題

劉永智　　1985　　好太王碑的發見及其他『社會科學戰線』1　　*

李進熙　　1985　　廣開土王陵碑文の共同調査—四・五世紀の東アジ
アと日本—好太王碑を中心に—　『アジア公論』14-7

李進熙　　1985　　廣開土王陵碑文解析的攻防戰(何桂玲譯)『韓國硏
究』7　*

李進熙　　1985　　最近の廣開土王陵碑にかんする論爭—王健群氏
の新說と國際シンポジウム—　『玄岩 申國柱博士華甲
記念 韓國學論叢』

李進熙　　1985　　好太王碑を現地に訪ねて『季刊三千里』44

李亨求　　1985　　廣開土大王陵碑文의 僞字考—中國 王健群의 論
文을 보고—　『千寬宇先生還曆紀念 韓國史學論叢』정
음문화사　1. 머릿말　2. 이른바 辛卯年記事에 대한
解釋　3. 庚子年記事의 僞作"倭'滿倭'潰"考　4. 맺는
글

田中俊明　　1985　　高句麗長安城城壁石刻の基礎的研究 『史林』
68-4 京都大學　文學部　史學硏究會　　○　はじめに　1.
城壁石刻の發見經緯と釋文　2.　城壁石刻の解讀と年代
○　おわりに

崔文誠　　1985　　最近　廣開土王陵碑　硏究의　動向과　그　論爭點
(1)『慶州史學』4　경주사학회

康捷　　1986　　朝鮮德興里壁畫墓及其有關問題　『博物館硏究』
1986-1；1986『考古學の世界』5

古田武彦　　1986　　好太王碑の資料批判—共和國(北朝鮮)と學者
に問う—　『紀要』20 昭和藥科大　　*

高占一외　　1986　　毌丘儉紀功碑發現始末『博物館硏究』1986-3

김유철　　1986　　고구려의 광개토왕릉비에 나타난 왜의 성격『력
사과학』1986-1(117)　　1. 조선반도안의 ‘왜’로 보는 설
과 북규슈 일대의 해적집단으로 보는 설에 대한 비판
2. 야마또 조정설에 대한 비판 1) 신묘년 기사 2) 경자
년 기사　3. 릉비의 왜는 백제의 조종 밑에 있던 북규슈
일대의 ‘왜’왕국

羅繼祖외　　1986　　簡談好太王碑字體『博物館硏究』1986-1

武田幸男　　1986　　講演：好太王碑の難しさ『會報』27 近代詩
文書作家協會　　*

福宿孝夫　　1986・1989　　好太王碑の文字研究—字體の考察と書
體の史的解明　(1)〜(6)—　『紀要』60〜65 宮崎大　敎
育・人文科學　　*

浜田耕策　　1986　　高句麗廣開土王陵墓比定論の再檢討 『朝鮮學
報』119・120 朝鮮學會　　1. はじめに　2. 集安行と比

定論 1) 明治・大正期 2) 昭和期 3) 戰後期　3. 碑と將軍塚・太王陵との方向と位置　　4. 文字資料の檢討　1) 千秋塚と太王陵の塼銘 2) 牟頭婁塚墓誌　5. おわりに

徐榮洙　　1986　「광개토대왕비 신연구」서평『精神文化硏究』29

손영종　　1986　광개토왕릉비를 통하여 본 고구려의 령역『력사과학』1986-2(118)　　1. 비려정벌전역과 서북령역의 변화　2. 식신 및 동부여와의 전쟁과 동북령역의 확대　3. 백제, 가라, 왜와의 전쟁과 고구려의 남부령역의 확대

손영종　　1986　광개토왕릉비문에 보이는 ‘수묘인연호’의 계급적 성격과 립역방식에 대하여『력사과학』1986-3　　1. 수묘인연호의 계급적 성격에 대하여　2. 수묘인연호의 립역방식에 대하여

鈴木英夫　　1986　廣開土王碑文加羅關係記事の基礎的硏究『千葉史學』8　○ はじめに　1. 辛卯年條　2. 十年庚子條　○ まとめにかえて

王健群　　1986　申采浩對好太王碑的論述和他的輯安紀聞『博物館硏究』1986-3　　1. 關于好太王討碑麗的問題　2. 關于‘倭’的問題　3. 關於征鮮卑的論述和‘輯安紀聞’

劉永智　　1986　「高句麗碑出土記」芻議　『學術硏究叢刊』1986-4　1.「出土記」發表前日人的記述　2.「出土記」的發表及其內容　3.「出土記」對日本國內外的影響

李基東　　1986　廣開土王陵碑文에 보이는 百濟關係記事의 檢討『百濟硏究』17 충남대 백제연구소　　1. 머리말　2. 陵碑文에 보이는 百濟關係 記事　3. 百濟關係 記事의 解釋과 考證　4. 三國史記 記事와의 對比　5. 맺음말

耿鐵華　1987　高句麗貴族冉牟墓及墓志考釋　『遼海文物學干』 1987-2　1. 冉牟墓位置及形制　2. 墓誌新釋　3.結語

古畑徹　1987　廣開土王碑の發見・採拓に關する若干の史料紹介 『朝鮮學報』123　朝鮮學會

金子鷗亭　1987　好太王碑の書について『書道硏究』1　○「碑 面にニール被膜」情報を憂う　○　好太王碑の書風　○　そ の書の見どころ　○　拓本からの考察　○　好太王碑の臨 書法

金昌鎬　1987　中原高句麗碑의　재검토『韓國學報』47　일지사 ○　머리말　1. 인명의　분석　2. 비문의　면수　3. 건비 연대　4. 前面의　해석　○　맺음말

武田幸男　1987　廣開土王碑の百濟と倭『百濟硏究』17　忠南大 百濟硏究所　　1. 問題の所在　2. 碑にみえる百濟と倭 3. 碑前.碑後の百濟と倭　4. おめりに　　＊

福宿南嶋　1987　好太王碑文を讀む『書道硏究』1

比田井南谷　1987　わが好太王碑拓本考『書道硏究』1

浜田耕策　1987　高句麗の古都集安出土の有銘塼　『日本古代中 世史論考』(佐伯有淸編)　吉川弘文館　○　はじめに　1. 塼の發見と將來　2. 塼の分類　3. 塼の形態と用途　○ おわりに

山田宗睦　1987　「好太王碑論爭の解明」書評『市民の古代』9　＊

星野良作　1987　酒匂景信將來の廣開土王碑文の復元的硏究『東ア ジアの日本—考古美術篇—』　　＊

星野良作　1987　酒匂景信將來の廣開土王碑文　『東アジア古代文

化』50   *

손영종   1987   덕흥리 벽화무덤의 주인공의 국적문제에 대하여
『력사과학』1987-1   *

延敏洙   1987   廣開土王碑에 보이는 倭關係記事의 檢討『東國
史學』21 동국사학회   1. 序言   2. 辛卯年條·永樂六
年條의 檢討   3. 永樂九年條·十年條의 檢討   4. 永樂
十四年條·十七年條의 檢討   5. 結語

井上秀雄   1987   古代朝鮮金石文としての好太王碑『書道研究』
1   ○ 好太王碑をみて   ○ 碑文の現狀   ○ 碑文の「倭」
○ 碑文研究の展望   ○ 古代朝鮮銘文の特徵   ○ 高句麗
初期の銘文としての「好太王碑」の字形について 1) 好太王
碑文の內容の特徵 2) 碑文の字形の特徵   ○ おわりに

조희승   1987   광개토왕릉비문에 대한 몇가지 문제『조선고고연
구』21   *

佐伯有淸   1987   高句麗廣開土王時代の墨書銘『東アジアの古
代文化』51

佐伯有淸   1987   德興里古墳壁畵古墳の墓誌『日本古代中世史
論考』（佐伯有淸編）   吉川弘文館   1. 鎭の墓誌   2.
墓誌の論点   3. 墓誌にみえる吉祥語   4. 富壽無疆

佐伯有淸   1987   食大倉考—德興里高句麗壁畵古墳の墓誌に關
連して—   『成城大日本常民文化紀要』13   *

千歲龍彦   1987   好太王碑の諸問題—藤田右治「好太王碑論爭の
解明」を讀んで『古代史の研究』7 關西大·古代史研究
會   ○ はじめに   1.   2.   3.   ○ むすび

최택선   1987   고구려벽화무덤의 주인공문제에 대하여『력사과

학』1987-4　　*

耿鐵華　　1988　　冊丘儉紀攻碑考略『中國文物報』1988,4,29

耿鐵華　　1988　　對冊丘儉紀攻碑的幾点說明『中國文物報』1988,
7,22

耿鐵華　　1988　　好太王碑發見時期について　新たな檢討『市民の古
代』10　　*

耿鐵華　　1988　　好太王碑的國烟看烟及其身分問題　『求是學刊』
1988-4

耿鐵華　　1988　　好太王碑火前無完整拓本『考古與文物』1988-1
；1988　好太王碑は火で燒かれる以前に完全な拓本ながつ
た『市民の古代』10

金煐泰　　1988　　現存　佛像銘을　통해　본　高句麗　彌勒信仰『蕉雨
黃壽永博士古稀紀念　美術史學論叢』　　1. 彌勒信仰의
高句麗　傳來　2. 彌勒信仰의　初期的　수용　3. 高句麗
彌勒信仰의　전개

盧泰敦　　1988　5세기　金石文에　보이는　高句麗人의　天下觀『韓
國史論』19　서울대　국사학과　○　머리말　1. 大孫國
意識　2. 주변국과의　관계에　대한　의식―朝貢.守天.華
夷―　3. 동아시아와　고구려인의　天下―皇帝.可汗.大
王―　4. 天下觀과　同類意識　○　맺음말

武田幸男　　1988　　廣開土王碑の拓本を求めて『朝鮮學報』126
朝鮮學會　　1. 序言―廣開土王碑拓本の問題點　2. 墨
本の作成開始とその種類　3. 墨本變遷觀にみる原石拓
本　4. 原石拓本の現狀　5. 原石拓本の類型とその變遷
6. 結言―原石拓本の意義

武田幸男　　　1988　　　好太王の時代—4・5世紀の高句麗と東アジア—　　『好太王碑と集安の壁畫古墳—躍動する高句麗文化—』讀買テレビ放送編, 木耳社　　1. 高句麗史上の好太王　2. 東アジア史上の好太王

方基東　1988　　千秋墓, 太王陵, 將軍塚 『好太王碑と高句麗遺蹟』讀賣新聞社　○ はじめに　1. 三陵墓の概要　2. 太王陵と將軍塚の被葬者傳承　3. 近代以降の被葬者論議　4. 墳墓の形式,構造からみた三陵墓の比較分析　5. 瓦片,瓦堂からみた三陵墓の比較　6. 好太王碑の性格と墓上立碑方式　7. 好太王碑, 太王陵, 將軍塚における方向の解釋　8. 被葬者問題の結論

浜田耕策　　　1988　　　好太王碑をめぐる爭點『好太王碑と集安の壁畫古墳』讀買テレビ放送編 木耳社　　1. はじめに　2. 碑石と拓本　3. 碑文の爭點　4. 陵碑の比定論

徐榮洙　1988　　　廣開土大王陵碑文의 征服記事 再檢討(中)『歷史學報』119 역사학회　　4. 北方經略記事의 성격 1) 征討와 巡狩：永樂五年 乙未 2) 征討와 服屬：永樂二十年 庚戌 3) 北方關係의 성격：永樂八年・十七年條의 정복대상과 관련하여

徐榮洙　1988　　　廣開土大王陵碑文의 征服記事 再檢討(下) 『歷史學報』120 역사학회　　5. 南進征服記事의 구성과 성격：永樂六年 丙甲～十七年 丁未 1) 南進記事의 구성 2) 南進記事의 성격　6. 南進征服의 集約：所謂 "辛卯年"記事 1) 辛卯年記事의 연구사적 검토 2) 碑文變造와 文字의 문제 3) 辛卯年記事의 판독과 해석 4) 廣開土王代 南進의 성격　7. 結論

손영종 1988   광개토왕릉비 왜관계기사의 올바른 해석을 위하여 『력사과학』 1988-2   1. 신묘년(391년)조 기사에 대하여 2. 기해년(399년)조 및 경자년(400년)조 기사에 대하여

鈴木靖民 1988   好太王碑の倭おめぐる硏究動向 『唐代史硏究回報』 2 *

鈴木靖民 1988   好太王碑の倭の記事と倭の實體 『好太王碑と集安の壁畵古墳』 讀買テレビ放送編 木耳社   1. はじめに 2. 倭の記事の釋讀 3. 倭の記事の探究—倭と高句麗— 4. 倭の實體とその出兵

王健群 1988   好太王碑硏究に關するいくつかの問題 『好太王碑と高句麗遺蹟』 讀賣新聞社 ○ はじめに 1. 好太王碑の現狀 2. 私の好太王碑に對する數回の調査 3. 拓本の先後, 優劣について 4. 好太王碑文の中の『倭』の實體 5. 申采浩の『記聞』 とその好太王碑に關する論述 6. 『改ざん說』 質疑の補充意見 7. 好太王碑と好太王陵 8. いくつかの具體的問題の說明 ○ 結びに

李基東 1988   광개토왕비 연구의 현황과 문제점 『韓國史市民講座』 3 일조각   1. 머리말 2. 陵碑가 발견되어 碑文이 공개되기까지 3. 비문연구의 진전 4. 비문 연구의 현단계 5. 비문 연구의 문제점 6. 맺는말

李道學 1988   永樂 6年 廣開土王의 南征과 國原城 『孫寶基博士停年紀念 韓國史學論叢』 지식산업사   1. 머리말 2. 능비문 영락 6년조의 검토 3. 영락 6년 고구려의 남한강 상류지역 진출 4. 국원성의 명칭과 설치 5. 맺음말

李亨求 1988   廣開土王陵碑 碑文의 특징 『韓國史 市民講座』

3 일조각　　1. 廣開土王陵碑　碑文의　時代的　背景과 그 相關問題　2. 廣開土王陵碑　文字의　筆劃과 그 運用法　3. 廣開土王陵碑 문자의 구조　4. 廣開土王陵碑의 世界性　5. 廣開土王陵碑의　藝術的　價値　6. 廣開土王陵碑의　歷史的　價値　7. 맺는글

趙仁成　　1988　　廣開土王陵碑를 통해 본 高句麗의 守墓制『韓國史 市民講座』3 일조각　　1. 碑文의 守墓人 관계 記事에 대한 관심　2. 碑文의 守墓人 관계 記事의 내용　3. 守墓人의 임무　4. 守墓人의 社會的 處地　5. 守墓制 시행의 思想的 배경

佐竹保子　　1988　　中國碑文文字における三百年代後半の轉換—廣開土王碑の文子との關連—　　『シンポジウム日本文化と東アジア』　　1. 問題の所在と考察の方法　2. 最初の轉換とその前後　3. 廣開土王碑の文字とその關連

周國林　　1988　　對冊丘儉紀攻碑的一点異議『中國文物報』1988, 6, 17

中小路駿逸　　1988　　好太王碑文私見『市民の古代』10　　*

채희국　　1988　　광개토왕릉비문의 해석에서 제기되는 몇 가지 문제에 대하여『력사과학』1988-2(126)　　1. 고구려시조왕 추모의 출생의 관한 서술에 대하여　2. 광개토왕의 세대수에 대하여 3. <영락>년호문제

千寬宇　　1988　　광개토왕의 정복활동『韓國史 市民講座』3 일조각　　1. 高句麗史 최대의 領域을 이룩한 廣開土王—4·5세기　　2. 광개토왕릉비에 보이는 정복활동(上)　3. 廣開土王陵碑에 보이는 征服活動(下)　4. 廣開土王陵碑에 보이는 '倭'

최택선   1988   고구려의 인물풍속도무덤과 인물풍속 및 사신 무덤 주인공들의 벼슬등급에 대하여 『력사과학』 1988-1   *

耿鐵華   1989   高句麗好太王碑─兼記高句麗王朝和好太王─ 『文物天地』 1989-6   1. 好太王碑的發現與硏究熱   2. 高句麗王朝七百年   3. 好太王業績

孔錫龜   1989   安岳 3號墳의 墨書銘에 대한 고찰『歷史學報』 121 역사학회 ; 1995『高句麗 南進經營史의 硏究』 백 산자료원   1. 머리말   2. 冬壽에 대한 墨書銘   3. 其他 墨(朱)書 官職銘   4. 冬壽墨書銘의 墓誌的 性格   5. 安岳 3號墳의 被葬者 問題   6. 맺는말

金賢淑   1989   廣開土王碑를 통해 본 高句麗守墓人의 社會的 性格『韓國史硏究』 65 한국사연구회   1. 머리말   2. 長壽王代의 守墓制 整備와 運營 1) 守墓制 整備의 背 景과 內容 2) 畑戶의 編成과 守墓制의 運營   3. 守墓 人의 社會的 性格   4. 맺음말

武田幸男   1989   德興里壁畵古墳被葬者の出資と經歷『朝鮮學 報』 130 朝鮮學會   1. はじめに─問題の所在─   2. 被葬者・鎭の出自   3. 被葬者・鎭の經歷   4. 幽州刺史 の實相   5. おわりに─冬壽の場合と鎭の場合─

박진석   1989   호태왕비문을 통하여 본 임나일본부의 존재여 부 문제(1)『력사과학』 1989-1・2   1. 호태왕비문 < 신묘년기사>를 분석함.   2. 호태왕비문의 왜, 비문과 《일본서기》 와의 관계

山尾幸久   1989   高句麗廣開土王碑銘の史料批判『古代日朝關 係』 塙書房   ○ 銘文についての問題點   ○ 碑文の構

成と思想　○　大前置き文の事實　○　史料價値についての結論

星野良作　　1989　　酒匂景信將來の廣開土王陵碑文の一考察—碑文最末'倭'字の由來をめぐって『研究と評論』　＊

孫進己　　1989　　好太王碑『東北古史資料叢編』2　＊

王健群　　1989　　廣開土好太王碑文考釋『東方學志』63　＊

笠井倭人　　1989　　好太王碑水谷拓本の一考察『日本歷史』497

耿鐵華　　1990　　好太王碑的保護與現狀　『文博』1990-2

高寬民　　1990　　榮樂10年, 高句麗廣開土王の新羅救援戰について『朝鮮史研究會論文集』27 朝鮮史研究會　○　はじめに1.　廣開土王陵碑文の安羅人戍兵をめぐる諸說について2. 安羅人戍兵と10年庚子條の解釋　3. 倭の新羅侵攻理由について　○　おわりに

孔錫龜　　1990　　廣開土王陵碑의 東夫餘에 대한 考察『韓國史研究』70 한국사연구회　　1. 問題의 提起　2. 東夫餘 征伐記事의 分析　3. 高句麗·夫餘 建國說話에 보이는 東夫餘　4. 廣開土王陵碑에 보이는 東夫餘의 實體　5. 맺는말

孔錫龜　　1990　　德興里 壁畵古墳의 主人公과 性格『百濟研究』21 충남대 백제연구소　　1. 머리말　2. 主人公에 대한 問題點 檢討　3. 主人公과 高句麗와의 관계　4. 맺음말

金昌鎬　　1990　　황해도 평정리 벽화고분의 묵서명—고구려 고분의 묵서명 검토(1)—　『鄕土文化』5 경산향토문화연구회　　1. 머리말　2. 유적의 소개　3. 몇가지 고찰　4. 맺음말　＊

閔德植　1990　高句麗 籠吾里山城 磨崖石刻의 <乙亥年>에 대하여『韓國上古史學報』3 한국상고사학회　○ 머리말　1. 籠吾里山城 1) 位置 2) 城壁 3) 施設物 4) 磨崖石刻 5) 出土遺物　2. 泥城　3. 歷史的考察 1) 高句麗以前時代 2) 高句麗時代 3) 高麗時代 4) 朝鮮時代　○ 맺음말

朴鐘大　1990　日本의 廣開土王陵碑文硏究와 任那問題論證分析『加羅文化』8 경남대 가라문화연구소　1. 序言　2. 初期의 陵碑文硏究 1) 軍部의 釋文과 解釋作業 2) 日本書紀 紀年에 대한 論爭 3) 宮內城의 訂正과 會餘錄 發刊　3. 管政友의 任那問題論證 1) 陵碑文의 註解 2) 漢籍考와 任那의 宰 3) 任那問題의 論考　4. 陵碑 搬出 計劃과 調査 活動 1) 白鳥庫吉의 搬出 計劃 2) 鳥居龍藏의 陵碑 調査　5. 結言

박진석　1990　호태왕비문을 통하여 본 주몽왕과 그의 출신『조선학연구』2　*

박진욱　1990　안악 3호 무덤의 주인공에 대하여『조선고고연구』1990-2　*

白崎昭一郎　1989~1992　好太王碑文考證 (1)~(10)『古代日本海文化』18~26 古代日本海文化研究會

白崎昭一郎　1990　廣開土王碑拓本の編年　『福井考古學會會誌』8　*

浜田耕策　1990　故足立幸一氏寄贈の京都府立福知山高校所藏の廣開土王碑拓本について　『學習院大學東洋文化研究所調査研究報告』24　1. はじめに　2. 足立拓本の出會い　3. 故足立幸一氏と拓本　4. 足立拓本の形態　5.

足立拓本拓出年代　6. おわりに

浜田耕策　　1990　　朝鮮に傳わった廣開土王陵碑文―「增補文獻備考」所載碑文の淵源―　　『東アジア古文書の史的研究』唐代史研究會編 刀水書院　　1. はじめに　2. 墨水廓塡本　3. 皇城新聞の碑文情報　4.「皇城新聞・碑銘」の特徵　5. おわりに

徐光輝　　1990　　中原高句麗碑　『東北亞歷史與文化』遼沈書社　1. 碑文內容　2. 碑文硏究　3. 結語

鈴木靖民　　1990　　廣開土王碑文の「倭」關係記事―最近の硏究成果をめぐって―　　『東アジア古文書の史的研究』唐代史硏究會編 刀水書院　○ はじめに　1. 倭關係記事の釋讀　2. 倭關係記事の史實　○ おわりに

王仲殊　　1990　　關于好太王碑文辛卯年條的釋讀『考古』1990-11

李藤龍　　1990　　廣開土大王碑文에 쓰인 '烟'字의 語彙的 意味『碧史李佑成敎授停年退職紀念論叢―民族史의　展開와 그 文化―』창작과 비평사　1. 서론　2. 國義字'烟'의 語原　3. 突厥語(Turkic languages)의 資料　4. 野人, 女眞語의 자료　5. 守墓人烟戶의 解釋　6. 結語

전대준　　1990　　「삼국사기」와 「광개토왕비문」에 보이는 숙신의 정체『력사과학』1990-2(134)

塚全康信외　　1990　　高句麗壁畵古墳の墓誌について『廣島文敎女子大學紀要』25(人文社會科學篇)　　*

耿鐵華　　1991　　高句麗好太王碑 『中國學界의 高句麗史 認識』(엄성흠 역) 대륙연구소 출판부 ; 1984 『文物天地』1984-6 ; 1985　　高句麗好太王碑及び高句麗王朝と好太

王について『市民の古代』7　　○ ‘高句麗　好太王碑’
○ 好太王碑의　발견과　硏究熱　○　高句麗王朝　七百年
○ 好太王의　業績

高寬敏　　1991　　廣開土王碑文のいわゆる辛卯年條について『年
報』2　大坂經法大・アジア硏　　＊

金昌鎬　　1991　　廣開土大王碑　辛卯年條의　再檢討—日本學界의
任那日本府說에　대한　反論(2)—　　『鄕土史硏究』3　한
국향토사연구협의회　　1. 머리말　　2. 지금까지의　연구
3. 前置文說의　검토　　4. 중국측의　새로운　견해　　5. 신
묘년조의　해석　　6. 맺음말

손영종　　1991　　덕흥리 벽화무덤의 피장자 망명인설에 대한 비
판 (1)(2)『력사과학』1991-1~2 (137~138)　　1. 진의
출생지 문제　　2. 피장자의　경력문제　　3. 4세기말 5세
기초의　평양과　그　이남지역의　정세문제　　4. 370년대
유주의　소속문제　　5. 안악3호무덤 묵서에 보이는 관직
명과　호상관계문제

王健群　　1991　　好太王碑’의　발견과　탑본『中國學界의　高句麗
史　認識』(엄성흠　역)　대륙연구소　출판부 ; 1983　好太
王碑的發現和捶拓『社會科學戰線』1983-4　　1. 호태왕
비의　건립　　2. 호태왕비의　발견　　3. 호태왕비의　탑본
1) 탑제 인원과 탑본 경과 2) 그려내고 박아내는 데서
착오가 생기는 원인　　4. 소위 "石灰塗抹作戰"

王仲殊　　1991　　再論好太王碑文辛卯年條的釋讀『考古』1991-12

劉永智　　1991　　好太王碑의　발견에 관한 몇 가지 문제　『中國
學界의　高句麗史　認識』(엄성흠譯)　대륙연구소 출판부 ;
1985　好太王碑的發現及其他『社會科學戰線』1985-1 ;

1985 『季刊邪馬台國』26

李殿福　　1991　　高句麗金銅,　石雕佛造像及中原郡碑—兼談高句麗易名高麗之始—　『博物館硏究』1991-1　1. 紀年銘金銅佛造像　2. 石佛造像　3. 中原郡高(句)麗碑　4. 對有關問題的探討　1)“高句驪”何時易名爲“高麗”? 2) 延嘉, 建興,景等年號銘金銅佛造像的其體年代. 3) 中原郡高(句)麗碑的年代.

耿鐵華　　1992　　好太王碑‘辛卯年’句考釋『考古與文物』1992-4

金昌鎬　　1992　　高句麗 金石文의 人名 表記—官等名이 포함된 人名을 중심으로— 『선사와 고대』3　한국고대학회　1. 머리말　2. 중원고구려비　3. 덕흥리고분의 묵서명　4. 농오리산성의 마애석각　5. 모두루묘지　6. 평양성 석벽석각　7. 맺음말

武田幸男　　1992　　中國最初期の廣開土王碑文硏究—傳雲龍と王志修の場合—　『西巖趙恒來敎授華甲紀念 韓國史學論叢』아세아문화사　1. 最初期の硏究史群像　2. 傳雲龍の釋文と跋文　3. 王志修と『高句麗永樂太王碑歌攷』　4. 王志修の墨本と作文　5. 王志修の紀年記事解釋　6. 結語

松原孝俊　　1992　　神話學から見た「廣開土王碑文」『朝鮮學報』145 朝鮮學會　1. はじめに—問題の所在—　2.「廣開土王碑文」の社會的機能　3. 高句麗神話の體系的について　4. 高句麗神話に認められる神話的モデル　5. 天降神話とガリア　6. 龜の橋モチーフ　7. 死後天に歸るモチーフについて　8.「廣開土王碑文」の系譜記述と神話記述について　9.「辭」高句麗神話の專門的傳承者につい

　　　　　て　10. まとめにかえて

안춘배　1992　廣開土大王陵碑文　硏究(1)—碑文의　文段과　解釋을 중심으로—　『考古歷史學志』8　1. 緒言　2. 碑文의 文段　3. 碑文의　解釋　4. 結言

王健群　1992　集安高句麗好太王碑『中國文物報』1992, 3, 8

王會庵　1992　漫話‘好太王碑『中國文物報』1992, 4, 12

李鍾旭　1992　廣開土王陵碑의　辛卯年條에　대한　해석『韓國上古史學報』10 한국상고학회　1. 머리말　2. 기존연구에　대한　검토　3. 永樂　1~6년　사이의　국제관계　4. 신묘년조에　대한　해석　5. 맺음말

李進熙　1992　廣開土大王陵碑를　둘러싼　近年의　論爭『水邨朴永錫敎授華甲紀念論叢　韓國史學論叢』　○ 머리말　1. 碑發見과　拓本작성의　年代問題　2. 水谷拓本의　年代問題　○ 맺음말

李進熙　1992　廣開土王陵碑をめぐる論爭　『靑丘學術論集』2 韓國文化硏究振興財團　1. 碑の發見と拓本作成の年次　2. 石灰塗付と碑面の現狀認識　3. 水谷拓本の拓出時期　4. 改ざん說をめぐる論爭　5. おわりに

耿鐵華　1993　集安高句麗歷史與好太王碑　『高句麗硏究文集』(耿鐵華・孫仁杰　편) 延邊大　出版社　1. 高句麗起源與建國　2. 高句麗與中原的關係　3. 高句麗與朝鮮史上的高麗王朝　4. 好太王碑

武田幸男　1993　その後の廣開土王碑硏究『年報朝鮮學』3 1.「その後」の意味　2. 1980年代硏究の基本方向　3. 1990年前後の硏究現況

武田幸男　　1993　　碑文からみた四五世紀の高句麗『廣開土王碑と古代日本』東京都目黑區敎育委員會編　學生社　　1. 廣開土王か好太王か?　　2. 廣開土王,長壽王親子の時代　3. 都の位置と高句麗の趨勢　　4. 廣開土王長壽王時代の國際關係

박진석　　1993　　호태왕비문의 영락년호에 대하여『발해사연구』1 연변대출판사(서울대출판부)

浜田耕策　　1993　　高句麗廣開土王碑研究の歩み『廣開土王碑と古代日本』東京都目黑區敎育委員會編　學生社　　1. 最初の拓本—黑水廓塡本　2. 石灰拓本と原石拓本　3. 見直される碑文　4. 古代日朝關係史研究と碑文

徐建新　　1993　　高句麗好太王碑研究史槪述『世界史研究同態』10 ＊

徐建新　　1993　　王培眞「好太王碑原石拓本的新發見及其研究」『世界歷史』2　　＊

鈴木靖民　　1993　　四五世紀の高句麗と倭『廣開土王碑と古代日本』東京都目黑區敎育委員會編　學生社　　1. 碑文の中の「倭」　2. 碑文の解釋(1)「辛卯の年の條」　3. 碑文の解釋(2)「永樂九年の條」　4. 碑文の解釋(3)「永樂十年の條」　5. 碑文の解釋(4)「永樂十四年の條」　6. 碑文の解釋(5)「永樂十七年の條」

王釣　　1993　　遺箴堂藏本好太王碑『收藏家』3　　＊

李亨求　　1993　　廣開土王陵碑 研究—所謂 辛卯年記事와 庚子年記事를 中心으로—　『國史館論叢』45 국사편찬위원회　1. 머리글　2. ‘後’字의 削除와 僞作 ‘倭’　3. ‘後’字의 削除 再論　4. 僞作 倭滿倭潰　5. ‘倭’의 實體　6.

復元　廣開土大王　時代史　7. 맺는글

周榮順　1993　好太王碑書法淺談『高句麗研究文集』(耿鐵華　孫仁杰　편) 延邊大　出版社　1. 好太王碑書體是隷書,是那一時期早期的過渡字體　2. 好太王碑中一個字的結體具有着多種變化,同時也具有着不同書寫形式　3. 好太王碑布白屬于縱有橫,橫有列式　4. 好太王碑是早期立碑段階的碑碣　5. 好太王碑書體屬于方整類隷書

橫山昭一　1993　東京都目黑區所藏拓本について『廣開土王碑と古代日本』東京都目黑區敎育委員會編　學生社

角林文雄　1994　高句麗廣開土王碑文にみえる各國の戰略　『日本書紀研究』19　塙書房　○　はじめに　1. 辛卯年條について　2. 百濟敗戰の原因　3. 紀元四　○　○年の倭―高句麗戰　○　むすび―諸國の戰略的立場と行動

耿鐵華　1994　好太王碑建立及相關問題　『好太王碑新考』吉林文史出版社　1. 好太王生前已開始籌建墓碑　2. 立碑是長壽王卽位後的第一件事件　3. 好太王碑遭受到兩次損傷

耿鐵華　1994　水谷悌二郎先生與『好太王碑考』『好太王碑新考』吉林文史出版社　1. 水谷拓本　2. 水谷釋文　3. 碑文考證

耿鐵華　1994　羅振玉先生與好太王碑研究　『好太王碑新考』吉林文史出版社

耿鐵華　1994　好太王碑集釋集解　『好太王碑新考』吉林文史出版社

耿鐵華　1994　集安博物館藏好太王碑拓本　『好太王碑新考』吉

　　　　林文史出版社　　1. 呂耀東捐贈本　2. 張明善拓本　3. 周雲台拓本　4. 三種拓本的文字比較

耿鐵華　1994　好太王碑的史料價値 『好太王碑新考』吉林文史出版社

耿鐵華　1994　好太王碑記載的神話傳說及其科學意義 『好太王碑新考』吉林文史出版社

耿鐵華　1994　王健群先生好太王碑識讀比較誤差及說明 『好太王碑新考』吉林文史出版社　　1. 所謂新識讀文字　2. 所謂肯定諸家論爭文字　3. 關于空刻部分　4. 關于推定的字

耿鐵華　1994　「好太王碑研究」札記 『好太王碑新考』吉林文史出版社

金泰植　1994　廣開土王陵碑文의 任那加羅와 安羅人戍兵 『韓國古代論叢』6 가락국사적개발연구원　○ 머리말　1. 十年庚子條의 판독　2. 任那加羅의 위치　3. 安羅人戍兵　○ 맺음말

閔德植　1994　高句麗의 泰川 籠吾里山城과 磨崖石刻『白山學報』43 백산학회　○ 머리말　1. 籠吾里山城 1) 현황 2) 성벽 3) 시설물 4) 출토유물 5) 문헌자료 6) 니성　2. 磨崖石刻 1) 발견경위 2) 현황 3) 판독 4) 서체 5) 내용　○ 맺음말

朴眞奭　1994　好太王碑文 가운데의 別體字에 대한 考證『高句麗文化國際學術會論文集』; 1995, 『中國境內高句麗遺蹟研究』예하 1. 글자의 아랫부분을 비대화한 문자 2. 상이한 글자체의 복합문자 3. 생략문자 4. 衍畫문

자　5. 變畫(혹은　變體)문자　6. 속자와　통용문자　7.
고구려의　특수문자　8. 기타

徐建新　　1994　　　北京に現存する好太王碑原石拓本の調査と硏
究—王少箴舊藏本と北京圖書館藏本を中心にして—
『史學雜誌』103-12　東京大　　1. 緖言—原碑硏究と原石
拓本硏究　2. 新發見の拓本の外的調査　3. 新發見の拓
本の拓制年代と採石史上における諸問題　　4. 好太王碑
の一部の碑字に對する再考察　5. 結び

徐建新　　1994　　北京現存好太王碑原石拓本的調査與硏究『韓國
硏究』　＊

李鍾學　　1994　　廣開土王碑文의　倭에　대한　新考察『伽耶文化』
4 가야문화연구소　　1. 머리말　2. 碑文　硏究의　槪觀
3. 碑文의　解讀과　解釋　4. 碑文의　變造說　5. 맺는말

李鍾學　　1994　　廣開土王碑文의　倭의　實體에　대한　新考察—古
代韓倭關係史의　定立을　위하여—　　『新羅의　對外關係
史　硏究』(『新羅文化祭學術發表會論文集』)　신라문화선
양회　1. 머리말　2. 倭의　實體에　대한　諸見解　3. 廣
開土王　前後期의　東아시아와　韓半島　政勢　4. 日本列
島의　倭는　韓半島出兵이　可能했던가?　5. 碑文의　倭의
實體　　6. 맺는말

林基中　　1994　　北京에서　調査한　廣開土王碑拓本과　釋文 13種에
대하여『書通』7·8月　　＊

임기환　　1994　　광개토왕비의　國烟과　看烟—4·5 세기　고구려
대민편제의　일례『역사와　현실』13 한국역사연구회
1. 문제제기　2. 광개토왕 이전 수묘제의 추이　3. 수
묘역의 운영　4. 국연과 간연　5. 맺음말

秋石　　　　1994　　丗丘儉紀功碑與丗丘儉　　『東方研究』1994-1

金膺顯　　　1995　　廣開土大王碑와 東方書法『書通』47　동방연서
회　*

朴眞奭　　　1995　　牟頭婁墓誌에 대한 몇가지 문제『中國境內高句
麗遺蹟硏究』예하　1. 일반정황과 墓誌에 대한 해석
2. 墓誌의 주인공에 대하여　3. 墓誌의 ‘聖太王之世’에
대하여　4. 墓誌의 주인공 : 牟頭婁의 생존연대에 대
하여

朴眞奭　　　1995　　好太王碑文의 ‘永樂’ 연호에 대하여『中國境內高
句麗遺蹟硏究』예하

朴眞奭　　　1995　　好太王碑文의 일부 疑難文字들에 대한 고증『中
國境內高句麗遺蹟硏究』예하

方起東　　　1995　　好太王碑釋文一得　　『博物館硏究』1995-1

凡標　　　　1995　　高句麗好太王墓碑跋『書通』47　동방연서회 *

徐榮洙　　　1995　　廣開土大王碑文의 연구사적 검토『고구려연구』
1 고구려사연구회　1. 머리말 2. 능비의 발견과 조사
및 탁본 1) 능비의 발견과 조사 2) 탁본의 종류와 유포
3. 비문의 연구현황　4. 비문연구의 쟁점　5. 맺는말

松原孝俊　　1995　　『牟頭婁墓誌』の神話學的硏究　『佐伯有淸先
生古稀記念 日本古代の傳承と東アジア』　吉川弘文館
○　はじめに　1. 墓誌釋讀文の硏究史　2. 釋讀文　3.
高句麗の墓誌樣式　4. 墓誌の歷史學的硏究　5. 墓誌の
神話資料　6. 同時代の神話傳承との比較　7.「日月之
子」の試釋　8. 墓誌に記された神話像　9. おわりに代
えて

延敏洙　1995　광개토왕비문에 보이는 대외관계—고구려의 남방경영과 국제관계론—『韓國古代史硏究』 10(『삼한의 사회와 문화』) 신서원　1. 머리말　2. 신묘년조의 해석문제　3. 영락10년조의 해석과 국제관계—고구려의 남방경영과 그 파문—　4. 영락 14·17년조의 정토기사와 그 성격　5. 왜의 실체와 출병의 사적 성격　6. 맺음말

李載浩　1995　廣開土王陵碑文의 析疑—특히 辛卯年 倭來渡 記事에 대하여—　『韓國史硏究』88 한국사연구회　1. 序言-問題의 提起　2. 廣開土王 卽位前後의 國際情勢 1) 西北地方(後燕·契丹)의 經略 2) 半島南方(百濟·契丹)의 經略　3. 廣開土王陵碑文의 分析　4. 結論

李亨求　1995　廣開土大王碑 拓本 比較硏究—北京大學圖書館 所藏拓本을 中心으로『書通』47　동방연서회　*

李熙眞　1995　廣開土王碑文에 나타난 任那加羅征伐 背景과 影響 『三韓의 社會와 文化』(『韓國古代史硏究』10) 신서원　1. 머리말　2. 4세기말~5세기초 한반도내 세력관계의 변화와 왜의 신라침공 배경　3. 임나가라정벌의 배경　4. 임나가라정벌의 영향　5. 맺음말

林基中　1995　北京大學所藏 好太王碑 原石拓本攷 『日本學』14 동국대 일본학연구소　1. 緖言　2. 原石 初期拓本　3. 硏究期의 石齒加墨拓本과 摹刻本과 雙鉤本　4. 趙葵畦의 高句麗好太王陵集釋　5. 새로 발견된 原石 初期拓本이 갖는 意味　6. 原石拓本의 探石時期와 系統　7. 結語

趙葵畦　1995　高句麗好太王墓碑集釋校勘記『書通』47　*

趙東元　1995　高句麗 金石文의 所在와 研究現況『阜村申延澈
教授 停年退任紀念 史學論叢』일월서각　1. 序言　2.
金石文의 種類와 所在 1) 碑 2) 石刻 3) 墓誌 4) 造像
銘 5) 墨書銘 6) 金屬器銘 7) 土器・瓦・博銘　3. 金石
文의 研究現況 1) 廣開土大王陵碑 2) 中原高句麗碑 3)
安岳3號墳墨書銘 4) 德興里古墳墨書銘 5) 其他　4. 結言

趙法鍾　1995　廣開土王陵碑文에 나타난 守墓制研究 『韓國史
의 時代區分』(『韓國古代史研究』8) 신서원　1. 머리
말　2. 廣開土王・長壽王代의 守墓制 改革　3. 守墓人
의 구성과 통제　4. 新來韓穢의 의미와 성격　5. 맺음말

朴性鳳　1996　'廣開土好太大王' 王號에 대하여『重山鄭德基博
士華甲紀念韓國史學論叢』　1. 서론　2. '國岡上'과 葬
地名　3. '廣開土'와 王의 業績　4. '好太王'號가 갖는
意味　5. 高句麗의 獨自 世界觀과 '好太王'　6. 맺음말

傅朗雲　1996　「好太王碑」所載相關問題的思考　『社會科學戰線』
1996-4　1. 先從'留'字說起　2. 古地名與古民族　3. 公
元4世紀的朝鮮半島　4. 好太王戰績評估

徐建新　1996　北京に現存する好太王碑原石拓本に關する調査
と研究『朝鮮文化研究』3 東京大 朝鮮文化研究室　1.
はじめに　2. 北京大學圖書館所藏の非原石拓本三點に
ついて　3. 北京大學圖書館所藏の原石拓本四點につい
て　4. 北京大學所藏原石拓本の特徵と價値　5. 結語

徐永大　1996　高句麗 金石文 補遺『仁荷史學』4　인하대 인
하역사학회　1. 墨書銘 1) 米倉溝 將軍墓 2) 集安 山
城下 332號墳 3) 通溝 四神塚 4) 德化里 2號墳　2. 佛
像銘 1) 延嘉 七年銘 金銅日光三尊佛　3. 瓦博銘 1)

太王陵　瓦銘　2)　安鶴宮址　出土　瓦銘　3)　土城洞　出土　瓦銘　4)　土城里　出土　瓦銘　5)　長梅里　出土　瓦銘　6)　平壤　出土　瓦銘　7)　出土　瓦銘　　4. 土器銘　1)　定陵寺址　出土　土器銘　2)　集安　下活龍村　積石塚　出土　土器銘　3)　截頭圓錐形　土製品名　　5. 石函銘　1)　大城山城　出土　石盒銘　　6. 銅鏡銘　1)　大城山城　出土　銅鏡銘　　7. 錢銘　1)　台城里　1호묘　出土　錢銘　2)　安鶴宮　2호묘　出土　錢銘　　8. 鐘銘　1)　祥原郡　王塚　발견　鐘銘

李鍾學　1996　廣開土王碑文　辛卯年記事의　檢討―軍事史學的研究方法에　의한―　『軍史』32　국방군사연구소　1. 머리말　2. 主語의　戰爭　3. 缺字補充　4. 基本的　性格　5. 맺는말

高明士　1997　臺灣的好太王碑拓本以及碑文研究　『廣開土好太王碑　研究　100年』　高句麗硏究會　1. 臺灣所見好太王碑諸拓本及其硏究概述　2. 國館乙本的價値及其相關問題的探討　3. 結論

김태식　1997　광개토왕릉　비문　논쟁과　임나일본부설『역사비평』36　역사비평사

남재우　1997　고구려　「廣開土王碑文」에서의　‘安羅人戌兵’과　安羅國　『成大史林』12·13合輯　성대 사학회　1. 서론　2. ‘安羅人戌兵’에　대한　이해　3. 安羅國과　高句麗　4. 결론

朴性鳳　1997　高句麗　金石文의　연구현황과　과제―“廣開土好太王碑와　中原高句麗碑”를　중심으로―　『國史館論叢』78　국사편찬위원회　1. 고구려 금석문의　개황과　연구사적　검토　2. 好太王碑　연구와　문제점　3. 中原碑　硏究와　난

점 4. 고구려 金石文 연구상의 과제 附 : 高句麗 金石文 관계 硏究文獻 目錄

朴性鳳 1997 '廣開土好太王'王號와 世界觀 『廣開土好太王碑 研究 100年』 高句麗研究會 1. 서론 2. '國岡上'과 葬地名 3. '廣開土'와 王의 業績 4. '好太王碑'가 갖는 意味 5. 高句麗의 獨自 世界觀과 '好太王' 6. 맺음

朴眞奭 1997 북경대학 도서관에 보존된 호태왕비탁본(3021326 -3)의 採拓연대 고증 『고구려연구』3 고구려연구회 1. 머리말 2. 題簽과 陸和九의의『記』를 분석 3. 1876~1884년 사이에 채탁되었다는 견해에 대해서 4. 1889년의 이운종탁본으로 본는 견해에 대해서 5.『북경대학도서관 3호분』에 대한 채탁년대 고증

朴眞奭 1997 辛卯年 記事 再論 『廣開土好太王碑 研究 100年』 高句麗研究會 1. 이른바 "通說"과 그에 존재하는 모순 2. 이른바 비문 變造說에 대하여 3. 신묘년기사에 대한 해석과 역사사실을 구별하여 보는 견해에 대하여 4. 신묘년기사에 대한 필자의 해석

濱田耕策 1997 廣開土好太王時代の"聖王"秩序に對いて 『廣開土好太王碑 研究 100年』 高句麗研究會 1. はじめに 2. 永樂20年の5鴨盧について 3. 高句麗への歸化・來投者 4. 碑文にみえる「慕化」の來投と敗者の連行 5. おわりに

徐建新 1997 中國學界對高句麗好太王碑碑文及拓本的研究 『廣開土好太王碑 研究 100年』 高句麗研究會 1. 中國學界對好太王碑的研究狀況 2. 關于近年來對北京地區所藏好太王碑拓本的調查與研究

徐吉洙　1997　북한에서의 광태토호태왕비 탁본과 비문에 관한 연구　『廣開土好太王碑 硏究 100年』　高句麗硏究會　1. 머리말　2. 광개토호태왕비 연구사 1) 제1기 : 1963년 현지조사 이전의 연구 2) 제2기 1963년~1980년대 전반의 현지조사와 그 연구성과 3) 제3기 : 1980년대 후반의 새로운 연구방향　3. 광개토호태왕비 연구의 주요 쟁점과 그 연구성과 1) 고구려의 국가 기원과 건국년대 2) 한일관계사(辛卯年과 庚子年 記事) 3) 고구려의 북방진출 문제 4) 守墓人烟戶 5)「永樂」年號 문제와 고구려의 天下觀　4. 맺는말

徐德源　1997　高句麗好太王碑鑿立之原委與性質重探　『高句麗渤海硏究集成』3　哈爾濱出版社

徐榮洙　1997　辛卯年 記事의 變狀과 原狀　『廣開土好太王碑 硏究 100年』　高句麗硏究會　1. 서론　2. '辛卯年記事'의 硏究類型과 爭點　3. 碑文의 구조와 '辛卯年記事'　4. '辛卯年記事'의 변상　5. '辛卯年記事'의 원상-새로운 判讀과 解釋　6. '辛卯年記事'의 성격　7. 결어

延敏洙　1997　廣開土王碑 硏究와 韓日關係史像　『廣開土好太王碑 硏究 100年』　高句麗硏究會　1. 序言　2. 倭主導型 韓日關係史像-參謀本部로부터 官學派에 이르는 연구　3. 南北韓 史學界의 韓日關係史像-民族主義 史學者로부터 近年에 이르는 연구　4, 高句麗的 世界秩序下의 韓日關係史像　5. 結語

鈴木靖民　1997　日本におけるる廣開土王碑拓本と碑文の研究　『廣開土好太王碑 硏究 100年』　高句麗硏究會　○ はじめに　1. 拓本の日本將來と研究　2. 拓本研究の展開　3.

拓本研究の新段階　4. 碑文の解讀　5. 碑文の內容構成と
研究　6. 近代と古代の間の廣開土王碑文　○　おわりに

王健群　　1997　廣開土王碑文中"倭"的實體　『廣開土好太王碑 研
究 100年』　高句麗硏究會　　1. 廣開土王碑文中"倭的實
體　2.『古事記』,『日本書紀』中有關神功征韓, 任那國司,
任那日本府的記載是否屬實　　3.　關於"倭的五王"的問題
4. 如何理解韓國和日本有些古代文化遺存相似的問題?

魏存成　　1997　集安高句麗王陵研究　『廣開土好太王碑 研究 100
年』　高句麗硏究會

劉永智　　1997　好太王碑之發現與釋文研究　『廣開土好太王碑 研
究 100年』　高句麗硏究會　　1. 好太王碑的發現　2. 關於
發現碑的幾個具體問題　　3. 釋文研究

尹明喆　　1997　廣開土大王의 對外政策과 東亞地中海의 秩序再編
『廣開土好太王碑 研究 100年』　高句麗硏究會　1. 머리
말　2. 4세기 東亞秩序의 變動과 力學關係의 變化　3.
廣開土大王의 對北方政策과 역학관계의 변화　4. 廣開
土大王의 對南方政策과 역학관계의 변화　5. 결론

李道學　　1997　廣開土王陵碑文에 보이는 戰爭 記事의 분석　『廣
開土好太王碑 研究 100年』　高句麗硏究會　1. 머리말 :
광개토왕릉비문의 성격과 관련지어　2. 능비문의 전쟁
관련 기사　3. 맺음말 : 능비문에 보이는 主敵 인식과
결부지어

李樂瑩　　1997　　從冉牟墓誌和好太王碑看高句麗書法　『高句麗歷
史與文化研究』吉林文史出版社

李成市　　1997　廣開土王碑の立碑目的と高句麗の守墓役制　　『廣

　　　　　開土好太王碑　研究 100年』　高句麗研究會　○　はじめ
　　　　　に　　1. テクストの形成と書き手の意圖　2. 碑文の文
　　　　　脈と武勳記事　3. テクストとしての碑文と讀者　4. 碑
　　　　　文の文脈からみた倭　○　おわりに

李仁哲　　1997　廣開土好太王碑를 통해 본 高句麗의 南方經營
　　　　　『廣開土好太王碑　研究 100年』　高句麗研究會　1. 머리
　　　　　말　2. 守墓人烟戶의 徵發時期　3. 新來韓穢와 관련된
　　　　　新占領地域　4. 高句麗의 南方經營　5. 맺음말

李仁哲　　1997　4~5世紀 高句麗의 守墓制—廣開土大王碑의 守
　　　　　墓人烟戶條를 중심으로—　　『淸溪史學』13 한국정신
　　　　　문화연구원 청계사학회　1. 머리말　2. 守墓人烟戶의
　　　　　징발　3. 守墓役의 이행　4. 守墓人의 신분　5. 맺음말

李仁哲　　1997　安岳 3號墳의 연꽃무늬와 墨書銘 『韓國 古代
　　　　　의 考古와 歷史』학연문화사　○ 머리말　1. 연꽃무늬
　　　　　를 통해 본 安岳 3號墳의 축조연대　2. 冬壽墨書銘의
　　　　　의미　3. 안악 3호분의 墓主　○ 맺음말

林基中　　1997　한국에서 호태왕비의 탁본과 비문연구 『廣開土
　　　　　好太王碑　研究 100年』　高句麗研究會　1. 머리말　2.
　　　　　읽기와 풀이하기　3. 읽고 풀이한 내용에서 나타난 의
　　　　　문점의 한 가지　4. 새로 읽기에 따른 풀이　5. 맺음말

林起煥　　1997　광개토왕비문에 보이는 ‘民’의 性格　『廣開土好太
　　　　　王碑　研究 100年』　高句麗研究會　○ 머리말　1. ‘屬民’의
　　　　　성격　2. ‘舊民’의 성격　3. 太王과 民　○ 맺음말

任世權　　1997　廣開土王碑의 研究　『國史館論叢』74　국사편
　　　　　찬위원회　1. 머리말　2. 탁본연구의 현황과 문제점
　　　　　3. 靑溟本의 체제와 상태 1) 帖의 체제와 제작상태

2) 각 冊의 상태   4. 釋文과 跋文 1) 釋文 2) 跋文   5. 문자 글자들의 재검토 1) 제1면 2) 제2면   3) 제3면 4) 제4면   5. 釋文의 작성   6. 맺음말

田中俊明   1997   高句麗の北方進出と「廣開土王碑文」『廣開土好太王碑 硏究 100年』 高句麗硏究會   ○ はじめに   1. 西北への進出-稗麗 1) 高句麗西北の境界 2) 稗麗への侵攻 3) 高句麗の遼東領有   2. 東北境域の形成 1) 柵城 2) 舊夫餘   3. 東北への進出-肅愼・東夫餘   ○ おわりに

趙福香・潘秀珍   1997   淸末遼東局勢與好太王碑的發現 『高句麗歷史與文化硏究』吉林文史出版社   1. 淸朝的封禁政策, 使好太王碑埋沒于荒烟漫草之中, 遲滯了好太王碑的衆新發現   2. 淸朝封禁政策的廢除, 爲好太王碑的重新發現提供了契機   3. 淸末東邊外地區的丈放, 設置, 爲好太王碑的重新發現創造了有利條件   4. 好太王碑的發現凝聚着遼東人民的汗水和智慧

장세경외   1997   광개토호태왕 비문의 성 이름 연구 『韓國學論叢』31   한양대 한국학연구소   1. 서론   2. 백제성 이름 해독과 위치 비정 1) 해독례 대조 2) 위치 비정의 대조   3. 성 이름 표기자의 검토   4. 결론

叢文俊   1997   關於高句麗好太王碑文字與書法之硏究 『廣開土好太王碑 硏究 100年』 高句麗硏究會   1. 碑文補釋 1) 天帝之子 2) 剖卵降世 3) 履龍背昇天 4) 昊天不吊 5) 奴客 6) 王巡, 下平穰 7) 烟戶   2.「好太王碑」文字硏究 1) 隷變與銘石書問題 2)「好太王碑」字形釋例   3.「好太王碑」書法硏究 1) 舊體銘石書與「好太王碑」的摩崖書法特徵 2)「好太王碑」書法美的解析

이순구　　1998　　廣開土大王陵碑 硏究의 現況과 展望—최근 10
년을 중심으로— 『한국 인문과학의 현황과 쟁점』　한
국정신문화연구원　　○ 머리글　1. 광개토대왕릉비 연
구사 회고　2. 연구의 현황　3. 연구의 쟁점　4. ‘신묘년
조’와 ‘경자년조’ 기사　○ 맺는 글--앞으로의 전망

李仁哲　　1998　　德興里壁畵古墳의 墨書銘을 통해 본 고구려의
幽州經營　『역사학보』158　　1. 머리말　2. 鎭의 幽
州刺史 재임기간　3. 고구려의 유주진출　4. 고구려의
유주경영과 지방통치체제　5. 맺음말

李鍾學　　1998　　廣開土大碑文の眞實—軍事史學的硏究方法によ
る辛卯年記事の檢討— 『日本及日本人』1630　1.「渡海
作戰」の主體をめぐって　　2. 碑文の軍事理論的アプロ-
チ　3. 主體は「倭」か「高句麗」か　4. 欠字の補完は困難
か　5. 求めれる記事の性格把握　6. 碑文の「倭」は對馬
の海賊か　7. 成立しない「任那日本府」說

崔孟植　　1998　　高句麗 廣開土王碑文에 대한 解讀 一考(1) 『선
사와 고대』10　한국고대학회　1. 머리말　2. 紙本에
대하여　3. 비문에 대한 검토　4. 맺는 말을 대신하여
小川柳波　　?　　丸都古碑考『日本及日本人』461　　＊

V. 百濟

管政友　　1887　　唐平百濟國碑『如蘭社話』20-12　　＊

星野恒　　1892　　七枝刀考『史學雜誌』37　東京大

菅政友　　1907　　大和石上神宮寶庫所藏七支刀『菅政友全集』雜考 1*

日本世界雜誌編者識　　1909　　高句麗永樂大王墓碑發見ᄒ事實『西北學會月報』1-9(雜俎)　　*

喜田貞吉　　1919　　石上神宮の神寶七枝刀『民族と歷史』1-1

內藤虎次郎　　1920　　近獲の二.三史料—夫餘隆墓誌. 夫餘隆と新羅王との盟文.　泉男生.　泉男産墓誌銘.　高慈墓誌—『藝文』11-3 京都大文學會　　1. 阿什哈達磨崖字　2. 大唐故光祿大夫行大常卿使持節熊津都督帶方郡王扶餘君墓誌　3. 扶餘隆と新羅王との盟文

木崎愛吉　　1921　　大和 石上神宮七枝刀記『大日本歷史』1　　*

葛城末治　　1923　　百濟扶餘隆の墓誌に就いて『朝鮮』103　朝鮮總督府

喜田貞吉　　1925　　大唐平百濟國碑に關する疑問『考古學雜誌』15-5 日本考古學會

金允經　　1929　　大唐平百濟國碑に就いて『史苑』1-5　　1. はしがき　2. 百濟の滅亡　3. 塔は百濟の遺物　4. 附言(碑銘本文の差異に就いて)

渡邊秀雄　　1940　　博士王仁の碑に就て『海を超えて』昭和15-10

福山敏男　　1952　　「石上神宮の七支刀」再補『美術研究』165 美術研究所

榧本杜人　　1953　　石上神宮の七支刀とその銘文　『朝鮮學報』3 朝鮮學會

洪思俊　　1954　　(資料) 百濟 砂宅智積碑에 대하여『歷史學報』

6 역사학회 ; 1959『朝鮮研究年報』1

西田長男　　1956　　石上神宮の七支刀の銘文『日本古典の史的 研究』理想社

洪思俊　　1960　　全羅北道 益山出土 六朝鏡『考古美術』1 한국미술사학회

藪田嘉一郎　　1961　　七支刀銘考釋—釋文篇—　『日本上古史研究』 5-6

金永培　　1962　　公州公山城出土敷塼과 文字瓦 『考古美術』18 한국미술사학회

三品彰英　　1962　　石上神宮の七支刀『日本書紀朝鮮關係記事考證』上　＊

梅原末治　　1964　　益山出土의 龍氏作 盤龍鏡『考古美術』44 한국미술사학회

栗原朋信　　1966　　七支刀銘文についての一解釋『日本歷史』216 日本歷史學會編集 吉川弘文館

福山敏男　　1968　　石上神宮七支刀の銘文『日本建築史研究』墨水書房　1. 石上神宮の歷史と七支刀　2. いままでの七支刀研究　3. 私の調査と銘文解說　4. さらに廣い立場での檢討

榧本杜人　　1968　　七支刀銘文再考—靑丘考古記(三)—　『朝鮮學報』49 朝鮮學會

輕部慈恩　　1969　　在銘の百濟古塼瓦について『鎌田博士還曆記念歷史學論叢』　〇 瓦塼の出土する場所　〇 瓦塼銘の刑の上からの類別　〇 在銘百濟瓦の類別　〇 製作年

月の瓦　○　刻印型銘入瓦　○　瓦塼製作の由來を銘と
したもの　○　用途を記した百濟瓦塼

大坂金太郎　　1969　　百濟壁畫塼室墳出の在銘塼について『朝鮮
學報』51 朝鮮學會

栗原朋信　　1970　　七支刀の銘文よりみた日本と百濟東晋の關係
『歷史敎育』18-4

上田正昭　　1971　　石上神宮と七支刀　『日本なかの朝鮮文化』9
朝鮮文化社　　1. タマフリの傳統　2. 神宮の呼稱　3.
七支刀銘文解讀の盲點

莊申　　1971　　百濟武寧王陵發掘經過簡報　跋 『大陸雜誌』
43-6　　＊

許英桓　1971　　百濟武寧王陵發掘經過簡報『大陸雜誌』43-6 ＊

瀧川政次郎　　1972　　百濟武寧王妃墓碑陰の冥劵 『古代文化』
24-3 ; 1976『法史學研究』3 財團法人 古代學協會

瀧川政次郎　　1972　　百濟武寧王妃墓碑陰冥劵考追考『古代文化』
24-7

藤澤一夫　　1972　　百濟砂宅智積建堂塔記碑考—貴族造寺事情徵
證史料—　『アジア文化』8-3　　＊

李丙燾　1972　　百濟武寧王陵出土誌石에 대하여『學術院論文集』
11 학술원 ; 1976『韓國古代史研究』박영사

樋口隆康　　1972　　武寧王陵出土鏡と七子鏡『史林』55-4　京都
大學 文學部 史學研究會

金元龍　1973　　百濟武寧王陵について『朝鮮學報』68 朝鮮學會

大谷光男　1973　　百濟 武寧王・同王妃의 墓誌에 보이는 曆法

에　대하여『考古美術』119　한국미술사학회

神保公子　　1973　　七支刀研究の歩み『日本歷史』301　日本歷史學會　　1. 百濟獻上說　1) 福山敏男氏の研究　2) 榧本杜人氏の研究　3) 西田長男氏の研究　4) 三品彰英氏の研究　2. 僞作說　1) 藪田嘉一郎氏の研究　　3. 百濟下賜說　1) 金錫亨氏の研究　2) 藤間生大氏の研究　3) 坂元義種氏の研究　4) 上田正昭氏の研究　　4. 東晋下賜說　1) 栗原朋信氏の研究

中央大韓國學研究所　　1973　　廣開土王碑關係資料『韓國學』1 *

李丙燾　1974　　百濟七支刀考『震檀學報』38；1976『韓國古代史研究』박영사　　1. 序言　2. 日本古典에　나타난　七支刀관계의　記載와　이에　대한　卑見　3. 日本石上神宮의　七支刀　4. 結論

李進熙　1974　　七支刀研究の100年『歷史讀本』19-14　　*

神保公子　　1975　　七支刀の解釋をめぐつて『史學雜誌』84-11　東京大　　1. はじめに―本稿の目的　2. 七支刀研究の歩み　3.「侯王」について　4. おわりに

李進熙　1976　　武寧王陵と百濟系渡來集團『東アジアの古代文化』8　○　70年代前半の收穫　○　武寧王陵と日本の古墳　○　武寧王陵と百濟渡來集團　○「歸化人史觀」の克服

村上英之助　　1978　　考古學から見た七支刀の製作年代『考古學研究』25-3

村山正雄　　1979　　「七支刀」銘字調査の一端『三上次男博士頌壽紀念 東洋史・考古學論集』朋友書店　　*

村山正雄　　1979　　七支刀　銘字一考―榧本論文批判を中心とし

て―　　『旗田巍先生古稀紀念 朝鮮歷史論集』上　龍溪書舍

金貞培　　1980　七支刀 研究의 새로운 方向『東洋學』10 단국대 동양학연구소　○　序言　1. 年號의 問題　2. 前・後面 銘文의 關係　3. 七支刀의 佛敎的 要素 問題　○　餘言

朴鍾大　　1980　七支刀研究―銘文解說問題를 中心으로―　『慶南大論文集』7　1. 序言　2. 日本學者의 銘文解釋 1) 年號에 對한 解釋 2) 月日에 對한 解釋　3. 銘文의 刺削痕迹　4. 銘文解說에 對한 分析 1) 年號解說問題 2)「宜□供侯王」問題　5. 結言

宋世丸　　1980　百濟七支刀銘文の新しい解釋『社會科學論文集』1　＊

坂元義種　　1980　七支刀とその銘文『ゼミナ―ル日本古代史』下　光文社　○「七枝刀」と「七支刀」　○ 管政友, 銘文を發見　○「泰和」はどこの年号か　○「侯王」をめぐって [附記]

渡邊公子　　1981　七支刀銘文の解釋をめぐつて『東アジア世界における日本古代史講座』3　1. 研究略史　2. 銘文解釋を巡る諸說の檢討

山尾幸久　　1981　七支刀の銘文について『村上四男博士和歌山大學退官紀念 朝鮮史論文集』　1. はじめに　2. 近時の研究　3. 問題の所在　4. 銘字の書體　5. 銘文の字句　6. むすび

宮崎市定　　1982　七支刀銘文試釋『東方學』64 東方學會　○

序言　○　本論—銘文試釋　○　結語—七支刀と歷史

宋世丸　1982　古代朝鮮の鐵製技術と百濟七支刀『歷史公論』77　○朝鮮の錬鐵と七支刀　○　七支刀の銘文の讀みと百濟の鐵

李進熙　1982　七支刀 硏究 百年『廣開土王陵碑의 探求』(李基東譯) 일조각　1. 公開된 七支刀　2. 第2次 世界大戰 이전의 七支刀 硏究　3. 東晉 泰和說의 定說化　4. 福山說의 問題點

川口勝康　1982　七支刀について—冒頭の年號を中心にして—『歷史公論』77　○ 四世紀史と七支刀　○　管政友の泰始說　○　星夜恒の泰初說　○　喜田貞吉の「泰初=泰始」說　○　泰和四年その他の判讀　○　判讀と解釋(百濟獻上說)の矛盾　○　百濟下賜說の論理　○　百濟下賜說の批判と止揚　○　倭濟對等通交說と東晉下賜說　○　七支刀 銘文の論理と史實　○　應神王朝論と'倭王旨'の比定

村山正雄　1982　石上神宮の七支刀について『韓國文化』4-1

村山正雄　1982　七支刀銘文の「侯王」について『朝鮮學報』104 朝鮮學會　朝鮮學會

손영종　1983　백제 7지도의 명문해석에서 제기되는 몇 가지 문제(1)『력사과학』1983-4　1.「태화4년 5월13일 병오정양」(앞면 제1-13자)에 대하여　2.「□벽백병 의빈공후왕」(앞면 제21-29자)에 대하여　3.「백제왕□익수생성지」(뒤면 제9자-17자)에 대하여　4.「고위후 왕□조전시후세」(뒤면 제18-21자)에 대하여

鈴木靖民　1983　石上神宮七支刀銘についての一試論『坂本太

郎頌壽紀念 日本史學論集』上   *

손영종   1984   백제 7지도의 명문해석에서 제기되는 몇 가지
문제(2)『력사과학』1984-1

李殷晟   1984   武寧王陵의 誌石과 元嘉曆法『東方學志』43 연
세대 국학연구원   1. 序文   2. 百濟에의 曆法의 流
入   3. 武寧王陵의 誌石   4. 元嘉曆法의 特徵   5. 元嘉
曆法의 計算   6. 結論   ○ 附表

佐竹保子   1984   百濟武寧王誌石の字跡と,中國石刻文字との比
較『朝鮮學報』111 朝鮮學會   1. はじめに   2. 武寧
王誌石と,中國各王朝の石刻文字との比較   1)   漢王朝
系・唐王朝系・南北朝系の各石刻文字   2)南朝系・北朝
系の各石刻文字と,武寧王陵誌石   3. 初唐風石刻文字と
の距離 1) 初唐風石刻文字との距離 2) 四五〇年～五二
二年の南北兩朝の資料と較べて―差異の定量化―   4. 結論

村山正雄   1985   「七支刀」に關する宮崎市定論文について『三
上次男博士喜壽記念論文集―歷史篇―』 平凡社

金廷鶴   1986   石上神宮所藏 七支刀의 眞僞에 對하여『百濟硏
究』17 충남대 백제연구소

岡幸二郎   1987   七支刀銘字について―その觀察と記錄― 『田
村圓澄先生古稀記念   東アジアの日本―考古・美術―』
吉川弘文館   *

鄭求福   1987   무녕왕 誌石에 대한 一考『宋俊浩敎授停年紀念
論叢』   1. 머리말   2. 誌石文과 買地券의 해석과 飜譯
상의 문제점   3. 誌石 및 買地券의 內容과 特性   4.《三
國史記》敍述의 檢討   5. 맺음말

佐竹保子　　　1987　　　南北朝の碑文文字と百濟『韓』105 韓國硏究院

奇宇景　　　1988　　　칠지도명문에 대한 나의 견해『鄕土文化報』13
광주일보사 향토문화연구소　　　*

佐竹保子　　　1988　　　南北朝の碑文化と百濟—地域と階層—　　『シ
ンポジウム日本文化と東アジア』

山尾幸久　　　1989　　　石上神宮七支刀銘の百濟王と倭王『古代日朝
關係』塙書房　○　近年の研究成果　○　銘文について
の疑問　○　銘字の書體　○　七支刀の由來

金昌鎬　　　1990　　　百濟 七支刀 銘文의 재검토—日本學界의 任那
日本府說에 대한 反論(3)—　『歷史敎育論集』13・14
경북대 역사교육학회　1. 머리말　2. 지금까지의 연
구　3. 인명의 분석　4. 명문의 해석　5. 제작 연대
6. 맺음말

李道學　　　1990　　　百濟 七支刀 銘文의 再解釋　『韓國學報』60
1. 머리말　2. 表面 銘文의 검토 1) 年代 문제 2) 侯王
문제와 表面의 銘文 해석　3. 裏面 銘文의 검토　4.
맺음말

村山正雄　　　1990　　　石上神宮・七支刀銘文發見の經緯と若干の新
知見『朝鮮學報』135　朝鮮學會

成周鐸　　　1991　　　武寧王陵 出土 誌石에 關한 硏究『武寧王陵의
硏究現況과 諸問題』공주대 백제문화연구소　　1. 緒
2. 武寧王의 治績　3. 誌石文 資料에 대한 檢討 1) 王
과 王妃 誌石文에 대한 檢討 2) 干支로 表示된 位置圖
에 대한 檢討 3) 買地文에 대한 검토　4. 誌石 性格에
대한 考察　5.　結

蘇鎭轍 1991   日本國 國寶 ‘隅田八幡神社 所藏 人物畫像鏡’의 碑文을 보고—서기 503년 8월 10일 百濟 武寧王(斯麻)은 ‘大王年’대를 쓰고 繼體天皇을 ‘男弟王’으로 부르다— 『朴成壽敎授華甲紀念論叢—韓國獨立運動史의 認識—』 1. 序言 2. 隅田八幡鏡 銘文의 판독 1) 高橋健自의 판독 2) 福山敏男의 판독 3. 隅田八幡鏡 銘文의 해석 1) 해석에 임하는 일본학계의 시각 2) 福山, 水野 등의 해석 3) 해석에 대한 小考 4. 靑銅鏡에 대한 고대인의 생각과 관행—鏡은 ‘獻上物’이 아니다. 1) 鏡은 ‘除魔具’이며 ‘권력상징’ 2) 鏡은 ‘神器’이며 ‘信任부여’ 3) 일본의 역사관행—‘三種의 神器’와 皇統 승계 5. 隅田八幡鏡은 武寧王(斯麻)이 繼體天皇(男弟王)에게 ‘하반’한 鏡 1) 斯麻 그는 누구인가? 2) 斯麻는 계체를 ‘남제왕’이라 불렀다. 3) 斯麻는 河內의 왕(開中費直)을 시켜 鏡을 만들다. 4) 斯麻는 많은 白銅鏡을 만들어 男弟王에게 주다. 6. ‘大王年’의 참주인은 斯麻(武寧王)한 분이다. 7. 結言

李基東 1991   武寧王陵 出土 誌石과 百濟史硏究의 新展開『武寧王陵의 硏究現況과 諸問題』공주대 백제문화연구소 1. 머리말 2. 立證된『三國史記』百濟本紀 記事의 正確性 3. 高調된 武寧王의 系譜에 대한 關心 4. 高調된 古代 韓·日 關係史의 한 局面 5. 立證된 百濟曆法에 대한 中國 史書의 記錄 6. 注目된 買地券의 文句 ‘不從律令’ 7. 맺는말

李道學 1991   백제흑치상지 묘지명의 검토『우리문화』8 1. 머리말—묘지의 출토경위와 그 성격 2. 흑치상지묘지명의 해석 3. 흑치상지의 생애와 활동 4.

　　　　　　백제사의　몇　가지　문제　5.　맺음말

李文基　　1991　　百濟　黑齒常之　父子　墓誌銘의　檢討『韓國學報』
64 일지사　　1. 머리말　2. 資料의　紹介와　判讀　3. 黑
齒常之의　生涯와　活動　　4. 墓誌銘에　보이는　百濟史의
몇가지　問題　5. 맺음말

李進熙　　1991　　船山大刀銘の硏究史上の諸問題『靑丘學術論集』
1 韓國文化硏究振興財團　　○　はじめに　　○　大刀の「反
正下賜」說の通說化　　○　金錫亨の「百濟王下賜」說　　○
金錫亨說への批判　　○　銘文硏究の新たな전개　　○　大
刀銘文の現狀と問題點　　○　船山古墳の出土遺物　　○
むすびに

郭東錫　　1992　　연기지방의　佛碑像『百濟의　彫刻과　美術』공주
대박물관　　○　머리말　　1. 형식과　圖像특징 1) 석비형
2) 광배형　2. 양식적　특징과　계보 1) 백제　양식의　계
승과　그　계보 2) 일광삼존불형식의　계승과　그　계보
3. 명문의　내용과　의의　　○　맺음말

木下禮仁　　1993　　百濟史料字音假名字と金石文『日本書紀と古
代朝鮮』塙書房　　1. 稻荷山鐵劍銘文にみる朝鮮との關
係　2.「上代三金石文の字音假名字」とその性格　3.「
○月中」について　4. 北里闌翁の業績について

延敏洙　　1994　　七支刀銘文の再檢討―年號の問題と製作年代を
中心に―　　『年報朝鮮學』4 九州大　朝鮮學硏究會　　1.
はじめに　2. 年號をめぐる諸說の檢討　3. 七支刀と七
枝刀―神功紀の史料批判　4. 銘文の判讀と內容分析　5.
七支刀の史的意義―製作年代と關連して―　6. おわりに

梁起錫　　1995　　百濟　扶餘隆　墓誌銘에　대한　檢討　　『國史館論

叢』62 국사편찬위원회　1. 머리말　2. 扶餘隆 墓誌銘
의 現狀과 內容構成　3. 扶餘隆의 生涯와 活動　4. 의
장왕대의 太子冊封　5. 唐代人의 百濟認識　6. 맺음말

朴賢淑　1996　宮南池 출토 百濟 木簡과 王都 5部制『韓國史
研究』92 한국사연구회　1. 머리말　2. 木簡의 내용
검토 1) 木簡의 형태와 墨書銘의 해석 2) 木簡의 성격
과 水田　3. 木簡을 통해 본 王都 5部制 1) 王都 5部
制의 실시 2) 5部 5巷制로의 개편　4. 맺음말

金澤均　1998　七支刀 銘文에 대한 一考 『江原史學』강원대
사학회　1. 서론　2. 제작연대　3. 인명비정　4. 銘文의
성격과 「일본서기」의 七枝刀　5. 결론

齋藤忠　　?　　百濟平瓦に見える刻印銘に就いて　 *

VI. 新羅

內藤虎次郎　1911　新羅眞興王巡境碑考(1.2)『藝文』2-4(6) 京
都大文學會

津田左右吉　1913　眞興王巡境碑について『朝鮮歷史地理』1
南滿洲鐵道株式會社

谷井濟一　1914　朝鮮昌寧に於ける古碑の發見『考古學雜誌』
4-9 日本考古學會

小田幹治郎　1914　鍪藏寺碑の發見『朝鮮及滿洲』84

稻田春水　　　1915　　　全羅南道智異山華嚴寺華嚴石壁經に就て 『朝鮮及滿洲』98

今西龍　　　　1918　　　朝鮮慶州栢栗寺六面石幢刻文 『考古學雜誌』8-11 日本考古學會 ; 1933 『新羅史硏究』近澤書店

大口喜六　　　1918　　　朝鮮慶州栢栗寺六面石幢に就いて『考古學雜誌』9-1 日本考古學會

原田淑人　　　1919　　　新羅統一時代の瓦塼文に就いて『國華』30-1

岡井愼吾　　　1920　　　新羅の名僧元曉の碑を讀みて 『朝鮮彙報』28 朝鮮總督府 ; 1979 新羅元曉硏究『韓國學硏究資料集』1 원광대 출판국　　　*

小田幹治郎　　1920　　　新羅の名僧元曉の碑『朝鮮彙報』63 朝鮮總督府

今西龍　　　　1921　　　新羅文武王陵碑に就いて『藝文』12-7 京都大文學會 ; 1933『新羅史硏究』近澤書店 ; 1978『朝鮮金石瑣談』(外) 아세아문화사

今西龍　　　　1921　　　新羅眞興王巡狩管境碑考『考古學雜誌』12-1・3・11 日本考古學會 ; 1933『新羅史硏究』近澤書店 ; 1978『朝鮮金石瑣談』(外) 아세아문화사　1. 黃草嶺碑 2. 北漢碑　3. 昌寧碑 1) 昌寧に就さて 2) 碑の形狀及碑文 3) 碑文の解釋

管野銀八　　　1923　　　新羅興寧寺澄曉大師塔碑の撰者に就て『東洋學報』13-2 東洋協會學術調査部　1. 碑面に於ける撰者の矛盾　2. 史に見えざる崔仁溶の人物事蹟　3. 高麗史崔彦撝傳の矛盾　4. 結論

金包光　　　　1928　　　片雲塔과 後百濟의 年號『佛敎雜誌』49

李重華   1928   武烈王碑의 碑身에 對하여『한빛』3,4·5합병호
한빛사 ; 1943『반도사화와 낙토 주』만선학회사 ;
1971『韓國學研究叢書』1 성진문화사

今西龍   1929   贋作金庾信平濟頌碑文と夫餘『朝鮮及滿洲』6 *

池內宏   1929   眞興王の戊子巡境碑と新羅の東北境『古蹟調査
特別報告』6 朝鮮總督府 ; 1979『滿鮮史硏究』上世 2
吉川弘文館   1. 序說   2. 眞興王の三碑   3. 眞興王の北
境經略   4. 高句麗滅亡以前に於ける新羅の東北境の變
遷   5. 新羅一統時代の東北境   6. 尹瓘の九城の役と黃
草嶺碑   ○ 結論   ○ 年代表   ○ 附圖：眞興王戊子巡
境碑と新羅の東北境參照圖

末松保和   1930   咸南利原郡萬德山に發見せられたる新羅眞興
王の戊子巡狩碑『朝鮮』176 朝鮮總督府 ; 1954 眞興王
磨雲嶺碑の發見 『新羅史の諸問題』 東洋文庫 ; 1995
『新羅の政治と社會』下 吉川弘文館

崔南善   1930   新羅眞興王の在來三碑と新出現の磨雲嶺碑『靑
丘學叢』2 靑丘學會 ; 1973 『六堂崔南善全集』2

葛城末治   1931   新羅誓幢和上塔碑に就いて『靑丘學叢』5 靑
丘學會 ; 1935 『朝鮮金石攷』大坂屋號館書店 ; 1974
國書刊行會 ; 1978 아세아문화사 ; 1979 新羅元曉硏
究『韓國學研究資料集』1 원광대출판국

大坂金太郎   1931   新羅武烈王陵碑に就いて 『朝鮮』198 朝鮮
總督府

小田幹治郎   1931   慶州鍪藏寺彌陀殿碑解說『小田幹治郎遺稿』*

小田幹治郎   1931   黃草嶺眞興王巡狩碑解說『小田幹治郎遺稿』*

野本白雲　　1931　　新羅眞興王巡境碑に就て『書藝』4-3 平凡社
〇 黃草嶺碑　〇 其他の三碑

劉節　　1931　　新羅眞興王巡狩管境碑之研究『北平圖書館館刊』
5-6　　＊

前間恭作　　1931　　眞興碑について―靑丘學叢第二號崔南善氏眞
興王碑論文につき同氏に寄せたる書簡―　　『東洋學報』
19-2 東洋協會學術調査部

稻葉岩吉　　1932　　黃草嶺新羅眞興王斷碑の出現―咸南訪碑錄
の―　『靑丘學叢』9 靑丘學會

藤田亮策　　1932　　新羅金仁問墓碑に就いて『京城帝大史學會會
報』1(2)　　＊

藤田亮策　　1932　　新羅金仁問墓碑の發見『靑丘學叢』7 靑丘學會

末松保和　　1932　　甘山寺彌勒尊像及び阿彌陀佛の火光後記『朝
鮮』211 ； 1954『新羅史の諸問題』 東洋文庫 ； 1995
『新羅の政治と社會』下 吉川弘文館

今西龍　　1933　　聖德大王神鐘銘『新羅史研究』近澤書店 ；1978
『朝鮮金石瑣談』(外) 아세아문화사

今西龍　　1933　　鷲棲寺舍利石盒刻文 『新羅史研究』近澤書店 ；
1978『朝鮮金石瑣談』(外) 아세아문화사

今西龍　　1933　　孝子里碑『新羅史研究』近澤書店 ；1978『朝鮮
金石瑣談』(外) 아세아문화사

藤島亥治郎　　1933　　慶州を中心とせる新羅時代碑論『考古學雜
誌』23-11 日本考古學會　1. 序說　2. 實例　3. 結論

末松保和　　1933　　逸新羅敭興寺鐘銘釋文『靑丘學叢』11 靑丘學

會 ；1954　甍興寺鐘銘 『新羅史の諸問題』 東洋文庫 ；
1995『新羅の政治と社會』下 吉川弘文館

土居山洋　　1933　　興法寺廉巨和尙塔誌に就きて　『史學會報』4
京城帝大法文學部史學會　　1. 所在　2. 興法寺　3. 廉
巨和尙塔　4. 廉巨和尙 塔誌板　5. 結論　　*

大坂金太郎　　1934　　慶州に於て新に發見せられたる南山新城碑
『朝鮮』235 朝鮮總督府　　1. 碑文　2. 碑石　3. 發見の
場所　4. 發見の時日と發見者　5. 發見の動機　6. 石碑
の原位置　7. 南山新城　8. 石碑の年代　9. 碑文の意義
10. 碑石の保存

末松保和　　1934　　新羅昌林寺無垢淨塔願記について『靑丘學叢』
15 靑丘學會 ；1954「昌林寺無垢淨塔願記」『新羅史の諸
問題』東洋文庫 ；1995『新羅の政治と社會』下 吉川弘
文館

鮎貝房之進　　1934　　葛項寺塔記, 甘山寺彌勒菩薩阿彌陀如來光
背記, 開仙寺石燈記, 大安寺寂忽禪師照輪淸淨塔碑末記,
无盡寺鐘記, 上院寺鐘記, 石佛光背記, 蓮池寺鐘記, 中初
寺幢竿石柱記『雜攷』6-上

葛城末治　　1935　　新羅誓幢和上塔碑に就いて『朝鮮金石攷』大
坂屋號館書店 ；1974 國書刊行會 ；1978 아세아문화사

無記名　1935　　北漢山眞興王巡狩碑『北平圖書館館刊』9-2　*

無記名　1935　　黃草嶺眞興王巡狩碑『北平圖書館館刊』9-2　*

末松保和　　1936　　慶州出土の壬申誓記石について『京城帝大史學
會誌』10 京城帝大史學會 ；1954「壬申誓記石」『新羅
史の諸問題』東洋文庫 ；1995『新羅の政治と社會』上

吉川弘文館

末松保和　　1936　　新羅六部攷『京城帝大創立十周年記念論文集
(史學篇)』; 1954『新羅史の諸問題』東洋文庫　○ 序言
1. 三國史記に見える六部　2. 三國遺事に見える六部　3.
日本書紀に見える新羅の部　　4. 金石文に見える部　　5.
結論―六部發生史論（附）高麗初期の慶州六部配置圖

藤田亮策　　1939　　新羅文武王陵碑拓片の一(圖版)『靑丘學叢』30
靑丘學會

末松保和　　1942　　新羅の人名に見える宗字・夫字の訓みかた『會
報』17　書物同好會

法雲　　1943　　異次頓의 殉敎『佛敎』불교사　1. 序言　2. 순
교의 실시에 대하여　3. 이차돈 순교의 이유　4. 栢栗
寺 六面石幢刻文　5. 석당각문의 내용　○ 결론 *

梅原末治　　1950　　韓國 慶州 皇福寺塔發見の舍利容器『美術硏
究』156　美術硏究所

末松保和　　1954　　近時發見の新羅金石文　『新羅史の諸問題』;
1995『新羅の政治と社會』下　吉川弘文館

末松保和　　1954　　眞興王磨雲嶺碑の發見　『新羅史の諸問題』;
1995『新羅の政治と社會』下　吉川弘文館

李弘稙　　1954　　慶州 南山東麓三層石塔內 發見品『韓國金石文化
論考』　*

李弘稙　　1954　　延壽在銘新羅銀合于에 대한 一二考察『崔鉉培博
士還甲紀念論文集』; 1971『韓國古代史의 硏究』신구
문화사　1. 머리말　2. 銀合于의 銘文　3. 紀年과 重
量문제　4. 銘文 中의 "中"의 용법　5. 餘說

李弘稙　1954　　在日朝鮮梵鐘考『韓國古蹟圖報』4　　*

姜萬吉　1955　　眞興王碑의　隨駕臣名硏究—黃草嶺碑와 昌寧碑『史叢』1　고려대 사학회

藤田亮策　1955　　在日本新羅鐘の銘文について—靑丘遺文(二)—『大和文化硏究』3-3,4

李弘稙　1955　貞元廿年在銘 新羅梵鍾—襄陽雪山出土品— 『庸齋白樂濬博士還甲紀念國學論叢』; 1955『朝鮮學報』 7 朝鮮學會 ; 1971『韓國古代史의 硏究』신구문화사　1. 머리말　2. 발견의 경위　3. 梵鐘의 모습　4. 鐘銘釋文 5. 綜合的 考察　6. 發見寺誌의 問題　7. 후기

徐首生　1956　　四山碑銘과 四六騈麗文—東國文宗 崔孤雲의 文學 (上 · 下)『語文學』1~2 한국어문학회

李丙燾　1957　　壬申誓記石에 對하여『人文社會科學』5 서울대학교 논문집 ; 1976『韓國古代史硏究』박영사

任昌淳　1958　　大邱에서 新發見된 戊戌塢作碑 小考『史學硏究』1 한국사학회 ; 1958『朝鮮研究年報』2　1. 緒言 2. 碑의 發見經路　3. 碑의 內容　4. 立碑의 年代　5. 碑와 大邱　6. 碑文의 考釋　7. 結論

中吉功　1958　　造像銘のある新羅の鐵佛二種—高麗佛の先驅的彫像— 『朝鮮學報』12 朝鮮學會 ; 1971 『新羅 · 高麗の佛像』二玄社

鈴木治　1959　　慶州壺杆塚とその紀年について『天理大學報』29 天理大學人文學會

熊谷宣夫　1959　　甲寅銘王延孫造光背考『美術研究』209 美術研究所　1~5. ○ 追記

秦弘燮　　1960　　新發見　南山新城碑小考『歷史學報』13　역사학회 ; 1961　『朝鮮學報』19　朝鮮學會 ; 1961　『朝鮮研究年報』3　1. 前文　2. 第二南山新城碑　3. 第三南山新城碑의　發見經緯　4. 碑의　形態와　碑文　5. 碑文의　考釋　6. 碑의　建立年代와　經緯　7. 結言

黃壽永　　1960　　碑岩寺所藏의　新羅在銘石像『考古美術』4　한국미술사학회　1. 癸酉銘全氏阿彌陀佛三尊石像(國寶 552號)　2. 己丑銘阿彌陀如來諸佛菩薩石像(國寶 553號)　3. 彌勒菩薩半跏石像(國寶 554號)

黃壽永　　1960　　新羅高麗　在銘金口考『黃義敦先生古稀紀念史學論叢』동국대　1. 前言　2. 形態　3. 記銘　4. 名稱　5. 各論

閔泳珪　　1961　　興德王陵碑斷石『考古美術』7　한국미술사학회

李殷昌　　1961　　保寧　聖住寺址의　逸名塔碑『考古美術』14　한국미술사학회

秦弘燮　　1961　　新發見　南山新城碑小考『朝鮮學報』19　朝鮮學會 ; 1960『歷史學報』13　역사학회 ; 1961　『朝鮮研究年報』3　1. 前文　2. 第二南山新城碑　3. 第三南山新城碑の發見經緯　4. 碑の形態と碑文　5. 碑文の考釋　6. 碑の建立年代とその經緯　7 .結言

秦弘燮　　1961　　燕岐의　三尊千佛碑像『考古美術』14　한국미술사학회

洪思俊　　1961　　崇福寺碑片『考古美術』15　한국미술사학회

洪思俊　　1961　　新羅　文武王陵　斷碑의　發見『美術資料』3　국립중앙박물관

黃壽永　　1961　　新羅崇福寺碑片『考古美術』14 한국미술사학회

黃壽永　　1961　　貞元二十年在銘 新羅銅鐘의 鐵索과 鐵壺『考古美術』17 한국미술사학회

閔泳珪　　1962　　新羅 興德王陵碑斷石記『歷史學報』17・18　역사학회

朴日薰　　1962　　保寧聖住寺址 逸名碑片『考古美術』27 한국미술사학회

李殷昌　　1962　　保寧 團圓寺의 逸名浮屠와 그 塔碑『考古美術』18 한국미술사학회　1. 逸名浮屠　2. 塔碑

秦弘燮　　1962　　癸酉銘 三尊千佛碑像에 對하여『歷史學報』17・18합집 역사학회 ; 1963『朝鮮研究年報』5　1. 序言　2. 發見의 經緯　3. 形態와 現狀　4. 彫刻　5. 造石記　6. 造石記의 釋讀　7. 年代의 推定　8. 結語

秦弘燮　　1962　　大象二年銘 石造菩薩立像 『考古美術』19・20 한국미술사학회

洪思俊　　1962　　「新羅 文武王陵 斷碑」追記『考古美術』26 한국미술사학회

洪思俊　　1962　　慶州 上人岩의 造像銘記『考古美術』29 한국미술사학회

黃壽永　　1962　　燕岐 蓮花寺의 石像『考古美術』22 한국미술사학회

黃壽永　　1962　　五臺山 上院寺銅鐘의 搬移事實 『歷史學報』16 역사학회 ; 1974『韓國의 佛敎美術』同和出版公社

藤田亮策　　1963　　斂興寺鐘『朝鮮學論攷』藤田先生記念事業會

朴日薫　　1964　　法廣寺址와　釋迦佛舍利塔碑『考古美術』47·48 한국미술사학회

鄭明鎬　　1964　　慶州　在銘石槽　二座『考古美術』50 한국미술사학회

黃壽永　　1964　　癸酉銘　千佛三尊像의　天蓋石『考古美術』42 한국미술사학회

李佑成　　1965　　新羅時代의　王土思想과　公田—大崇福寺碑　및　鳳巖寺　智證碑의　一考—　『趙明基博士華甲紀念　佛敎史學論叢』; 1990『韓國中世社會研究』일조각　1. 머리말　2. 王土思想　3. 元聖王葬地의　수용과　그　보상　4. 智證和尙의　개인　莊田의　처리　5. 맺음말

李弘稙　　1965　　新羅銘瓦片　二題『考古美術』58 한국미술사학회 1.「官瓦」「東窯」　2.「令妙寺」在銘瓦

秦弘燮　　1965　　南山新城碑의　綜合的考察『歷史學報』26 역사학회 ; 1976『三國時代의　美術文化』同和出版公社

黃壽永　　1965　　新羅塔誌石과　舍利壹『美術資料』10 국립중앙박물관 ; 1970『朝鮮研究年報』12

長田夏樹　　1966　　新羅文武王陵碑文初探『神戶外大論叢』17-1~3

大坂金太郎　　1967　　新羅花郎의 誓記石『朝鮮學報』43 朝鮮學會 1. 誓記石の發見　2. 誓記石の遺失と再入手　3. 誓記石の全文と文意　4. 誓記石の處置

大坂金太郎　　1967　　朝鮮慶州出土の彫三島廚子に就て『朝鮮學報』44 朝鮮學會

黃壽永　　1967　　新羅在銘香坪의 新例 二座『考古美術』88 한국미술사학회

李弘稙　　1968　　羅末의 戰亂과 緇軍『史叢』12 · 13合 고려대 사학회 ; 1971『韓國古代史의 硏究』신구문화사　1. 머리말　2. 海印寺 吉祥塔誌와 哭戰七緇軍詞　3. 羅末麗初의 海印寺의 經濟力　4. 여설

黃壽永　　1968　　新羅 崇福寺碑片『考古美術』96 한국미술사학회

李基白　　1969　　永川菁堤碑貞元銘의 考察『考古美術』102 한국미술사학회 ; 1974『新羅政治社會史硏究』일조각　1. 序言　2. 貞元十四年銘의 內容　3. 新羅의 水利事業과 菁堤의 修治　4. 貞元銘에 나타난 新羅의 中央集權體制와 地方豪族　5. 貞元銘에 나타난 新羅의 力役體制　6. 結語

鄭永鎬　　1969　　新羅 獅子山 興寧寺址 硏究『白山學報』7 백산학회 ; 1969『檀國大學校大學院論文集』; 1974『新羅石造浮屠 硏究』　1. 序言　2. 新羅 禪門九山 獅子山派　3. 澄曉大師와 興寧寺 事蹟　4. 興寧寺址의 遺蹟遺物 1) 寺址 槪況과 石塔址의 推定 2) 澄曉大師 寶印塔碑 ① 碑文의 形態 ② 碑文의 訂正 ③ 碑陰記 ④ 碑文의 撰者問題 3) 澄曉大師 寶印塔의 推定 4) 石室과 石棺 5) 石造 浮屠와 그 復原 6) 金銅如來立像 7) 石造遺物과 瓦片 8) 獅子山 法興寺 重建碑 9) 現 法興寺와 諸 遺物　5. 結語

鄭永鎬　　1969　　永川菁堤碑의 發見『考古美術』102 한국미술사학회　1. 發見과 調査의 經緯　2. 碑의 形態　3. 銘文의 判讀

黃壽永　　　1969　　金立之撰　新羅聖住寺碑『文化財』4 문화재관리국 ; 1974『韓國의　佛敎美術』동화출판공사

黃壽永　　　1969　　新羅　閔哀大王　石塔記—桐華寺　毘盧庵　三層石塔의　調査—　　『史學志』3 단국대　사학회 ; 1974『韓國의　佛敎美術』同和出版公社　　1. 收拾의　經緯　　2. 舍利石盒　　3. 閔哀大王　石塔記　　4. 金銅四方佛函　　5. 閔哀大王石塔의　推定　　6. 毘盧庵石塔의　舍利　藏置　　7. 石塔建立의　背景

金和英　　　1970　　新羅澈鑒禪師塔과　塔碑에　대한　考察—그　造形樣式을　中心으로—　　『白山學報』9 백산학회　　1. 序言　　2. 澈鑒禪師의　行蹟　　3. 澈鑒禪師塔 1) 木造架構形式　　2) 各部의　構造와　彫刻樣式　　4. 澈鑒禪師塔碑　5. 結語

文明大　　　1970　　仁陽寺金堂治成碑像考『考古美術』108 한국미술사학회

李基白　　　1970　　永川　菁堤碑의　丙辰築堤記『考古美術』106·107 한국미술사학회 ; 1974『新羅政治社會史硏究』일조각　1. 머리말　2. 碑文의　內容　3. 築堤와　建碑　4. 碑文에　나타난　新羅의　社會　5. 맺는말

李弘稙　　　1970　　海印寺石塔에서　發見된　羅末戰亂의　吉祥塔『法施』57 법시사　　*

黃壽永　　　1970　　新羅　法光寺　石塔記『白山學報』8 백산학회 ; 1974『韓國의　佛敎美術』同和出版公社　　1. 法光寺址　三層石塔　　2. 法光寺　石塔記　　3. 重修塔碑와　舍利具　4. 結語

黃壽永   1970   新羅誓幢和上碑의 新片—建立年代와 名稱에 대
하여—   『考古美術』 108 한국미술사학회 ; 1987
『元曉研究論叢』 한국통일원

中吉功   1971   造像銘記鈔存『新羅・高麗の佛像』二玄社   *

崔柄憲   1972   新羅下代 禪宗九山派의 成立—崔致遠의 四山碑
銘을 中心으로—   『韓國史研究』 7 한국사연구회 ;
1976 『韓國史論文選集』 2 일조각 ○ 序言 1. 禪宗
成立以前의 新羅佛敎 2. 禪宗의 初期 輸入 3. 禪宗
九山派의 成立 4. 禪師들의 身分과 社會經濟的 基盤
○ 結語

黃壽永   1972   金立之撰 新羅 聖住寺碑(續) 『考古美術』 115
한국미술사학회

黃壽永   1972   新羅皇龍寺九層塔誌『考古美術』116 한국미술
사학회

金杜珍   1973   朗慧와 그의 禪思想 『歷史學報』 57 역사학회
1. 序論 2. 朗慧의 社會的 基盤 1) 朗慧의 身分 2) 聖
住山門의 基盤 3) 中央王室과의 關係 3. 朗慧의 禪思想
1) 無舌土論 2) 그의 禪思想의 社會的 性格 4. 結論

邊善雄   1973   皇龍寺 9層 塔誌의 研究 『國會圖書館報』10-10
(96) 국회도서관 1. 序言 2. 內容과 構成 3. 皇龍寺
成典의 構成과 그 性格 1) 構成 2) 上宰相의 問題 3)
性格 4. 政官과 政法典 1) 政官의 起源 2) 僧職名의
變遷 ① 國統 ② 法主・大統・政法 3) 僧官 設置의 意
義와 性格 및 機能 5. 結論

黃壽永   1973   金立之撰 新羅 聖住寺碑(其三)『考古美術』117

한국미술사학회 ; 1974『韓國의　佛敎美術』同和出版公社

黃壽永　1973　　新羅　皇龍寺　九層木塔　刹柱本記와　그　舍利具『東洋學』3. 단국대　동양학연구소 ; 1974『韓國의　佛敎美術』동화출판공사　　1. 前言　2. 收拾經緯　3. 塔銘—刹柱本記　4. 金利具　1)　金銅外函　2)　金銅內函　3)　銀製舍利塔　4)　金銅八角舍利塔　5)　銀製小圖盤　6)　靑銅小蓋　7)　ㄱ字形金具　8)　金盒　9)　銀盒　10)　유리珠　11)　靑銅小圖筒　12)　靑銅方形小函　13)　銀製圖盒　14)　蓮花盤形具　15)　金銅花紋片　<附>　仲和三年銘　金銅圓套　5. 心礎위의　方石—宴坐石　○　附言

黃壽永　　1973　　　新羅皇龍寺　刹柱本記—九層木塔　金銅塔誌—『美術資料』16　국립중앙박물관 ; 1974　新羅　皇龍寺九層塔誌『韓國의　佛敎美術』同和出版公社

姜友邦　1974　　古新羅의　金石文遺蹟『書通』3　동방연서회　○　序　　1. 古墳出土金石文　1)　延壽在銘瑞鳳塚銀合杆　2)　榮州於宿述干墓　3)　高德興鏶銘鐎斗　4)　弔銘靑銅盒　2. 花郞遺蹟金石文　1)　蔚州川前里盤龜臺書石　1)　壬申誓記石　3. 土木建築金石文　1)　永川菁堤碑　2)　大邱塢作碑　3)　南山新城碑　4)　在城銘　숫막새기와　4. 佛敎遺蹟金石文　1)　斷石山神仙寺造像記　○　結語.

金昌鎬　1974　　九山의　眞鏡國師　寶月淩空塔碑銘考—그릇된　풀이에　대하여—　『月刊文化財』75-8(32)　월간문화재사　○　머리말　1. 感懷　깊은　옛절터　2. 任那는　가야(嶺南)땅이　아니고　對馬島였다　3. 塔碑銘풀이

文明大　1974　　新羅　法相宗(瑜伽宗)의　成立問題와　그　美術(上・下)—甘山寺　彌勒菩薩像　및　阿彌陀佛像과　그　銘

文을 中心으로— 『歷史學報』 62・63 역사학회　1. 머리말　2. 問題의 提起　3. 甘山寺 彌勒・阿彌陀 兩佛像彫刻 1) 彌勒菩薩像의 現狀 2) 阿彌陀佛像의 現狀 3) 兩佛像의 技法과 樣式　4. 銘文의 內容 1) 彌勒菩薩光背銘文 ① 造像動機 ② 思想的 背景 ③ 기타 2) 阿彌陀佛像光背銘文 ① 思想 ② 人物과 職官問題 ③ 기타　5. 兩佛像彫刻의 造成年代問題 1) 彌勒菩薩 2) 阿彌陀佛像　6. 新羅 法相宗의 成立問題　7. 新羅 法相宗美術의 問題點　8. 맺는말

徐首生　1974　崔孤雲의 還國時期・歸路와 吉祥塔記에 대하여 『語文學』 31 한국어문학회　1. 머리말　2. 崔孤雲의 錦衣還鄕時期와 海往海歸　3. 崔孤雲의 遺文 海印寺雲陽臺妙吉祥塔記　4. 맺는말

李鍾旭　1974　南山新城碑를 통하여 본 新羅의 地方統治體制 『歷史學報』 64 역사학회　1. 머리말　2. 南山新城碑에 나타난 人員의 分析　3. 南山新城의 築造를 위한 力役體制　4. 新羅 中古의 地方行政機構　5. 新羅 中古의 村落構造　6. 新羅 中古 地方民의 身分制　7. 맺는말

李昊榮　1974　新羅 中代王室과 奉德寺 『史學志』 8 단국대 사학회　1. 서언　2. 奉德寺 창건과 성덕왕　3. 성덕대왕신종과 경덕왕 및 혜공왕　4. 결어

鄭永鎬　1974　寶林寺 石塔內發見 舍利具에 대하여 『考古美術』 123・124合 한국미술사학회

鄭永鎬　1974　雙谿寺 眞鑑禪師大空塔의 推定 『古文化』 12 한국대학박물관협회

黃壽永　1974　新羅皇龍寺九層塔誌・刹柱本記에 대하여『韓國의 佛敎美術』동화출판공사

金杜珍　1975　了悟禪師 順之의 相論『韓國史論』2 서울대 국사학과　1. 序論　2. 順之의 相論 1) 四對八相 2) 兩對四相 3) 四對五相　3. 相論의 性格　○ 맺는말

金杜珍　1975　了悟禪師 順之의 禪思想—그의 三遍成佛論을 중심으로—　『歷史學報』65 역사학회　1. 序論　2. 順之의 時代 및 檀越勢力　3. 順之의 禪思想 1) 成佛論　2) ‘內證外化’思想 3) ‘會三歸一’思想 4) ‘敎禪一致’思想　4. 順之의 禪思想의 性格　5. 맺는말　○ 瑞雲寺了悟和尙眞原塔碑

李昊榮　1975　聖德大王神鐘銘의 解釋에 관한 몇 가지 문제『考古美術』125 한국미술사학회　1. 序言　2. 判讀과 解釋　3. 梵鐘에 대한 觀念　4. 神鐘의 鑄造 期間　5. 聖德王의 薨年 問題　6. 結語

井上秀雄　1975　新羅金石文調査の中間報告『東北大學文學部研究年報』25 東北大學文學部　1. 調査研究概要　2. 新羅銘文研究の問題点　3. 新羅銘文の解說 1) 咸安防禦山石刻 2) 慶州上人岩造像銘記 3) 高句麗平壤城碑と新羅南山新城碑　4. 新羅金石文研究の展望

鄭永鎬　1975　浮巖寺 水瑪瑙塔內 發見 舍利具에 대하여『東洋學』5 단국대 동양학연구소

孔在錫　1976　慶州 98號南墳出土 漆器盞銘文『美術資料』19 국립중앙박물관　1. 序　2. 漢字의 理解　3. 馬, 郎字考　4. 佛經 중의 馬郎故事

文明大   1976   佛國寺 金銅如來坐像二軀와 그 造像讚文(碑銘)
의 研究『美術資料』19 국립중앙박물관   1. 머리말
2. 造像讚文(碑銘) 3. 두 佛像의 現狀 4. 技法과 樣
式에서 본 年代問題 5. 造像讚(碑)文과 두 金銅如來
像과의 關係(性格) 6. 맺는말

李銀基   1976   新羅末 高麗初期의 龜趺碑와 浮屠 研究『歷史
學報』71 역사학회   1. 序論 2. 羅末麗初期 以前의
樣式 3. 羅末麗初期의 樣式 1) 新羅末 2) 高麗初 前半
3) 高麗初 後半 4. 羅末麗初期 以後의 樣式 5. 結論

村上四男   1976   新羅眞興王と其の時代『朝鮮學報』81 朝鮮學
會 ; 1978 『朝鮮古代史研究』開明書院   ○ はしがき
1. 眞興王の卽位 2. 王母と王妃 3. 眞興王の諱と美稱
4. 王母の攝政時代 5. 國史の撰修 6. 異斯夫 7. 眞
興王代の對外發表 8. 中國との通交 9. 眞興王の崇佛
10. 眞興王異斯夫の巡狩管境碑   11. おわりに

許興植   1976   沙林院 弘覺禪師碑『韓國中世社會史資料集』아
세아문화사 ; 1986『高麗佛敎史研究』일조각 ○ 머리
말 1. 탁본의 현존상태 2. 전문의 판독과 내용 3.
비문의 사료적 가치   ○ 맺음말

武田幸男   1977   金石文資料からみた新羅官等制『江上波夫敎
授古稀紀念論集―歷史篇―』   1. はじめに 2. 官位表
記法の變遷 3. 官位を記した新資料の年次 4. 六世紀
前半の官位制

金錫夏   1978   丹陽眞興王赤城拓境碑 解讀文『史學志』12 단
국대 사학회

金元龍   1978   丹陽赤城의 歷史・地理的 性格『史學志』12 단

국대 사학회

南豊鉉　　1978　　丹陽赤城碑의　解讀　試攷 『史學志』12 단국대
사학회

邊太燮　　1978　　丹陽眞興王拓境碑의　建立年代와　性格 『史學志』
12 단국대　사학회　　1. 丹陽眞興王拓境碑의　建立年
代—眞興王　12年(551)으로부터　數年　앞서　건립되었다.
2. 王敎를　받은　王京人은　어떤　사람인가—北方經略事
業의　中心人物들이다.　3. 丹陽碑의　性格—眞興王巡狩
碑의　先驅的　形態로　拓境碑의　性格을　지닌다.

邊太燮　　1978　　學術座談 丹陽新羅赤城碑 『韓國學報』12 일지사
○　赤城碑의　發見　및　周邊發掘　경위　　○　碑文內容의
檢討　○　碑의　建立年代　○　碑文　발견의　歷史的　意義

浜田耕策　　1978　　新たに發見された丹陽新羅赤城碑 『日本歷史』
365　日本歷史學會

吳星　　1978　　永川　菁堤碑　丙辰銘에　대한　再檢討 『歷史學報』
79 역사학회　　1. 머리말　2. 碑文에　나타난　築堤經緯
와　人物들에　대한　檢討　3. 菁堤碑를　通해서　본　新羅
時代의　水利事業　4. 맺는말

李基東　　1978　　新羅　官等制度의　成立年代　問題와　赤城碑의　發
見 『歷史學報』78 역사학회 ; 1978 『史學志』12 단국
대 사학회 ; 1984 『新羅　骨品制社會와　花郎徒』일조
각　　1. 序言　2. 旣往의　學說　3. 赤城碑　發見의　意義
4. 結語

李基東　　1978　　新羅　太祖　星漢의　問題와　興德王陵碑의　發見
『大丘史學』15 · 16 대구사학회 ; 1984 『新羅　骨品制

社會와 花郎徒』일조각　　1. 序言　2. 旣往의 學說　3. 興德王陵碑의 發見　4. 結語

李基白　　1978　　丹陽赤城碑 發見의 意義와 赤城碑 王敎事部分의 檢討『史學志』12 단국대 사학회　　1. 丹陽赤城碑 發見의 意義　2. 丹陽赤城碑 "王敎事" 部分의 檢討 ; 1996『韓國古代政治社會史硏究』일조각

任昌淳　　1978　　丹陽赤城碑에 대한 愚見 二・三『史學志』12 단국대 사학회　　1. 字體　2. 文體　3. 官名　4. 年代　5. 碑의 명칭에 대하여

鄭求福　　1978　　丹陽新羅赤城碑 內容에 대한 一考『史學志』12 단국대 사학회　　1. 머리말　2. 碑文에 나오는 人物 分析　3. 碑文의 內容　4. 맺음말

鄭永福　　1978　　丹陽新羅赤城碑 內容에 대한 一考『史學志』12 단국대 사학회　　1. 머리말　2. 碑文에 나오는 人物 分析　3. 碑文의 內容　4. 맺음말

鄭永鎬　　1978　　丹陽新羅眞興王赤城碑片의 收拾發掘調査 略報『史學志』12 단국대 사학회

鄭永鎬　　1978　　石碑의 發見調査 經緯『史學志』12 단국대 사학회

鄭永鎬　　1978　　鎭川 太和四年銘 磨崖佛立像『考古美術』138・139合 한국미술사학회

村上四男　　1978　　新羅の村主『朝鮮古代史研究』開明書院　　1. 昌寧碑文に見える村主　2. 南山新城碑文に見える村主　3. 第二南山新城碑, 第四南山新城碑に見える村主　4. 說話に見える村干(村主)　5. 村主の種類　6. 正倉院文書に見える新羅の村主　7. 骨品制と村主　8. 村主の歷

史的起源　9. 村主と軍制　10. 羅末の動亂と村主の活躍　11. あとがき

姜喆鍾　1979　磨雲嶺 眞興王巡狩碑의 發見經緯에 관한 一管見『全北史學』3 전북대 사학회　1. 磨雲嶺碑 以前의 利城縣　2. 磨雲嶺碑의 發見經緯 1) 磨雲碑와 新羅의 北端疆域 2) 磨雲嶺碑에 대한 崔南善 以前의 諸家의 解明 3) 栗溪 姜必東과 六堂 崔南善　3. 結言

金龍善　1979　蔚州 川前里 書石 銘文의 研究『歷史學報』81 역사학회　○ 머리말　1. 書石 銘文의 判讀 1) 追銘 2) 原銘　2. 書石 銘文의 內容 1) 人物의 檢討 2) 年代의 檢討 3) 銘文의 檢討　3. 川前里書石에 나타난 葛文王　○ 맺는말

南豊鉉　1979　丹陽 新羅 赤城碑의 語學的 考察『論文集』13 단국대　1. 序言　2. 文의 分類와 文의 標識　3. 吏讀文의 初期的 形態와 吏讀的 語彙　4. ＜節敎事＞와 碑文의 構成　5. ＜伊史夫智＞와 語彙表記　6. ＜波珍干支＞와 訓借字　7. ＜書人 喙部口口 …… ＞의 意義　8. 結語

武田幸男　1979　眞興王代における新羅の赤城經營『朝鮮學報』93 朝鮮學會　○ はじめに　1. 碑文の構成と釋文　2. 赤城經營の指導層　3. 赤城經營の推進層　4 .赤城人の功積と恩典　5. 立碑年次とその意義―おわりにかえて―

李基東　1979　雁押池에서 出土된 新羅木簡에 대하여『慶北史學』1 경북사학회 ; 1984 『新羅 骨品制社會와 花郎徒』일조각　1. 序言　2. 木簡의 形態와 內容　3. 木簡의 性格과 年代　4. 木簡에 보이는 洗宅과 景德王의

改革政治　5. 結語

李丙燾　　　1979　　　慶州瑞鳳塚出土銀盒盂銘文考―특히　延壽年號를　중심으로―　『Mélanges de Coréanologie』Paris　1. 머리말　2. 銀盒盂銘文에　대한　諸考說과　論評　4. 筆者의　見解　　*

朱甫暾　　　1979　　　新羅 中古의　地方統治組織에　대하여『韓國史硏究』23　한국사연구회　○ 序言　1. 昌寧碑에　보이는　地方官名　2. 軍主와　그　性格　3. 幢主, 道使의　性格과　그　分化　4. 中古의　地方統治體制와　그　變化　○ 結言

崔範勳　　　1979　　　丹陽　眞興王　赤城碑에　나타난　人名　試讀『徐炳國博士華甲紀念論集』형설출판사　1. 序論　2. 碑文의　內容　3. 國文表記　人名資料　4. 人名解讀　5. 結論

文明大　　　1980　　　仁陽寺金堂治成碑文의　한　考察―佛敎造形活動의　經濟的　側面을　中心으로―　『新羅伽倻文化』11　영남대 신라가야문화연구소　1. 머리말　2. 碑形態와　碑文의　書體　3. 碑文의　內容　4. 造形活動과　經濟的　基盤　5. 下代新羅　社會와　造形活動　6. 맺는말

井上秀雄　　　1980　　　拓本と釋文―朗慧和尙碑の解讀と前にして―　『朝鮮學報』96　朝鮮學會　○ はじめに　1. 朗慧和尙碑の現狀と硏究經過 1) 碑の現狀 2) 碑文の紹介 3) 釋文集の成立 4) 比較の方法　2. 釋文の檢討 1) 第一行の拓本と釋文 2) 第二行の拓本と釋文 3) 第三行の拓本と釋文 4) 第四行の拓本と釋文　○ おわりに

浜田耕策　　　1981　　　新羅の聖德大王神鐘と中代の王室『响沫集』3　學習院大史學會　　*

李基文　1981　吏讀의 起源에 대한 一考察『震檀學報』52 진단학회

李明植　1981　新羅 地方制度의 研究『한사실업전문대학논문집』6　1. 序言　2. 金石文에 나타난 地方官名 1) 昌寧 眞興王巡狩碑 檢討 2) 南山新城碑 檢討　3. 地方行政區域 1) 地方境域의 擴大 2) 九州五小京　4. 地方官位 및 地方官職　5. 結語

李文基　1981　金石文資料를 통하여 본 新羅의 六部『歷史教育論集』2 경북대 역사교육학회　1. 序言　2. 金石文資料에 보이는 六部　3. 六部冠稱의 時期와 그 意義　4. 金石文資料에서의 部名消滅背景　5. 結語

齋藤忠　1981　新羅の葬制から見た甘山寺跡石造阿彌陀如來像彌勒菩薩像銘文の一解釋『朝鮮學報』99・100 朝鮮學會

朴方龍　1982　新羅 關門城의 銘文石考察『美術資料』31 국립중앙박물관　1. 序言　2. 歷史的 概觀 및 現狀　3. 銘文石의 解釋과 考察 1) 解釋 2) 考察 ①地名檢討 ②尺度問題 ③銘文石의 系統　4. 關門城의 諸問題 1) 長城과 新垈里城 2) 名稱問題　5. 結語

朴連洙　1982　壬申誓記石에 관한 考察—花郎의 「天」및 「國家」觀—　『陸士論文集』23 육군사관학교　1. 서론　2. 壬申誓記石의 發見　3. 製作年代와 製作者　4. 壬申誓記石의 意義　5. 결론

李文基　1982　新羅 眞興王代의 臣僚組織에 대한 一考察『大丘史學』20・21　대구사학회　1. 序言　2. 磨雲嶺碑에 보이는 眞興王의 臣僚　3. 中央行政組織과 堂來客　4. 近侍組織과 裏內客　5. 地方統治組織과 外客　6. 結語

秦弘燮 1982 新羅北岳太白山遺蹟調查報告(7)『韓國文化院論叢』40 이화여대 한국문화연구원 1. 毘盧寺眞空大師普法塔碑碑文 2. 小白山喜方寺遺誌 3. 大乘寺事蹟記 4. 大乘寺木刻佛幀關係文書 5. 四佛山彌勒庵重創記 6. 鳴鳳寺慈寂禪師凌雲塔碑碑文 7. 天竺山佛影寺始創記 8. 興寧寺澄曉大師寶印塔碑碑文

金昌鎬 1983 新羅中古 金石文의 人名表記(Ⅰ)『大丘史學』22 대구사학회 1. 머릿말 2. 蔚州 川前里書石 銘文의 人名表記 1) 書石 銘文의 判讀 2) 書石의 人名分析 3) 書石의 내용 4) 人名分析의 문제점 3. 眞興王代 金石文의 人名表記 1) 赤城碑 2) 磨雲嶺碑 3) 黃草嶺碑 4) 北漢山碑 5) 昌寧碑 6) 연대고찰 4. 其他 金石文의 人名表記 1) 永川丙辰銘菁堤碑 2) 南山新城碑 3) 蔚州 川前里書石 5. 맺음말

金昌鎬 1983 新羅中古 金石文의 人名表記(Ⅱ)『歷史敎育論集』4 경북대 역사교육학회 1. 머리말 2. 永川 丙辰銘菁堤石의 인명표기 3. 大邱 戊戌銘塢作碑의 人名表記 4. 慶州 南山新城碑의 人名表記 5. 丹陽 赤城碑의 人名表記 6. 人名表記를 통해 본 地方統治體制 7. 맺음말

金昌鎬 1983 新羅 太祖星漢의 再檢討『歷史敎育論集』5 경북대 역사교육학회 1. 머릿말 2. 지금까지의 학설 3. 太祖星漢 문제 4. 맺음말

金昌鎬 1983 永川 菁堤碑 貞元十四年銘의 再檢討『韓國史硏究』43 한국사연구회 1. 머리말 2. 내용검토 3. 신라下古의 人名表記 4. 맺음말

朴敬源외　　1983　　永泰二年銘蠟石制壺　『釜山市立博物館年報』
6　1. 머리말　2. 양식적인 특징　3. 명문검토 및 의
의　4. 반출토기壺　5. 맺는말

申正熙외　　1983　　蔚州 川前里 書石 銘文의 再檢討『蔚山工專
論文集』8-1　　＊

李龍範　　1983　　紺岳山 古碑에 대하여『佛敎美術』7 동국대 박
물관

李文基　　1983　　蔚州 川前里 書石 原銘追銘의 再檢討『歷史敎
育論集』4 경북대 역사교육학회　1. 머리말　2. 銘文
의 中心人物과 新羅　3. 隨行人物과 그 性格　4. 銘文
의 解釋과 그 意義　5. 맺음말

李丙燾　　1983　　西原 新羅寺蹟碑에 대하여『湖西文化硏究』3
충북대 호서문화연구소　1. 序說　2. 忠北大의 判讀
會 主催　3. 筆者의 檢討部分과 解說　4. 西原의 地
理·歷史的 背景　5. 結論

任昌淳　　1983　　淸州 雲泉洞發見 新羅寺蹟斷碑 淺見 二三『湖
西文化硏究』3 충북대 호서문화연구소　1. 序　2. 碑
本身의 想定 1) 碑의 原形 2) 碑의 크기 3) 碑文의 字
數 4) 碑文의 順序　3. 判讀에 대한 私見　4. 碑의 價値

田中俊明　　1983～5　　新羅の金石文 (1) 戊戌塢作碑『韓國文化』
5-1 (2) 永川菁堤碑丙辰銘『韓國文化』5-3 (3) 永川菁
堤碑貞元銘『韓國文化』5-5 (4) 壬申誓記石『韓國文
化』5-7 (5) 南山新城碑第1碑『韓國文化』5-9 (6) 南
山新城碑第2碑 『韓國文化』 5-11 (7) 南山新城碑第3
碑·第4碑『韓國文化』6-1 (8) 南山新城碑第5碑～第7
碑『韓國文化』 6-3 (9) 南山新城碑總括 『韓國文化』

　　　　　　6-5　（10）　蔚州川前里書石・乙巳年原銘　『韓國文化』
　　　　　　6-7（11）蔚州川前里書石・乙未年銘『韓國文化』6-10
　　　　　　（12）蔚州川前里書石・乙未年追銘『韓國文化』7-1（1
　　　　　　3・完）　蔚州川前里書石・乙卯年銘ほか　『韓國文化』
　　　　　　7-3

鄭早苗　　1983　　開仙寺石燈記『朝鮮學報』107 朝鮮學會　　1.
　　　　　　はしめに　　2. 開仙寺石燈記の現狀　　3. 石燈記の釋文
　　　　　　4. 石燈記の解讀　5. おわりに

車勇杰　　1983　　淸州 雲泉洞 古碑 調査記『湖西文化研究』3 충
　　　　　　북대 호서문화연구소　　1. 調査經緯　2. 二次調査　3.
　　　　　　判讀會의 開催　4. 其他

金昌鎬　　1984　　金石文으로 본 新羅 中古의 地方官制『歷史敎
　　　　　　育論集』6 경북대 역사교육학회　　1. 머리말　2. 昌寧
　　　　　　碑에 나타난 地方官名　3. 使大等　4. 幢主와 道使　5.
　　　　　　地方官의 相關性　6. 맺음말

金昌鎬　　1984　　壬申誓記石 제작의 연대와 계층『伽倻通信』10 ＊

辛澄惠　　1984　　「黃草嶺新羅眞興王巡狩碑」碑文の字形研究　『朝
　　　　　　鮮學報』112 朝鮮學會　○　はじめに　1. 碑の現狀　2.
　　　　　　研究方法と資料　　3. 碑文の字形研究　1）中國に見られ
　　　　　　る字形 2）竹冠・草冠をもつ字形 3）夊偏・辶偏をもつ
　　　　　　字形 4）中國には見られない字形　4. 碑文の文字文化
　　　　　　受容の經路　○　おわりに

張忠植　　1984　　新羅金石文 調査研究의 現段階『新羅宗敎의 新
　　　　　　研究』(『新羅文化祭學術發表會論文集』5) 신라문화선
　　　　　　양회　1. 前言　2. 金石文調査研究의 어제와 오늘　3.
　　　　　　研究展望과 그 課題　4. 結語

朱甫暾　1984　丹陽新羅赤城碑의 再檢討—碑文의 復元과 分析을 중심으로— 『慶北史學』7 경북사학회　1. 碑文의 復元　2. 碑文의 構成과 本文의 分析　3. 碑文에 보이는 職名　4. 建碑의 年代問題　○ 結言

洪再善　1984　金石文에 보이는 新羅僧官『素軒南都泳博士華甲紀念論叢』태학사　1. 序言　2. 本論 1) 政官(法政典) 2) 國統.大統 3) 維那.都維那.大維那 4) 州統.郡統 5) 成典 6) 僧職의 地位　3. 結語

金昌鎬　1985　丹陽 赤城碑文의 構成『伽倻通信』11・12합집 伽倻通信편집부　1. 머리말　2. 지금까지의 見解　3. 碑文의 構成　4. 맺음말

朴敬源　1985　永泰二年銘 石造毘盧遮那坐像—智異山 內院寺 石佛 探査始末『考古美術』168 한국미술사학회　○ 序言　○ 智異山과 內院寺　○ 石造毘盧遮那坐像　○ 永泰二年銘 石盒　○ 造像銘　○ 造像記의 事例와 記錄方法　○ 石佛의 舍利藏置　○ 新羅下待의 毘盧遮那佛像　○ 結言

申東河　1985　古代의 人名末音節考—古代 金石文 資料 硏究(1)— 『同大論叢』15 동덕여대

李明植　1985　新羅時代의 地方統治體制『新羅文化』2 동국대 신라문화연구소　1. 序言　2. 金石文에 나타난 地方官名 1) 昌寧 眞興王巡狩碑 檢討 2) 南山新城碑 檢討　3. 地方行政區域 1) 地方境域의 擴大 2) 九州 五小京　4. 地方官位 및 地方官職　5. 結語

정대구　1985　성덕대왕신종명과 판독문제 『傳統文化』15-4 전통문화사　1. 금석문이란 무엇인가　2. 성덕대왕신

종명의 판독연구 3. 문제점 몇 가지 *

朱甫暾   1985   雁鴨池出土 碑片에 대한 一考察『大丘史學』27
대구사학회 ○ 머리말 1. 碑文의 判讀 2. 建碑의
下限年代 3. 建碑의 絶對年代와 明活城 4. 明活城의
築造와 그 變貌 5. 本碑가 지닌 意味 ○ 맺음말

金昌鎬   1986   文武王陵碑에 보이는 新羅人의 祖上認識—太祖
星漢의 添補—   『韓國史研究』53 한국사연구회   1.
머릿말 2. 비문의 복원 3. 지금까지의 연구 4. 신라
인의 조상 인식 5. 맺음말

孫大俊   1986   新羅金石文における部の性格について—日本部制
の原型探究—   『京畿大學校 論文集』 19-1 경기대
1. 序章 2. 部の地位と性格 1) 文獻に現われた部 2)
金石文に現われた部   3. 部の性格を究めるための試章
1) 文化史的立場から 2) 言語學的立場から 4. 結論

李泳鎬   1986   新羅 文武王陵碑의 再檢討『歷史敎育論集』8
경북대 역사교육학회 1. 머리말 2. 碑文의 判讀 3.
碑形의 復元 4. 內容 및 意義 5. 맺음말

李宇泰   1986   永川 菁堤碑를 통해 본 菁堤의 築造와 修治『邊
太燮博士華甲記念 史學論叢』삼영사   1. 머릿말 2.
菁堤의 築造 3. 菁堤의 修治 4. 맺음말

金文基   1987   崔致遠의 四山碑名 研究—實態調査와 內容 및
文體分析을 中心으로—   『韓國의 哲學』15 경북대
퇴계연구소   1. 序論 2. 崔致遠의 삶과 四山碑名 1)
崔致遠의 삶 2) 四山碑名의 撰述 動機와 過程 3. 四
山碑名의 保存實態와 碑形式 1) 雙谿寺眞鑑禪師大空塔
碑 2) 聖住寺朗慧和尙白月葆光塔碑 3) 鳳巖寺智證大師

寂照塔碑　4) 大崇福寺碑片의　發掘과　判讀　5) 四山碑名
의　內容分析　　4. 四山碑名의　內容分析　1) 眞鑑禪師碑
銘의　構成과　內容　2) 朗慧和尙碑銘의　構成과　內容　3)
智證大師碑銘의　構成과　內容　4) 崇福寺　碑銘의　構成과
內容　　5. 四山碑名의　文體分析　1) 對偶와　四六　2) 用
典과　修飾　　6. 結論

文暻鉉　　1987　　蔚州　新羅　書石銘記의　新檢討『慶北史學』10
경북사학회　　1. 머리말　2. 書石銘記의　判讀　1) 釋文
2) 乙巳銘記 3) 乙未銘記　　3. 書石銘記의　解釋　1) 書石
銘記의　年代 2) 登場　人物　① 王族　② 隨行臣僚 3) 銘
記의　解釋　① 乙巳銘記　② 乙未銘記　③ 書石谷과　立
宗家　④ 喙字攷　⑤ 另字攷　　4. 맺음말

文明大　　1987　　洪城　龍鳳寺의　貞元十五年銘　및　上峰　磨崖佛立
像의　硏究『三佛金元龍敎授停年退任紀念論叢』2　일지
사　　1. 머리말　2. 貞元十五年銘　磨崖佛立像의　現狀
과　形式　3. 龍鳳山　上峰　石佛立像　4. 龍鳳寺　磨崖佛
像의　樣式　特徵과　編年　5. 彫刻史的　意義　6. 맺음말

金相鉉　　1988　　新羅　誓幢和尙碑의　再檢討『蕉雨黃壽永博士古
稀紀念　美術史學論叢』　　1. 머리말　　2. 碑의　現狀과
碑文의　判讀　3. 원효에　대한　再認識과　記念事業　4.
碑文으로 본 원효의 행적　5. 맺는말

金英美　　1988　　聖德王代　專制王權에　대한　一考察—甘山寺　彌
勒像·阿彌陀像銘文과　관련하여—　　『梨大史苑』22·
23合　　이대 사학회　　1. 머리말　2. 감산사 미륵상·
아미타상명의 분석　3. 성덕왕의 즉위와 상대등 개원
4. 성덕왕의 왕권안정책 1)민심수습과 대당외교의 전

개 2) 內廷官制의 정비　5. 맺음말 : 성덕왕대의 정치
적 안정과 佛國土思想

金載殷　1988　문무대왕릉비문과 고조선 복원시론『鄕土文化報』
13 광주일보사 향토문화연구원　　＊

金昌鎬　1988　順興 己未銘 壁畵 古墳의 築造『年報』11 부산
시립박물관　　1. 머리말　2. 遺蹟의 槪要　3. 묵서명의
검토　4. 맺음말

金昌鎬　1988　新羅 中古 金石文에 보이는 部名―骨品制와
관련하여―　『歷史敎育』43 역사교육연구회　　1. 머
리말　2. 部名의 사용시기　3. 中古 왕실의 소속부　4.
部의 내부구조　5. 맺음말

金昌鎬　1988　永川 菁堤碑의 丙辰銘의 建立年代『伽倻通信』
17　伽倻通信편집부　　1. 머리말　2. 명문의 판독　3.
인명 표기의 검토　4. 건비 연대　5. 맺음말

金昌鎬　1988　蔚珍鳳坪 新羅鹽祭天碑의 재검토『伽倻通信』18
伽倻通信편집부　○ 머리말　1. 명문의 판독　2. 단락
의 구분　3. 명문의 해석　○ 맺음말

金昌鎬　1988　蔚珍鳳坪鹽祭碑의 검토『鄕土文化』4 경산향토
문화연구회　　1. 머리말　2. 비의 발견 경위　3. 비문
의 판독　4. 단락의 설정　5. 인명의 분석　6. 몇가지
주목되는 사실　7. 맺음말　　＊

南豊鉉　1988　永泰二年銘 石造毘盧遮那佛造像記의 이두문 고
찰『新羅文化』5　동국대 신라문화연구소　　1. 서언
2. 명문의 판독　3. 조상기 명문의 해독　4. 壺底銘文
의 해독　5. 결어

朴方龍　　1988　　明活山城作成碑의　檢討『美術資料』41　국립중앙박물관　1. 序言　2. 作成碑의　發見經緯　및　現狀 1) 發見經緯・場所 2) 碑石의　現狀　3. 碑文의　判讀　4. 碑文의　內容檢討 1) 碑文의　文段構成 2) 力役動員과　明活山城의　規模 3) 碑文에　보이는　職名과　官位名 4) 立碑年代　및　建碑에　따른　몇　가지　問題　5. 結語

朴方龍　　1988　　南山新城碑　第八碑・第九碑에　대하여『美術資料』42　국립중앙박물관

辛澄惠　　1988　　新羅における碑文文字の特徴—6世紀を中心に—『シンポジウム日本文化と東アジア』

李基白　　1988　　蔚珍　居伐牟羅碑에　대한　考察『아시아문화』4　한림대　아시아문화연구소 ; 1988　『蔚珍鳳坪新羅碑調査報告書』문화재관리국 ; 1996『韓國古代政治社會史研究』일조각　1. 머리말　2. 碑文의　文段　區分　3. 所敎事부분의　分析　4. 別敎令　부분의　意味　5. 碑文에　나타난　律　執行의　實際　6. 碑　建立　關係　記事　7. 맺는말

任昌淳　　1988　　蔚珍鳳坪新羅古碑　調査硏究『蔚珍鳳坪新羅碑調査報告書』문화재관리국　1. 碑의　發見經緯　및　硏究의　진행상황　2. 碑의　형태　3. 碑文의　내용 1) 第1段 2) 第2段 3) 第3段 4) 第4段 5) 第5段　4. 碑文의　文章　5. 碑의　書體　6. 碑의　價値　및　指定에　대한　意見

朱甫暾　　1988　　신라 중고기의　郡司와　村司『韓國古代史硏究』1　한국고대사연구회　1. 머리말　2. 硏究史上의　문제점　3. 中古期　郡의　성격과　郡司의　구성 1) 郡의　성격 2) 郡司의　구성　4. 村司의　구성과　自然村 1) 南山新城碑

와 村司의 구성 2) 大邱戊戌塢作碑와 自然村 5. 맺음말

강봉룡 1989   蔚珍 新羅 居伐牟羅碑의 재검토『역사와 현실』
1 한국역사연구회   1. 머리말 2. 비문과 문단구분
3. 所敎事부문의 검토 4. 別敎令부분의 검토 5. 刑
집행부분 6. 立碑儀式부분의 검토 7. 동해안 지역에
대한 편제 8. 맺음말

古江亮仁   1989   慶州瑞鳳塚出土合杅の銘文についての二.三の
問題『朝鮮學報』130 朝鮮學會

權丙卓 1989   菁堤制度硏究『龍巖車文爕敎授華甲紀念 史學
論叢』 1. 머리말 2. 築堤 3. 修治 4. 菁堤會 1) 組
織 2) 목거지 3) 修簿 5. 맺음말

金炳浩 외   1989   신라古碑의 모형제작『保存科學硏究』10 문
화재관리국   1. 머리말 2. 모형제작의 목적 3. 모형
제작 대상 1) 울진군 봉평면 신라비 2) 영일군 냉수리
신라비 4. 樹脂금형(mold)제작 1) 전처리 2) 내부금형
제작 3) 외부형틀제작 4) 분할 및 박리 5) 후처리 5.
모형제작 1) 극형 2) 보강 및 접착 3) 마무리 6. 맺는말

金永萬 1989   冷水里 新羅碑의 內容考察『迎日冷水里碑 發掘
報告』 *

金昌鎬 1989   丹陽赤城碑의 재검토『嶺南考古學』6 영남고고
학회   ○ 머리말 1. 비문의 판독 2. 단락의 구분
3. 언명의 분석 ○ 맺음말

南豊鉉 1989   明活山城 作城碑文의 語學的 考察『二靜鄭然粲
敎授回甲紀念 國語國文學論叢』3 螢雪出版社   1. 叢
論 2. 判讀 3. 碑文의 解讀 4. 結語

南豊鉉　　1989　　蔚珍鳳坪新羅碑에 대한 語學的 考察『韓國古代史研究』2 한국고대사연구회　　1. 碑文의 判讀　2. 碑文의 構成　3. 文의 구조　4. 固有語의 표기

盧泰敦　　1989　　蔚珍鳳坪新羅碑와 新羅의 官等制『韓國古代史研究』2 한국고대사연구회　　1. 鳳坪碑에 보이는 人名과 官等　2. 官等의 表記方式

沈載完　　1989　　冷水里 新羅碑의 發見經緯와 書法考『迎日冷水里碑 發掘報告』　*

李明植　　1989　　蔚珍地方의 歷史・地理的 環境과 鳳坪新羅碑『韓國古代史研究』2 한국고대사연구회　　1. 머리말　2. 碑의 發見經緯　3. 蔚珍地方의 歷史的 性格　4. 蔚珍碑의 城・村名에 대한 檢討　5. 碑文의 解讀에 대한 所見　6. 맺음말

李文基　　1989　　蔚珍鳳坪新羅碑와 中古期 六部問題『韓國古代史研究』2 한국고대사연구회　　1. 머리말　2. 鳳坪碑의 判讀과 解釋 試論　3. 六部에 대한 研究史的 檢討　4. 鳳坪碑로 본 中古期의 六部問題　5. 맺음말

李宇泰　　1989　　蔚珍鳳坪新羅碑를 통해 본 地方統治體制『韓國古代史研究』2 한국고대사연구회　　1. 머리말　2. 문단의 구분과 내용　3. 지방통치체제 1) 지방관 2) 재지세력　4. 맺음말

李熙敦　　1989　　순흥 己未年銘 壁畫분에 대하여『金宅圭博士華甲紀念文化人類學論叢』　　1. 머리글　2. 己未年銘墓의 개관　3. 己未年銘墓의 구조　4. 己未年銘墓의 壁畫　5. 맺음말　*

任世權　　1989　　蔚珍鳳坪新羅碑의 金石學的 考察『韓國古代史研究』2 한국고대사연구회　1. 머리말　2. 石文의 조사와 연구상의 문제점　3. 蔚珍碑의 형태상 특징　4. 蔚珍碑의 金石學的 考察 1) 碑의 形態와 書體 2) 碑文의 判讀 3) 碑文 構成의 특징　5. 맺음말

趙由典　　1989　　蔚珍鳳坪新羅碑의 位置確認 發掘調査『韓國古代史研究』2 한국고대사연구회　1. 調査經緯　2. 碑의 發見位置 및 周邊環境　3. 確認發掘調査　4. 考察　5. 結言

朱甫暾　　1989　　迎日冷水里新羅碑에 대한 基礎的 檢討『新羅文化』6 동국대 신라문화연구소　1. 導論　2. 碑文의 構成과 內容　3. 本碑의 建立年代　4. 本碑와 5~6世紀 新羅史 問題　5. 마무리

朱甫暾　　1989　　蔚珍鳳坪新羅碑와 法興王代 律令『韓國古代史研究』2 한국고대사연구회　1. 머리말　2. 奴人法과 本碑의 性格　3. 本碑를 통해 본 法興王代 王權　4. 本碑와 法興王代 律令問題　5. 맺음말

崔光植　　1989　　蔚珍鳳坪新羅碑의 釋文과 內容『韓國古代史研究』2 한국고대사연구회　1. 머리말　2. 碑의 釋文　3. 碑文의 內容分析　4. 碑의 性格과 意義　5. 맺음말

홍우흠　　1989　　冷水里 新羅碑 文字判讀 述要『迎日冷水里碑 發掘報告』　＊

金侖禹　　1990　　紺岳山碑와 鐵原 孤石亭『慶州史學』9 경주사학회　1. 이끄는 말　2. 紺岳神祠와 紺岳山碑　3. 紺岳山과 七重城　4. 鐵原 孤石亭과 眞平王碑　5. 名勝地 孤石亭에의 探査　6. 맺는말

金永萬   1990   迎日 冷水里 新羅碑의 ‘癸未年’에 대하여 『三國遺事의 現場的 硏究』(『新羅文化際學術發表會議論文集』11) 신라문화선양회 1. 서론 2. 443년설의 성립 근거 3. 443년설의 문제점 4. 503년설에 대한 비판 5. 383년설과 癸亥年설에 대하여 6. 443년설의 문제점 처리 7. 결론

金永萬   1990   迎日冷水里新羅碑의 語文學的 考察『韓國古代史硏究』3 한국고대사연구회 1. 서론 2. 표기문자 3. 비문의 文體 4. 비문의 구성 5. 문장분석 6. 비문의 讀法 7. 주요 語句 연구 8. 비문의 話者(speaker)와 내용 9. 결론

金昌鎬   1990   금석문자료로 본 古新羅의 촌락구조『鄕土史硏究』2 한국향토사연구전국협의회 1. 머리말 2. 남산신성비의 촌락 3. 자연촌과 행정촌 4. 촌락과 촌주의 관계 5. 맺음말   *

金昌鎬   1990   신라   古新羅 金石文에 보이는 城村名 『三國遺事의 現場的 硏究』(『新羅文化際學術發表會議論文集』11) 신라문화선양회 1. 머리말 2. 力役體制와 城村 3. 지방제도와 城村 4. 맺음말

金昌鎬   1990   도판해설 영일냉수리 신라비『三國遺事의 現場的 硏究』(『新羅文化際學術發表會議論文集』11)

金昌鎬   1990   迎日冷水里新羅碑의 建立年代『韓國古代史硏究』3 한국고대사연구회 ○ 머리말 1. 인명의 분석 2. 단락의 구분 3. 건비 연대 ○ 맺음말

金義滿   1990   迎日 冷水碑와 新羅의 官等制『慶州史學』9 경주사학회 1. 序言 2. 智證王의 卽位過程 3. 此七王

等의 性格　4. 官等과 官職의 運營　5. 結語

盧鏞弼　1990　新羅 眞興王 大等의 分化와 그 政治的 背景—昌寧 眞興王巡狩碑 會集人名의 大等관계 부분의 분석을 중심으로—　『歷史學報』127　역사학회　1. 머리말　2. 昌寧 眞興王巡狩碑의 會集人名 부분을 통하여 살펴본 眞興王代 大等에 관한 몇 가지 문제　3. 眞興王代 大等의 分化와 典大等의 始置　4. 眞興王代 大等 分化의 정치적 배경—貴族聯合政治의 전개와 관련하여—　5. 맺음말

盧鏞弼　1990　昌寧 眞興王巡狩碑 建立의 政治的 背景과 그 目的—그 敎事部分의 判讀과 內容 分析을 中心으로—　『韓國史硏究』70　한국사연구회　1. 머리말　2. 昌寧 碑文의 性格에 관한 硏究史的 檢討　3. 敎事部分의 判讀　4. 文章 및 段落의 區分과 그 內容 分析　5. 昌寧 巡狩碑 建立의 政治的 背景과 그 目的　6. 맺음말

文暻鉉　1990　迎日冷水里新羅碑에 보이는 部의 性格과 政治 運營問題『韓國古代史硏究』3　한국고대사연구회　1. 들머리　2. 비석의 발견경위　3. 碑文의 해석　4. 碑의 건립 연대　5. 碑에 나타난 部와 六部　6. 葛文王과 部　7. 마무리

朴方龍　1990　新羅十二支銘骨壺에 대한 小攷『新羅文化』7　동국대 신라문화연구소　○ 서언　1. 十二支銘이 있는 骨壺　2. 十二支銘骨壺의 製作年代　3. 雁鴨池骨壺에 보이는 四掛　4. 十二銘骨壺의 意義　5. 結語

浜田耕策　1990　新羅「太王」號の成立とその特質『年報朝鮮學』1　九州大 朝鮮學研究所　1. はじめに　2. 王號の四變

遷　3. 金石文にみる王號の實用例　4. ＜大王＞號の成立
5. おわりに

宣石悅　　1990　　迎日冷水里新羅碑에 보이는 官等·官職問題『韓
國古代史研究』3 한국고대사연구회　　1. 머리말　2.
碑에 보이는 人物의 分析　3. 官等과 官職의 分析　4.
맺음말

辛鍾遠　　1990　　6세기 初 新羅의 犧牲禮—迎日 冷水里碑와 蔚
珍 鳳坪碑의 碑文을 중심으로—　　『震檀學報』70 진
단학회　　1. 머리말　2. 兩碑의 文段構成　3. 殺牛儀式
에 대한 視角　4. 盟約과 犧牲　5. 6세기 初의 儒敎政
治理念　6. 맺음말　○ 碑文全文

深津行德　　1990　　迎日冷水里新羅碑について『韓』116 韓國硏
究院　　＊

安秉佑　　1990　　迎日冷水里新羅碑와 5-6세기 新羅의 社會經濟
相『韓國古代史研究』3 한국고대사연구회　○ 머리말
1. 분쟁과 상속의 대상—財(物)의 내용　2. 節居利의
지위와 촌락지배 방식의 변화　3. 생산력 수준과 촌락
공동체의 변모　○ 맺음말

李明植　　1990　　新羅 中古期의 王權强化過程 『歷史敎育論集』
13·14 경북대 역사교육학회　　1. 머리말　2. 骨品制
社會의 展開　3. 中古王權强化의 基盤　4. 맺음말

李炯佑　　1990　　迎日地方의 歷史·地理的 考察『韓國古代史研究』
3 한국고대사연구회　　1. 머리말　2. 碑의 發見經緯와
位置　3. 迎日지역의 歷史的 性格　4. 考古學자료의
검토　5. 맺음말

李喜寬   1990   迎日冷水里碑에 보이는 至都盧 葛文王에 대한 몇 가지 問題『韓國學報』60 일지사   1. 問題의 提起 2. 至都盧葛文王의 冊封問題 3. 至都盧葛文王의 王位 繼承問題 4. 至都盧葛文王의 地位問題—「此七王等」의 새로운 解析을 중심으로—   5. 맺음말

鄭求福   1990   迎日冷水里新羅碑의 金石學的 考察 『韓國古代 史研究』3 한국고대사연구회   1. 머리말 2. 碑의 形 態와 書體   3. 異體字의 釋讀   4. 碑의 建立 年代   5. 맺음말

朱甫暾   1990   6세기초 新羅王權의 位相과 官等制의 成立『歷 史敎育論集』13・14 경북대 역사교육학회   1. 머리말 2. 6세기초 王權의 位相   3. 官等制의 成立   4. 맺음말

崔光植   1990   迎日 冷水里 新羅碑의 釋文과 內容分析『三國 遺事의 現場的 研究』(『新羅文化際學術發表會議論文集』 11)   신라문화선양회   ○ 머리말   1. 碑의 釋文   2. 비문의 내용분석   3. 비의 성격 ○ 맺음말

洪順錫   1990   韓國 古碑銘 探訪—寶林寺 普照禪師彰聖塔碑— 『동양학간보』10 단국대 동양학연구소

金昌鎬   1991   古新羅 瑞鳳塚 출토 銀盒 銘文의 검토『歷史敎 育論集』16 경북대 역사교육학회   1. 머리말 2. 지 금까지의 연구   3. 은합 명문의 검토   4. 맺음말

金羲滿   1991   蔚珍 鳳坪碑와 新羅의 官等制 『慶州史學』10 경주사학회   1. 序言 2. 碑文의 構成과 性格 3. 6세 기초 官等制의 運營   4. 結語

南豊鉉   1991   신라 禪林院鐘銘의 이두문 고찰『들메徐在克博

士還曆紀念論文集』 계명대 출판부   *

南豊鉉   1991   華嚴經寫經 造成記에 대한 어학적 고찰 『東洋
學』 21   단국대 동양학연구소   1. 序言   2. 解讀   3.
綜合的 檢討

李宇泰   1991   蔚珍鳳坪新羅碑의 再檢討—碑文의 判讀과 解釋
을 中心으로—   『李元淳敎授停年紀念 曆史學論叢』 교
학사   1. 序言   2. 碑文의 判讀   3. 碑文의 解釋   4.
結語—碑의 性格—

李智冠   1991   谷城 大安寺 寂忍禪師照輪淸淨塔碑文 『伽山學報』
1 가산불교문화연구원

李智冠   1991   長興 寶林寺 普照禪師彰聖塔碑文 『伽山學報』 1
가산불교문화연구원

李智冠   1991   河東 雙谿寺眞鑑禪師大空塔碑文 『伽山學報』 1
가산불교문화연구원

朱甫暾   1991   二城山城 出土의 木簡과 道使 『慶北史學』 14
경북사학회   1. 머리말   2. 木簡의 年代   3. 木簡과
道使   4. 맺음말

秋萬鎬   1991   深原寺 秀徹和尙 楞伽寶月塔碑의 금석학적 분석
『역사민속학』 1 한국역사민속학회   1. 머릿말   2. 秀
徹和尙塔碑 기존본   3. 교정본, 완성본, 옮김글(解釋本)
4. 자료의 갈래별 분석 1) 새김글 ① 새금글 상태 ②
수철의 행적 ③ 새김글의 제작 2) 역사 ① 인물과 제
도 ② 골품제의 해체와 관료제로의 이행 3) 불교 일반
① 승려와 산문 ② 교종과의 관계 4) 민속   5. 맺음말

權悳永   1992   新羅 弘覺禪師碑文의 復元 試圖 『伽山李智冠스

님 華甲紀念論叢- 韓國佛敎文化思想史』   1. 머리말
2. 碑文의 復元 資料 3. 碑文의 復元과 檢證 4. 碑文
의 內容 5. 맺음말

金昌鎬   1992   北漢山碑에 보이는 甲兵 문제『文化財』25 문화
재관리국   1. 머리말 2. 北漢山碑의 판독 3. 銘文의
내용 4. 甲兵 문제 5. 맺음말

金昌鎬   1992   二聖山城 출토의 木簡 年代 問題『韓國上古史學
報』10 한국상고사학회   1. 머리말 2. 목간의 판독
3. 목간의 연대 문제 4. 맺음말

文暻鉉   1992   居伐牟羅 男彌只碑의 새 檢討『水邨朴永錫敎授
華甲紀念 韓國史學論叢』   1. 머리말 2. 碑文의 釋文
3. 碑文의 구성 분석과 해석   4. 和白(等,重臣)회의와
葛文王 5. 牟卽智 寐錦王 6. 律令 7. 新羅六部 8.碑
建立의 目的과 性格 9. 맺음말

閔德植   1992   新羅의 慶州 明活山城碑에 관한 考察—新羅王
京硏究를 위한 일환으로—   『東方學志』74 연세대
국학연구원 ○ 머리말 1. 明活山城碑 2. 雁鴨池 出
土 碑片 3. 考察 ○ 맺는말

浜田耕策   1992   新羅鐘銘の再檢討(1)—敦賀市・常宮神社所藏
の「鐘の記」と菁州蓮池寺鐘—   『史淵』129 九州大 文
學部   1. はじめに 2. 菁州蓮池寺鐘 1) 鐘の現在 2)
鐘の由來 3. 稻庭正義と＜鐘の記＞ 4. 鐘銘の釋文 5.
おわりに

李道學   1992   磨雲嶺 眞興王巡狩碑의 近侍隨駕人에 관한 檢
討『新羅文化』9 동국대 신라문화연구소   1. 머리말
2. 近侍組織의 구성 1) 沙門道人 2) 執駕人 3) 裏內從

人 4) 騆人 5) 貞(-八)人 6) 藥師 7) 奈夫通典 8) 及伐斬典 9) 裏內△△ 10) 堂來客 11) 裏內客 12) 外客 13) 助人 14) 裏公　3. 맺음말

李宇泰　1992　丹陽 新羅 赤城碑 建立의 背景—也爾次의 功績과 恩典의 性格을 중심으로—　『泰東古典硏究』8 한림대 태동고전연구소　1. 머리말　2. 문단의 구분과 判讀　3. 也爾次의 功績　4. 恩典의 性格　5. 맺음말

李宇泰　1992　迎日冷水里碑의 再檢討—財의 性格을 中心으로—　『新羅文化』9 동국대 신라문화연구소　1. 머리말　2. 碑文의 構成과 建立年代　3. 財의 性格　4. 맺음말

丁元卿　1992　신라경문왕대의 願塔건립『博物館研究論集』1 부산시립박물관　1. 서언　2. 탑지명문검토　3. 원탑건립의 특성　4. 결어　＊

朱甫暾　1992　明活山城作城碑의 力役動員體制와 村落『西巖趙恒來敎授華甲紀念 韓國史學論叢』아세아문화사　1. 머리말　2. 本碑의 建立年代와 官等表記　3. 碑文의 構造的 特徵과 力役動員體制　4. 本碑에 보이는 村落과 그 變化　5. 맺음말

朱甫暾　1992　新羅의 村落構造와 그 變化『國史館論叢』35 국사편찬위원회　○ 머리말　1. 麻立干時代 地方統治方式과 村落의 存在樣相　2. 地方官 派遣과 中古期 村落支配의 强化 1) 冷水里碑와 村落 2) 鳳坪碑와 村落 3) 赤城碑와 村落 4) 南山新城碑와 村落　3. 統一期 地方再編과 村落　4. 金憲昌의 亂과 下代 村落의 變化　○ 맺음말

南豊鉉 1993 신라시대 이두문의 해독『書誌學報』9 한국서지학회 1. 서언 2. 해독 1) 甘山寺彌勒菩薩像造成記(719) 2) 甘山寺阿彌陀如來像造成記(720) 3) 關門城 石刻銘(7세기말 ?) 4) 上院寺鐘銘(725) 5) 正倉院 所藏 毛氈의 貼布記(8세기 중엽 추정) 6) 葛項寺石塔造成記(785~798) 7) 永川菁堤碑貞元銘(798) 8) 中初寺幢竿石柱記(827) 9) 菁州蓮池寺鐘銘(833) 10) 竅興寺鐘銘(856) 11) 咸通銘禁口銘(865) 12) 禪房寺塔誌石銘(879) 13) 英陽石佛坐像光背銘(889) 14) 松山村大寺鐘銘(904) 3. 결어

盧鏞弼 1993 磨雲嶺碑의 '客'연구『國史館論叢』48 국사편찬위원회 1. 머리말—기존의 연구에 대한 검토 2. 磨雲嶺碑文 隨駕人名 部分의 判讀 3. 韓國 古代社會의 '客'에 대한 여러 유형 4. 磨雲嶺碑文의 '客'에 대한 檢討 5. 맺는말

盧鏞弼 1993 眞興王 北漢山巡狩碑 建立의 背景과 그 目的『鄕土서울』53 서울시사편찬위원회 1. 머리말 2. 北漢山碑文의 判讀 3. 北漢山碑의 建立時期—硏究史的 檢討를 중심으로— 4. 北漢山碑文의 南川軍主와 大等 5. 北漢山碑文에 나타난 政治思想 6. 北漢山碑 建立의 目的 7. 맺는말

武田幸男 1993 蔚州書石谷における新羅葛文王一族—乙巳年原銘・己未年追銘の一解釋— 『東方學』85 東方學會 1. はじめに 2. 原名・追銘の解文と隨從集團 3. 乙巳年原名の葛文王家 4. 己未年追銘の葛文王妃家 5. おわりに

福士慈稔   1993   新羅에 있어서 佛敎의 수용과 전개—6世紀 王族의 出家를 中心으로— 『震山韓基斗博士華甲紀念論叢 韓國宗敎思想의 再照明』원광대출판국   1. 序言   2. 史料에 나타나는 王族의 出家   3. 金石文에 나타나는 佛敎關係記事   4.『花郎世記』에 나타나는 佛敎關係記事   5. 結語

孫大俊   1993   韓國에 있어서의 部의 生成과 展開—3.新羅의 六部—   『古代韓日關係史硏究』 경기대 학술진흥원   2. 金石文에 나타난 部 1) 從來의 金石文의 性格 2) 蔚珍鳳坪里碑의 性格 3) 迎日冷水里碑의 性格 3. 金石文에 나타난 官等

李銖勳   1993   新羅 村落의 성격—6세기 금석문을 통한 행정촌·자연촌 문제의 검토— 『韓國文化硏究』 6 釜山大 韓國文化硏究所   1. 머리말   2. “冷水里碑”와 “鳳坪碑”의 村落 1) “冷水里碑”의 村落과 道使 2) “鳳坪碑”의 村落과 村使人   3. 행정촌·자연촌 문제의 검토   4. 맺음말

趙東元   1993   新羅 中古 金石文 硏究『國史館論叢』42 국사편찬위원회   1. 序言   2. 迎日 冷水里 新羅碑   3. 蔚珍 鳳坪 新羅碑   4. 蔚州 川前里 書石   5. 永川 菁堤碑   6. 丹陽 赤城碑   7. 眞興王 巡狩碑   8. 戊戌塢作碑   9. 南山 新城碑   10. 結語

하일식   1993   6세기말 신라의 역역 동원체계—남산신성비의 기재양식에 대한 재검토—   『역사와 현실』10 한국역사연구회 1. 문제의 제기   2. 비문기재양식의 분석 1) 제   1비 2) 제2비 3) 제4비 4) 소결   3. 축성작업

과 역역 동원   4. 나머지 문제

金昌鎬   1994   古新羅 金石文의 研究小史『芝邨金甲周教授
華甲紀念史學論叢』 1. 머리말 2. 한국 금석문의
연구 개요 3. 고신라 금석문의 연구 4. 맺음말

金昌鎬   1994   명활산성 作城碑의 몇 가지 문제『鄕土史研究』
6 한국향토사연구회 1. 머리말 2. 비문의 판독 3.
비문의 분석 4. 몇 가지 주목되는 사실

金昌鎬   1994   迎日冷水里碑의 建立 年代 問題『九谷黃鍾東教
授停年紀念 史學論叢』 1. 머리말 2. 인명의 분석
3. 건비연대 4. 맺음말

辛鍾遠   1994   斷石山神仙寺 造像銘記에 보이는 彌勒信仰集團
에 대하여―新羅 中古期의 王妃族 岑喙部― 『歷史
學報』143 역사학회 1. 머리말 2. 難解字문제 3.
造像銘에 나타난 彌勒上生신앙 4. 岑喙部의 盛衰 5.
맺음말

李銖勳   1994   6세기 新羅 村落의 匠人集團―築城·築堤 금
석문을 중심으로― 『釜山史學』27 부산사학회 1.
머리말 2. 築城 금석문의 匠人 1) 匠尺과 측량·설
계기술 2) 作上人, 工尺, 石捉上人과 축조기술 3) 文尺,
書尺과 문서(작업일지)기록 3. 築提 금석문의 匠人
4. 맺음말

李鍾旭   1994   迎日冷水里碑를 통하여 본 新羅의 統治體制『李
基白先生古稀紀念 韓國史學論叢』上 일조각 1. 머리
말 2. 碑文에 대한 檢討 3. 冷水里·鳳坪碑 등에 나
타난 敎體制 4. 冷水里碑에 나타난 政治組織 5. 冷
水里碑에 나타난 財物相續과 血族集團 6. 맺음말

朱甫暾　1994　南山新城의 築造와 南山新城碑—第9碑를 중심으로—　『新羅文化』 10·11 동국대 신라문화연구소 1. 머리말　2. 南山新城의 築造와 그 意味　3. 南山新城의 記載樣式과 第9碑　4. 第9碑의 構造的 特徵과 그 意義　5. 맺음말

金昌鎬　1995　古新羅의 佛敎관련 金石文『嶺南考古學』 12 영남고고학회　1. 머리말　2. 蔚州 川前里書石 乙卯銘　3. 眞興王巡狩碑　4. 大邱 戊戌銘 塢作碑　5. 맺음말

金昌鎬　1995　蔚州川前里書石의 解釋 問題『韓國上古史學報』 19 한국상고사학회　1. 序言　2. 명문의 판독　3. 인명의 분석　4. 명문의 내용　5. 結語

朴香美　1995　迎日冷水里碑를 통해 본 5~6世紀 新羅의 財産相續『慶北史學』 17·18合 경북사학회　1. 머리말 2. 5~6세기 신라의 사회경제적 상황 1) 농업생산력의 발달 2) 읍락의 변화　3. 영일냉수리비에 보이는 財(物)의 의미와 그 실체　4. 재산상속형태와 그 성격 5. 맺음말

정병삼　1995　통일신라 금석문을 통해 본 僧官制度『國史館論叢』 62 국사편찬위원회 1. 통일신라 금석문과 승직　2. 成典寺院　3. 國統·大統·政法和尙　4. 上座와 維那 秩- 院圭·典座·維那直歲　5. 史　6. 匠·博士　7. 三綱制　8. 맺음말　○ 부록 : 통일신라 및 고려전기 僧官·寺職자료

黃善榮　1995　金石文에 보이는 新羅 下代의 文散階『釜山史學』 29 부산사학회　1. 머리말　2. 文散階의 用例　3. 文散階 受容의 背景　4. 高麗 初期 文散階와의 關係

5. 맺음말

金昌浩　1996　　南山新城碑 第9碑의 재검토　　『釜山史學』30 부산사학회　1. 머리말　2. 비문의 판독　3. 인명의 분석　4. 촌의 성격　5. 맺음말

李銖勳　1996　　南山新城碑의 역역편성과 郡(中)上人—최근에 발견된 제9비를 중심으로—　　『釜山史學』30 부산사학회　1. 머리말　　2. 역역편성의 단위와 郡·城·村　3. 역역편성과 城·村作上人, 郡(中)上人　1) 역역편성과 城·村作上人의 성격　2) 城·村作上人과 郡(中)上人의 상호관계　4. 맺음말

趙法鍾　1996　　蔚珍鳳坏碑에 나타난 ‘奴人’의 성격 검토—新羅의 對民服屬 把握方式의 內容을 中心으로—　　『新羅文化』13 동국대 신라문화연구소　　1. 서론　2. 본론 1) 신라의 대외팽창과 복속민의 편제 2) 예속지역의 복속 양상 3) 울진 봉평비에 나타난 ‘奴人’의 성격　4. 결론

郭丞勳　1997　　新羅 哀莊王代 「誓幢和上碑」의 建立과 그 意義 『國史館論叢』74　국사편찬위원회　1. 머리말　2.「誓幢和上碑」의 내용　3. 碑文에 나타난 元曉의 思想　4. 下代 前期의 佛敎와 政治　5.「誓幢和上碑」 建立의 意圖　6. 맺음말

朴盛鍾　1997　　三和寺 鐵佛 銘文에 대하여　『文化史學』8 한국문화사학회　　1. 머리말　2. 銘文의 判讀　3. 銘文의 解讀　4. 銘文의 짜임새와 造像記로서의 성격　5. 三和寺 創建說과 盧舍那佛像　6. 銘文의 문장 양식　7. 마무리

徐毅植　1997　　新羅 中古期의 ‘節’·‘作’과 冷水里碑文의 吟味 『歷史敎育』63 역사교육연구회　1. 서언　2. ‘節’과 ‘作’

의 용례와 해석　3. ‘節居利’와 ‘節舍知’　4. ‘得財’와 干
의 租賦統責　5. 결어

宣石悅　1997　昌寧地域 出土 土器 銘文 ‘大干’의 檢討 『지역
과 역사』3 부산경남역사연구소　○ 머리말　1. 토기
명문의 판독과 검토　2. 大干의 原義와 역사적 전개
3. 신라의 지방통치와 桂城의 大干　○ 맺음말

嚴基杓　1997　統一新羅時代의 幢竿과 幢竿支柱 硏究『文化史
學』6·7 한국문화사학회　1. 序論　2. 幢竿의 起源
과 名稱　3. 幢竿支柱의 配置　4. 幢竿支柱의 樣式과
分類　5. 結論

李宇泰　1997　蔚州 川前里 書石原銘의 再檢討 『國史館論叢』
78　1. 머리말　2. 書石谷과 그 銘文 1) 書石의 狀況
2) 原銘·追銘 以外의 銘文 3) 銘文의 상호관계　3.
原銘의 判讀과 해석 1) 旣存의 연구성과의 검토 2) 판
독 3) 문단구분 및 해석　4. 맺음말

鄭善如　1997　新羅 中代末·下代初 北宗禪의 收容—<丹城斷
俗寺神行禪師碑文>을 중심으로—　『韓國古代史硏究』
12　한국고대사학회　1. 머리말　2. 神行의 北宗禪 收
容　3. 神行의 귀국과 中代 專制王權　4. <丹城斷俗寺
神行禪師碑>의 건립과 金獻貞　5. 맺음말

河日植　1997　昌寧 觀龍寺의 石佛臺座銘과「觀龍寺事蹟記」
『韓國古代史硏究』12　한국고대사학회　1. 머리말
2. 觀龍寺 藥師殿의 石造如來坐像 1) 石造如來坐像 2)
中臺石 眼象의 造像記　3.「觀龍寺事蹟記」　4. 맺음말

하일식　1997　昌寧 仁陽寺碑文의 硏究—8세기말~9세기초 신
라 지방사회의 단면—　『韓國史硏究』95 한국사연구

VII. 伽倻

莊申　　　1972　　南韓居昌古墓壁畫簡述跋『大陸雜誌』44-4　　＊

金相鉉　　1989　　陜川 梅岸里 古碑에 對하여『新羅文化』6　동국대 신라문화연구소

金昌鎬　　1989　　伽倻지역에서 발견된 金石文자료『鄕土史硏究』1 한국향토사연구전국협의회　1. 머리말　2. 昌寧 校洞의 象嵌鐵刀銘　3. 陜川 苧浦里의 土器銘文　4. 陜川 梅岸里古碑　5. 맺음말

蔡尙植　　1989　　陜川 苧浦里 4號墳出土 土器의 銘文『伽倻』2

金昌鎬　　1990　　한반도출토 有銘龍文環頭大刀『伽倻通信』19・20合 伽倻通信편집부　1. 머리말　2. 명문의 검토　3. 고고학적 접근　4. 맺음말

李永植　　1993　　昌寧 校洞 11號墳 出土 環頭大刀銘『宋甲鎬敎授停年退任紀念論文集』　1. 머리말　2. 昌寧校洞11號出土環頭大刀銘 1) 環頭大刀銘의 發見 2) 銘文判讀의 問題 3) 銘文의 判讀 4) 銘文의 理解　3. 맺음말

武田幸男　　1994　　伽倻～新羅の桂城「大干」─昌寧・桂城古墳群出土土器の銘文について─　『朝鮮文化硏究』1 東京大 朝鮮文化硏究室　1. はじめに　2. 土器銘文の釋文　3.「大干」の解釋　4. 桂城「大干」の性格　5. おわりに

金昌鎬　　1995　　大伽倻의 금석문 자료『伽倻文化』8　가야문화연구원　1. 머리말　2. 陜川 梅岸里 古碑　3. 陜川 苧浦里 土器銘文　4. 大王銘 長頸壺　5. 맺음말

Ⅷ. 渤海

金毓黻   1956   關于'渤海貞惠公主墓碑硏究'的補充   『考古學報』
1956-2

閻萬章   1956   渤海「貞惠公主墓碑」的硏究『考古學報』1956-2 ;
1985 정혜공주묘비의 연구 『고구려 발해 문화』(최무
장譯) 집문당

최운학   1965   자료 ; 발해 <정혜공주묘비>『력사과학』1965-3

渡邊諒   1968   鴻臚井考『東洋學報』51-1 ; 1991 姚義田 譯 『遼
海文物學干』

孫紹華   1979   旅順鴻臚井題記刻石─唐與渤海關係的信物『社
會科學集刊』4

王健群   1980   渤海貞惠公主墓碑考『文物集刊』2 ; 1985   발
해 정혜공주묘비『고구려 발해 문화』(최무장譯) 집문당

陳顯昌   1980   唐崔忻題名石刻『求是學刊』1

宋基豪   1981   渤海 貞惠公主墓碑의 고증에 대하여『韓國文化』
2 서울대 한국문화연구소   1. 묘비의 발견 경위   2.
비문의 판독 성과   3. 비문에 대한 연구 현황과 문제
점   4. 묘비 발견의 의의

羅繼祖   1982   旅順口唐開元崔忻題名『吉林大學學報』1

王承禮   1982   唐代渤海'貞惠公主墓志'和'貞孝公主墓志'的比較硏
究『社會科學戰線』1982-1 ;   1982   唐代渤海"貞惠公
主墓志"と"貞孝公主墓志"の比較硏究 『朝鮮學報』 103(古

畑徹　譯）朝鮮學會 ; 1988　唐代　渤海‘貞惠公主墓志’와 ‘貞孝公主墓志’의 비교 연구『渤海의 起源과 文化』（최무장譯）藝文出版社

羅繼祖　1983　渤海貞惠貞孝兩公主的墓碑『博物館硏究』1983-3

楊再林　1983　貞孝公主墓的一塊文字磚『博物館硏究』1983-3

鄒秀玉　1983　貞孝公主墓誌反映出的儒家思想　『博物館硏究』1983-3

王承禮　1984　唐代渤海貞孝公主墓誌硏究（上·中·下）『博物館硏究』1984-2,3, 1985-1　1. 出土情況和志文　2. 考釋　3. 問題討論　4. 結語

李强　1984　渤海"文字瓦"摹誤訂正『黑龍江文物叢刊』1984-3

鄭仁甲　1984　渤海　貞孝公主　무덤　管見『白山學報』28 백산학회　1. 序言　2. 貞孝公主　무덤을　通하여　본　渤海國의 文化　3. 貞孝公主　碑文에　나타난　文王의　尊號　4. 結言

閻萬章　1987　關于渤海貞惠公主墓志考釋中的一些問題『遼金史論集』（陳述　主編）3 書目文獻出版社

王承禮　1988　記唐代渤海國咸和十一年中臺省致日本太政官牒『北方文物』3

채희국　1988　발해의 정혜공주묘와 정효공주묘에 대하여『조선고고연구』1988-2　*

방학봉　1990　정효공주묘지에 반영된 유가사상연구『韓國學硏究』2　인하대 한국학연구소 ; 1991 『발해문화연구』이론과 실천

방학봉　1991　「정효공주묘지병서」에 대한 考釋 『발해문화연

구』이론과 실천 ; 1993 『발해사연구』1　연변대출판 사(서울대 출판부)

방학봉　1991　정혜공주묘지와 정효공주묘지에 대한 비교연구 『발해문화연구』이론과 실천　1. 머리말　2. 정혜공 주묘비와 정효공주묘비　3. 두 비문의 같은 점과 다른 점　4. 두 비문에 반영된 몇 가지 문제　5. 맺음말

방학봉　1991　정효공주묘지의 '대왕' '황상'에 대하여『발해문 화연구』이론과 실천

宋基豪 外　1992　咸和 4年銘 渤海 碑像 검토『西巖趙恒來教 授華甲紀念 韓國史學論叢』아세아문화사　1. 머리말 2. 명문분석　3. 양식검토　4. 비상의 연대　5. 맺음말

최태길　1993　'발해정효공주묘지병서에 대한 고역'을 논함『발 해사연구』2 연변대출판사(서울대출판부)

鄒秀玉　1997　渤海貞孝公主墓誌幷序考釋 『高句麗渤海硏究集成』 6　哈爾濱出版社

IX. 高麗

古谷淸　1910　圓明國師の墓誌と石棺『考古學雜誌』2 日本考 古學會

塚原熹　1911　高麗圓證國師塔銘之碑『朝鮮』29　朝鮮總督府 京城朝鮮雜誌社

稲田春水　　1913　　清平山文殊院記碑에　就ᄒ야『朝鮮佛敎月報』
15 朝鮮佛敎月報社　　＊

藤田亮策　　1926　　三日浦の埋香碑(上・下)『朝鮮史學』3・4 朝
鮮史學同攷會　；1963『朝鮮學論攷』　1. はじがき　2.
所在地　3. 埋香碑文　4. 建碑の由來と彌勒信仰　5. 埋
香地の推定　6. 彌勒佛施納の田畓　7. 結語

前間恭作　　1926　　若木石塔記の解讀『東洋學報』15-3 東洋協
會學術調査部

稲葉岩吉　　1927　　北青城串山城女眞字摩厓考釋『靑丘學叢』2
靑丘學會

摩石生　1929　　文益漸神道碑『서울』3 서울사　　＊

葛城末治　　1934　　延豊覺淵寺通一大師塔碑の年時と其の撰者に
就いて『靑丘學叢』16 靑丘學會

鮎貝房之進　　1934　　覺淵寺通一大師塔碑, 開心寺石燈記, 高達寺
元宗大師惠眞塔碑, 法興寺眞空大師塔碑陰記, 菩提寺大
鏡大師塔碑陰記, 西院鐘記, 五龍寺法鏡大師普照慧光塔
碑陰記, 龍頭寺鐵幢記, 淨兜寺石塔造成形止記『雜攷』
6-上

鮎貝房之進　　1934　　埋香碑, 通道寺國長生石記『雜攷』6-下

小倉親熊　　1938　　玉龍寺先覺大師道詵の一考察『文獻報國』2
朝鮮總督府圖書館　　＊

今西龍　1944　　玉龍寺先覺大師碑銘に就きて　『高麗史研究』近
澤書店；1974『高麗及李朝史研究』國書刊行會

黃壽永　1957　　奉恩寺所藏高麗香爐와　梵鐘의　調査『東國史學』

5 동국대 사학회

尹武炳   1958   吉州城과 公嶮鎭—公嶮鎭 立碑問題의 再檢討—
『歷史學報』10 역사학회

藤田亮策   1959   高麗鐘の銘文『朝鮮學報』14 朝鮮學會   1.
朝鮮鐘の傳來   2. 那覇波上宮鐘(興海大寺鐘)   3. 竹原
照蓮寺鐘(古彌縣西院鐘)   4. 聖居山天興寺鐘   5. 出雲
大倫寺鐘(東京廻眞寺鐘)   6. 博多聖福寺鐘   7. 大坂正
祐寺鐘(蔚山臨江寺鐘)   8. 肥前專日寺鐘(河淸部曲北寺
鐘)   9. 大坂鶴滿寺鐘   10. 近江園城寺鐘(靑梟大寺鐘)
11. 博多承天寺鐘(戒持寺鐘)   12. 松平家鐘(川北觀世音
寺鐘)   13. 久米氏鐘(德興寺鐘)   14. 伊東家鐘(天井寺
鐘)   15. 南部家鐘(善慶院鐘)   16. 韓國博物館鐘(鳳安
寺鐘)   17. 韓國博物館鐘(月峰寺鐘)   18. 鎌倉鶴岡人幡
鐘(文聖庵鐘)   19. 高麗末の四鐘   20. 高麗鐘の硏究

朴敬遠   1960   晋陽郡 鳴石面出土 有銘十二支神立像『考古美術』
4 한국미술사학회

李慶成   1960   仁川博物館藏 元大德二年銘 鐵製梵鐘 『考古美
術』3 한국미술사학회

李弘稙   1960   京畿道 廣州郡 東部面 校里 磨厓佛『考古美術』
2 한국미술사학회

黄壽永   1960   高麗在銘 靑銅「鈑子」의 新例『美術資料』2 국립
중앙박물관 ; 1974『韓國의 佛敎美術』同和出版公社

黄壽永   1960   高麗靑銅梵鐘의 新例(其一)『考古美術』2 한국
미술사학회   1. 頭正寺銅鐘(在銘) 2. 光州 芝山洞 出
土 小鐘(無銘) 3. 晋陽郡 水谷面 出土 銅鐘(無銘)   4.

國立博物館(慶州)所藏小鐘(在銘)　5. 大邱　張桂煥氏　所藏　小鐘(無銘)

黃壽永　　1960　　高麗靑銅梵鐘의　新例(其二)『考古美術』5　한국미술사학회　　6. 全北　扶安　出土　銅鐘(無銘)　7. 己未銘　小鐘　8. 長興寺鐘(在銘)　9. 錦山　花林里　出土　中鐘(無銘)　10. 錦山面　馬首里　出土　小鐘(無銘)

金庠基　　1961　　古搨　麟角寺碑『考古美術』15　한국미술사학회

李殷昌　　1961　　瑞山開心寺의　靑銅銀入絲香垸『考古美術』8　한국미술사학회

鄭永鎬　　1961　　正豊　二年銘小鐘―서울　朴秉來氏藏―　『考古美術』　16　한국미술사학회

崔泳喜　　1961　　山淸　斷俗寺의　大鑑國師塔碑의　斷片『考古美術』12　한국미술사학회

黃壽永　　1961　　高麗靑銅梵鐘의　新例(其三)『考古美術』6　한국미술사학회　　11. 靑銅　小鐘　서울　李弘根氏　所藏　12. 善山　出土　靑銅　小鐘(無銘)　13. 靑銅　小鐘　서울　金東鉉氏　所藏　14. 靑銅　小鐘　서울　金東鉉氏　所藏　15. 小鐘(무명)　16. 正豊　二年銘　小鐘

黃壽永　　1961　　在日　高麗靑銅銀入絲香垸의　新例『考古美術』12　한국미술사학회

武田幸男　　1962　　淨兜寺五層石塔造成形止記の硏究―高麗顯宗祖における若木郡の構造―　『朝鮮學報』25　朝鮮學會　○　はじめに　1. 形止記の解讀の構成　2. 若木郡の地位と社會構造 1) 若木郡の沿革 2) 若木郡の郡縣制度におけるじ地位 3) 若木郡の社會構造 4) 姓氏集團と郡縣

制度　3. 若木郡における階層構成の一端　1)　喜捨記録
の史料的性格　2)　經濟的　階層構成　3)　身分的　諸階層
4)　階層構成の一端　4.若木郡の支配機構　1)　外官の若
木郡支配 2)　若木郡の軍事組織　①　若木郡司　②　郡吏の
職名・系統　③　郡吏の定數　④　郡吏の職掌 3)　若木郡吏
の性格　○　おわりに代えて

鄭永鎬　　1962　　固城 玉泉寺의 在銘飯子와 銀絲香爐『考古美術』
　　　　　　25 한국미술사학회

鄭永鎬　　1962　　密陽 舞鳳寺의 石造光背와 石佛坐像『考古美術』
　　　　　　19・20 한국미술사학회

鄭永鎬　　1962　　在銘高麗「鈑子」의 新例『考古美術』18 한국미
　　　　　　술사학회

丁仲煥　　1962　　梁山 內院寺 所藏 大安七年銘 高麗 禁口에 對
　　　　　　하여『古文化』1 한국대학박물관협회

鄭海昌　　1962　　高達寺址의 浮圖와 碑趺에 關하여『史學研究』
　　　　　　13 한국사학회

黃壽永　　1962　　高麗大德九年銘 靑銅「判子」(慶州博物館 所藏)
　　　　　　『考古美術』24 한국미술사학회

黃壽永　　1962　　高麗在銘 舍利塔『考古美術』19・20 한국미술사
　　　　　　학회

鄭良謨　　1963　　畵靑磁 至正二年詩銘甁『考古美術』38 한국미술
　　　　　　사학회

洪思俊　　1963　　雲門寺圓應國師碑의 追刻銘『考古美術』32　한
　　　　　　국미술사학회

金禧庚　1964　姜邯贊落星垈石塔『考古美術』51　한국미술사학회

黃壽永　1964　高麗 正豊銘 金鼓『考古美術』49　한국미술사학회

黃壽永　1964　高麗靑銅梵鐘의 新例(其五)『考古美術』50　한국미술사학회　17. 戊辰銘 靑銅小鐘　18. 靑銅 小鐘　19. 乙巳銘 靑銅 小鐘

黃壽永　1964　貞祐四年銘高麗靑銅半子『考古美術』52　한국미술사학회

李浩官　1966　高麗 靑銅梵鐘과 己酉銘靑銅盤子『考古美術』67　한국미술사학회　1. 靑銅梵鐘　2. 己酉銘 靑銅盤子

鄭永鎬　1966　覺淵寺 遺物調査略報(下)『考古美術』67　한국미술사학회　2. 通一大師 塔碑　3. 石造浮屠(傳 通一大師塔)　4. 龜趺와 屋蓋石　5.其他遺物

秦弘燮　1966　鳴鳳寺 慈寂禪師 凌雲塔碑『考古美術』68　한국미술사학회

坪井良井　1966　瀋陽出土의 至正四年銘 金鼓『考古美術』74　한국미술사학회

黃壽永　1966　高麗靑銅梵鐘의 新例(其六)『考古美術』73　한국미술사학회　1. 傳 江原道 出土 銅鐘　2. 梨大藏 小鐘　3. 幸西寺 小鐘(銘文)

黃壽永　1966　高麗靑銅梵鐘의 新例(其七)『考古美術』75　한국미술사학회　1. 佛頭頂帶 靑銅 小鐘　2. 辛亥銘 正方寺 小鐘　3. 至元銘 靑銅 小鐘

文明大　1967　泰和貳年銘 高麗 靑銅半子『考古美術』82　한국미술사학회

黃壽永　　1967　　高麗靑銅梵鐘의 新例(其八)『考古美術』78 한국
미술사학회　○ 戊辰銘 銅鐘

黃壽永　　1967　　高麗靑銅梵鐘의 新例(其九)『考古美術』83 한국
미술사학회　1. 靑銅 小鐘 서울 忠武路 金載崇氏 所
藏　2. 香寂庵 小鐘 서울 蔣奎緖氏 所藏

黃壽永　　1967　　高麗靑銅梵鐘의 新例(其十)『考古美術』84 한국
미술사학회　○ 淸寧 4年銘 銅鐘

黃壽永　　1967　　高麗靑銅梵鐘의 新例(其十一)『考古美術』88 한
국미술사학회　1. 戊寅銘 靑銅 小鐘　2. 無銘 小鐘

金元龍　　1968　　淸寧4年銘銅鐘『李崇寧博士頌壽紀念論叢』

金鍾太　　1968　　鄭領峙 磨崖佛銘文과 淨蓮堂碑銘幷序『考古美術』
98 한국미술사학회

文明大　　1968　　在銘銀入絲香垸의 新例『考古美術』97 한국미술
사학회

文明大　　1968　　至正元年銘玉禪燈『考古美術』97 한국미술사학회

李弘稙　　1968　　琉球에서 發見된 「高麗瓦匠」在銘瓦『考古美術』
96 한국미술사학회

秦弘燮　　1968　　銅製 延祐元年銘 秤錘『考古美術』90 한국미술
사학회

黃壽永　　1968　　淸平寺 文殊院記碑片의 調査『考古美術』99 한
국미술사학회

黃壽永　　1968　　統和와 正德銘의 塔誌石『考古美術』97 한국미
술사학회

金相朝　　1969　　高麗時代의 盂蘭契碑『考古美術』103 한국미술

사학회

黃壽永　1969　高麗靑銅梵鐘의　新例(其十二)『考古美術』101 한국미술사학회　前言　1. 丁丑銘　靑銅　小鐘　2.金潤氏藏　中鐘　3. 慶北大　博物館　小鐘　4. 車明浩氏藏　小鐘　5. 靑銅　小鐘　6. 靑銅　小鐘　7. 靑銅　中鐘　8. 慶熙大　博物館　所藏　小鐘　9. 東國大　博物館　所藏　小鐘　10. 東國大　博物館　所藏　小鐘　11. 東國大　博物館　所藏　小鐘

黃壽永　1970　高麗　崔沆과　崔琪의　墓誌『考古美術』106·107 한국미술사학회

李永樂　1971　太安二年銘　高麗銅鐘과　小鐘一口『考古美術』109 한국미술사학회　1. 太安二年銘　麗川出土銅鐘　2. 扶安出土　高麗小鐘

李泰鎭　1972　體泉　開心寺　石塔記의　分析—高麗前期　香徒의　一例—　『歷史學報』53·54 역사학회 ; 1986『韓國社會史硏究』지식산업사

閔賢九　1973　月南寺址　眞覺國師碑의　陰記에　대한　一考察—高麗　武臣政權과　曹溪宗—　『震檀學報』36 진단학회 1. 序言　2. 月南寺址　逸名碑의　正體:眞覺國師碑　3. 眞覺國師碑　陰記의　內容　4. 陰記에　보이는　崔氏武臣政權과　禪宗과의　關係　5. 結語

黃壽永　1973　高麗　梵鐘의　新例(十四)『考古美術』117 한국미술사학회　1. 貞右十三銘　小鐘(日本　京都)　2. 高麗靑銅小鐘

文明大　1974　三幕寺在銘磨崖三尊佛考『又軒丁仲煥博士還曆紀

念論文集』   1. 머리말   2. 熾盛光如來 三尊佛像의 現狀 및 樣式   3. 熾盛光如來와 男女 性器信仰의 意義   4. 木造前室 構造   5. 三幕寺의 기타 佛教美術   6. 맺는말

閔賢九   1974   朴康壽 墓地銘의 檢討—高麗 金石文 資料의 新例—   『歷史學研究』5 전남대 사학회   1. 序言   2. 誌石과 銘文   3. 銘文의 內容 : 朴康壽와 그의 집안 1) 姓名 및 出身地 2) 家系 3) 官歷 4) 夫人과 子女 5) 卒年 및 享年   4. 餘言

李浩官   1974   寶嚴寺 乙丑銘銅鐘과 白蓮寺 隆慶三年銘銅鐘『考古美術』123·124 한국미술사학회   1. (序言)   2. 寶嚴寺 乙丑銘銅鐘   3. 隆慶三年銘銅鐘   4. 結語

金九鎭   1976   公嶮鎭과 先春嶺碑『白山學報』21   백산학회   1. 緒論   2. 公嶮鎭과 韃靼州의 公嶮城   3. 公嶮鎭의 位置와 領域   4. 先春嶺碑와 完顏部의 勢力   5. 公嶮鎭과 東北面開拓   6. 結論

金龍善   1976   金仲文墓誌銘『美術資料』22 국립중앙박물관   1. 머리말   2. 金仲文墓誌銘의 內容   3. 墓誌銘에 보이는 高麗, 蒙古 關係의 一面   4. 맺는말

許興植   1976   智谷寺 眞觀禪師碑『韓國中世社會史資料集』아세아문화사 ; 1986『高麗佛教史研究』일조각   ○ 머리말   1. 비문의 전래와 전문   2. 진관선사의 생애와 연보   3. 몇가지 주목할 사실   ○ 맺음말

許興植   1977   高麗初 佛教界의 動向—寂然國師碑文을 中心으로—   『문학과 지성』29   ○ 머리말   ○ 資料의 現存狀態   ○ 寂然國師의 生涯   ○ 寂然國師의 佛教思

想的 位置　○ 맺음말

康龍權　1978　泗川埋香碑解說『考古美術』138·139 한국미술
사학회

蔡尙植　1979　普覺國尊 一然에 대한 硏究—迦智山門의 登場과
관련하여— 『韓國史硏究』26 한국사연구회　○ 序　1.
一然碑文에 대한 새로운 檢討　2. 佛敎界의 動向과 迦
智山門의 登場　3. 結語—一然에 대한 思想史的 檢討—

許興植　1979　高麗時代의 새로운 金石文資料『大丘史學』17
대구사학회　○ 머릿말　1. 長安寺毘盧遮那佛背石刻銘
2. 圓應國師碑陰記　3. 圓悟國師碑文　4. 圓鑑國師碑文

張東翼　1981　高麗墓誌 4例 檢討『大丘史學』19 대구사학회
○ 머리말　1. 徐鈞墓誌　2. 李公升墓誌　3. 任忠△墓
誌　4. 鄭邦輔墓誌

張忠植　1981　太康十一年銘 通度寺 拜禮石考『考古美術』151
한국미술사학회　1. 前言　2. 通度寺의 建立背景과
石造物　3. 拜禮石의 一般的 性格　4. 通度寺 拜禮石
의 變形과 銘文의 僞刻　5. 圖像의 樣式 및 復元的 考
察　6. 結語

許興植　1981　高麗中期 華嚴宗派의 繼承—元景王師를 中心으
로— 『韓國史硏究』35 한국사연구회 ; 1986 般若寺
元景王師碑陰記『高麗佛敎史硏究』일조각　○ 머리말
1. 元景王師의 生涯와 碑陰記　2. 元景王師의 師弟繼
承　3. 中期華嚴宗의 社會性　○ 맺음말

鄭永鎬　1982　利川 <太平興國>銘 磨崖半跏像『史學志』16
단국대 사학회　1. 發見調査 經緯　2. 磨崖半跏像의

考察 3. 銘文의 考察 4. 利川地區의 歷史性과 調査 展望

蔡尙植 1982   淨土寺址 法鏡大師碑 陰記의 分析—高麗初 地 方社會와 禪門의 構造와 관련하여— 『韓國史硏究』 36 한국사연구회 1. 머리말 2. 法鏡大師碑陰記의 現 狀 및 判讀 3. 내용분석 4. 맺는말

崔聖銀 1984   高麗時代 癸酉銘靑銅八部衆立像『考古美術』161 한국미술사학회   1. 머리말 2. 造成背景과 銘文分 析 3. 神將像의 名稱 4. 양식적 특징과 조성연대

許興埴 1984   高麗의 梁宅椿 墓誌『文化財』17 문화재관리국 ○ 머리말 1. 全文의 判讀 2. 內容의 檢討 3. 몇가 지 注目할 事實 ○ 맺음말

許興植 1984   龍壽寺 開刱記『釋林』18 동국대 불교학생회 ; 1986『高麗佛敎史硏究』일조각 ○ 머리말 1. 전문과 판독방법 2. 내용의 검토 3. 용수사와 세속과의 관 계 ○ 맺음말

末松保和 1985   高麗演福寺鐘銘について『東洋學報』66

王俠 1985   貞惠公主墓與貞孝公主墓 『學習與探索』1985-4 1. 貞惠公主墓 2. 貞孝公主墓 3. 幾點認識

이종찬 1985   보림사 보조국사영탑비명『보조국사 적연국사 현화사 비명』동국대 박물관   *

湯山明 1985   演福寺銅鐘の梵語銘文覺書—二の小論を末松保 和敎授に捧ぐ-『東洋學報』66 東洋文庫

許興植 1986   金石文의 落穗『高麗佛敎史硏究』 일조각 ○ 머리말 1. 長安寺 毘盧遮那佛背銘 2. 地藏禪院 朗圓

黃壽永   1987   高麗石塔의 研究—在銘作品을 中心으로—
『考古美術』175·176 한국미술사학회   1. 序 2. 塔身
에 記銘을 지닌 作品 3. 塔誌를 지닌 石塔 4. 結言

金都錬   1988   高麗 金石文의 資料的 價値와 限界 『中國學論
叢』4 국민대 중국문제연구소   1. 序言 2. 高麗 墓
誌의 性格과 價値 3. 高麗 塔碑의 價値와 變遷 4.
高麗 金石文의 資料로서의 限界 5. 高麗 墓券의 本質
6. 結語

金龍善   1988   新資料 高麗 墓誌銘 17點『歷史學報』117 역사
학회   1. 소개의 말 2. 慶州 金氏의 세 墓誌銘—金
殷說·金景輔·金惟珪 墓地銘 3. 鄭穆 墓誌銘 4. 光
山 金氏의 네 墓誌銘—金周鼎·金深·金台鉉·金台鉉
妻 王氏 墓誌銘 5. 安東 金氏의 세 墓誌銘—金方慶·
金恂·金永暾 墓誌銘 6. 竹山 朴氏의 네 墓誌銘—朴
全之·朴全之 妻 崔氏·朴瑗·朴遠 妻 洪氏 墓誌銘
7. 洪奎 墓誌銘 8. 吳潛 墓誌銘

崔應天   1988   高麗時代 靑銅金鼓의 研究—특히 鑄造方法과
銘文分析을 중심으로—   『佛敎美術』9 동국대 박물
관   1. 머리말 2. 金鼓의 起源과 用途 1) 起源과 傳來
2) 用途와 造成 背景 3. 金鼓의 名稱과 形式 4. 高麗
時代 金鼓의 樣式的 變遷 5. 高麗時代 金鼓의 工藝史
的 意義 1) 鑄造方法 2) 銘文分析 3) 工藝史的 意義
6. 맺음말 ○ (부록) 高麗時代 金鼓의 銘文 및 現狀
特徵表

黃壽永   1988   玉龍寺 道詵國師碑『先覺國師道詵의 新研究』영
암군   *

金成讚   1989   진공국사승묘탑비명 소고『原州얼』창간호 원주
문화원   *

金成讚   1990   법흥사 진공대사탑비 고찰『原州얼』원주얼심기
협의회   *

林英正   1990   高麗時代隨院僧徒に關よる金石文資料の檢討『應
陵史學』16 佛教大學歷史研究所 東京   *

張炳仁   1990   高麗時代 婚姻制에 대한 재검토——一夫多妻制說
의 비판— 『韓國史研究』71 한국사연구회 ○ 머리
말 1. 연구사의 검토 2. 일부다처제설의 근거 자료
검토 3. 혼인사례 분석 1)『高麗史』자료를 통한 분
석 2) 金石文, 世系, 戶籍 자료를 통한 분석 4. 여말
선초 다처병축 현상과 그 규제 ○ 맺음말

許興植   1990   指空비문의 종합적 검토『鄕土文化』5 경산향
토문화연구회   1. 머리말 2. 비문의 이본 3. 이본의
교감 4. 陰記의 사료가치 5. 맺음말   *

金相鉉   1991   麟角寺 普覺國師碑 陰記 再考『韓國學報』62
일지사   1. 머리말 2. 淸玢과 山立 3. 碑 破損의 始
末 4. 諸碑帖과 陰記의 復元 5. 陰記 內容의 檢討
6. 맺는말

鄭永鎬   1991   在日 至正十七年銘 靑銅香垸—金象嵌梵字入銀入
絲 香垸의 新例『佛教와 歷史—李箕永博士古稀紀念論
叢—』한국불교연구원

許興植   1991   指空의 原碑文과 碑陰記『佛教와 歷史—李箕永
博士古稀紀念論叢—』한국불교연구원   ○ 머리말   1.
碑文의 異本 2. 牧隱本과 異本의 차이점 3. 陰記의

全文과 造成時期   4. 檀越과 門徒   ○ 맺음말

金弘柱   1993   清州 社稷洞出土 思惱寺銘半子『美術資料』52
국립중앙박물관   1. 머리말   2. 半子의 出土經緯   3.
半子의 特徵   4. 銘文表出 및 判讀   5. 干支 및 思惱
寺에 대한 小考   6. 맺음말

梁翰承   1993   演福寺鐘 한자명문과 梵字명문의 일부고찰『震
山韓基斗博士華甲紀念 韓國宗教思想의 再照明』원광
대 출판국   1. 머리말 1) 구명착수동기 2) 각인된 한
자 및 범자명문의 작성자와 書者   2. 종의 유래와 형
태   3. 마멸된 일부명문에서 고증된 인명과 관직   4.
한자명문에 나타난 고위직 및 하위직 관리 5. 국내외
학자들의 관심

李智冠   1993   奉化 太子寺 朗空大師 白月栖雲塔碑 校勘 譯註
『伽山學報』2 가산불교문화연구원

李智冠   1993   忠州 淨土寺 法鏡大師 慈燈塔碑 校勘 譯註『伽
山學報』2 가산불교문화연구원

李智冠   1993   海州 廣照寺 眞澈大師 寶月乘空塔碑 校勘 譯註
『伽山學報』2 가산불교문화연구원

최홍규   1993   고려시대 수원지방의 금석문『제7회 鄕土史硏究
전국학술대회』충남향토연구회   *

許興植   1993   普照國師碑文의 異本과 拓本의 接近『書誌學報』
9 한국서지학회 ; 1994『韓國中世佛教史硏究』일조각
○ 머리말   1. 異本이 생긴 原因   2. 現存하는 여러
異本   3. 校勘과 原碑의 接近   4. 解析上의 몇가지 爭
點   ○ 맺음말

許興植　1993　眞覺國師 慧諶의 原碑와 解析의 補完『精神文化研究』50 한국정신문화연구원 ; 1994『韓國中世佛敎史研究』일조각　○ 머리말　1. 異本이 생긴 原因　2. 異本과 拓本된 時期　3. 拓本의 判讀과 校勘　4. 解析上의 몇가지 補完　○ 맺음말

申虎澈　1994　高麗 顯宗代의「淨兜寺五層石塔造成形止記」註解『李基白先生古稀紀念 韓國史學論叢』上 일조각　1. 머리말　2. 形止記 原文과 註解　3. 形止記 構成과 釋文　4. 石塔基壇의 銘文

李智冠　1994　고려　校勘 譯註 原州 居頓寺 圓空國師 勝妙塔碑文『伽山學報』3 가산불교문화연구원

李智冠　1994　고려　校勘 譯註 海美 普願寺 法印國師 寶勝塔碑文『伽山學報』3 가산불교문화연구원

李智冠　1995　고려　校勘 譯註 開城 靈通寺 大覺國師碑文『伽山學報』4 가산불교문화연구원

李智冠　1995　고려　校勘 譯註 開城 興王寺 大覺國師墓誌銘『伽山學報』4 가산불교문화연구원

李智冠　1995　고려　校勘 譯註 仁同 僊鳳寺 大覺國師碑文『伽山學報』4 가산불교문화연구원

정병삼　1995　一然碑文의 檀越『韓國學研究』5 숙명여대 한국학연구소　○ 머리말　1. 간송문고본「보각국사비명」탁본의 현상　2. 음기의 檀越-卿士大夫　3. 檀越의 성격　○ 맺음말

孔錫龜　1996　德興里 壁畵古墳 被葬者의 國籍問題『韓國上古史學報』22　한국상고사학회　1. 서언　2. 銘文의 國籍

記錄에 대한 검토 3.「高麗史」地理志 기록에 대한 검
토 4. 결어

申相燦   1996   普願寺址 法印國師碑考『鄉土史研究』8 韓國鄉
土史研究會   1. 序 2. 本論 3. 結論

이우태   1996   洪景輔 墓誌『博物館彙報』7 서울시립대 박물관
1. 머리말 2. 墓誌의 狀態 3. 洪景輔의 家門 4. 洪景
輔의 生涯 5. 맺음말

李智冠   1996   고려   校勘 譯註 軍威 麟角寺 普覺國師 靜照塔
碑文『伽山學報』5 가산불교문화연구원

李智冠   1996   고려   校勘 譯註 淸河 寶鏡寺 圓眞國師 碑文
『伽山學報』5 가산불교문화연구원

李惠善   1996   '龍頭寺址 鐵幢記'에 보이는 高麗初 淸州 豪族
『湖西文化研究』14 충북대 호서문화연구소   1. 序言
2. 龍頭寺 鐵幢竿의 建立과 淸州豪族 1) 용두사 철당
간의 건립 2) '鐵幢記'의 청주호족 3. 청주호족의 지
배양상 1) 청주호족의 지배기구 2) 지배기구의 역할과
성격 4. 結語

李惠善   1996   「龍頭寺幢竿記」에 보이는 高麗初 淸州豪族『民
族文化研究』29 고려대 민족문화연구소   1. 머리말
2. 更定田柴科의 文林郎・將仕郎과 登科田의 관련 여
부에 대한 검토 3. 관인의 初入仕와 土地分給 4. 맺
음말

曺成鉉   1996   靑銅銀入絲 '貞祐六年社福寺' 銘香垸『湖巖美術
館研究論文集』1 湖巖美術館   1. 머리말 2. 槪要 및
형태 3. 銀入絲 文樣 4. 銘文 5. 製作技法 및 상태

　　　6. 맺음말

鄭濟奎　　1997　　崔彦撝撰碑銘 幷序部 書頭의 性格 『文化史學』
　　　6・7合 韓國文化史學會　　1. 서론　2. 幷序部 書頭의
　　　內容과 그 意味　3. 幷序部 書頭를 통해 본 佛敎認識
　　　4. 結論

關野貞　　　?　　　高麗眞空大師碑『圖書骨薰雜誌』123　　*

湖東逸人　　?　　　文珠寺藏經の碑文『朝鮮』4-2　　*

X. 朝鮮

安井小太郎　　1897　　在朝鮮京城文祿壬辰之役之古碑『東亞學會
　　　雜誌』1-7　　*

護國 生　　1905　　文祿役北韓義兵戰捷碑『歷史地理』7-8

中村久四郎　　1907　　韓國會寧府の「顯忠祠碑銘」について『歷史
　　　地理』9-5

無記名　　1911　　先賢及孝子節婦ノ事蹟表旌セル碑閣概要 『朝鮮
　　　總督府月報』1-4　　*

湖東逸人　　1911　　明の都御史楊經理が法思の碑『朝鮮』27 朝鮮
　　　總督府 京城朝鮮雜誌社

渡邊彰　　1917　　三陟郡篆字東海碑の由來『朝鮮彙報』大正6-11

小田幹治郎　　1923　　京城塔洞公園塔碑『朝鮮彙報』1923-1 朝

鮮總督府   *

鴛淵一   1928   淸初に於える淸朝關係と三田渡の碑文『史料』13-1・2・3・4   *

稻葉岩吉   1934   明の毛憐衛指揮使司之印の出土『靑丘學叢』15 靑丘學會

葛城末治   1938   朝鮮の集字碑に就いて『稻葉博士還曆紀念滿鮮史論叢』稻葉博士還曆紀念會 ○ 序言   1. 王羲之の集字碑 1) 慶州 螯藏寺阿彌陀如來像造碑 2) 襄陽 沙林寺弘角禪師塔碑 3) 義興 麟角寺普覺國尊靜照塔碑   2. 唐太宗の集字碑—原州 興法寺眞空大師塔碑   3. 新羅金生の集字碑—奉化 太子寺郎空大師白月栖雲塔碑   ○ 結語

鄭寅普   1948   鷙梁 忠烈詞碑文 閑山島制勝堂碑文   『新天地』3-10

全鎣弼   1960   壺型誌石『考古美術』5 한국미술사학회

金聲均   1961   三田渡碑 竪立始末『鄕土서울』12 서울시사편찬위원회   1. 序說 2. 立碑 發議 3. 碑所築造 4. 碑石磨鍊 5. 碑文撰出 6. 碑銘書寫・入刻

林憲眞   1961   大接型 誌石『考古美術』6 한국미술사학회

秦弘燮   1961   大邱 石氷庫碑『考古美術』12 한국미술사학회

洪以燮   1961   通德郎 權齊彦의 誌石『考古美術』7 한국미술사학회

黃壽永   1961   日本 大坂美術館의 李朝舍利塔 『考古美術』15 한국미술사학회

李弘稙　1962　鬱陵島搜討官關係碑二『考古美術』24　한국미술사학회

鄭永鎬　1962　東亞大藏　金銅佛과　康熙銘砲『考古美術』24　한국미술사학회

鄭永鎬　1962　正統元年銘　銅鐸『考古美術』21　한국미술사학회

中村榮孝　1962　朝鮮官版の內賜記の國王印について『朝鮮學報』25　朝鮮學會

李殷昌　1963　李朝在銘　白磁壺의　一例『考古美術』31　한국미술사학회

鄭良謨　1963　金景漢白磁墓誌『考古美術』35　한국미술사학회

鄭良謨　1963　金在仁白磁墓誌『考古美術』34　한국미술사학회

鄭良謨　1963　宣德十年銘粉靑沙器墓誌　『美術資料』7　국립중앙박물관

鄭良謨　1963　安宗茂의　白磁墓誌　『考古美術』31　한국미술사학회

鄭明鎬　1964　桐華寺의　在銘香爐　二座『考古美術』47・48　한국미술사학회　1. 高杯型　在銘　銀入絲　香垸　2. 鼎型　在銘　陽刻文　香爐

鄭良謨　1964　分院出土「御廚」銘　白磁盌　斷片　『考古美術』50　한국미술사학회

黃壽永　1964　正德銘　甫州北岳寺　銀絲香垸『考古美術』51　한국미술사학회　1. 前言　2. 形態　3. 銀入絲　4. 銘文

黃壽永　1964　正德銘　甫州北岳寺　銀絲香院의　補　『考古美術』53　한국미술사학회

金芳漢　1965　三田渡碑蒙文에　對하여『東亞文化』　4　서울대 동아문화연구소

鄭良謨　1965　靑華白磁「丙申」銘　山水文八角瓶『考古美術』56·57 한국미술사학회

許善道　1965　嘉靖乙卯銘　天字銃筒에　대하여—韓國火砲의　前期型態小考—　『美術資料』10　국립중앙박물관

洪思俊　1965　夫餘　舊校里發見　文字石片『考古美術』61　한국미술사학회

秦弘燮　1966　廣興寺　銅鐘『考古美術』76　한국미술사학회

文明大　1967　康熙十六年銘　興旺寺　大伐囉『考古美術』83　한국미술사학회

文明大　1967　宜人韓氏墓誌銘註記『考古美術』82　한국미술사학회

李浩官　1967　靑銅禁口銘文　追記『考古美術』79　한국미술사학회　1. 大定九年銘禁口　2. 壬午銘　飯子　3. 靑銅盤子

鄭良謨　1967　在銘印花文粉靑沙器　新例『考古美術』　86　한국미술사학회

洪思俊　1968　新出土　南岳大師碑銘『考古美術』90　한국미술사학회

金和英　1968　安靜寺所藏萬曆八年銘　銅鐘『考古美術』100　한국미술사학회

鄭永鎬　1968　中原　靑龍寺址의　調査—普覺國師淨慧圓融塔과　塔碑　및　石燈을　중심으로—　『史叢』12·13合　고려

대 사학회　1. 序言　2. 遺蹟遺物　1) 寺址와 現 靑龍寺　2) 普覺國師와 그의 關係 諸遺物 3) 石造浮屠 4) 「靑龍寺 位田碑記」石碑 5) 石塔材　3. 結言

李重華　1971　鐘樓와 普信閣鐘에 對하여『韓國學硏究叢書』1 성진문화사　1. 四銘鐘과 四大鐘　2. 종루　3. 종루의 위치　4. 종루의 구조　5. 보신각종의 변증　＊

劉鳳榮　1972　白頭山定界碑와 間島問題『白山學報』13 백산학회　1. 緖言　2. 定界碑建立에 關聯된 諸問題 1) 定界碑建立의 動機 2) 穆克登의 對朝鮮態度 3) 定界碑建立事實 4) 豆滿江의 源流問題 5) 兩江에 對한 中國側 知識의 薄弱 6) 定界碑에 對한 兩國의 關心度　3. 間島에 歸屬問題 1) 韓淸間의 論爭 ① 發端 ② 乙酉會談 ③ 丁亥會談 ④ 丁亥會談 以後의 諸交涉 2) 兩國의 行政機構와 日本監政下의 間島 ① 兩國의 行政機構創設 ② 日本監政時代의 間島 ③ 間島에 關한 協約 3) 定界碑의 紛失　4. 結論

徐首生　1974　有明朝鮮國四溟松雲大師石藏碑銘에 대하여『霞城李瑄根博士古稀紀念 韓國學論叢』　1. 머리말　2. 不滅의 護國 大聖 四溟堂과 그의 思想　3. 四溟大師石藏碑 고찰 1) 舊碑 建立 年代와 撰者 2) 舊碑의 位置와 受難 3) 新碑의 建立 4) 舊碑의 內容과 價値　4. 맺는말

金九鎭　1975　舊英陵 神道碑와 石物에 대하여『歷史敎育』18 역사교육연구회　1. 遺蹟 調査 經緯 1) 資料(文獻)調査 2) 現地 踏査 3) 調査 發掘 作業　2. 出土 石物 1) 神道碑 2) 誌石 3) 雜像類 ① 文官石人 ② 武官石人

③ 石羊 ④ 石虎 ⑤ 石馬 ⑥ 長明燈(石燈) ⑦ 魂遊石 (石床)·鼓石 ⑧ 欄杆石柱 3. 맺음말

秦弘燮 1975 特殊形式의 石塔一例『東洋學』5 단국대 동양학연구소

崔夢龍 1976 李朝墓誌 數例『考古美術』129·130 한국미술사학회 1. 王度會墓誌(紙) 2. 尹孝孫 母親 光州鄭氏墓誌 3. 高宰傑墓誌 4. 李仁秀墓誌 5. 權重銓墓誌 6. 金以礪墓誌 7. 林震範의 夫婦合葬墓誌

崔夢龍 1978 朝鮮王朝墓誌數例(其三)『考古美術』136·137 한국미술사학회 1. 閔天瑞墓誌 2. 鄭仁 및 鄭昇墓誌 3. 權大臨墓誌 4. 朴成樑墓誌 5. 金汝鈉墓誌 6. 洪大胤墓誌 7. 貞敬夫人 恩津宋氏墓誌 8. 德水李氏墓誌 9. ○ 熙豊子의 墓誌

洪思俊 1978 朝鮮初葉의 鐘形과 銘文『考古美術』138·139 한국미술사학회

金榮華 1979 韓國公州市「明國三將軍碑」考索『大陸雜誌』59 大陸雜誌社 1. 望日思恩碑 2. 遊擊將藍公種德碑 3. 委官林濟之碑

金英媛 1980 湖巖美術館藏의 在銘粉靑沙器印花文대접 二例『美術資料』26 국립중앙박물관

咸東鮮 1980 韓國現代詩에 관한 金石文硏究—1920년대를 중심으로— 『創論』1 중앙대 한국예술연구소 1. 緒論 2. 放浪의 마음—空超 吳相淳攷 3. 나의 寢室로—尙火 李相和攷 4. 結論

金洪哲 1982 下溪洞所在 國文古碑硏究『鄕土서울』40 서울

시사편찬위원회　1. 緖論　2. 碑의 形態와 內容　3. 碑文의 國漢文 書法　4. 書刻者 李文楗 1) 家系의 人物 2) 文筆活動과 親筆日記 3) 本碑刻字의 始末

朴漢㤠　1982　韓國墓誌에 關한 一研究『人文學研究』16 강원대　1. 序言　2. 墓誌와 그 分類　3. 磁器製墓誌 1) 池君澤墓誌 2) 申宗夏妻豊川任氏墓誌 3) 金致彦墓誌 및 追記 4) 孟喜墓誌 5) 安景禅妻龍仁李氏墓誌 6) 韓紀墓誌 7) 恭人全州李氏墓誌 8) 車輯墓誌 9) 宋元良墓誌 10) 金元祿墓誌 11) 朴慶泰妻晉州姜氏墓誌 12) 梁濬徵墓誌 13) 趙性一墓誌 14) 申履均墓誌 及 其他　4. 石製墓誌 1) 金宗瀗墓誌 2) 韓相履墓誌 3) 韓相健墓誌 4) 崔有衡墓誌 5) 閔贊鎬配安東金氏墓誌　5. 土製墓誌 1) 閔命哲墓誌 2) 淑人長淵張氏墓誌 3) 貞夫人海平尹氏墓誌　6. 結論

高敬姬　1984　高陽德水慈氏碑小考『考古美術』161 한국미술사학회　1. 序言　2. 碑文　3. 解釋　4. 結語

金得豊　1984　서울市 九老洞出土 青華白磁 朴慶後父子墓誌『美術資料』34 국립중앙박물관

六反田豊　1986　定陵碑文の改撰論議と桓祖庶系の排除—李朝初期政治史の一斷面—　『東洋史論集』15 九州大 東洋史研究會　1. 定陵と二つの神道碑　2. 定陵碑文の改撰論議　3. 碑文改撰と宗親政策との關連　4. 李朝建國當初の宗親政策 1) 太祖初の宗親處遇 2) 二度の王子亂と"宗親不任以事"制　5. 桓祖庶系の排除—最初の碑文改撰論議　6. 桓祖庶系に對する臺諫の攻擊—二度目の碑文改撰論議　7. むすび

李春影　　　1986　　　　楷書.草書가　混用된　金石文—蓬萊　楊士彦의
撰・書翰　李宗孫墓碣—　　『嶺東文化』2　관동대　영동
문화연구소

許善道　　　1987　　三嘉縣　蔡濟恭撰幷書　鳳岩大師碑『韓國學論叢』
9　국민대　한국학연구소　　1. 緖言　　2. 鳳岩大師碑의
位置와　周邊　遺跡—절골(寺谷)과　白蓮庵址—　　3. 鳳岩
大師碑銘과　弟子秩　附　月城堂禪師碑　　4. 樊岩集收載
佛敎關係文字　5. 結語

姜大德　　　1988　　　江陵出土　黃山道察訪　金訒墓誌『嶺東文化』3
관동대　嶺東文化연구소　　1. 序言　2. 金訒墓誌의　內
容　　3. 墓誌의　人物分析　및　通婚關係 1) 金臺 2) 金世
勳 3) 李碩珍 4) 金光轍 5) 金自洛　　4. 江陵出土　墓誌
와의　比較　5. 結語

李源周　　　1988　　栗谷先生神道碑銘과　그　刪改事實에　對하여『韓
國學論集』15　계명대　한국학연구소　　1. 序言　2. 刪
改　經緯　3. 刪改　內容　4. 刪改　理由　5.‘李文靖眞聖
人也’等의　問題　6. 結言

李海濬　　　1988　　全南地方發見의　埋香資料와　그　性格『全南文化
財』1　전라남도　　1. 머리말—자료의　분포와　의미
2. 埋香碑와　埋香信仰(儀式)의　背景　3. 전남지방 발견
의　매향자료들　4. 전남지방　매향자료와　주도집단—특
히「香徒」와　관련하여　5. 맺음말

姜大德　　　1989　　　江陵　大田洞　출토　鍾城敎授　李守渾墓誌『關東
史學』4　관동대　　1. 序言　2. 李守渾墓誌의　內容　3.
墓誌主人公의　家系　및　婚姻關係　4. 江陵출토　墓誌와
의　比較　5. 結語

宋容緯　　1989　　學堂山 墓表『鄕土硏究』6　충남향토연구회　1.
위치와 내력　2. 묘비문의 금석학적 가치　3. 학당산
묘표　4. 비문의 특징

趙重憲　　1989　　阮堂이 남긴 金石文考『鄕土史硏究』1 한국향
토사연구회　1. 서언　2. 완당과 금석문 1) 금석학자
로서의 완당 2) 불우한 만년과 금석문 ① 실명으로 남
긴 금석문 ② 대필로 보이는 금석문 ③ 岩石刻文　3.
결어

韓銀燮　　1989　　兩班社會의 여종의 墓碑와 정려문『鄕土史硏究』
1 한국향토사연구회　1. 서언 2. 노비의 신분　3. 우
암 송시열 선생과 여종(婢)의 묘비　4. 金永復의 私婢
玉今 孝女門

金南斗　　1990　　禮堂 金石過眼錄의 분석적 연구 『史學志』23
단국대 사학회 1. 머리말　2. 著述 및 出現背景 1) 出
現背景 2) 異本考證　3. 內容 分析 1) 體制別 分析 2)
綜合的 分析 3) 硏究 方法論 分析　4.『禮堂金石過眼
錄』의 價値 1) 金石學的, 歷史的 價値 2)『禮堂金石過
眼錄』의 問題點　5. 맺음말

忠州工專博物館　　1990　　靑龍寺址의 金石文『靑龍寺址地表調査
報告書』충주공전박물관　1. 普覺國師碑銘(釋文)　2.
靑龍寺 位置碑記　3. 普覺國師碑銘(陽村集)原文　4. 普
覺國師碑銘(朝鮮金石總覽)原文　5. 靑龍寺 位田碑 및
陰記(拓本)

金玉姬　　1992　　茶山 丁若鏞의 墓誌銘에 나타난 西學思想『西
巖趙恒來敎授華甲紀念　韓國史學論叢』　아세아문화사
1. 머리말　2. 茶山 丁若鏞의 自撰墓誌銘에 나타난 西

學思想　3. 北山事件(周文謨 신부의　入國事件)과　茶山
에게 미친 파문　4. 茶山의　自撰墓誌銘에 나타난 辛酉
敎難의 경위　5. 맺음말

李亨求　1992　서울 南山北麓出土 萬曆癸未銘勝字銃筒考—附:
경기도 광주출토 新製銃筒—　『擇窩許善道先生停年紀
念 韓國史學論叢』일조각　1. 머리글　2. 勝字銃筒의
創製　3. 서울 南山北麓出土 萬曆癸未銘 勝字銃筒에 대
한 考察　4. 서울 南山北麓出土 萬曆癸未銘 勝字銃筒의
特徵　5. 附 : 京畿道 廣州出土 新製銃筒　6. 맺는글

鄭求福　1992　새로 발견된 金石文 判決事公 鄭自源 墓誌『淸
溪史學』9 한국정신문화연구원 청계사학회 1. 머리말
2. 지형과 묘소의 배치 상황　3. 誌石의 출토위치와
유물　4. 誌石의 判讀　5. 맺음말—본 지석의 특징—

朴光碩　1993　전라좌수영의 문화유적『전라좌수영의 역사와
문화』순천대 박물관　○ 머리말　1. 건물(址)　2.
성·봉수(址)　3. 碑　4. 기타　○ 맺음말　＊

趙重憲　1994　六臣遺墟址의 金石文攷『鄕土史硏究』6 한국향
토사연구회　1. 육신 유허지　2. 금석문에 나타난 유
적　3. 금석문에 나타난 祠宇

崔壹聖　1994　忠北의 神道碑—북부지방을 중심으로—　『鄕
土史硏究』6 한국향토사연구회

권두규　1997　安東의 堤防 事蹟碑　『安東文化硏究』11　안
동문화연구회　1. 머리말　2. 松堤碑 1) 비의 현존상
태 2) 내용　3. 松堤事蹟碑 1) 비의 현존상태 2) 내용
4. 浦項提　5. 湖防事蹟碑 1) 비의 현존상태 2) 내용
6. 맺음말

蘇鎭變　1997　복사골 神道碑의 碑文 硏究　『경기향토사학』2 전국문화원연합회 경기도지회　○ 머리말　1. 三人의 神道碑 主人公의 生涯　2. 神道碑文의 時代的 分析과 그 價値　3. 神道碑文의 硏究課題　○ 맺는말

李智冠　1997　校勘 譯註 楊州 檜巖寺 無學王師 妙嚴尊者 塔碑文『伽山學報』6 가산불교문화연구원

李智冠　1997　조선　校勘 譯註 忠州 靑龍寺 普覺國師幻庵 定慧圓融 塔碑文『伽山學報』6 가산불교문화연구원

趙炳魯　1997　17, 8세기 南漢山城의 再修築에 관한 一考察—최근에 발견한 金石文을 중심으로—　『京畿史論』창간호 경기대 사학회　1. 머리말　2. 譯學生徒의 신분 1) 직역 2) 본관 3) 연령　3. 譯學生徒의 家系와 家門 1) 四祖의 출신 2) 四祖의 직역 3) 童蒙의 통혼 가문　4. 맺음말

최완수　?　김추사의 금석학『간송문화』3　*

稻田春水　?　三陟東海の碑『朝鮮公論』1-3　*

石幡貞所藏　연도　在朝鮮京城文錄壬辰之役之古碑『東亞學會雜誌』1-7　*

XI. 其他

坪井九馬三　1901　解題海東金石苑『史學雜誌』11-10 東京大

淺見倫太郎　　1911　　日韓交渉史蹟に關する二千年來の金石遺文
　　(上・下)『朝鮮』31～32　朝鮮總督府　京城朝鮮雜誌社
　　1. 高句麗好太王ノ碑文　2. 新羅眞興王巡狩碑文　3. 平
　　百濟ノ碑文(扶餘ノ碑)　○ 附錄　金石文字數種

雙荷子　1912　　京城에 古塔과 古碑『朝鮮佛敎月報』1 朝鮮佛
　　敎月報社

關野貞　1918　　朝鮮の古碑『圖書及畵圖』3-1　　*

梅原末治　　1924　　北朝鮮發見の古鏡『東洋學報』14-3 東洋協
　　會學術調査部　　1.　2.　3. 1) 內行花紋鏡　4. 2) 靑盖
　　盤龍四神鏡 3) 流雲紋四神鏡 4) 波紋系細線四神鏡 5)
　　獸帶紋細線四神鏡 6) TLV式細線鳥四紋鏡 7) 細線式禽
　　獸紋鏡 8) 四乳双禽鏡 9) 自餘の細線式鏡　5.　10) 百
　　乳星雲鏡 11) ゴシック式銘帶鏡

八丸生　1926　　松坡の古碑『文敎の朝鮮』12

小田幹治郎　　1930　　朝鮮に於ける金石文『朝鮮之硏究』朝鮮及
　　滿洲史　　*

稻葉岩吉　1931　　寺院經濟資料と長生標『東亞經濟資料』15-1, 2 *

葛城末治　1933　　朝鮮金石學槪論『靑丘學叢』14 靑丘學會　○
　　序言　1. 金石學總說 1) 金石文の意義 2) 金石文の淵
　　源 3) 金石文の種類と其の名稱 ① 金文の種類と其の名
　　稱 ② 石文の種類と其の名稱 4) 金石文硏究の效果　2.
　　朝鮮金石學總說 1) 金石文の硏究者と其の著錄 2) 金石
　　文の種類と其の名稱 3) 金石文字の書體と其の系統 4)
　　金石文體と其の變遷 5) 金石文中の集字碑 6) 漢字以外
　　の金石文字 7) 金石文中の吏讀 8) 金石文字の避諱と缺

筆　9) 金石文中の建號　10) 金石文の分布　○　結語

梅原末治　　　1933　　　朝鮮北部出土　紀年塼集錄『支那學』7-1

藤田亮策　　　1935　　　朝鮮金石瑣談(1)『靑丘學叢』19　　靑丘學會
　　　<小引>　1. 慶州南山新城碑　2. 寶林寺石塔誌　3. 寶
林寺鐵造毘盧遮那佛造像記　　4.　高麗歸法寺玄應墓誌
5. 玄化寺住持闡祥墓誌

藤田亮策　　　1935　　　朝鮮金石瑣談(2)『靑丘學叢』20 靑丘學會　6.
高麗　李資元　女　李氏墓誌　7. 高麗　樂浪郡　君夫人　金氏
墓誌　8. 高麗　金義元墓誌　9. 高麗　任懿　墓誌　10. 高
麗　王子之妻　金氏墓誌　11. 簡單なる高麗　墓誌銘 三例

潘承弼　　　1937 海東金石苑原本考辨(1)『鉛印盃門雜著本制言』41　*

孫海波　　　1940　　　評　葛城末治撰「朝鮮金石苑『中和月刊』1-12　　*

岡田貢　　　1941　　　京城府內の諸記念碑と其の正確な位置『京城彙報』
昭和16-10　　*

渡邊刀水　　　1941　　　朝鮮の金石を語る『書之友』7-8 雄山閣　　　*

藤田亮策　　　1943　　　金銅經牌『會報』19-20 書物同好會

金武森　　　1949　　　朝鮮金石에　對한　日帝御用學說의　檢討—秥蟬碑
의　金石學的　分析을　主로—　『력사제문제』10　　1.
漢文字의　淵源　2. 古代朝鮮金石文字의　槪觀　3. '秥蟬
碑'에　對한　世間의　見解　4. 朝鮮金石에　對한　日帝御用
學者들의　非科學的　見解에　對한　檢討

金武森　　　1949　　　朝鮮書藝史研究序說—朝鮮書藝發源의　史的　연
구—　『력사제문제』13　　1. 조선서예사연구의　의의
2. 서예의　민족문화적　특질　3. 고대　조선서예의　고증

과. 금석문자 1) 고대 金文字 2) 고대 漆書 서예의 고찰 3) 瓦磚문자 4. 민족문화로 형성된 한자서예의 고구려 流波

坪井良平   1960   朝鮮鐘の資料補遺『朝鮮學報』16 朝鮮學會

金萬用   1962   釜山市內 金石文 및 懸板史料調査報告『港都釜山』1 부산시사편찬위원회

金庠基   1962   草稿本 海東金石存攷『考古美術』22 한국미술사학회

金萬用   1963   釜山市內 金石文 및 懸板史料調査報告『港都釜山』2 부산시사편찬위원회

림종상   1963   자료 ; 定州郡 "沈香庵" 비문『력사과학』1963-6 *

坪井良平   1963   朝鮮鐘の新資料『朝鮮學報』27 朝鮮學會

坪井良平   1964   朝鮮鐘の新資料補遺『朝鮮學報』33 朝鮮學會

朴時亨   1965   강좌 ; 우리 나라의 금석학『력사과학』1965-5

李蘭暎   1965   金石文資料蒐集 『業績報告書』 54-55 동아문화연구위원회   *

坪井良平   1965~9   朝鮮鐘の新資料補遺 其二~其七『朝鮮學報』36・41・43・47・51・58 朝鮮學會

任昌淳   1967   韓國의 金石과 書藝『白山學報』3 백산학회 1. 緒說 2. 韓國의 金石과 金石學 1) 金石의 大觀 2) 拓本과 蒐輯 3. 金石을 通해 본 歷代의 書藝와 書學 1) 三國時代 2) 新羅統一期 3) 高麗時代

坪井良平   1969   在韓朝鮮鐘の銘文について『史蹟と美術』史蹟美術同攷會   *

金禧庚　　　1971　　韓國塔銘考『考古美術』109 한국미술사학회　　1. 銘文있는　塔　2. 有銘舍利用器類　3. 塔誌　4. 塔內發見의　佛經, 發願文

黃壽永　　　1972　　新羅・高麗梵鐘의　新例 13　『考古美術』113・114 한국미술사학회　　1. 在銘品 1) 太安二年銘　銅鐘 2) 己丑銘竹丈寺鐘 3) 扶餘博物館藏　論山出土　在銘小鐘　2. 無銘品　1) 淸州出土　新羅無名中鐘 2) 公州博物館所藏　淸州出土　小鐘 3) 李秉喆氏　所藏　中鐘 4) 國立博物館所藏　楊平出土　中鐘 5) 扶餘博物館所藏　扶安出土　小鐘 6) 慶州　天恩寺址出土　小鐘 7) 서울　道銑寺出土　小鐘　＜부록＞ 1)新羅梵鐘　破片 2)東國大學校所藏　鐵鐘

坂元義種　　　1976　　金石文(朝鮮)『考古學ゼミナール』120 ; 1978　朝鮮古代金石文小考—新羅統一以前—　　『百濟史の硏究』塙書房　○　はじめに　1. 樂浪帶方郡　時代 2. 高句麗　3. 百濟　4. 新羅

黃壽永　　　1976　　金石文의　新例『韓國學報』5 일지사　　2. 1) 高句麗城壁刻字 2) 新羅　四天王寺西碑 3) 新羅　皇福寺碑 4) 高麗僊鳳寺大覺國師碑　陰記 5) 高麗　芬皇寺　和諍國師碑片　3. 新羅　法華經石과　瓦經　＜附記＞ 1) 南山新城碑 2) 慶州月城發見逸名石片

金禧庚　　　1978　　韓國梵鐘　目錄『梵鐘』1 한국범종연구회　　1. 韓國梵鐘目錄　2. 梵鐘銘文　3. 鐘文獻目錄

李泰鎭　　　1978　　畦田考—統一新羅.高麗時代　水稻作法의　類推—『韓國學報』10 일지사 ; 1986『韓國社會史硏究』지식산업사　○　머리말　1. 統一新羅期의「畦田」과　그　作

法   2. 高麗時代의 稻作과 休閑法   ○ 나머지 말

鄭永鎬   1979   韓國美術史上 梵鐘研究의 重要性『梵鐘』2 한국범종연구회   1. 序言   2. 銘文에서의 絶對年代   3. 銘文에서의 造成緣記   4. 結語

金禧庚   1980   韓國塔內 舍利容器에의 記銘變遷考『考古美術』146·147 한국미술사학회   1. 前言   2. 韓國의 記銘 舍利容器   3. 中國에서의 塔地發掘   4. 結言

中村完   1981   朝鮮古代金石文の資料について『村上四男博士和歌山大學退官紀念 朝鮮史論文集』   1. 從來の資料輯   2. 資料一覽表   3. 本表について

許興植   1982   韓國金石文의 整理現況과 展望『民族文化論叢』2·3 영남대 민족문화연구소   ○ 머리말   1. 金石文의 重要性   2. 蒐集과 整理의 沿革   3. 刊行의 現況   4. 整理方法과 展望   ○ 맺음말

陳宗煥   1984   慶州地域 龜趺碑紋樣에 대하여『慶州史學』3 경주사학회   1. 머리말   2. 龜趺碑의 構造   3. 龍과 龜의 概念 및 出土遺物 1) 거북(龜)의 概念 및 出土遺物 2) 龍의 概念 및 出土遺物   4. 慶州地域 龜趺碑의 槪觀 1) 太宗武烈王陵龜趺 2) 西岳里龜趺 3) 四天王寺址龜趺 4) 高仙寺址 龜趺 5) 聖德王陵 龜趺 6) 興德王陵 龜趺 7) 鍪藏寺址阿彌陀佛造像事蹟碑 龜趺 8) 崇福寺址 龜趺 9) 皇福寺址 龜趺 10) 昌林寺址 龜趺 11) 天龍寺址 龜趺   5. 맺는말

許興植   1985   韓國金石學史 試論『千寬宇先生華甲紀念史學論叢』정음문화사 ; 1986『高麗佛敎史研究』일조각   ○ 머리말   1. 형성기―17·18세기   2. 발전과 중단―1

9~20세기 전반   3. 최근의 경향   ○ 맺음말

리순진   1986   새로 발견된 오국리무덤에 대하여『조선고고연구』1986-1   *

辛鍾遠   1987   幢竿造營의 文化史的 背景『江原史學』3 강원사학회   ○   序言―硏究史 및 최근 資料   1.幢의 種類 1) 幢 2) 石幢 3) 幢竿 4) 掛佛   2. 文獻 및 金石文에 보이는 幢竿 1)『三國遺事』2) 昌寧 邑內里 石佛造像記 3) 淸州 龍頭寺幢竿記 4) 海美 普願寺法印國師寶乘塔碑 5)『高麗圖經』6)『梵魚寺事蹟』   3. 民俗에서의 竿柱   4. 佛敎受容과 幢竿 造營의 背景   ○ 結語

崔範勳   1987   金石文에 나타난 吏讀硏究『京畿大學校 論文集』21   1. 金石文과 吏讀   2. 高句麗廣開土王陵碑   3. 中原高句麗碑   4. 延壽在銘瑞鳳塚銀盒杅   5. 蔚州川前里書石   6. 永川菁堤碑   7. 新羅丹陽赤城碑   8. 壬申誓記石   9. 昌寧新羅眞興王拓境碑   10. 高句麗城壁刻字 11. 磨雲嶺新羅眞興王巡狩碑   12. 黃草嶺新羅眞興王巡狩碑   13. 北漢山新羅眞興王巡狩碑   14. 戊戌塢作碑 15. 新羅南山新城碑   16. 甘山寺 彌勒菩薩・阿彌陀如來造像記   17. 新羅上院寺鐘記   18. 新羅无盡寺鍾記 19. 金泉葛項寺石塔記   20. 永泰二年銘石盒   21. 昌寧仁陽寺石佛造像記   22. 始興中初寺撞竿石柱記   23. 淸州蓮池寺鐘銘   24. 新羅竅興寺鐘銘   25. 結論

崔信浩   1987   韓國鐘의 '銘'에 대하여『東洋學』17 단국대 동양학연구소   1. 序言   2. 鐘銘 1) 부처님의 자비를 구하는 鐘銘 2) 大王의 功德을 구하는 鐘銘 3) 鐘記의 경우   3. 結言

張俊植　　1989　　중원지방의 석조부도―일제침략기에 반출된 塔·碑를 중심으로―　『鄕土史硏究』 1 향토사연구전국협의회　　1. 序言　2. 各論 1) 月光寺 圓郎禪師浮屠塔과 碑 2) 淨土寺 法鏡大師慈燈塔과 碑 3) 淨土寺 弘法國師實相塔과 碑 4) 法泉寺 智光國師玄妙塔 5) 興法寺 眞空大師浮屠塔 6) 興法寺 眞空大師塔碑 7) 居頓寺 圓空大師玄妙塔과 碑　3. 結論

張哲秀　　1989　　誌石의 名稱과 種類에 대한 一考察『金宅圭博士華甲紀念文化人類學論叢』　　1. 머리말　2. 誌石의 名稱과 종류　3. 맺음말　＊

趙重憲　　1989　　論山地方 金石文攷(二)『鄕土硏究會誌』 3 論山鄕硏　＊

藤本幸夫　　1990　　語學的觀點から見た朝鮮金石文 『書道硏究』 4-7　1. 三國の碑文 1) 碑文は何故難讀か 2) 吏讀について 3) 碑文中の古語 4) 碑文に見える中·朝·日の關係　2. 三國の木簡 1) 樂浪の木簡 2) 新羅の木簡 3) 百濟の木簡

宋容縡　　1992　　大田·忠南의 金石文 地表調査『鄕土硏究』 12 충남향토연구회

李海濬외　　1993　　고문서 금석문 문집자료의 조사『향토사 이론과 실제』 향토문화진흥원

許興植　　1993　　金石文의 破損原因과 復元方法『精神文化硏究』 52 한국정신문화연구원 ; 1994『韓國中世佛敎史硏究』 일조각　○ 머리말　1. 破損된 原因　2. 佚碑와 斷碑　3. 復元碑의 問題點　4. 復元方法의 摸索　○ 맺음말

金東洙　1994　潭陽지방 碑文資料 몇 例의 소개『全南文化財』7 *

金炳基　1994　금석문 서체연구의 중요성에 대한 一考『鄕土史硏究』6 한국향토사연구회　1. 서론　2.본론 1) 조선후기 集顔字碑의 의의 2) 백제 무녕왕릉 지석의 서체 3) 광개토대왕비의 서체와 소위 「변조설」 방증 3. 결론

金昌鎬　1994　韓國의 金石文『古文化』45 한국대학박물관협회　1. 금석문의 의의　2. 연구 소사　3. 한국 금석문 연구의 복수적 방법　4. 역사

宋容縡　1994　大田·忠南地方의 未發表 金石文 1『鄕土硏究』15 충남향토연구회

鄭景柱　1994　慶南地方 寺刹 金石文獻資料 調査硏究『傳統文化論集』2 慶星大 鄕土文化硏究所　*

徐榮一　1996　抱川 半月山城 出土〈馬忽受解空口單〉銘 기와의 考察『史學志』29 단국대 사학회　1. 머리말　2. 半月山城의 歷史·地理的 背景　3. 기와의 樣式檢討　4. 銘文의 分析　5. 熊津 初期 解氏의 動向　6. 맺는말

辛鍾遠　1996　강원도의 禁標·封標『博物館誌』2 江原大博物館　1. 머리말　2. 문헌자료　3. 硏究史　4. 처음 소개되는 금표·봉표 및 관련자료　5. 맺음말

辛鍾遠　1996　洪川 壽陀寺 梵鐘 銘文『博物館志』2 강원대 박물관

이우태　1996　洪景輔 墓誌『博物館彙報』7 서울시립대 박물관　1. 머리말　2. 墓誌의 狀態　3. 洪景輔의 家門　4. 洪景輔의 生涯　5. 맺음말

表龍洙 1996 釜山地域의 紀念碑 現況(Ⅰ)—解放 以前을 中心으로— 『港都釜山』13 釜山市史編纂委員會 1. 머리말 2. 事蹟碑 3. 紀功碑 4. 頌德碑 5. 檀碑 6. 墓碑 7. 旌閭碑 8. 其他

許興植 1996 韓國金石學의 現況과 課題『韓國史學』16 한국정신문화연구원 1. 머리말 2. 金石學과 金石文 3. 金石文의 時代區分 4. 金石文의 整理와 保存 5. 맺음말

朴現圭 1997 해동금석문의 신자료인 청 翁樹崐『碑目瑣記』에 대하여『書誌學報』20 한국서지학회 1. 열림말 2. 翁樹崐과 해동금석문의 수집 과정 3. 해동문헌의 개요 4. 찰기 원고본 碑目瑣記의 내용 분석 5. 맺음말

趙東元 1997 韓國 金石文硏究의 現況과 課題『國史館論叢』78 국사편찬위원회 1. 序言 2. 金石文의 硏究 現況 1) 金石文 硏究의 形成 過程 2) 金石文 硏究의 展開 3) 金石文 硏究의 現況 4) 金石文 硏究 成果 分析 3. 硏究課題 4. 結語

趙東元 1997 韓國 金石文 硏究 300年 『于松趙東杰先生停年紀念論叢 韓國史學史硏究』 1. 서언 2. 금석문 연구의 형성 3. 일제시기의 연구 4. 해방 이후 연구 현황 5. 금석문 연구논문의 분석 6. 결어

附錄

主要 金石文의 所在地
（1998年 3月 現在）

附錄 : 主要 金石文의 所在地
(1998年 3月 現在)

Ⅰ. 서울

1. 高句麗好太王壺杅　　　　　　　고구려 장수왕 3년(415)
　　종로구 세종로 국립중앙박물관　直徑24×高19.4

2. 延嘉七年銘金銅如來立像　　　　고구려 안원왕 9년(539)
　　종로구 세종로 국립중앙박물관　高16.2

3. 眞興王巡狩碑　　　　　　　　　　신라 진흥왕 29년(568)
　　종로구 세종로 국립중앙박물관　154×71×16

4. 辛卯銘金銅三尊佛　　　　　　　　고구려 평원왕 13년(571)
　　金東鉉씨 소장　　　　　　　　　高15.5

5. 癸未銘金銅三尊佛　　　　　　　　백제 무왕 24년(623)
　　성북구 성북동 간송미술관　　　高12.5

6. 癸酉銘阿彌陀佛三尊四面石像　　신라 문무왕 13년(673)
　　종로구 세종로 국립중앙박물관　40×26×17

7. 己丑銘阿彌陀佛及諸佛菩薩石像　신라 신문왕 9년(689)
　　종로구 세종로 국립중앙박물관　56×32×12

8. 新羅司天王寺碑片　　　　　　　　신라 신문왕 12년(692)
　　중구 필동 동국대박물관　　　　13×11×3.3

9. 甘山寺彌勒菩薩造像記　　　　　　신라 성덕왕 18년(719)
　　종로구 세종로 국립중앙박물관　高189×幅107.6

10. 甘山寺阿彌陀如來造像記　　　　신라 성덕왕 19년(720)
　　종로구 세종로 국립중앙박물관　高206×幅109

11. 永泰二年銘塔誌   신라 혜공왕 2년(766),
고려 성종 12년(993)追銘
중구 필동 동국대박물관   10.5×11×3.5

12. 葛項寺石塔記   신라 원성왕 14(789)
종로구 세종로 경복궁   35×83

13. 鍪藏寺阿彌陀如來造像事蹟碑   신라 애장왕 2년(801)
종로구 세종로 경복궁   72×54×23, 33×24×23, 28×48×23

14. 高仙寺誓幢和尙碑片上下段   신라 애장왕(800-808)推定
중구 필동 동국대박물관   46×55×24(上), 89×93×24(下)

15. 新羅閔哀大王石塔記   신라 민애왕 3년(863)
중구 필동 동국대박물관   8.3×8.1×8.5

16. 咸通銘禁口   신라 경문왕 5년(865)
종로구 세종로 국립중앙박물관   31.5×10.5

17. 沙林寺弘覺禪師碑   신라 정강왕 원년(886)
종로구 세종로 국립중앙박물관   57×47×20

18. 月光寺圓朗禪師大寶禪光塔碑   신라 진성왕 4년(890)
종로구 세종로 경복궁   227×79×24

19. 鳳林寺眞鏡大師寶月凌空塔碑   신라 경명왕 8년(890)
종로구 세종로 경복궁   184×101×23

20. 新羅皇福寺碑片   통일신라
중구 필동 동국대박물관

21. 新羅崇福寺碑片   통일신라
중구 필동 동국대박물관   厚0.8

22. 聖住寺事蹟碑片   통일신라
중구 필동 동국대박물관   14.5×7.5×13

23. 法華經石片   통일신라
중구 필동 동국대박물관

24. 了悟和尙碑   고려 태조20년(937)
종로구 세종로 경복궁   102×101×22

25. 菩提寺大鏡大師玄機塔碑   고려 태조 22년(939)
종로구 세종로 경복궁   177×90×24.5

26. 興法寺眞空大師塔碑   고려 태조 23년(940)
종로구 세종로 경복궁   172×121×23

27. 太子寺朗空大師白月栖雲塔碑   고려 광종 5년(954)
종로구 세종로 경복궁   210×102×26

28. 東臺塔誌石 　　　　　　　　　고려 목종 8년(1005)
　　중구 필동 동국대박물관 　　　11×11.6×0.7

29. 天興寺鐘銘 　　　　　　　　　고려 현종 원년(1010)
　　종로구 세종로 국립중앙박물관 　高170×口徑100

30. 淨土寺弘法國師實相塔碑 　　　고려 현종 8년(1017)
　　종로구 세종로 경복궁 　　　　229×104×23

31. 僧伽寺石坐像 　　　　　　　　고려 현종 15년(1024)
　　종로구 구기동 승가사 　　　　高76×光背130

32. 淨土寺五層石塔記 　　　　　　고려 현종 22년(1031)
　　종로구 세종로 경복궁

33. 淸寧四年銘銅鐘 　　　　　　　고려 문종 12년(1058)
　　종로구 세종로 국립중앙박물관 　高85×口徑55

34. 羅州西門石燈記 　　　　　　　고려 선종 10년(1093)
　　종로구 세종로 경복궁

35. 文殊院重修碑片 　　　　　　　고려 인종 8년(1130)
　　중구 필동 동국대박물관

36. 芬皇寺和諍國師碑片 　　　　　고려 명종 20년(1190)
　　중구 필동 동국대 박물관 　　12×16.5×6

37. 泰和二年銘蒲溪寺盤子 　　　　고려 신종 5년(1202)
　　서대문구 대현동 이화여대박물관 　周110×表徑34×側幅7.5

38. 泰和七年銘資福寺鉡子 　　　　고려 희종 3년(1202)
　　서대문구 대현동 이화여대박물관 　周102×表徑32×側幅6.5

39. 貞祐四年銘半子 　　　　　　　고려 고종 3년(1216)
　　중구 필동 동국대박물관 　　　周103×表徑38.5×側幅7.5

40. 貞祐五年銘奉業寺鈑子 　　　　고려 고종 4년(1217)
　　서대문구 신촌동 연세대박물관 　周194×表徑60.5×側幅14.5

41. 敬天寺石塔 　　　　　　　　　고려 충목왕 4년(1348)
　　종로구 세종로 경복궁

42. 高麗指空大師浮屠碑片 　　　　고려 공민왕 21년(1372)
　　중구 필동 동국대박물관

43. 長興寺鐘銘 　　　　　　　　　고려 공양왕 4년(1372)
　　강남구 삼성동 봉은사 　　　　高61×口徑49

44. 姜邯贊落星垈塔銘 　　　　　　고려시대 13세기 推定
　　관악구 봉천동 산48 　　　　　60×37

45. 丙戌銘靑銅香垸　　　　　　　　고려시대
　　서대문구 대현동 이화여대박물관　　高10×上徑15×周50

46. 甲午銘金鍵　　　　　　　　　　고려시대
　　종로구 세종로 국립중앙박물관　　表徑27.5×側幅6.3×周90

47. 戊戌銘龍嵒寺小鐘　　　　　　　고려시대
　　종로구 세종로 국립중앙박물관　　高30×구경19

48. 戊寅銘小鐘　　　　　　　　　　고려시대
　　강남구 대치동 호림박물관　　　高25×周48×表徑14.8

49. 公州傳九龍寺碑片　　　　　　　고려시대
　　중구 필동 동국대박물관

50. 女眞字碑　　　　　　　　　　　고려시대 추정
　　종로구 세종로 경복궁　　　　　173×51×42

51. 貞昭公主墓碑　　　　　　　　　조선 세종 6년(1424)
　　성북구 안암동 고려대박물관　　56×89×5.3

52. 太宗獻陵神道碑　　　　　　　　조선 세종 6년(1424)
　　　　　　　　　　　　　　　　조선 숙종 21년(1695)重建
　　강남구 내곡동 13-1 헌인릉　　295×141×46

53. 睦進恭墓表　　　　　　　　　　조선 세종 8년(1426)
　　도봉구 방학동 산62　　　　　　59×32×13

54. 世宗英陵神道碑　　　　　　　　조선 문종 2년(1451)
　　동대문구 청량리동 산157　　　312×154×50

55. 興天寺鐘銘　　　　　　　　　　조선 세조 8년(1462)
　　중구 정동 덕수궁　　　　　　　高282×口徑170

56. 安孟聃神道碑　　　　　　　　　조선 세조 12년(1466)
　　도봉구 방학동 산63-1　　　　　191×103×12.5

57. 普信閣鐘記　　　　　　　　　　조선 세조 14년(1468)
　　종로구 종로2가동 102 보신각　高318×口徑216

58. 圓覺寺碑　　　　　　　　　　　조선 성종 2년(1471)
　　종로구 종로2가 파고다공원　　250×130.5×38

59. 成宗胎室碑　　　　　　　　　　조선 성종 2년(1471)
　　　　　　　　　　　　　　　　순조 23년(1822) 重建
　　종로구 와룡동 창경궁　　　　　96×51.5×22

60. 成化十二年銘王女阿只氏胎誌　　조선 성종 7년(1476)
　　성북구 안암동 고려대박물관　　22.3×28.3×5.2

61. 成化十七年銘王女阿只氏胎誌　　　　조선 성종 12년(1481)
　　서대문구 대현동 이화여대박물관　　　20.6×28.2×3.1

62. 李允濯墓碣　　　　　　　　　　　　조선 중종 31년(1536)
　　노원구 하계동 산12-2　　　　　　　140×63.5×19

63. 自擊漏銘　　　　　　　　　　　　　조선 중종 31년(1536)
　　중구 정동 덕수궁　　　　　　　　　高201

64. 尙震神道碑　　　　　　　　　　　　조선 명종 21년(1566)
　　강남구 서초동 산152-5 상문고등학교　219×106×37

65. 李蓂神道碑　　　　　　　　　　　　조선 선조 7년(1574)
　　노원구 월계동 산59　　　　　　　　181×81×19.5

66. 李𣷉神道碑　　　　　　　　　　　　조선 선조 7년(1574)
　　강남구 수서동 산10-1　　　　　　　194×90.5×26.5

67. 李溥神道碑　　　　　　　　　　　　조선 선조 7년(1574)
　　강남구 수서동 산10-1　　　　　　　208×89×26.5

68. 銃筒銘(萬歷·壬辰·丁丑)　　　　　조선 선조 21년(1566)
　　성북구 안암동 고려대박물관　　　　萬歷53.5, 壬辰58.5, 丁丑92

69. 文廟碑　　　　　　　　　　　　　　조선 인조 4년(1626) 改立
　　종로구 명륜동 성균관　　　　　　　187×107.5×33

70. 申鑭神道碑　　　　　　　　　　　　조선 인조 6년(1628)
　　중랑구 망우동 산69-1　　　　　　　171×75×24

71. 三田渡淸太宗功德碑　　　　　　　　조선 인조 17년(1639)
　　송파구 석촌동 289-3　　　　　　　　323×145.5×39

72. 鄭昌衍神道碑　　　　　　　　　　　조선 효종 6년(1655)
　　동작구 사당동 산32-83　　　　　　　228×85×27

73. 李尙吉神道碑　　　　　　　　　　　조선 현종 2년(1661)
　　노원구 하계동 산16-1　　　　　　　220×90×24

74. 睦叙欽神道碑　　　　　　　　　　　조선 현종 12년(1671)
　　도봉구 방학동 산62　　　　　　　　218×89×23

75. 昌嬪安氏神道碑　　　　　　　　　　조선 숙종 9년(1683)
　　동작구 동작동 국립묘지내　　　　　203×63.5×63.5

76. 申景禛神道碑　　　　　　　　　　　조선 숙종 10년(1684)
　　중랑구 망우동 산69-1　　　　　　　191×97×31.5

77. 李芳蕃神道碑　　　　　　　　　　　조선 숙종 20년(1694)
　　강남구 수서동 산10-1　　　　　　　138.5×60×20

78. 廣州治西光秀山李氏世葬記碑　　조선 숙종 21년(1695)
　　강남구 수서동 산10-1　　143×56×27

79. 仁祖別墅遺基碑　　조선 숙종 21년(1695)
　　은평구 역촌동 8-12　　168×72×26

80. 鄭易神道碑　　조선 숙종 34년(1708)
　　강남구 서초동 법원앞　　258×116×39.5

81. 李田神道碑　　조선 숙종 46년(1720)
　　노원구 공릉동 육군사관학교　　245×115×49

82. 蕩平碑　　조선 영조 17년(1742)
　　종로구 명륜동 성균관대학교　　155×62×30.5

83. 金構神道碑　　조선 영조 19년(1743)
　　송파구 방이동 몽촌토성　　267×104×53

84. 李□ 神道碑　　조선 영조 23년(1747)
　　서대문구 북가좌동 73-3　　285×106×61.5

85. 李濡神道碑　　조선 영조 29년(1753)
　　강남구 수서동 산10-1　　243×68×68

86. 庚辰地平　　조선 영조 36년(1760)
　　중구 장충동 장충공원　　23×93

87. 淨業院舊基碑　　조선 영조 47년(1771)
　　종로구 숭인동 산3　　124×56×29

88. 黔巖紀蹟碑　　조선 정조 5년(1781)
　　은평구 진관내동 428　　148×68×26.5

89. 六臣墓碑　　조선 정조 6년(1782)
　　동작구 노량진동 185-2　　215×80×41

90. 關羽贊揚碑　　조선 정조 9년(1785)
　　　　　　　　　　고종 37년(1900) 重刻
　　종로구 숭인동 동묘　　235×104.5

91. 武安王墓碑　　조선 정조 9년(1785)
　　　　　　　　　　고종 37년(1900) 重刻
　　종로구 숭인동 동묘　　228×95.5×50.5

92. 僧伽寺城月堂塔碑　　조선 순조 2년(1802)
　　종로구 평창동 승가사　　162×62×30

93. 楊高碑　　조선 헌종 원년(1835)
　　종로구 교남동 대신고등학교　　232×98×32.5

94. 大夫人廉氏墓表 조선 철종 13년(1862)
　　은평구 홍은동 201 165×64.5×32

95. 斥和碑 조선 고종 8년(1871)
　　종로구 세종로 경복궁 139×46×27

96. 奉恩寺南湖大律師碑 조선 고종 12년(1875)
　　강남구 삼성동 봉은사 165×58×30

97. 北廟碑 조선 고종 20년(1885)
　　종로구 세종로 경복궁 242×98×42

98. 獎忠壇碑 조선 고종 37년(1900)
　　중구 장충단 장충공원 190×68×35

99. 李補神道碑 조선 고종 39년(1902)
　　강남구 방배동 191 168×70×40

100. 城底五里定界碑 조선시대
　　종로구 세종로 경복궁

101. 神德皇后貞陵表 조선 고종 37년(1900)
　　성북구 정릉동 산87-16 157×60.2×32

102. 成宗宣陵表 조선 영조 31년(1755)
　　강남구 삼성동 산45-169 154×64×34

103. 中宗靖陵碑 조선 영조 31년(1755)
　　강남구 삼성동 산45-169 156×62×30

104. 文定王后泰陵表 조선 영조 29년(1753)
　　노원구 공릉동 223-9 148×61×30

105. 明宗康陵表 조선 영조 29년(1753)
　　노원구 공릉동 313-19 141×61×30

106. 景宗懿陵表 조선시대
　　성북구 석관동 산1-5 166×62.5×30.5

107. 純祖仁陵表 조선 철종 8년(1857)
　　서초구 내곡동 산13-1 234×106×54

Ⅱ. 仁川·京畿道

1. 中初寺幢竿石柱記　　　　신라 흥덕왕 2년(827)
   안양시 만안구 석수동 중초사지　　高370

2. 高達寺元宗大師慧眞塔碑　　고려 광종 26년(975)
   여주군 북내면 상교리 고달사지　　279×160×33

3. 太平二年銘磨崖藥師坐像　　고려 경종 2년(977)
   광주군 중부읍 교산리 약사곡　　45×22

4. 長岩里磨崖半跏像銘　　고려 경종 6년(981)
   이천시 마장면 장암2리　　103×65

5. 七長寺慧炤國師碑　　고려 문종 14년(1060)
   안성군 이죽면 칠장리 칠장사　　246×126.5×18.5

6. 乾統三年銘重興寺鈑子　　고려 숙종 8년(1103)
   용인시 포곡면 가실리 호암미술관　　表徑35.7×側幅7.7

7. 瑞峰寺玄悟國寺碑　　고려 명종 15년(1185)
   용인시 수지읍 신봉리 서봉사지　　195×99×11

8. 己丑銘竹丈寺銅鐘　　고려 고종 16년(1229)
   용인시 포곡면 가실리 호암미술관　　高33.1×口徑20.3

9. 崔珙墓誌　　고려 고종 41년(1254)
   용인시 포곡면 가실리 호암미술관　　50×98

10. 崔沆墓誌　　고려 고종 44년(1257)
    용인시 포곡면 가실리 호암미술관　　66×146

11. 檜岩寺禪覺王師碑　　고려 우왕 3년(1377)
    양주군 회천읍 회암리 회암사　　205×94.5×22

12. 神勒寺普濟禪師舍利石種碑　　고려 우왕 5년(1379)
    여주군 북내면 천송리 신륵사　　123×63

13. 神勒寺大藏各碑　　고려 우왕 9년(1383)
    여주군 북내면 천송리 신륵사　　137×91×19

14. 太古寺圓證國師塔碑　　고려 우왕 11년(1385)
    고양시 신도읍 북한리 태고사　　234×109×22

15. 彰聖寺眞覺國師大覺圓照塔碑　　　고려 우왕 12년(1386)
　　수원시 남향동　　　　　　　　　　150×82×10

16. 舍那寺圓證國師舍利石種碑　　　　고려 우왕 12년(1386)
　　양평군 옥천면 용천리 사나사　　　103×69×5

17. 崔元直墓表　　　　　　　　　　　고려 우왕 12년(1386)
　　고양시 벽제읍 대자2리　　　　　　96×67×27

18. 修定寺銅鐘銘　　　　　　　　　　고려시대
　　용인시 포곡면 가실리 호암미술관　高31.8×口徑18.9

19. 高麗靑銅銀入絲香垸　　　　　　　고려시대
　　용인시 포곡면 가실리 호암미술관　高30.4×口徑27.5×側幅22.3

20. 庚子銘高麗修定寺鈑子　　　　　　고려시대
　　용인시 포곡면 가실리 호암미술관　表徑34.5×口徑28.5×側幅8

21. 龍門寺正智國師碑　　　　　　　　조선 태종 7년(1398)
　　양평군 용문면 신점리 용문사　　　122×59.5×21.5

22. 太祖健元陵神道碑　　　　　　　　조선 태종 9년91409)
　　구리시 동구동 동구릉　　　　　　284×107×30

23. 孟思誠墓表　　　　　　　　　　　조선 세종 20년(1438)
　　광주군 광주읍 직리　　　　　　　60×38×12

24. 愼嬪金氏墓碑　　　　　　　　　　조선 세종 11년(1465)
　　화성군 남양면 남양리　　　　　　155×96×27

25. 龍尾里石佛立像銘　　　　　　　　조선 세조 11년(1465)
　　파주시 광탄면 용미리　　　　　　146×273

26. 奉先寺鐘銘　　　　　　　　　　　조선 예종 원년(1469)
　　남양주시 진접면 부평리 봉선사　　高235×口徑131×周 上370 下483

27. 申叔舟神道碑　　　　　　　　　　조선 성종 8년(1477)
　　의정부시 송산동 고산1리　　　　　140×57×61

28. 李婷神道碑　　　　　　　　　　　조선 성종 20년(1489)
　　고양시 원당읍 신원리　　　　　　218×95×32

29. 洪應神道碑　　　　　　　　　　　조선 성종 23년(1492)
　　구리시 교문동　　　　　　　　　168×72×28

30. 尹子雲神道碑　　　　　　　　　　조선 성종대
　　양주군 백석면 홍죽리　　　　　　200×92×20.5

31. 韓確神道碑　　　　　　　　　　　조선 연산군 원년(1495)
　　남양주시 와부읍 능내리　　　　　255×119×34

32. 南陽府夫人洪氏神道碑   조선 연산군 3년(1497)
    양주군 은현면 용암리   200×93×28.5

33. 黃喜神道碑   조선 연산군 6년(1500)
    파주시 탄현면 금승리   199×86.5×25.5

34. 金諶神道碑   조선 연산군대
    파주시 교하면 교하리   193×84×20.5

35. 鄭蘭宗神道碑   조선 중종 20년(1525)
    화성군 반월면 속달리   194×79×25.5

36. 申用漑神道碑   조선 중종대
    동두천시 상패동   186×85×20.5

37. 宋軼神道碑   조선 명종 즉위년(1545)
    양주군 은현면 선암리   192×104×25.5

38. 尹殷輔神道碑   조선 명종 6년(1551)
    의정부시 장곡동(신곡)   209×91×26

39. 鄭光弼神道碑   조선 명종 17년(1562)
    화성군 반월면 속달리   214×92×27

40. 李岢神道碑   조선 선조 6년(1573)
    남양주시 별내면 덕송리   198×82.5×28

41. 沈通源神道碑   조선 선조 8년(1575)
    포천군 소흘면 이곡리   180×103.5×32

42. 許曄神道碑   조선 선조 15년(1582)
    용인시 원삼면 맹리   174×89×24.5

43. 趙光祖神道碑   조선 선조 18년(1585)
    용인시 수지읍 상현리   243×92.5×33

44. 洪暹神道碑   조선 선조 19년(1586)
    화성군 서신면 홍법리   186×89×32.5

45. 幸州山城大捷碑   조선 선조 35년(1602)
    고양시 지도읍 행주내리   184×82×18

46. 李鋥神道碑   조선 선조 38년(1605)
    남양주시 별내면 덕송리   196×77.5×31.5

47. 李希儉神道碑   조선 광해군 5년(1613)
    양주군 장흥면 삼하리   198×77×21.5

48. 趙憲遺墟追慕碑   조선 광해군 9년(1617)
    김포시 김포읍 감정동   141×62×23.5

49. 洪履祥神道碑　　　　　　　　조선 광해군 9년(1617)
　　고양시 벽제읍 성석리　　　201×116.5×29.5

50. 黃衡神道碑　　　　　　　　　조선 광해군 13년(1621)
　　강화군 강화읍 월곶리　　　200×83×23

51. 李石亭神道碑　　　　　　　　조선 인조 2년(1624)
　　용인시 모현면 릉원리　　　209×90.5×22.5

52. 李珥神道碑　　　　　　　　　조선 인조 9년(1631)
　　파주시 천현면 동문리　　　225×110×38.5

53. 李晬光神道碑　　　　　　　　조선 인조 10년(1632)
　　양주군 장흥면 삼하리　　　245×113×38

54. 李元翼神道碑　　　　　　　　조선 인조 12년(1633)
　　광명시 소하동　　　　　　　187×89.5×26.5

55. 江華鄕校明倫堂創建碑　　　　조선 인조 13년(1634)
　　강화군 강화읍 관청동　　　196×88×21

56. 李春元神道碑　　　　　　　　조선 인조 14년(1635)
　　남양주시 화도면 금남리　　144×73×25

57. 鄭曄神道碑　　　　　　　　　조선 인조 15년(1636)
　　양주군 장흥면 삼하리　　　237×94×30

58. 徐湝神道碑　　　　　　　　　조선 인조 24년(1646)
　　포천군 포천읍 설운리　　　218×110×27.5

59. 李俌神道碑　　　　　　　　　조선 인조 25년(1647)
　　남양주시 화도면 녹촌리　　193×110×37.5

60. 李鐸神道碑　　　　　　　　　조선 인조 26년(1648)
　　양주군 남면 한산 2리　　　189×87×26.5

61. 成渾神道碑　　　　　　　　　조선 인조 26년(1648)
　　파주시 파주읍 향양리　　　222×101.5×32

62. 韓孝仲神道碑　　　　　　　　조선 효종 원년(1650)
　　여주군 흥천면 계신리　　　192×93×30

63. 成守琛墓碣　　　　　　　　　조선 효종 2년(1651)
　　파주시 파주읍 향양리　　　189×93×29.5

64. 李恒福神道碑　　　　　　　　조선 효종 3년(1652)
　　포천군 가산면 금현리　　　165×84.5×26.5

65. 李溍神道碑　　　　　　　　　조선 효종 9년(1658)
　　포천군 신북면 신평리　　　221×115.5×33.5

66. 大同均役萬世不忘碑　　　　조선 효종 10년(1659)
　　평택시 비전 2동 소사　　　174×84×23

67. 閔箕神道碑　　　　　　　　조선 효종 10년(1659)
　　김포시 월곤면 개곡 4리　　181×100×29.5

68. 七長寺碧應大師碑　　　　　조선 현종 원년(1660)
　　안성군 이죽면 칠장리　　　220×90.5×23

69. 金堉神道碑　　　　　　　　조선 현종 5년(1664)
　　성남시 분당구 미금동(삼패리)　219×107.5×36.5

70. 閔齊仁神道碑　　　　　　　조선 현종 9년(1668)
　　성남시 분당구 미금동(일패리)　223×103.5×36

71. 尹㮨殉節碑　　　　　　　　조선 현종 9년(1668)
　　화성군 남양면 남양리　　　179×75×24

72. 李有謙神道碑　　　　　　　조선 현종 10년(1669)
　　용인시 이동면 천리　　　　198×68×53

73. 七長寺重修香火事蹟碑　　　조선 현종 12년(1671)
　　안성군 죽산면 칠장리 칠장사　224×105×26

74. 靑龍寺銅鐘銘　　　　　　　조선 현종 15년(1674)
　　안성군 서운면 청룡리 청룡사　高132×口徑89×周上175×下285

75. 白仁傑神道碑　　　　　　　조선 현종대
　　양주군 광적면 효촌리　　　180×90×25.5

76. 李德馨神道碑　　　　　　　조선 현종대
　　양평군 양서면 목왕리　　　206×110×42

77. 張維神道碑　　　　　　　　조선 숙종 2년(1676)
　　시흥시 수암면 조남 1리　　262×102×31.5

78. 李曀墓碣　　　　　　　　　조선 숙종 8년(1682)
　　포천군 영중면 양문리　　　137×62×55

79. 紫雲書院廟庭碑　　　　　　조선 숙종 9년(1683)
　　파주시 천현면 동문리　　　241×110×33

80. 沈之源神道碑　　　　　　　조선 숙종 12년(1686)
　　파주시 광탄면 분수리　　　209×101×36

81. 萬義寺銅鐘銘　　　　　　　조선 숙종 13년(1687)
　　수원시 팔달로 2가 팔달문　高123×口徑75.5×周上157×下242

82. 申混神道碑　　　　　　　　조선 숙종 13년(1687)
　　동두천시 상패동　　　　　187×72×72

83. 李浣神道碑
　　여주군 여주읍 상거리
조선 숙종 14년(1688)
231×107×29

84. 淸溪寺事蹟碑
　　의왕시 청계리 청계사
조선 숙종 15년(1689)
175×92×26

85. 柳碩神道碑
　　안산시 수암동 부곡
조선 숙종 16년(1690)
210×95×33

86. 金命元神道碑
　　고양시 벽제읍 관산 2리
조선 숙종 21년(1695)
211×87×33

87. 尹天賚神道碑
　　남양주시 별내면 화첩리
조선 숙종 25년(1699)
194×87.5×34.5

88. 李大源神道碑
　　평택시 포승면 희곡리
조선 숙종 25년(1699)
219×86×39

89. 鄭夢周神道碑
　　용인시 모현면 능원리
조선 숙종 25년(1699)
238×89×40

90. 金尙容殉義碑
　　강화군 강화읍 관청리
조선 숙종 26년(1700)
175×72×40

91. 江華忠烈祠碑
　　강화군 선원면 선행리
조선 숙종 27년(1701)
185×79×27.5

92. 朴東善神道碑
　　김포시 검단면 대곡 2리
조선 숙종 32년(1706)
238×97×39.5

93. 閔維重神道碑
　　여주군 여주읍 능현리
조선 숙종 33년(1707)
246×106×46.5

94. 江華銅鐘銘
　　강화군 강화읍 관청리 고려궁지內
조선 숙종 37년(1711)
高193×口徑142×周上237×下443

95. 積石寺事蹟碑
　　강화군 내가면 고천리
조선 숙종 40년(1714)
204×70×29

96. 北韓山城禁衛營利建碑
　　고양시 신도읍 북한리
조선 숙종 41년(1715)
縱113×橫232

97. 靑龍寺重修事蹟碑
　　안성군 서운면 청룡리 청룡사
조선 숙종 46년(1720)
189×72.5×31

98. 李聖求神道碑
　　양주군 장흥면 삼하리
조선 숙종 46년(1720)
256×98×30

99. 李敬輿神道碑
　　포천군 내촌면 엄현 1리
조선 숙종대
270×98.5×35

100. 李滉致祭文碑(1) 포천군 신북면 신평리	조선 경종 4년(1724) 200×87×34.5
101. 淑嬪崔氏神道碑 파주시 광탄면 영장리	조선 영조 원년(1725) 244×97.5×44
102. 神勒寺東臺塔重修碑 여주군 북내면 천송리 신륵사	조선 영조 2년(1726) 123.5×61.5×17
103. 洪翼漢墓碣 평택시 팽성읍 본정리	조선 영조 2년(1726) 229×97×32
104. 佛巖寺事蹟碑 남양주시 별내면 화첩리	조선 영조 7년(1731) 205×88×38
105. 沈溫神道碑 수원시 이의동 하리	조선 영조 7년(1731) 207×89×38.5
106. 閔鎭厚神道碑 여주군 가남면 안금리	조선 영조 8년(1732) 228×123×41.5
107. 金弘柱神道碑 연천군 연천읍 통현 1리	조선 영조 18년(1742) 222×89.5×43
108. 吳命恒討賊頌功碑 안성군 안성읍 낙원동 안성공원	조선 영조 20년(1744) 226×100×37
109. 洪季男故壘碑 안성군 미양면 구수리	조선 영조 21년(1745) 176.5×59×46
110. 李廷夔神道碑 광주군 중부면 상번천리	조선 영조 22년(1746) 238×99.5×43
111. 新羅敬順王陵表 연천군 백학면 고랑포리	조선 영조 23년(1747) 105×47×17.5
112. 神勒寺九龍樓重修碑 여주군 북내면 천송리 신륵사	조선 영조 27년(1751) 140×57.5×18.5
113. 太祖舊闕遺址碑 남양주시 진접면 내각리	조선 영조 31년(1755) 130×47.5×26.5
114. 順康園表 남양주시 진접면 내각리	조선 영조 31년(1755) 173×74×34
115. 兪命健墓碣 안성군 고삼면 삼은리	조선 영조 34년(1758) 175×69×35.5
116. 綏慶園暎嬪李氏墓表 고양시 신도읍 용두리 서오릉	조선 영조 40년(1764) 157×64×32.5

117. 元斗杓神道碑　　　　　　　　　조선　영조　41년(1765)
　　　여주군 북내면 장암리　　　　190×90.5×53.5

118. 尹璀墓碑　　　　　　　　　　　조선　영조　42년(1766)
　　　파주시 광탄면 분수리　　　　141×63×32.5

119. 柳馨遠墓碑　　　　　　　　　　조선　영조　44년(1768)
　　　용인시 외서면 석천리　　　　133×57×24

120. 元豪神道碑　　　　　　　　　　조선　영조　44년(1768)
　　　여주군 북내면 장암리　　　　204×92.5×31

121. 七長寺海月大師碑　　　　　　　조선　정조　5년(1781)
　　　안성군 이죽면 칠장리 칠장사　80×56.5×15

122. 靑龍寺鐘銘　　　　　　　　　　조선　정조　6년(1782)
　　　안성군 서운면 청룡리 청룡사　高115×口徑74×周上110×下232

123. 朴炡神道碑　　　　　　　　　　조선　정조　9년(1785)
　　　김포시 검단면 대곡 2리　　　224×93×35

124. 大老祠碑　　　　　　　　　　　조선　정조　11년(1787)
　　　여주군 여주읍 하리 강항사　　223×67×66

125. 御射臺碑　　　　　　　　　　　조선　정조　16년(1792)
　　　양주군 주내면 유양리　　　　138×55×24

126. 萬安橋碑　　　　　　　　　　　조선　정조　19년(1795)
　　　안양시 안양동　　　　　　　　164×65×32.5

127. 蔡濟恭謀文碑　　　　　　　　　조선　정조　23년(1799)
　　　용인시 역북동　　　　　　　　144.5×54×29

128. 李柱國神道碑　　　　　　　　　조선　정조　24년(1800)
　　　용인시 원삼면 문촌리　　　　190×80×39.5

129. 花島水門改築記事碑　　　　　　조선　순조　3년(1803)
　　　강화군 선원면 연리　　　　　135×53×25

130. 鄭齊斗神道表　　　　　　　　　조선　순조　3년(1803)
　　　강화군 양도면 하일리　　　　137×58.5×28.5

131. 朝宗巖記實碑　　　　　　　　　조선　순조　4년(1804)
　　　가평군 하면 대보리　　　　　177×72.5×29.5

132. 犀犀臺碑　　　　　　　　　　　조선　순조　7년(1807)
　　　수원시 파정동　　　　　　　　158×56×33

133. 朴準源神道碑　　　　　　　　　조선　순조　9년(1809)
　　　여주군 여주읍 가업리　　　　247.5×101×39.5

134. 金柱臣神道碑　　　　　　　　　　조선 순조 26년(1826)
　　　고양시 벽제읍 대자리　　　　　251×95×45

135. 檜巖寺薄陁尊者指空浮屠碑　　　고려 공민왕 21년(1372)
　　　　　　　　　　　　　　　　　　조선 순조 28년(1828)重刻
　　　양주군 회천읍 회암리 회암사　237×97×28

136. 檜巖寺妙嚴尊者塔碑　　　　　　조선 태종 10년(1410)
　　　　　　　　　　　　　　　　　　순조 28년(1828) 重刻
　　　양주군 회천읍 회암리 회암사　224×90×29

137. 吳達濟帶囊藏碑　　　　　　　　조선 순조 28년(1828)
　　　용인시 모현면 오산리　　　　　200×83×36

138. 南在神道碑　　　　　　　　　　조선 순조 32년(1832)
　　　남양주시 별내면 화첩리　　　　223×80×32.5

139. 南乙珍神道碑　　　　　　　　　조선 헌종 7년(1841)
　　　양주군 은현면 봉암리　　　　　150×70.5×16

140. 幸州大捷碑(新碑)　　　　　　　조선 헌종 11년(1845)
　　　고양시 지도읍 행주내리　　　　240×102×47

141. 權轍神道碑　　　　　　　　　　조선 헌종 13년(1847)
　　　양주군 장흥면 석현리　　　　　183×89×30

142. 李광(玉+廣)神道碑　　　　　　조선 철종 2년(1851)
　　　포천군 포천읍 선단리　　　　　239×72×41

143. 鄭文孚神道碑　　　　　　　　　조선 철종 12년(1861)
　　　의정부시 송산동　　　　　　　197×70×35.5

144. 權慄神道碑　　　　　　　　　　조선 철종 12년(1861)
　　　양주군 장흥면 석현리　　　　　186×82×39

145. 江華德城里警告碑　　　　　　　조선 고종 4년(1867)
　　　강화군 불은면 덕성리　　　　　147×54×28

146. 魚在淵殉節碑　　　　　　　　　조선 고종 10년(1873)
　　　강화군 불은면 덕성리　　　　　178×56×26.5

147. 梁憲洙勝戰碑　　　　　　　　　조선 고종 10년(1873)
　　　강화군 길상면 온수리　　　　　163×58×26

148. 廣城把守殉節碑　　　　　　　　조선 고종 10년(1873)
　　　강화군 불은면 덕성리　　　　　169×60×25.5

149. 太祖健元陵表　　　　　　　　　조선 고종 37년(1900)
　　　구리시 동구동 동구릉　　　　　230×99×35

150. 世宗英陵表
　　　여주군 능서면 왕대리
조선 영조 21년(1745)
195.5×79×35

151. 文宗顯陵表
　　　구리시 동구동 동구릉
조선 영조 31년(1755)
132×59×30

152. 定順王后思陵表
　　　남양주시 진건면 사릉리
조선 영조 47년(1771)
152×62.5×35

153. 世祖光陵表
　　　남양주시 진접면 부평리 광릉
조선 영조 31년(1755)
148×65×31.5

154. 德宗敬陵表
　　　고양시 신도읍 용두리 서오릉
조선 영조 31년(1755)
157×66.5×35

155. 睿宗昌陵表
　　　고양시 신도읍 용두리 서오릉
조선 영조 31년(1755)
132×60.5×29.5

156. 章順王后恭陵表
　　　파주시 조리면 봉일천리
조선 순조 17년(1817)
159×61.5×31

157. 恭惠王后順陵表
　　　파주시 조리면 봉일천리
조선 순조 17년(1817)
164×64×31

158. 端敬王后溫陵表
　　　양주군 장흥면 일영리
조선 순조 7년(1807)
151×62×29

159. 章敬王后禧陵表
　　　고양시 원당읍 원당리 서삼릉
조선 영조 29년(1753)
142×57.5×31

160. 仁宗孝陵表
　　　고양시 원당읍 원당리 서삼릉
조선 영조 29년(1753)
139×62.5×28.5

161. 宣祖穆陵表
　　　구리시 동구동 동구릉
조선 영조 23년(1747)
178.5×73×29.5

162. 元宗章陵表
　　　김포시 김포읍 풍무리
조선 영조 29년(1753)
151×69.5×37.5

163. 光海君墓表
　　　남양주시 진건면 송릉리
조선 인조 20년(1642)
117×61.5×18.5

164. 仁祖長陵表
　　　파주시 탄현면 갈현리
조선 영조 7년(1731)
201×77.5×37

165. 莊烈王后徽陵表
　　　구리시 동구동 동구릉
조선 영조 23년(1747)
158×61.5×26.5

166. 孝宗寧陵表
　　　여주군 능서면 왕대리
조선 현종 15년(1674)
197.5×63.5×64

167. 顯宗崇陵表　　　　　　　　　　조선시대
　　　구리시 동구동 동구릉　　　　159.5×63×33
168. 肅宗明陵表　　　　　　　　　　조선시대
　　　고양시 신도읍 용두리 서오릉　160×62.5×31.5
169. 仁敬王后翼陵表　　　　　　　　조선시대
　　　고양시 신도읍 용두리 서오릉　160×63.5×32
170. 端懿王后惠陵表　　　　　　　　조선 영조 23년(1747)
　　　구리시 동구동 동구릉　　　　160×63×32
171. 英祖元陵表　　　　　　　　　　조선 고종 27년(1890)
　　　구리시 동구동 동구릉　　　　173×70×38
172. 貞聖王后弘陵表　　　　　　　　조선 정조 9년(1785)
　　　고양시 신도읍 용두리 서오릉　166×63×30.5
173. 貞純王后陵表　　　　　　　　　조선 순조 5년(1805)
　　　구리시 동구동 동구릉　　　　175×66×37
174. 眞宗永陵表　　　　　　　　　　조선시대
　　　파주시 조리면 봉일천리　　　158×59×29
175. 莊祖隆陵表　　　　　　　　　　조선 고종 37년(1900)
　　　화성군 태안읍 안녕리　　　　206×92×46.5
176. 正祖健陵表　　　　　　　　　　조선 고종 37년(1900)
　　　화성군 태안읍 안녕리　　　　219×96×46.5
177. 翼宗綏陵表　　　　　　　　　　조선 고종 27년(1890)
　　　구리시 동구동 동구릉　　　　232×110×53

Ⅲ. 忠淸北道

1. 中原高句麗碑　　　　　　　　　　고구려
　　충주시 가금면 용전리　　　　　203×55×37
2. 丹陽赤城碑　　　　　　　　　　　신라 진흥왕 推定
　　단양군 단양읍 하방리　　　　　93×107×53

3. 太和四年銘鎭川磨崖石佛立像　　신라흥덕왕 5년(830)
　　진천군 초평면 용정리　　　　　　高117

4. 淨土寺法鏡大師慈燈塔碑　　　　고려 태조 26년(943)
　　충주시 동량면 구천리 정토사지　　322↑×150×31

5. 龍頭寺址鐵幢竿記　　　　　　　　고려 광종 13년(962)
　　청주시 남문로

6. 覺淵寺通一大師塔碑　　　　　　　고려 광종 推定
　　괴산군 장연면 태성리 각연사　　260×128×26

7. 獅子頻迅寺石塔記　　　　　　　　고려 현종 13년(1022)
　　제천시 한수면 송계리 사자빈신사지　51×58.5

8. 寧國寺圓覺國師碑　　　　　　　　고려 명종 10년(1180)
　　영동군 양산면 누교리 영국사　　165×108×13

9. 法住寺慈淨國尊普明塔碑　　　　고려 충혜왕 복위 3년(1342)
　　보은군 속리면 사내리 법주사　　214×107×24

10. 億政寺大智國師智鑑圓明塔碑　　조선 태조 2년(1393)
　　충주시 엄정면 괴산리 억정사지　267×130×24

11. 靑龍寺普刻國師定慧圓融塔碑　　조선 태조 3년(1394)
　　충주시 소대면 오랑동 청룡사지　232×115×20.5

12. 權近神道碑　　　　　　　　　　조선 세종 39년(1447)
　　음성군 생극면 방축리　　　　　217×116×32.5

13. 鄭麟趾墓表　　　　　　　　　　조선 선조 16년(1583)
　　괴산군 불정면 외령리　　　　　181×74.5×20

14. 趙憲神道碑　　　　　　　　　　조선 인조 27년(1649)
　　옥천군 안남면 도농리　　　　　176×99×31.5

15. 申仲淹神道碑　　　　　　　　　조선 효종 6년(1655)
　　청원군 낭성면 관정리　　　　　148×71×24

16. 李時發神道碑　　　　　　　　　조선 효종 9년(1658)
　　진천군 초평면 용정리　　　　　177×100×28

17. 宋象賢神道碑　　　　　　　　　조선 효종 10년(1659)
　　청원군 강내면 수의리　　　　　164×89×26.5

18. 成運墓碑　　　　　　　　　　　조선 현종 4년(1663)
　　보은군 보은읍 성족리　　　　　181×94×28

19. 法住寺碧嵓大師碑　　　　　　　조선 현종 5년(1664)
　　보은군 속리면 사내리 법주사　214×108×31

20. **俗離山事實碑**
    보은군 속리면 사내리
    조선 현종 7년(1666)
    132×58×19

21. **李守一神道碑**
    충주시 금가면 오석리
    조선 현종 8년(1667)
    242×96.2×26.5

22. **菩薩寺重修碑**
    청주시 용암동 보륭사
    조선 숙종 9년(1683)
    170×96×20.5

23. **孝子申孟慶旌閭碑**
    단양군 단양읍 북하리
    조선 숙종 11년(1685)
    165×63×24.5

24. **莘巷書院廟庭碑**
    청주시 용암동
    조선 숙종 11년(1685)
    190×74×41

25. **申翊全神道碑**
    충주시 앙성면 중전리
    조선 숙종 13년(1687)
    213×96×31

26. **空林寺事蹟碑**
    괴산군 청천면 사담리 공리사
    조선 숙종 14년(1688)
    182×92.5×40

27. **靑龍寺位田碑**
    충주시 소대면 오량동
    조선 숙종 18년(1692)
    140×69×23

28. **滄洲書院廟庭碑**
    옥천군 이원면 이원리
    조선 숙종 23년(1697)
    169×89×44.5

29. **趙憲戰場紀蹟碑**
    청주시 서문로
    조선 숙종 36년(1710)
    226.5×85×37

30. **鄭澈神道碑**
    진천군 문백면 봉죽리
    조선 숙종 43년(1717)
    255×102×43.5

31. **棣華堂事蹟碑**
    청원군 남일면 가산리
    조선 숙종 45년(1719)
    109×69.5×21.5

32. **三忠祠事蹟碑**
    청주시 수동
    조선 영조 7년(1687)
    246×95×37.5

33. **林慶業貞夫人貞烈碑**
    충주시 단월동
    조선 영조 23년(1747)
    216.5×83×27

34. **寧國寺鐘銘**
    영동군 양산면 누교리 영국사
    조선 영조 37년(1761)
    高86×上徑128×下徑198×口徑63

35. **宋時烈墓碑**
    괴산군 청천면 청천리
    조선 정조 3년(1779)
    238×108×52.5

36. **安心寺世尊舍利碑**
    청원군 남이면 사동리 안심사
    조선 정조 5년(1781)
    150×60×26

37. **林慶業忠烈祠碑**　　　　　　　조선 정조 15년(1791)
　　충주시 단월동　　　　　　　　185×70.5×42

38. **洪此奇孝子碑**　　　　　　　　조선 정조 19년(1795)
　　충주시 노은면 가신리　　　　95×46.5×16.5

39. **金淨遺墟碑**　　　　　　　　　조선 정조 21년(1797)
　　보은군 보은읍 성족리　　　　169×54.5×27

40. **萬東墓碑**　　　　　　　　　　조선 순조 14년(1814)
　　괴산군 청천면 화양리　　　　252.5×76.5×45

41. **元昊遺墟碑**　　　　　　　　　조선 헌종 11년(1845)
　　제천군 송학면 장곡리　　　　173.5×53.5×24.5

42. **惠政隄碑**　　　　　　　　　　조선 철종 5년(1854)
　　청원군 북이면 화하리　　　　116×52×27

43. **八詠樓事蹟碑**　　　　　　　　조선 고종 7년(1870)
　　제천군 청풍면 읍리　　　　　108×51.5×20

44. **충주읍성사적碑**　　　　　　　조선 고종 8년(1871)
　　충주시 성내동(충주시청사내)　139×53×30.5

45. **孫舜孝神道碑**　　　　　　　　조선시대
　　충주시 산척면 송강리　　　　219×83.5×23.5

46. **華陽書院廟庭碑**　　　　　　　조선시대
　　괴산군 청천면 화양리　　　　207×76×47

47. **非禮不動**　　　　　　　　　　조선시대
　　괴산군 청천면 화양동　　　　高149×幅53

Ⅳ. 大田·忠清南道

1. **百濟武寧王誌石**　　　　　　　백제 성왕 원년(523)
　　공주시 공주박물관　　　　　　35×41×5

2. **百濟武寧王妃誌石**　　　　　　백제 성왕 4년(526)
　　공주시 공주박물관　　　　　　35×41×5

3. 丙辰銘金銅光背
  부여군 부여읍 부여박물관

백제 성덕왕 43년(596)
高12.5

4. 砂宅智積碑
  부여군 부여읍 부여박물관

백제 의자왕14년(654)推定
109×37×30

5. 百濟前部銘標石(1)
  부여군 부여읍 부여박물관

백제시대
33×40

6. 百濟前部銘標石(2)
  부여군 부여읍 부여박물관

백제시대
22×45

7. 鄭智遠銘金銅如來立像
  부여군 부여읍 부여박물관

백제시대
高8.5

8. 定林寺址五層石塔刻字
  부여군 부여읍 남동리

신라 무열왕 7년(660)

9. 唐劉仁願紀功碑
  부여군 부여읍 부여박물관

신라 문무왕 3년(663)推定
245×118×30.5

10. 戊寅銘蓮花寺四面石像
  연기군 서면 월하리 연화사

신라 문무왕 18년(678)

11. 聖住寺朗慧和尙白月葆光塔碑
  보령시 성주면 성주리 성주사지

신라 진성여왕 4년(890)
 263×155×42.5

12. 百濟石槽刻字
  부여군 부여읍 부여국립박물관

통일신라시대

13. 癸酉銘三尊千佛碑像
  공주시 공주박물관

통일신라시대

14. 新羅金立之撰聖住寺事蹟碑片
  부여군 부여읍 부여국립박물관

통일신라시대
厚25

15. 新羅聖住寺逸銘碑片
  부여군 부여읍 부여국립박물관

통일신라시대
厚25

16. 普願寺法印國師寶乘塔碑
  서산시 운산면 용현리 보원사지

고려 경종 3년(978)
240×116.5×29

17. 弘慶寺碣
  천안시 성환읍 대홍리 홍경사지

고려 현종 17년(1026)
189×96×21.5

18. 太安二年長生寺金鐘
  부여군 부여읍 부여국립박물관

고려 선종 3년(1086)
高50×上徑74×下徑94×口徑29

19. 普光寺重刱碑

  부여군 부여읍 부여국립박물관

고려 공민왕 7년(1358)
조선 영조 26년(1750)개각
213×114×22.5

20. 庚戌銘香垸　　　　　　　　　고려시대
　　부여군 부여읍 부여국립박물관　高16×口徑14.5

21. 己巳銘般子　　　　　　　　　고려시대
　　부여군 부여읍 부여국립박물관　側幅8.5×周124×口徑30.5

22. 丙寅銘禁口　　　　　　　　　고려시대
　　부여군 부여읍 부여국립박물관　側幅6.5×周93×口徑24.5

23. 乙酉銘華嚴寺半子　　　　　　고려시대
　　부여군 부여읍 부여국립박물관　側幅12×周150×口徑34

24. 乙巳銘銅鐘　　　　　　　　　고려시대
　　부여군 부여읍 부여국립박물관　高62×上徑96×下徑×139×口徑44

25. 戌戌銘銅鐘　　　　　　　　　고려시대
　　부여군 부여읍 부여국립박물관　高45×上徑75.5×下徑×98.5×口徑31

26. 扶餘博物館小鐘　　　　　　　고려시대
　　부여군 부여읍 부여국립박물관　高29×上徑30×下徑×口徑44.5

27. 駐驆神井碑前陰記　　　　　　조선 성종 7년(1476)
　　아산시 온천동　　　　　　　56.5×38×12

28. 韓明澮神道碑　　　　　　　　조선 성종 19년(1488)
　　천안시 수신명 동창리　　　　195×97×24.5

29. 甲寺鐘記　　　　　　　　　　조선 선조 17년(1584)
　　공주시 계룡면 중장리 갑사　高135×上徑174×下徑267×口徑91

30. 明藍芳威種德碑　　　　　　　조선 선조 32년(1598)
　　공주시 금성동　　　　　　　158×68.5×15.5

31. 明委官林濟碑前左側記　　　　조선 선조 32년(1599)
　　　　　　　　　　　　　　　숙종 39년(1713) 改立
　　공주시 금성동　　　　　　　154×47.5×30

32. 岬寺事蹟碑　　　　　　　　　조선 현종 즉위년(1659)
　　공주시 계룡면 중장리 갑사　248×133×49

33. 李舜臣神道碑　　　　　　　　조선 현종 원년(1660)
　　아산시 음봉면 삼거리　　　　231×106×33

34. 金堉不忘碑　　　　　　　　　조선 현종 원년(1660)
　　아산시 신창면 읍내리　　　　182×71×20.5

35. 黃山書院碑　　　　　　　　　조선 현종 5년(1664)
　　논산시 강경읍 황산동　　　　125×65×20

36. 李穡神道碑　　　　　　　　　조선 현종 7년(1666)
　　서천군 기산면 영모리　　　　219×117.5×33.5

37. 崇賢書院碑 　　　　　　　　　조선 현종 8년(1667)
　　대덕군 구측면 원촌리 　　　　153×67.5×27.5

38. 朴彭年遺墟碑 　　　　　　　　조선 현종 9년(1668)
　　대전광역시 가양동 　　　　　　1411×59.5×32

39. 成三問遺墟碑 　　　　　　　　조선 현종 9년(1668)
　　홍성군 홍북면 노은리 　　　　151.5×72×25

40. 遯巖書院碑 　　　　　　　　　조선 현종 10년(1669)
　　논산시 연산면 임리 　　　　　175×75×34

41. 成三問遺墟碑 　　　　　　　　조선 현종 14년(1673)
　　논산시 부적면 충곡리 　　　　113×60×21

42. 彩雲浦石橋碑 　　　　　　　　조선 숙종 15년(1689)
　　당진군 당진읍 채운리 　　　　150×61×38

43. 義兵僧將靈圭碑 　　　　　　　조선 숙종 19년(1693)
　　공주시 계룡면 월암리 　　　　93.5×40.5×12.5

44. 李義培神道碑 　　　　　　　　조선 숙종 29년(1703)
　　예산군 봉산면 봉림리 　　　　238×105.5×43.5

45. 雙樹亭紀蹟碑 　　　　　　　　조선 숙종 34년(1708)
　　공주시 금성동 　　　　　　　176×73.5×60

46. 忠賢書院事蹟碑 　　　　　　　조선 숙종 38년(1712)
　　공주시 반포면 공암리 　　　　182.5×69.5×63

47. 望日思恩碑 　　　　　　　　　조선 숙종 39년(1713)
　　공주시 금성동 　　　　　　　163.5×59.5×32

48. 李時白墓表 　　　　　　　　　조선 숙종 44년(1718)
　　천안시 광덕면 매당리 　　　　128×58.5×26.5

49. 宋翼弼墓表 　　　　　　　　　조선 숙종 46년(1720)
　　당진군 당진읍 원당리 　　　　131×49×20

50. 義烈祠碑 　　　　　　　　　　조선 경종 3년(1723)
　　부여군 부여읍 동남리 　　　　153×58.5×29

51. 雙溪寺重建碑 　　　　　　　　조선 영조 15년(1739)
　　논산시 가야곡면 중산리 쌍계사 　　163×78×18.5

52. 新羅孝子向德旌閭碑 　　　　　조선 영조 17년(1741)
　　공주시 계룡면 소학리 　　　　121×45×12

53. 灌燭寺事蹟碑 　　　　　　　　조선 영조 19년(1743)
　　논산시 은진면 관촉리 관촉사 　　133×60.5×30.5

54. 李鳳祥神道碑
아산시 음봉면 삼거리
조선 영조 22년(1746)
238×115×48

55. 忠賢書院事實碑
공주시 반포면 공암리
조선 영조 28년(1752)
203×76×62

56. 羽化橋碑
공주시 계룡면 소학리
조선 영조 30년(1754)
115×58×16

57. 影浪寺鐘銘
당진군 고대면 진관리 영랑사
조선 영조 35년(1759)
高78×上徑114×下徑163×口徑52

58. 百世淸風碑
금산군 부리면 불이리
조선 영조 37년(1761)
343.5×81×67

59. 吉再遺墟碑
금산군 부리면 불이리
조선 영조 38년(1762)
182×72×27.5

60. 李舜臣神道碑
아산면 음봉면 삼거리
조선 정조 18년(1794)
233×105.5×47

61. 靈槐臺碑
아산시 온양읍 온천리
조선 정조 19년(1795)
103×45×23.5

62. 黃一晧神道碑
부여군 부여읍 가증리
조선 정조 21년(1797)
237.5×69.5×49.5

63. 蓮堤重修碑
당진군 함덕면 함덕리
조선 정조 24년(1800)
140.5×50×20

64 海美左營樓堞重修碑
서산시 해미면 읍내리
조선 헌종 15년(1849)
165×57.5×22

65. 柳庇廟庭碑
천안시 광덕면 매당리
조선 고종 10년(1873)
156.5×36.5×15.5

66. 權悰殉節遺墟碑
금산군 제원면 저곡리
조선 고종 15년(1878)
178.5×50.5×40.5

67. 權慄梨峙大捷碑
금산군 진산면 흑산리
조선 고종 29년(1892)
幅64×厚41.5

68. 院項橋改建碑
논산시 채은면 야화리
조선 고종 37년(1900)
78×56×15

69. 香林寺事蹟碑
부여군 부여읍 부여박물관
조선시대
153×74.5×22

70. 蓮堤重修碑
당진군 함덕면 함덕리
조선시대
89×44×14.5

71. **高敬命殉節碑**　　　　　　　　　조선시대
　　금산군 금성면 양전리

Ⅴ. 全羅北道

1. **深源寺秀澈和尙楞伽寶月塔碑**　　신라 진성여왕 7년(893)
　　남원시 산내면 입석리 실상사　　　169×112×22

2. **實相寺證覺大師凝寥塔碑**　　　　신라시대
　　남원시 산내면 입석리 실상사

3. **實相寺片雲浮屠**　　　　　　　　신라시대
　　남원시 산내면 입석리 실상사

4. **金山寺慧德王師眞應塔碑**　　　　고려 예종 6년(11110
　　김제시 금산면 금산리 금산사　　　277×149×17

5. **靑林寺鐘銘**　　　　　　　　　　고려 고종 9년(1222)
　　부안군 산내면 석포리 내소사　　　高115×口徑66

6. **金堤碧骨堤碑**　　　　　　　　　조선 태종 15년(1415)
　　김제시 부량면 용성리　　　　　　200×105×14

7. **申潛善政碑**　　　　　　　　　　조선 중종 39년(1545)
　　정읍시 태인면 태창리　　　　　　190×79×18

8. **蘇世讓神道碑**　　　　　　　　　조선 명종 19년(1564)
　　익산시 왕궁면 용화리　　　　　　218×104×24.5

9. **荒山大捷碑**　　　　　　　　　　조선 선조 10년(1577)
　　남원시 운봉면 화수리

10. **松廣寺開創碑**　　　　　　　　조선 인조 14년(1636)
　　완주군 소양면 대흥리 송광사　　244×94×31.5

11. **希顯堂事蹟碑**　　　　　　　　조선 인조 25년(1647)
　　전주시 중화산동　　　　　　　　160×66.5×35

12. **金山寺逍遙堂大師碑**　　　　　조선 효정 2년(1651)
　　김제시 금산면 금산리 금산사　　201×79×15

13. 華山書院碑 　　전주시 중화산동	조선 현종 5년(1664) 182×80.5×17
14. 傳教碑 　　김제시 봉산면 오정리	조선 숙종 6년(1680) 168×55.5×25.5
15. 希顯堂重修事蹟碑 　　전주시 중화산동	조선 숙종 9년(1683) 157×70×31
16. 蛟龍山城重修碑 　　남원시 남원읍 산곡리	조선 숙종 39년(1713) 110×52×15
17. 禪雲寺幢竿支柱銘 　　고창군 아산면 삼인리 선운사	조선 경종 4년(1724) 정조 21년(1797) 71×23.5×45.5, 115×32.5×57.5
18. 宋時烈受命遺墟碑 　　정읍시 수성동	조선 영조 7년(1731) 170×81×36.5
19. 三印臺碑 　　순창군 팔덕면 청계리	조선 영조 20년(1744) 162×80×23.5
20. 考巖書院廟廷碑 　　정읍시 하서리	조선 영조 23년(1747) 199×59×19
21. 安心寺事蹟碑 　　완주군 운주면 완창리 안심사	조선 영조 35년(1759) 222×102×38
22. 貞忠祠碑 　　남원시 주생면 정송리	조선 정조 5년(1781) 159×68×33.5
23. 白奎邦孝子碑 　　전주시 고사동	조선 순조 11년(1811) 165×48×16
24. 崔灑遺墟碑 　　전주시 교동1가	조선 순조 28년(1828) 140×59×20
25. 丁敬孫竪石碑 　　장수군 장수면 장수리	조선 헌종 12년(1846) 148×57.5×35
26. 南固鎭事蹟碑 　　전주시 동루학동	조선 헌종 12년(1846) 132×54×28
27. 論介竪石碑 　　장수군 장수면 두산리	조선 헌종 12년(1846) 150×56×35
28. 金箕鐘旌閭碑 　　전주시 효자동	조선 철종 6년(1855) 100×41×21
29. 禪雲寺白坡大師碑 　　고창군 아산면 삼인리 선운사	조선 철종 9년(1858) 133×52.5×28.5

30. 雙石佛重建碑　　　　　　　　　조선 철종 9년(1858)
　　익산시 금마면 동고도리　　　　156×66×16

31. 南關鎭刱建碑　　　　　　　　　조선 고종 10년(1873)
　　완주군 상관리 용암리　　　　　178×67×20

32. 肇慶壇碑　　　　　　　　　　　조선 고종 36년(1899)
　　전주시 덕진동　　　　　　　　205×81×31

33. 全琫準壇碑　　　　　　　　　　조선 고종 36년(1899)
　　정읍시 이평면 장내리　　　　　136×44.5×16.5

34. 梧木臺駐蹕遺址碑　　　　　　　조선 고종 37년(1900)
　　전주시 교동　　　　　　　　　135×42×21

35. 雲峰女院峙磨崖如來坐像銘　　　조선 고종 38년(1901)
　　남원시 운봉면 장교리　　　　　140×118

VI. 光州·全羅南道

1. 寶林寺鐵造毘盧舍那佛坐像銘　　신라 헌안왕 2년(858)
　　장흥군 유치면 봉덕리 보림사　像高251×字徑2

2. 寶林寺南塔誌　　　　　　　　　신라 경문왕 10년(870)
　　장흥군청 문화공보실

3. 寶林寺北塔誌　　　　　　　　　신라 경문왕 10년(870)
　　장흥군청 문화공보실

4. 寶林寺普照禪師彰聖塔碑　　　　신라 헌강왕 10년(884)
　　장흥군 유치면 봉덕리 보림사　264×137.5×31.5

5. 開仙寺址石燈記　　　　　　　　신라 진성여왕 5년(891)
　　담양군 남면 학선리

6. 華嚴寺石刻華嚴經　　　　　　　신라시대
　　구례군 마산면 황전리 화엄사

7. 雙峰寺澈鑒禪師塔碑　　　　　　신라시대
　　화순군 이양면 쌍봉리 쌍봉사

8. 無爲寺先覺大師遍光塔碑　　　　고려 정종 원년(946)
　　강진군 성전면 월하리 무위사　　250×115.5×29

9. 大安寺廣慈大師碑　　　　　　　고려 광종 원년(950)
　　곡성군 죽곡면 원달리 태안사　　厚22

10. 鷰谷寺玄覺禪師塔碑　　　　　　고려 경종 4년(979)
　　구례군 토지면 내동리 연곡사

11. 羅州駟馬橋碑　　　　　　　　　고려 현종 8년(1017)
　　나주시 나주읍 과원동 군청사내　71×36.5×13

12. 佛岬寺覺眞國師碑　　　　　　　고려 공민왕 8년(1359)
　　영광군 불갑면 모악리 불갑사　　104×64×17

13. 塔山寺銅鐘銘　　　　　　　　　고려시대
　　해남군 삼산면 구림리 대흥사　　高79×口徑43

14. 月南寺址石碑　　　　　　　　　고려시대
　　강진군 월전면 월남리

15. 光州高麗石燈記　　　　　　　　고려시대
　　광주광역시 동구 광산동 도청사내

16. 大佛頂尊勝陀羅尼幢　　　　　　고려시대
　　광주광역시 서구 임동　　　　　400×98×47

17. 尹孝孫神道碑　　　　　　　　　조선 중종 14년(1519)
　　구례군 산동면 이평리　　　　　171×91×25

18. 臨淸臺碑　　　　　　　　　　　조선 명종 20년(1565)
　　순천시 옥천동　　　　　　　　133×99×20

19. 泰安寺鐘銘　　　　　　　　　　조선 선조 14년(1581)
　　곡성군 죽곡면 원달리 태안사　　高99.5×口徑66

20. 墮淚碑　　　　　　　　　　　　조선 선조 36년(1603)
　　여수시 고소동　　　　　　　　94×59×19

21. 八馬碑　　　　　　　　　　　　조선 광해군 9년(1617)
　　순천시 영동　　　　　　　　　159×78×16

22. 李舜臣左水營大捷碑　　　　　　조선 광해군 12년(1620)
　　여수시 고소동　　　　　　　　305×124×27

23. 金千鎰旌烈祠碑　　　　　　　　조선 인조 4년(1626)
　　순천시 남내동　　　　　　　　171×64×18

24. 道岬寺妙覺和尙碑　　　　　　　조선 인조 11년(1633)
　　영암군 군서면 도갑리 도갑사　　201×107.5×21

25. **道岬寺道詵國師守眉大禪師碑**
영암군 군서면 도갑리 도갑사
조선 효종 4년(1653)
265×136×43

26. **華嚴寺碧巖大師碑**
구례군 마산면 황전리 화엄사
조선 현종 4년(1663)
200×101×26.5

27. **松廣寺普照國師碑**
순천시 송광면 신평리 송광리
조선 숙종 4년(1678) 改立
254×121×21.5

28. **松廣寺嗣院事蹟碑**
순천시 송광면 신평리 송광사
조선 숙종 4년(1678)
216×104×17

29. **無爲寺幢竿支柱銘**
강진군 성전면 월하리 무위사
조선 숙종 4년(1678)
111×43.5×22

30. **白蓮社事蹟碑**
강진군 만덕리 백련사
조선 숙종 7년(1681)
236×118×29

31. **鳴梁大捷碑**
해남군 문내면 학동리
조선 숙종 14년(1688)
268.5×115×48

32. **楞伽寺事蹟碑**
고흥군 점암리 성기리 능가사
조선 숙종 16년(1690)
300×134.5×41.5

33. **美黃寺事蹟碑**
해남군 송지리 서정리 미광사
조선 숙종 18년(1692)
292×128.5×33

34. **左水營大捷碑建立形止記**
여수시 고소동
조선 숙종 24년(1698)
118×60×14

35. **興國寺重修事蹟碑**
여수시 삼일면 중흥리 흥국사
조선 숙종 29년(1703)
240×109×20.5

36. **仙巖寺重修碑**
순천시 쌍암면 죽학리 선암사
조선 숙종 33년(1707)
290×125.5×29.5

37. **李良防倭築堤碑**
여수시 충무동
조선 숙종 36년(1710)
154×79×18

38. **李舜臣高下島遺墟碑**
목포시 달동
조선 경종 2년(1722)
225×191.5×37

39. **金麟厚神道碑**
장성군 황룡면 맥호리
조선 영조 18년(1742)
216×95×41

40. **崔山斗遺墟碑**
광양시 광양읍 우산리
조선 영조 51년(1775)
203×80.5×22

41. **西山大師表忠寺紀蹟碑**
해남군 삼산면 구림리 대흥사
조선 정조 15년(1791)
255.5×109.5×50

42. 表忠寺建祠事蹟碑
　　해남군 삼산면 구림리 대흥사
　　조선 정조 16년(1792)
　　230×91×22.5

43. 大芚寺事蹟碑
　　해남군 삼산면 구림리 대흥사
　　조선 순조 3년(1803)
　　333×126×42

44. 金應遠却倭碑
　　장흥군 장흥읍 금안리
　　조선 순조 24년(1824)
　　125×46×18

45. 潭陽石幢竿重建碑
　　담양군 담양읍 객사리
　　조선 헌종 5년(1839)
　　158×60.5×16

46. 金德齡恩綸碑
　　광주광역시 동구 금곡동 충장사
　　조선 헌종 8년(1842)
　　168×63×33

47. 鳳陽祠事蹟碑
　　광양군 광양읍 우산리
　　조선 철종 7년(1856)
　　152×57×16

48. 權慄倡義碑
　　광주광역시 귀동
　　조선 고종 45년(1902)
　　185×60.5×27

49. 高敬命神道碑
　　장성군 장성읍 영천리
　　조선시대
　　238×88×39.5

Ⅶ. 大邱・慶尙北道

1. 永川菁堤碑 Ⅰ
　　영천시 금호면 도남동
　　신라 법흥왕 23년(536)
　　96×72×22-36

2. 戊戌塢作碑
　　대구시 경북대박물관
　　신라 진지왕3년(578)
　　97×63

3. 慶州南山新城碑
　　경주시 경주박물관
　　신라 진평왕 13년(591)

4. 壬申誓記石
　　경주시 경주박물관
　　신라시대

5. 新羅武烈王陵碑
　　경주시 서악리
　　신라 문무왕
　　56×33

6. 新羅斷石山神仙寺造像銘記　　　신라시대
  경주시 서면 송선리 신선암　　　90×230

7. 新羅文武大王陵碑　　　신라시대
  경주시 경주박물관

8. 新羅金仁文碑　　　통일신라
  경주시 경주박물관　　　63×94

9. 皇福寺石塔金銅舍利函銘　　　신라 성덕왕 5년(706)
  경주시 경주박물관　　　30×29

10. 新羅聖德大王神鐘銘　　　신라 혜공왕 7년(771)
  경주시 경주박물관　　　高333×口徑227

11. 永川菁堤碑Ⅱ　　　신라 원성왕 14년(798)
  영천시 금호면 도남동　　　139×90×22-36

12. 栢栗寺石幢記　　　신라 헌덕왕 10년(818)
  경주시 경주박물관　　　106×29

13. 法光寺石塔記　　　신라 흥덕왕 3년(828)
  경주시 경주박물관

14. 鳳巖寺智證大師寂照塔碑　　　신라 경명왕 8년(924)
  문경시 가은면 원북리 봉암사　　　273×164×23

15. 新羅武烈王陵前碑片　　　통일신라
  경주시 경주박물관

16. 新羅皇福寺碑片　　　통일신라
  경주시 경주박물관

17. 新羅聖德王陵碑片　　　통일신라
  경주시 경주박물관

18. 湌之碑　　　통일신라
  경주시 경주박물관　　　其一39.5×33×26, 其二55×38.5×26.5

19. 新羅興德王陵碑斷石　　　통일신라
  경주시 경주박물관

20. 崇福寺碑片　　　통일신라
  경주시 경주박물관

21. 慶州七佛庵出土經石片　　　통일신라
  경주시 경주박물관

22. 昌林寺法華經石片　　　통일신라
  경주시 경주박물관

23. 符仁寺石片　　　　　　　　　　　　통일신라
　　대구광역시 경북대박물관

24. 英陽石佛坐像光背銘　　　　　　　통일신라
　　영양군 입암면 연당1동　　　　　　坐高108×光背高140

25. 夜遊岩石刻　　　　　　　　　　　통일신라
　　문경시 가은읍 원북리　　　　　　53×140

26. 毘盧庵眞空大師普法塔碑　　　　　고려 태조 22년(939)
　　영주시 풍기읍 3가리 비로암　　　173×102×22

27. 鳴鳳寺境淸禪院慈寂禪師凌雲塔碑　고려 태조 24년(941)
　　예천군 상리면 명봉리 명봉사　　　184×97×21

28. 鳳巖寺靜眞大師圓悟塔碑　　　　　고려 광종 16년(965)
　　문경시 가은면 원북리 봉암사　　　273×139×26

29. 高靈觀音菩薩石像銘　　　　　　　고려 성종 4년(985)
　　고령군 개진면 개포동

30. 醴泉開心寺石塔記　　　　　　　　고려 현종 원년(1010)
　　예천군 예천읍 남본동

31. 浮石寺圓融國師碑　　　　　　　　고려 문종 8년(1054)
　　영주시 부석면 북지리 부석사　　　173×110×15

32. 僊鳳寺大覺國師碑　　　　　　　　고려 인종 10년(1132)
　　칠곡군 북3면 숭오동 선봉사　　　263×119×15.5

33. 雲門寺圓應國師碑　　　　　　　　고려 의종 원년(1147)
　　청도군 운문면 신원동 운문사　　　240×120×13.5

34. 新羅孝子孫時揚旌閭碑　　　　　　고려 명종 12년(1182)
　　경주시 황남동　　　　　　　　　190×46×33

35. 龍門寺重修碑　　　　　　　　　　고려 명종 15년(1185)
　　예천군 용문면 내지동 용문사　　　195×93×10

36. 寶鏡寺圓眞國師碑　　　　　　　　고려 고종 11년(1224)
　　포항시 북구 송라면 중산리 보경사　183×105×17

37. 麟角寺普覺國師靜照塔碑　　　　　고려 충렬왕 21년(1295)
　　군위군 고로면 화수동 인각사　　　120×105×15

38. 麟角寺普覺國師靜照塔　　　　　　고려 충렬왕 21년(1295)
　　군위군 고로면 화수동 인각사　　　45×22

39. 南得溫孝子碑　　　　　　　　　　조선 태종 3년(1403)
　　경주시 황오동　　　　　　　　　117×43×22

40. **洪貴達神道碑**　　　　　　　　조선 중종 30년(1535)
　　문경시 영순면 율곡리　　　　　231×120×20.5

41. **李賢輔神道碑**　　　　　　　　조선 명종 21년(1566)
　　안동시 예안면 신남동　　　　　201×82.5×22.5

42. **李彦迪神道碑**　　　　　　　　조선 선조 10년(1577)
　　경주시 강동면 다산리　　　　　188×118×30.5

43. **申崇謙忠烈碑**　　　　　　　　조선 선조 40년(1607)
　　대구광역시 동구 지묘동　　　　200×99×23.5

44. **權橃神道碑**　　　　　　　　　조선 선조 원년(1623)
　　봉화군 봉화읍 삼계리　　　　　237×83.5×21.5

45. **金宏弼神道碑**　　　　　　　　조선 인조 4년(1626)
　　대구광역시 달성군 구지면 도동동　187×82×26

46. **金誠一神道碑**　　　　　　　　조선 인조 12년(1634)
　　안동시 와룡면 서지동　　　　　209×107×37

47. **郭越神道碑**　　　　　　　　　조선 인조 12년(1634)
　　대구광역시 유가면 가태동

48. **四賢井碑**　　　　　　　　　　조선 인조 14년(1636)
　　영주시 순흥면 읍내리　　　　　99×42×16

49. **桃李寺阿度和尙事蹟碑**　　　　조선 인조 17년(1639)
　　구미시 해평면 송곡동 도리사　　202×87×24

50. **曹好益神道碑**　　　　　　　　조선 인조 20년(1642)
　　영천시 대창면 용호동 도잠서원　270×90×20

51. **常泰寺圓覺祖師塔碑**　　　　　조선 인조 26년(1648)
　　포항시 북구 송라면 상송리　　　150×62.5×18

52. **慈雲碑**　　　　　　　　　　　조선 효종 6년(1655)
　　구미시 해평면 송곡동 도리사　　202×89×24

53. **安珦鄕閭碑**　　　　　　　　　조선 효종 7년(1656)
　　영주시 순흥면 석교리　　　　　129×64×22

54. **大芚寺幢竿支柱銘**　　　　　　조선 현종 7년(1666)
　　구미시 옥성면 옥관동 대둔사

55. **直指寺秋潭大師碑**　　　　　　조선 형종 8년(1667)
　　김천시 대정면 운수리 직지사　　　131×56.5×10.5

56. **龍淵寺釋迦如來浮屠碑**　　　　조선 숙종 2년(1676)
　　대구광역시 옥포면 반송동 용연사　181×65×20

57. 直指寺事蹟碑　　　　　　　　　　　조선 숙종 7년(1681)
　　김천시 대정면 운수리 직지사　　　237×120×31

58. 永川菁堤重立碑　　　　　　　　　　조선 숙종 14년(1688)
　　영천시 도남동　　　　　　　　　　105×78×14

59. 泉谷寺事蹟碑　　　　　　　　　　　조선 숙종 15년(1689)
　　포항시 북구 흥해읍 학천동 천곡사　141×52.5×19

60. 法住寺五層石塔銘　　　　　　　　　조선 숙종 17년(1691)
　　군위군 소보면 달산리 법주사

61. 金澍神道碑　　　　　　　　　　　　조선 숙종 25년(1699)
　　구미시 도개면 궁기리　　　　　　　227×91.5×44.5

62. 鄭起龍神道碑　　　　　　　　　　　조선 숙종 26년(1700)
　　상주시 사벌면 금흔리　　　　　　　234×105×41

63. 金湜神道碑　　　　　　　　　　　　조선 숙종 26년(1700)
　　상주시 상주읍 외답리　　　　　　　164×81×18

64. 磧川寺幢竿柱石記　　　　　　　　　조선 숙종 28년(1702)
　　청도군 청도읍 원동 적천사　　　　175

65. 申吉元忠烈碑　　　　　　　　　　　조선 숙종 32년(1706)
　　문경시 문경읍 상초리　　　　　　　189×89×27.5

66. 崔震立旌閭碑　　　　　　　　　　　조선 숙종 33년91707)
　　경주시 내남면 이조리　　　　　　　159×72×15.5

67. 把溪寺玄應堂大士碑　　　　　　　　조선 숙종 36년(1710)
　　대구광역시 동구 중대동 파계사　　122×62×19

68. 金庾信墓表　　　　　　　　　　　　조선 숙종 36년(1710)
　　경주시 충자동　　　　　　　　　　151×61×20

69. 金后稷墓表　　　　　　　　　　　　조선 숙종 36년(1710)
　　경주시 황성동　　　　　　　　　　145×49×15

70. 桃李寺佛糧畓施主秩　　　　　　　　조선 숙종 38년(1712)
　　구미시 해평면 송곡동 도리사　　　106×45×23

71. 石氷庫碑　　　　　　　　　　　　　조선 숙종 40년(1714)
　　대구시 경북대박물관　　　　　　　182×54×25

72. 主屹關築城重修記　　　　　　　　　조선 경종 원년(1721)
　　문경시 문경읍 상초리

73. 龍淵寺重修碑　　　　　　　　　　　조선 경종 2년(1722)
　　대구광역시 달성구 옥포면 반송동 용연사　141×58×30

74. 興巖書院碑　　　　　　　　　　　조선 경종 2년(1722)
상주시 내서면 연원리　　　　　　　172×85×25

75. 文宗大王胎室碑　　　　　　　　　조선 영조 11년(1735)
예천군 상리면 명봉리 명봉사　　　128×56×26

76. 嶺營築城碑　　　　　　　　　　　조선 영조 13년91737)
대구광역시 남구 남산동 대구향교　260×90×44

77. 佛影寺養性堂禪師惠能浮屠碑　　조선 영조 14년(1738)
울진군 서면 하원리 불영사　　　　115×58×16

78. 慶州石氷庫碑　　　　　　　　　　조선 영조 14년(1738)
경주시 인왕동　　　　　　　　　　164×71×29

79. 李瑜神道碑　　　　　　　　　　　조선 영조 18년(1742)
영주시 순흥면 내죽리　　　　　　　137×55×24.5

80. 法廣寺釋迦佛舍利塔重修碑　　　조선 영조 26년(1750)
포항시 신광면 토성리 법광사　　　120×49.5×17

81. 雲門寺雪松大師碑　　　　　　　　조선 영조 30년(1754)
청도군 운문면 신원동 운문사　　　190×89×33

82. 鄭經世神道碑　　　　　　　　　　조선 영조 34년(1758)
상주시 공검면 부곡리　　　　　　　222×102×23.5

83. 龜巖書院廟廷碑　　　　　　　　　조선 영조 34년(1758)
대구광역시 중구 동산동　　　　　　190×73×26

84. 新羅始祖王墓碑　　　　　　　　　조선 영조 35년(1759)
경주시 탑동 숭덕전　　　　　　　　282×115×50

85. 鄭世雅神道碑　　　　　　　　　　조선 영조 36년(1760)
영천시 자양면 성곡리　　　　　　　190×70×28

86. 郭再祐神道碑片　　　　　　　　　조선 영조 37년(1761)
대구광역시 달성군 유가면 가태동

87. 鄭襲明神道碑　　　　　　　　　　조선 영조 38년(1762)
포항시 대송리 남성동　　　　　　　128.5×57.517

88. 三綱廟碑　　　　　　　　　　　　조선 영조 42년(1766)
경주시 강동면 다산리　　　　　　　137×64.5×26.5

89. 權應銖神道碑　　　　　　　　　　조선 영조 43년(1767)
영천시 신녕면 치산동　　　　　　　232×90×28

90. 吉再砥柱碑　　　　　　　　　　　조선 정조 4년(1780)
칠곡군 북삼면 오태동　　　　　　　320×109×37.5

91. 御防事蹟碑　　　　　　　　　　　조선　정조　4년(1780)
　　안동시　명륜동　안동대학　　　　113×44×17.5

92. 李普赫戊申紀功碑　　　　　　　조선　정조　8년(1784)
　　성주군　성주읍　경산동　　　　　163×82×16

93. 權復興遺墟碑　　　　　　　　　조선　정조　10년(1786)
　　경주시　강동면　다산리　　　　　163×64×27

94. 禹倬遺墟碑　　　　　　　　　　조선　정조　13년(1789)
　　안동시　와룡면　오천동　　　　　180×77×32

95. 雙忠事蹟碑　　　　　　　　　　조선　정조　16년(1792)
　　성주군　성주읍　경산동　　　　　216×80×37

96. 忠臣義士壇碑　　　　　　　　　조선　정조　17년(1793)
　　상주시　상주읍　무양동　　　　　150×70×20

97. 集慶殿舊基碑　　　　　　　　　조선　정조　22년(1798)
　　경주시　북부동　경주여고교정　　119×41823.5

98. 雞林碑　　　　　　　　　　　　조선　순조　3년(1803)
　　경주시　교동　　　　　　　　　　111×39×16.5

99. 蘿井碑　　　　　　　　　　　　조선　순조　3년(1803)
　　경주시　탑동　　　　　　　　　　129×45×22

100. 金宣弓遺墟碑　　　　　　　　조선　순조　3년(1803)
　　구미시　선산읍　완전동　　　　　150×52×27

101. 李彰壽旌閭碑　　　　　　　　조선　순조　4년(1804)
　　경주시　안강읍　산대리　　　　　137×54×22.5

102. 高麗三太師廟廷碑　　　　　　조선　순조　5년(1805)
　　안동시　북문동　　　　　　　　　180×68×30

103. 瓢巖碑　　　　　　　　　　　조선　순조　6년(1806)
　　경주시　동천리　　　　　　　　　142×51×24

104. 桐華寺仁嶽大師碑　　　　　　조선　순조　8년(1808)
　　대구광역시　동구　도학동　동화사　154×62×22

105. 朴英神道碑　　　　　　　　　조선　순조　11년(1811)
　　구미시　선산읍　신기동　　　　　218×65×27

106. 大芚寺性波大師碑　　　　　　조선　순조　12년(1812)
　　구미시　옥성면　옥관동　대둔사　137×62.5×28

107. 金緣神道碑　　　　　　　　　조선　순조　12년(1812)
　　안동시　와룡면　서현동　　　　　181×93×28.5

108. **新羅敬順王殿碑**　　　　　　　　조선 순조 14년(1814)
　　경주시 황남동　　　　　　　　　　238×96×43

109. **銀海寺影波大師碑**　　　　　　　조선 순조 16년(1816)
　　영천시 청동면 치일동 은해사　　　209×88×37

110. **南坡大師碑**　　　　　　　　　　조선 순조 18년(1818)
　　포항시 지행면 방산리　　　　　　　152×77.5824.5

111. **李增神道碑**　　　　　　　　　　조선 순조 18년(1818)
　　안동시 예안면 기사동　　　　　　　210×88×34

112. **陶山試士壇碑**　　　　　　　　　조선 순조 24년(1824)
　　안동시 도산면 의촌동　　　　　　　171×66.5×26.5

113. **尙德寺碑**　　　　　　　　　　　조선 순조 26년(1826)
　　대구광역시 남구 남산2동　　　　　143×58×39

114. **三忠祠廟廷碑**　　　　　　　　　조선 순조 28년(1828)
　　대구광역시 동구 지묘동　　　　　　141×58×28

115. **朴仁老墓表**　　　　　　　　　　조선 순조 31년(1831)
　　영천시 북안면 도천리　　　　　　　113×51×23

116. **昔脫解遺墟碑**　　　　　　　　　조선 헌종 11년(1845)
　　경주시 양남면 나아리　　　　　　　113×45.5×23.5

117. **崔致遠讀書堂遺墟碑**　　　　　　조선 철종 원년(1850)
　　경주시 배반동　　　　　　　　　　116×45×17

118. **洪灌神道碑**　　　　　　　　　　조선 철종 9년(1858)
　　군위군 군위읍 내량동　　　　　　　184×58.5×48

119. **朴毅長收復東都碑**　　　　　　　조선 철종 12년(1861)
　　경주시 인왕동　　　　　　　　　　229×89×35.5

120. **大邱修城碑**　　　　　　　　　　조선 고종 7년(1870)
　　대구광역시 남구 남산동 대구향교　191×74×45

121. **金庾信遺墟碑**　　　　　　　　　조선 고종 9년(1872)
　　경주시 교동　　　　　　　　　　　148×55×26

122. **十四義士廟廷碑**　　　　　　　　조선 고종 13년(1876)
　　청도군 이서면 학산동　　　　　　　205×81×35

123. **金文起遺蹟碑**　　　　　　　　　조선 고종 37년(1900)
　　대구광역시 북구 노곡동　　　　　　130×59×34

124. **權太師神道碑**　　　　　　　　　조선 고종 38년(1901)
　　안동시 서후면 성곡동　　　　　　　218×108.5×37.5

Ⅷ. 釜山・蔚山・慶尙南道

 9. 泰和十三年銘石佛像　　　　　삼국시대
　　부산광역시 동아대박물관　　　41×44

10. 月影臺石刻
　　마산시 해운동　　　　　　　225×40×30

11. 洗筆庵石刻
　　합천군 가야면 구원리　　　　45.5×97

12. 斷俗寺東洞口石刻
　　산청군 단성면 운리　　　　　85×82

13. 通度寺國長生石標　　　　　　고려 선종 2년(1085)
　　양산시 하북면 자록리　　　　164×57×42

14. 蔚州象川里國長生石標　　　　고려 선종 2년(1085)推定
　　울산시 삼남면 상천리　　　　165×54

15. 通度寺拜禮石銘　　　　　　　고려 선종 2년(1085)
　　양산시 하북면 지산리 통도사

16. 大安元年銘半子　　　　　　　고려 선종 2년(1085)
　　부산광역시 남구 대연동 시립박물관　側幅9×口徑27.5×周170

17. 大安七年銘金仁寺飯子　　　　고려 선종 8년(1091)
　　양산시 하북면 용연리 내원사　側幅11×表徑40×口徑34×周127

18. 般若寺元景王師碑　　　　　　고려 인종 3년(1125)
　　합천군 가야면 치인리 해인사　228×105×12

19. 表忠寺青銅含銀香垸　　　　　고려 명종 7년(1177)
　　밀양시 단양면 구천리 표충사　高27.5×口徑26.1

20. 壬子銘安養寺飯子　　　　　　고려 고종 39년(1252)
　　고성군 개천면 북평리 옥천사　側幅14×表徑55×口徑42×周180

21. 泗川埋香碑　　　　　　　　　고려 우왕 13년(1385)
　　사천시 곤양리 홍사리　　　　160×120×120

22. 瑩源寺址螭首銘　　　　　　　고려시대
　　밀양시 밀양읍 활성동 산5

23. 法華寺青銅三角塔印銘　　　　고려시대
　　함양군 휴천면 대천리 법화사　高34.5×下幅10

24. 尙州安水寺銘銅鐘　　　　　　고려시대
　　부산광역시 남구 대연동 시립박물관　高49.5×口徑32

25. 癸酉銘青銅神將立像臺座銘　　고려시대
　　부산광역시 남구 대연동 시립박물관　總高41

26. 弘治四年銘海印寺鐘　　　　　　조선 성종 22년(1491)
　　합천군 가야면 치인리 해인사　　高85×口徑57.5

27. 新羅忠臣竹竹碑　　　　　　　　조선 중종 20년(1525)
　　합천군 합천읍 합천동　　　　　138×53.5×18.5

28. 嘉靖銘地字砲　　　　　　　　　조선 명종 12년(1557)
　　부산광역시 동아대박물관　　　　長89×周51×口徑10.5

29. 張良相東征詩碑　　　　　　　　조선 선조 32년(1599)
　　남해군 남해읍 선소리　　　　　250×150

30. 四溟大師石藏碑　　　　　　　　조선 광해군 사년(1612)
　　합천군 가야면 치인리 해인사　　184×106×15

31. 金時敏全城卻敵碑　　　　　　　조선 광해군 11년(1619)
　　진주시 본성동 499-7　　　　　203×99×18

32. 頭龍浦記事碑　　　　　　　　　조선 인조 3년(1625)
　　통영시 문화동 세악관　　　　　147×89×9

33. 金宗直神道碑　　　　　　　　　조선 인조 13년(1635)
　　밀양시 부북면 제대리　　　　　180×92.5×25

34. 駕洛國首露王陵碑　　　　　　　조선 인조 25년(1647)
　　김해시 서상동　　　　　　　　200×92×24

35. 駕洛國王后許氏陵碑　　　　　　조선 인조 25년(1647)
　　김해시 구산동　　　　　　　　203.5×90×26.5

36. 南海李舜臣墓碑　　　　　　　　조선 현종 2년(1661)
　　남해군 설천면 노량리　　　　　201×109×22

37. 康熙銘玄字砲　　　　　　　　　조선 현종 9년(1668)
　　부산광역시 동아대박물관　　　　長80×周40×口徑5.5

38. 東萊南門碑　　　　　　　　　　조선 현종 11년(1670)
　　부산광역시 대연동 시립박물관　253×123×20

39. 周世鵬神道碑　　　　　　　　　조선 숙종 5년(1679)
　　함안군 칠서면 계내리　　　　　158×90×26

40. 李舜臣忠烈廟碑　　　　　　　　조선 숙종 7년(1681)
　　통영시 명정동 충열사　　　　　214×96×44

41. 約條制札碑　　　　　　　　　　조선 숙종 9년(1683)
　　부산광역시 남구 대연동 시립박물관　150×67×30

42. 通度寺鐘銘　　　　　　　　　　조선 숙종 12년(1686)
　　양산시 하북면 지산리 통도사　　高147×口徑108.5

43. **矗石㫌忠檀碑**
진주시 본성동
조선 숙종 12년(1686)
$142 \times 93 \times 20.5$

44. **利涉橋碑**
동래구 온천동 산12-3
조선 숙종 21년(1695)
$240 \times 108 \times 28$

45. **靈嶽寺重建碑**
사천시 곤명면 용산리 다솔사
조선 숙종 30년(1704)
$232 \times 111 \times 35$

46. **通度寺舍利塔碑**
양산시 하북면 지산리 통도사
조선 숙종 32년(1706)
$221 \times 103 \times 38$

47. **金絿謫廬遺墟碑**
남해군 설천면 노량리
조선 숙종 32년(1706)
$192 \times 90 \times 32.5$

48. **明月寺事蹟碑**
김해시 채산면 범방리
조선 숙종 33년(1707)
$101 \times 42 \times 11.5$

49. **洗鹿橋碑**
산청군 산청읍 내리
조선 숙종 42년(1716)
$169 \times 68 \times 19$

50. **趙旅神道碑**
함안군 법수면 강주리
조선 영조 2년(1726)
$218 \times 85.5 \times 30.5$

51. **壬辰戰亡遺骸塚碑**
부산광역시 동래구 복천동 산1
조선 영조 7년(1731)
$102 \times 44 \times 18$

52. **萊州築城碑**
부산광역시 동래구 양천동 산131
조선 영조 11년(1735)
$272 \times 108.5 \times 44.5$

53. **崔橚事蹟碑**
통영시 명정동 충렬사
조선 영조 12년(1736)
$173 \times 65.5 \times 18.5$

54. **制勝堂遺墟碑**
통영시 한산면 두억리
조선 영조 15년(1739)
$173 \times 64 \times 26$

55. **昌寧石氷庫碑**
창녕군 창녕읍 송현동
조선 영조 18년(1742)
$147 \times 62.5 \times 22.5$

56. **表忠寺事蹟碑**
밀양시 무안면 무안리 표충사
조선 영조 18년(1742)
$267 \times 96 \times 54.5$

57. **西山大師碑**
밀양시 무안면 무안리 표충사
조선 영조 18년(1742)
$267 \times 96 \times 54.5$

58. **松雲大師碑**
밀양시 무안면 무안리 표충사
조선 영조 18년(1742)
$267 \times 96 \times 54.5$

59. **龍巖書院墓碑**
합천군 봉산면 죽죽리
조선 영조 28년(1752)
$185 \times 82 \times 26.5$

60. 鄭撥戰亡碑　　　　　　　　　　조선　영조　37년(1761)
　　부산광역시 동구 좌천동 473　　220×75.5×29.5

61. 溫井改建碑　　　　　　　　　　조선　영조　42년(1766)
　　부산광역시 동래구 온천동 135　146×64×23

62. 海印寺復古事蹟碑　　　　　　　조선　영조　45년(1769)
　　합천군 가야면 치인리 해인사　227×109.5×32

63. 金湜廟廷碑　　　　　　　　　　조선　영조　49년(1773)
　　거창군 주상면 완대리　　　　　188×80×36

64. 玉泉寺鐘銘　　　　　　　　　　조선　정조　즉위년(1776)
　　고성군 개천면 북평리 옥천사　高115×口徑82.5

65. 灆溪書院廟廷碑　　　　　　　　조선　정조　3년(1779)
　　함안군 수동면 완평리　　　　　198×92.5×29

66. 南川石橋碑　　　　　　　　　　조선　정조　4년(1780)
　　창녕군 영산면 성내리　　　　　134×50.5×15

67. 四處石橋碑　　　　　　　　　　조선　정조　5년(1781)
　　부산광역시 남구 대연동 시립박물관　138×49.5×15

68. 聖住寺鐘銘　　　　　　　　　　조선　정조　7년(1783)
　　창원시 천선동 성주사　　　　　高110×口徑84

69. 郭再祐遺墟碑　　　　　　　　　조선　정조　13년(1789)
　　창녕군 도천면 우강리　　　　　180×68.5×17

70. 雙忠事蹟碑　　　　　　　　　　조선　정조　16년(1792)
　　진주시 본성동 100-3　　　　　217×103×28.5

71. 褒忠祠廟廷碑　　　　　　　　　조선　순조　7년(1807)
　　거창군 태양면 노현리　　　　　164×65.5×24.5

72. 金井山城復設碑　　　　　　　　조선　순조　8년(1808)
　　부산광역시 동래구 장전동 482　184×70×34

73. 龜淵書院事蹟碑　　　　　　　　조선　순조　26년(1826)
　　거창군 위천면 대정리　　　　　172×78×24

74. 鳳川祠廟廷碑　　　　　　　　　조선　순조　28년(1828)
　　남해군 남해읍 북변동　　　　　223×83.5×33

75. 李舜臣遺墟碑　　　　　　　　　조선　순조　32년(1832)
　　남해군 고현면 거면리 이낙사　186×75.5×22

76. 文益漸神道碑　　　　　　　　　조선　순조　34년(1834)」
　　산청군 신안면 신안리　　　　　189×70×23.5

77. 彰忠祠事蹟碑
　　거창군 거창읍 대동
조선 헌종 3년(1837)
146×53×22

78. 尹興信殉節碑
　　부산광역시 서구 다대동 24
조선 헌종 7년(1841)
194×62×26

79. 義勇諸人碑
　　부산광역시 남구 망미동 362
조선 철종 4년(1853)
160×59×29.5

80. 朴葳築城事蹟碑
　　김해시 어방동
조선 고종 8년(1871)
152×51.5×24

81. 敎授亭碑
　　함양군 지곡면 덕암리
조선 고종 19년(1882)
184×75×18

82. 駕洛國太祖陵崇善殿碑
　　김해시 서상동
조선 고종 21년(1884)
245×102×40

83. 吳健神道碑
　　산청군 산청읍 지리
조선 고종 34년(1897)
151×79×15.5

84. 某里齋碑
　　거창군 북상면 농산리
조선시대
176×78.5×20

IX. 江原道

1. 上院寺鐘記
　　평창군 진부면 동상리 상원사
신라 성덕왕 24년(725)
高173×口徑90.5

2. 到彼岸寺毘로(田+盧)遮那佛造像記
　　철원군 동송읍 관우리 도피안사
신라 경문왕 5년(865)
39×22.5

3. 沙林寺弘覺禪師碑
　　양양군 서면 황리 선림원지
신라 정강왕 원년(886)

4. 永郎鍊丹石臼刻字
　　강릉시 학동(제 18 비행단 내)
신라
81.8×57.6×90.1

5. 地藏禪院朗圓大師悟眞塔碑
　　강릉시 성산면 보광리 보광사
고려 태조 23년(940)
1;90×98×19

6. 興寧寺澄曉大師寶印塔碑　　　　고려　혜종　원년(944)
　　영월군 수주면 법흥리 흥령사　　239×115×22.5

7. 居頓寺圓空國師勝妙塔碑　　　　고려　현종　16년(1025)
　　원주시 부론면 정산리　　260×124×29

8. 法泉寺智光國師玄妙塔碑　　　　고려　선종　2년(1085)
　　원주시 부론면 법천리　　310×143×26

9. 洛山寺鐘銘　　　　조선　예종　원년(1469)
　　양양군 강현면 전진리 낙산사　　高158×口徑98

10. 召公臺碑　　　　조선　선조　11년(1578)
　　삼척시 원덕읍 노곡리　　173×80×13

11. 元天錫墓碣　　　　조선　현종　11년(1670)
　　원주시 행구동　　152×88×30

12. 金悌甲忠烈碑　　　　조선　현종　11년(1670)
　　원주시 학성동　　144×56×26

13. 其鎰灌漑碑　　　　조선　숙종　4년(1678)
　　횡성군 횡성읍 마산리　　159×53×20

14. 金佑明神道碑　　　　조선　숙종　13년(1687)
　　춘천시 서면 안보리　　203×105×30.5

15. 壽陀寺紅藕大師浮圖碑　　　　조선　숙종　16년(1690)
　　홍천군 동면 덕치리　　143×53×17

16. 洛山寺海水觀音空中舍利塔碑　　　　조선　숙종　19년(1693)
　　양양군 강현면 전진리 낙산사　　154×66×24.5

17. 乾鳳寺凌波橋新創記　　　　조선　숙종　34년(1708)
　　고성군 간성읍 냉천리 건봉사　　138×62×23

18. 陟州東海碑　　　　조선　숙종　35년(1709)
　　삼척시 상정나리　　143×76×23

19. 水墮寺法堂階石重修碑　　　　조선　숙종　36년(1710)
　　홍천군 동면 덕치리 수타사　　101×59×19

20. 乾鳳寺釋迦齒相立塔碑　　　　조선　영조　2년(1726)
　　고성군 간성읍 냉천리 건봉사　　153×58×□22

21. 淸泠浦標石　　　　조선　영조　2년(1726)
　　영월군 남면 광천리　　110×42×39

22. 乾鳳寺雲坡堂大師碑　　　　조선　영조　6년(1730)
　　고성군 간성읍 냉천리 건봉사　　181×78×27.5

23. 乾鳳寺牧羊堂靈眼大師碑　　　　　조선 영조 7년(1731)
　　고성군 간성읍 냉천리 건봉사　　　183×81×34

24. 端宗莊陵表　　　　　　　　　　　조선 영조 9년(1733)
　　영월군 영월읍 영흥 12리　　　　　157×62×31.5

25. 松潭書院廟庭碑　　　　　　　　　조선 영조 12년(1736)
　　강릉시 구정면 언별리　　　　　　214×93×25

26. 新興寺事蹟碑　　　　　　　　　　조선 영조 40년(1764)
　　속초시 설악동 신흥사　　　　　　216×80×32

27. 水墮寺瑞谷大師舍利塔碑　　　　　조선 영조 45년(1769)
　　홍천군 동면 덕치리 수타사　　　　163×55×28.5

28. 兪拓基墓碑　　　　　　　　　　　조선 영조 45년(1769)
　　철원군 갈말읍 문혜 5리　　　　　150×60.5×55

29. 乾鳳寺日庵大師塔碑　　　　　　　조선 영조 46년(1770)
　　고성군 간성읍 냉천리 건봉사　　　154×60×17.5

30. 乾鳳寺松巖大師碑　　　　　　　　조선 영조 47년(1771)
　　고성군 간성읍 냉천리 건봉사　　　165×75×38

31. 淨岩寺寶塔重修碑　　　　　　　　조선 정조 원년(1777)
　　정선군 고한읍 고한리 정암사　　　115×67×11

32. 白時耉神道碑　　　　　　　　　　조선 정조 10년(1786)
　　철원군 갈말읍 군탄 1리　　　　　208×87.5×34

33. 新興寺龍巖堂大禪師碑　　　　　　조선 정조 13년(1789)
　　속초시 설악동 신흥사　　　　　　173×71.5×32

34. 莊陵靈泉碑　　　　　　　　　　　조선 정조 15년(1791)
　　영월군 영월읍 영흥 12리　　　　　93×49×16

35. 嚴興道旌閭碑　　　　　　　　　　조선 정조 16년(1792)
　　영월군 영월읍 영흥 12리　　　　　109×52.5×13.5

36. 新興寺大圓堂大禪師碑　　　　　　조선 정조 16년(1792)
　　속초시 설악동 신흥사　　　　　　186×71×31

37. 正祖大王胎室碑　　　　　　　　　조선 순조 원년(1801)
　　영월군 영월읍 영흥 7리　　　　　108×52×30

38. 池繼泗護聖碑　　　　　　　　　　조선 순조 2년(1802)
　　춘천시 교동 춘천향교　　　　　　136×53×13

39. 杆城鄉校紀蹟碑　　　　　　　　　조선 순조 5년(1805)
　　고성군 간성읍 해상 2리　　　　　143×60.5×22

40. 申崇謙神道碑　　　　　　　　　조선 순조 5년(1805)
　　춘천시 서면 방리동　　　　　229×106×39

41. 五峯書院紀蹟碑　　　　　　　조선 순조 6년(1806)
　　강릉시 성산면 오봉리　　　　169×72×20

42. 江陵水門里幢竿支柱銘　　　　조선 순조 17년(1817)
　　강릉시 옥천동　　　　　　　237×64×73

43. 明珠寺蓮坡堂大禪師碑　　　　조선 순조 18년(1818)
　　양양군 현북면 어성전리 명주사　186×69×21

44. 新興寺月巖大禪師碑　　　　　조선 순조 21년(1821)
　　속초시 설악동 신흥사　　　　101×52×52

45. 新興寺碧波大禪師碑　　　　　조선 순조 28년(1828)
　　속초시 설악동 신흥사　　　　136×63×21

46. 明珠寺麟谷堂禪師碑　　　　　조선 순조 32년(1832)
　　양양군 현북면 어성전리 명주사　168×73×38.5

47. 趙巖神道碑　　　　　　　　　조선 헌종 원년(1835)
　　원주시 지정면 간현리　　　　266×102×51

48. 神興寺影潭大師碑　　　　　　조선 철종 11년(1860)
　　삼척시 근덕면 동막리 신흥사　132×50×14

49. 山陽書院廟庭碑　　　　　　　조선 철종 12년(1861)
　　삼척시 원덕면 유천리　　　　140×49×19

50. 趙萬永神道碑　　　　　　　　조선 고종 5년(1868)
　　춘천시 신북면 지내리　　　　260×96×52.5

51. 明珠寺聳嶽堂大禪師碑　　　　조선 고종 20년(1883)
　　양양군 현북면 어성전리 명주사　187×75.5×22.5

52. 東溟書院遺墟碑　　　　　　　조선 고종 36년(1899)
　　양양군 강현면 조산리　　　　136×60×12.5

X. 濟州道

1. **宋時烈謫廬遺墟碑**
   제주시 이도1동
   조선 영조 47년(1771)
   130×70.5×24

2. **吳興泰碑**
   남제주군 성산읍 난산리
   조선 정조 18년(1794)
   82×79

3. **鄭薀遺墟碑**
   남제주군 대정읍 보성리
   조선 헌종 8년(1842)
   120×61×18

4. **橘林書院廟廷碑**
   제주시 이도1동
   조선 철종 원년(1850)
   112×52×19

5. **金淨謫廬遺墟碑**
   제주시 이도1동
   조선 철종 3년(1852)
   102×72×22

6. **三姓穴碑**
   제주시 이도1동
   조선 철종 7년(1856)
   103×48×14.5

7. **高氏三昆弟埋安碑**
   제주시 이도1동
   조선 고종 8년(1871)
   82×37.5×12.5

8. **三射石碑**
   제주시 화북동
   조선후기
   98×41.5×19

編著者　慶北　英陽　出生(1940)
　　　　成均館大學敎　史學科　및　同大學院　卒業
　　　　圓光大學校　敎授　歷任
現　　在：成均館大學敎　史學科　敎授, 副總長
著　　書：韓國史, 韓國金石文大系(1~7) 외
論　　文：高麗都兵馬使에　대한　考察,
　　　　　서울地域金石文硏究,
　　　　　韓國金石文硏究의　現況과　課題　외

韓國金石文論著總覽

印　刷：1998. 12. 10
發　行：1998. 12. 15

編著者：趙　　東　　元
發行人：丁　　範　　鎭
發行處：成均館大學校　出版部
　　　　주　소：서울　종로구　명륜동 3가 53
　　　　전　화：760-1252, 1253
　　　　FAX：762-7452
　　　　등　록：1975. 5. 21. 제1-217호

印　刷：대광인쇄공사

정가　16,000원

* 잘못된 책은 교환하여 드립니다.
* 저자와의 협약에 의하여 인지를 생략합니다.
ISBN 89-7986-195-8 93900

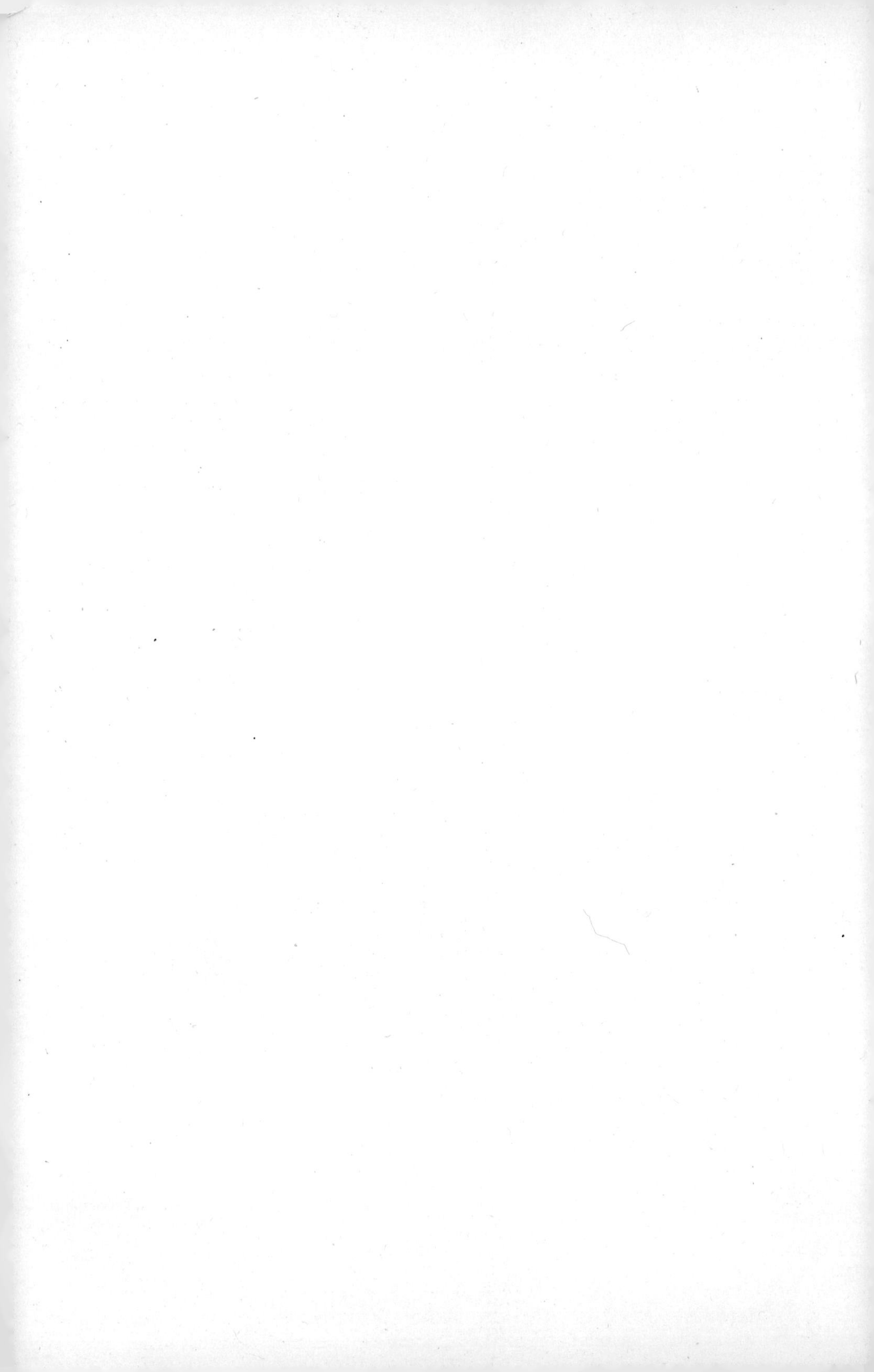